Verkehrsökonometrie
Elemente quantitativer Verkehrswirtschaft

Von
Prof. Dr. Klaus-Jürgen Richter
Technische Universität Dresden

5., überarbeitete Auflage

R. Oldenbourg Verlag München Wien

Die Deutsche Bibliothek - CIP-Einheitsaufnahme

Richter, Klaus-Jürgen:
Verkehrsökonometrie / von Klaus-Jürgen Richter. - München ;
Wien : Oldenbourg.
  Früher u.d.T.: Richter, Klaus-Jürgen: Transportökonometrie

Elemente quantitativer Verkehrswirtschaft. - 5., überarb. Aufl.
- 1995
ISBN 3-486-22858-7

© 1995 R. Oldenbourg Verlag GmbH, München

Das Werk einschließlich aller Abbildungen ist urheberrechtlich geschützt. Jede Verwertung außerhalb der Grenzen des Urheberrechtsgesetzes ist ohne Zustimmung des Verlages unzulässig und strafbar. Das gilt insbesondere für Vervielfältigungen, Übersetzungen, Mikroverfilmungen und die Einspeicherung und Bearbeitung in elektronischen Systemen.

Gesamtherstellung: R. Oldenbourg Graphische Betriebe GmbH, München

ISBN 3-486-22858-7

Vorwort

Verkehrsökonometrie befaßt sich mit der mathematischen Formulierung verkehrswirtschaftlicher Zusammenhänge. Die dabei entstehenden mathematischen Modelle enthalten Konstanten in Form von Koeffizienten und von Parametern. Zur Bestimmung dieser Konstanten wird auf statistische Daten zurückgegriffen. Somit verbindet die Verkehrsökonometrie wie die Ökonometrie generell wirtschaftswissenschaftliche Aussagen mit mathematischen Strukturen und statistischen Datenmengen.

Arbeitsfeld und Vorgehensweise sind ungebrochen aktuell. Das folgt nicht zuletzt aus der Dimension der anstehenden Verkehrsprobleme und aus den Voraussetzungen wie auch den Konsequenzen möglicher Lösungen (vgl. EIPOS 1994). Insbesondere die immer wieder erforderlichen Prognosen der Verkehrsentwicklung stellen hohe Anforderungen an die verkehrsökonometrischen Methoden.

Die grundlegenden ökonometrischen Methoden, vor allem die verschiedenen Schätzmethoden zur numerischen Bestimmung von Modellparametern aus begrenzten Datenmengen, sind in der Fachliteratur ausführlich dargestellt (vgl. z.B. SCHNEEWEISS 1978, HÜBLER 1989, ASSENMACHER 1991). Sie werden in diesem Buch nur im Anhang und in Form einer kurzen Einführung behandelt. Als Hauptinhalt der Verkehrsökonometrie werden mathematische Strukturen und Modelle beschrieben, deren Spezifik aus dem Verkehrsprozeß und aus der Verkehrswirtschaft folgt. Besondere Bedeutung kommt den Matrixmodellen zu, die es gestatten, Ströme von Verkehrsobjekten, beispielsweise Reisendenströme und Güterströme sowie Nachrichtenströme, problemadäquat zu beschreiben und zu modellieren. Dieser Ansatz hat zur Folge, daß die Grenzen der allgemeinen Ökonometrie einerseits nicht ausgeschritten und andererseits, vor allem hinsichtlich der dargestellten Modelltypen, übertreten werden. Deshalb erhielt das Buch einen erläuternden Untertitel.

Der vorliegenden Ausgabe des Buches sind vier deutschsprachige Auflagen vorangegangen. Sie erschienen 1966, damals noch unter dem Titel "Transportökonometrie" in Berlin, erstmals als "Verkehrsökonometrie" 1969 in Berlin und 1970 in Köln/Opladen, weiter 1971/72 zweibändig und 1975 bis 1978 vierbändig wiederum in Berlin. Außerdem gab es eine polnische Ausgabe (Warschau 1971) und eine russische Ausgabe (Moskau 1983). Alle bisherigen Ausgaben wie auch die nunmehr vorliegende neue Fassung sind nach dem gleichen Prinzip gestaltet. Wesentliche Veränderungen betreffen vor allem die Gewichtsverteilungen zwischen den einzelnen Kapiteln und natürlich die Aufnahme jeweils neuer verkehrsökonometrischer Verfahren und Ergebnisse.

Dennoch muß gesagt sein, daß die gedankliche Grundstruktur des Buches beibehalten wurde. Sie ist durch einen starken Bezug zur Wirtschaftskybernetik und zum Systemgedanken geprägt. Damit tritt auch die Verkehrsmatrix deutlich in den Vordergrund. Die Vermittlung eines Überblicks mit Elementen eines Lehrbuches dominiert die Gesamtanlage des Buches. Um die Kontinuität des Stoffes zu dokumentieren, konnte auch auf ältere Quellen nicht verzichtet werden. Sie werden dem Leser, der sich für die Entwicklung eines Gebietes interessiert, nicht unwillkommen sein, stellen allerdings keine unbedingte Voraussetzung für das Verständnis des Buches dar.

In der deutschsprachigen Terminologie ist es nicht immer leicht, Verkehr und Transport sauber voneinander zu scheiden. Hier wird mit Ausnahme von Zitaten immer der Verkehrsbegriff benutzt, einfach der Einheitlichkeit wegen und auch um den Preis von mitunter wenig üblichen Begriffen.

Ich verdanke es dem Angebot und dem Zuspruch von Herrn Dipl.Vw. Martin Weigert vom Oldenbourg Verlag, daß ich nach längerer Pause diese fünfte Auflage geschrieben und bearbeitet habe. Ganz besonders danke ich meiner Frau für ihre gewissenhafte und unermüdliche Arbeit zur Herstellung des Manuskriptes. Für die kritischen Hinweise einer hoffentlich geneigten Leserschaft bedanke ich mich bereits heute.

Klaus-Jürgen Richter

Inhalt

Vorwort V

1. Verkehrsökonometrische Grundlagen 1

1.1 Modellbegriff und Modellbestandteile 1
1.2 Grundformen ökonometrischer Modellex 10
1.3 Verkehrsstrommatrix als Strukturrahmen 19
1.4 Zusammenfassung 20

2. Statistische Grundlagen 21

2.1 Gegenstand der multivariaten Analyse 21
2.2 Datenmatrix 22
2.3 Datentransformation 26
2.4 Datenaggregation 28
2.5 Multivariate Gruppierung (Clusterung) 30
2.6 Clusterung regionaler Objekte 40
2.7 Zeitcluster 45
2.8 Zusammenfassung 54

3. Verkehrsmatrix 56

3.1 Überblick und Definitionen 56
3.2 Verkehrsnetzmatrix und Verkehrsrelationsmatrix 64
3.3 Verkehrsstrommatrix 88
3.4 Kapazitätsmatrix 100
3.5 Qualitative Verkehrsstrommatrix (Filterung I) 105
3.6 Bewertungsmatrix 110
3.7 Bildung regionaler Einheiten 120
3.8 Zusammenfassung 124

4. Organisiertheitsgrad in Verkehrssystemen 126

4.1 Organisiertheit als Systemmerkmal 126
4.2 Informationsentropie und Organisiertheitsmaß 127
4.3 Interpretation und Anwendungsfälle 136
4.4 Zusammenfassung 147

5. Verkehrsökonometrisches Verflechtungsmodell (Input-Output-Modell) ... 148

- 5.1 Modellansatz und Modellkoeffizienten ... 148
- 5.2 Verkehrssektor im Verflechtungsmodell ... 156
- 5.3 Zwei-Sektoren-Modell ... 163
- 5.4 Korrektur der Koeffizienten ... 166
- 5.5 Dynamische Modellansätze ... 169
- 5.6 Verkehrsentwicklungsmodell ... 174
- 5.7 Qualitatives Verflechtungsmodell (Filterung II) ... 189
- 5.8 Ökonomisch-regionales Modell ... 194
- 5.9 Zusammenfassung ... 207

6. Verkehrsnachfragemodelle ... 209

- 6.1 Kenngrößen des Verkehrsprozesses ... 209
- 6.2 Aggregierter Modellansatz ... 215
- 6.3 Elastizitätsmodell der Verkehrsnachfrage ... 225
- 6.4 Ableitung der Verkehrsnachfrage aus dem Verflechtungsmodell (Input-Output-Modell) ... 228
- 6.5 Ableitung der Verkehrsnachfrage aus der Verkehrsstrommatrix ... 237
- 6.6 Probleme der Nachfrageprognose ... 252
- 6.7 Zusammenfassung ... 258

7. Simulationsmodelle verkehrswirtschaftlicher Prozesse ... 259

- 7.1 Simulationsprinzip ... 259
- 7.2 Elemente der systemdynamischen Simulation ... 267
- 7.3 Modellstrukturen ... 270
- 7.4 Zusammenfassung ... 279

ANHANG: Ökonometrische Schätzmethoden ... 281

- A 1 Einfaches lineares Modell ... 281
- A 2 Multiples lineares Modell ... 288
- A 3 Lineares Gleichungssystem ... 299

Literaturverzeichnis ... 305

Sachregister ... 311

1. Verkehrsökonometrische Grundlagen

1.1 Modellbegriff und Modellbestandteile

Der Begriff "Ökonometrie" umschließt zwei Bestandteile, die über das Wesen dieser Disziplin Auskunft geben. Der eine Bestandteil ist die Ökonomie oder Wirtschaft, auf deren Tatbestände und Prozesse die ökonometrischen Untersuchungen gerichtet sind. Der andere Bestandteil bringt die Art dieser Untersuchungen zum Ausdruck, die darin besteht, daß metrische, also im allgemeinen Sinne meßbare Tatbestände und Prozesse der Ökonomie untersucht und dadurch quantitative Gesetzmäßigkeiten gefunden werden. In diesem Sinne befaßt sich die Ökonometrie mit der Ermittlung der im Wirtschaftsleben vorherrschenden quantitativen Gesetzmäßigkeiten mit Hilfe mathematisch-statistischer Methoden (LANGE 1968). Sie wird auch benutzt, um Hypothesen der Wirtschaftstheorie auf ihre Übereinstimmung mit der Wirklichkeit zu prüfen.

Die statistischen Wurzeln der Ökonometrie sind somit unverkennbar (vgl. z.B. FOSSATTI 1960 und KÁDAS 1966). Ungeachtet der verschiedenen Erklärungen des Begriffes "Ökonometrie" ist unverkennbar, das Ökonomie, Statistik und Mathematik die Quellen der Ökonometrie bilden. Eine mengentheoretische Darstellung dieses Sachverhalts gibt Bild 1.1.

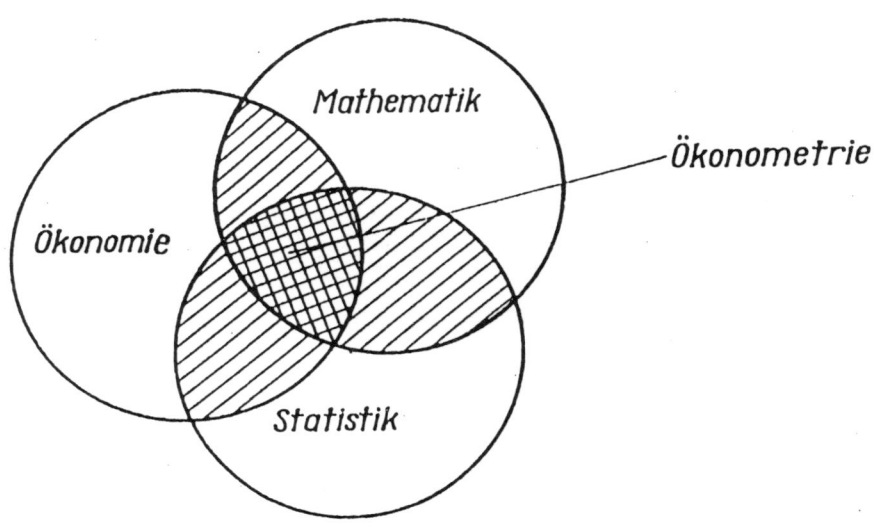

Bild 1.1 Quellen und Bestandteile der Ökonometrie

Indem die Ökonometrie nach quantitativen Gesetzmäßigkeiten im Wirtschaftsleben forscht und die dazu erforderlichen Methoden entwickelt (MENGES 1960), besitzt sie eine weitreichende Ähnlichkeit mit der Statistik. Daraus erklären sich auch die bedeutsamen statistischen Quellen der Ökonometrie, auf die bereits hingewiesen wurde. Das gegenüber der Statistik Spezifische der ökonometrischen Untersuchungen besteht darin, daß sie zu Modellen führen beziehungsweise mit Hilfe solcher Modelle angestellt werden. Das Modell bildet einen zentralen ökonometrischen Begriff. Es ist sowohl Ergebnis als auch Instrument der ökonometrischen Forschung. Im allgemeinen ist es ein mathematisches Modell, also ein mathematisches Abbild ökonomischer Tatbestände und Prozesse, das aus Gleichungen und Ungleichungen besteht.

Die dreistellige Modellrelation ist in Bild 1.2 dargestellt. Sie macht deutlich, daß das Modell ein Ersatzobjekt ist, das an Stelle des eigentlichen Objektes bzw. des Originals benutzt wird, um Kenntnisse über dieses Original zu gewinnen und daraus Möglichkeiten zu seiner Beeinflussung zu bestimmen.

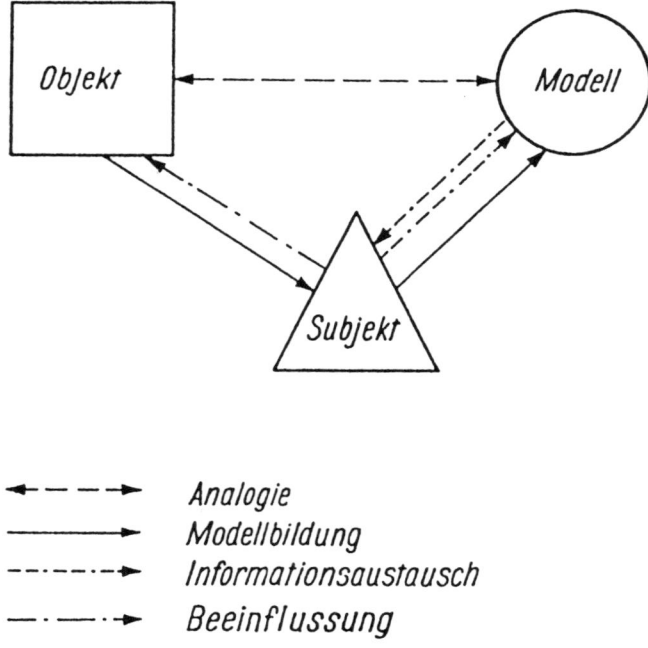

Bild 1.2 Dreistellige Modellrelation

Mit hinlänglicher Genauigkeit kann man sogar sagen, daß die Ökonometrie eine Theorie der Modellierung ökonomischer Tatbestände und Prozesse ist, die folgende Komplexe umfaßt:

1. Entwicklung von ökonometrischen Modellen für ökonomische Tatbestände und Prozesse

2. Gewinnung (im engeren Sinne) und vor allem Beurteilung der Ausgangsgrößen, der daraus abgeleiteten Modellparameter sowie der Modellresultate

3. Interpretation der Modellresultate als Grundlage ökonomischer Entscheidungen.

Im vorliegenden Buch werden insbesondere der erste und der dritte Komplex behandelt. Der zweite Komplex, der vor allem die ökonometrischen Schätzmethoden zum Gegenstand hat, wird lediglich im Anhang dargestellt. Ausführlich sind diese Methoden in der ökonometrischen Grundlagenliteratur beschrieben (vgl. u.a. LESERER 1980, HÜBLER 1989, ASSENMACHER 1991).

Hier geht es ausschließlich um Methoden, die für die Verkehrswirtschaft von Interesse sind. Da Verkehr notwendig ist, um räumliche Interaktionen zu ermöglichen, gibt es natürlich Bezüge zu entsprechenden regionalwissenschaftlichen Disziplinen (vgl. Jahrbuch 1993, ANSELIN 1988, GRIFFITH 1988), die hier jedoch nicht näher verfolgt werden.

Von der mathematischen Logik und der mathematischen Grundlagenforschung abgesehen, versteht man üblicherweise unter einem Modell "... das Allgemeine gegenüber einem Besonderen, von dem es Modell ist" (KLAUS 1967). In der zitierten Quelle wird zum "traditionellen" Modellbegriff ausgeführt:

"Außerhalb des begrenzten Bereichs der mathematischen Logik und mathematischer Grundlagenforschung - also etwa in anderen Bereichen der Mathematik und vor allem in den Naturwissenschaften, in zunehmendem Maße aber auch auf dem Gebiete der Gesellschafts- und Bewußtseinswissenschaften - tritt der Modellbegriff im Zusammenhang mit Sachverhalten auf, die man etwa wie folgt allgemein beschreiben kann: Ein Objekt (Gegenstand, materielles oder ideelles System, Prozeß) M ist in diesem Sinne Modell, wenn zwischen M und einem anderen Objekt O Analogien bestehen, die bestimmte *Rückschlüsse* auf O gestatten" (KLAUS 1967, S. 412).

In dem durch die Kybernetik erweiterten Modellbegriff wird gefordert, daß M für ein kybernetisches System S dann Modell ist, wenn "... informationelle Beziehungen zwischen S und M dazu beitragen können, *Verhaltensweisen* von S gegenüber O zu *beeinflussen*" (KLAUS 1967, S. 413).

Für die Bestimmung des Begriffs "ökonometrisches Modell" muß die Analogie zwischen M, dem Modell, und O, dem ökonometrischen Objekt (Tatbestand, Prozeß), ebenfalls gefordert werden. Weiter kann festgehalten werden, daß die Objekte ökonometrischer Modelle, wie eben bereits angedeutet wurde, stets ökonomische Erscheinungen sind. Wenn schließlich berücksichtigt wird, daß ökonometrische Modelle in der Regel aus mathematischen Beziehungen bestehen (also mathematische Modelle, im Hinblick auf die Modellobjekte ökonomisch-mathematische Modelle sind), so kann folgende Definition gegeben werden:

> Ein ökonometrisches Modell ist ein in der Regel mathematisches, analoges Abbild eines ökonomischen Objektes, welches bestimmte Rückschlüsse auf das Objekt gestattet und zu dessen Verhaltensbeschreibung eingesetzt werden kann.

Daß hier nur von bestimmten Rückschlüssen gesprochen wird, zeigt einerseits einschränkend an, daß das Modell nicht Abbild aller Eigenschaften und Merkmale des Objektes ist, sondern nur die wesentlichen Eigenschaften und Merkmale widerspiegelt. Andererseits wird damit gleichzeitig von den Besonderheiten des Einzelfalles abstrahiert und eine inhaltliche Erweiterung des Modells gegenüber dem Objekt erzielt. Die Analogie zwischen Modell M und Objekt O soll vor allem eine Verhaltens- oder Funktionsanalogie sein.

Eine andere Definition des ökonometrischen Modells, die jedoch mit der obengenannten Begriffsbestimmung vereinbar ist, besteht darin, ein ökonometrisches Modell als eine Klasse von Strukturen zu verstehen, wobei eine Struktur ein System von numerisch genau spezifizierten Strukturgleichungen ist. Eine Strukturgleichung wiederum wird als bestimmte Beziehung zwischen den Modellvariablen bezeichnet, in der numerisch genau spezifizierte Koeffizienten auftreten. Anders ausgedrückt: Ein Modell enthält allgemeine Zahlen als Parameter (Koeffizienten), während eine Struktur bestimmte Zahlen als Koeffizienten enthält. Damit gilt das Modell für den allgemeinen und die Struktur für den konkreten Fall. Da aber ein allgemeiner Fall viele konkrete Fälle repräsentiert, vertritt ein Modell eine große Zahl (theoretisch unendlich viele) Strukturen. Zu dem sehr einfachen (und vereinfachten) ökonometrischen Modell

$$Y = a + bx \tag{1.1}$$

wäre beispielsweise

$$Y = 3{,}1 + 12{,}4\, x \tag{1.2}$$

eine Struktur.

Ein Grundproblem der ökonometrischen Arbeit besteht darin, die zu einem Modell gehörende "wahre Struktur" zu bestimmen. Da die hypothetisch unendlich große Zahl statistischer Ausgangsgrößen, aus der sich die wahre Struktur ergibt, nicht zur Verfügung steht, wird diese Struktur auf der Grundlage einer Stichprobe geschätzt (vgl. Anhang).

Ökonometrische Modelle bestehen aus

1. Gleichungen und/oder Ungleichungen, also den mathematischen Beziehungen

2. Variablen

3.   Konstanten (Koeffizienten, Parametern).

Die jeweilige Modellart wird durch den Typ der mathematischen Beziehungen und die Art der in ihnen enthaltenen Variablen bestimmt.

Die Variablen werden nach ihrer Eigenschaft und nach der Stellung im Modell unterschieden. Daraus ergibt sich

1.   die Unterteilung in diskrete Variablen und

   in kontinuierliche Variablen

2.   die Unterteilung in endogene Variablen,

   in exogene Variablen und

   in latente Variablen.

Die Unterteilung in diskrete und kontinuierliche Variablen entspricht derjenigen in diskrete und kontinuierliche (stetige) Zufallsgrößen. Demnach heißt eine Variable *diskret*, wenn sie nur endlich viele oder abzählbar unendlich viele Werte anzunehmen vermag. Das bedeutet, daß sich die Werte dieser Variablen auf irgendeine Weise durchnumerieren lassen und als Folge $x_1, x_2, ..., x_i, ...$ geschrieben werden können. Beispielsweise sind Variablen in Form von Anzahlen diskrete Variablen.

Eine Variable heißt *kontinuierlich* oder *stetig*, wenn sie jeden Zahlenwert aus einem Intervall oder aus mehreren Intervallen der Zahlenachse annehmen kann. Im allgemeinen werden meßbare Größen im Modell durch stetige Variablen vertreten. Durch die mit der statistischen Auswertung von Beobachtungsdaten verbundene Klassenbildung werden stetige Variablen als quasi-diskrete Variablen betrachtet.

Von entscheidender Bedeutung für die Modelltheorie ist die Unterscheidung in endogene, exogene und latente Variablen. Dabei versteht man unter *endogenen* Variablen diejenigen, die durch das Modell erklärt werden sollen. Im Modell haben sie den Charakter von abhängigen Variablen.

Die latenten Variablen sind Ausdruck dessen, daß der "reine Zusammenhang" zwischen den endogenen Variablen und den exogenen Variablen eben durch diese latenten Variablen gestört ist. Sie heißen deshalb in der neueren ökonometrischen Literatur oft Störvariablen.

Exogene Variablen sind vorgegebene Variablen, durch die endogene Variablen mittels des Modells erklärt werden. Im Modell haben sie den Charakter von unabhängigen Variablen.

Latente Variablen sind Zufallsvariablen oder Zufallsglieder in den Struktur- oder

Modellgleichungen. Sie vertreten die große Zahl der sonstigen Einflüsse, denen die endogenen Variablen unterliegen, da durch die exogenen Variablen nur die wichtigsten dieser Einflüsse angegeben werden.

Die Reaktion der endogenen Variablen kann unverzögert (also im Beeinflussungszeitraum) oder verzögert (also in einem späteren Zeitraum) erfolgen. Bei verzögerten endogenen Variablen tritt die Situation ein, daß sie zu einem späteren Zeitraum bestimmte Werte annehmen, die durch eine früher erfolgte Beeinflussung bestimmt sind. Zu diesem späteren Zeitraum sind die verzögerten endogenen Variablen vorgegeben und in diesem Sinne den exogenen Variablen vergleichbar. Sie werden auch mit diesen zu den vorherbestimmten oder *prädeterminierten* Variablen zusammengefaßt.

Wie später ausgeführt wird, ist die Unterscheidung nach endogenen und exogenen Variablen nicht immer eindeutig und nicht in allen Modellen die gleiche. Sowohl der Charakter der ökonomischen Größe, für die die Variable steht, als auch der Zusammenhang, in dem diese Größe betrachtet wird (das Modell), bestimmen darüber, welche Größe durch endogene und welche durch exogene Variablen darzustellen sind.

Neben den Modellvariablen sind in den Strukturgleichungen, Strukturen und Modellen Konstante enthalten, die die Koeffizienten des jeweiligen Gleichungssystems darstellen. Im Sinne der ökonometrischen Theorie sind sie Parameter, also Größen, die unter bestimmten Bedingungen oder in bestimmten Zeitintervallen konstant sind. Solche Parameter sind beispielsweise Einsatz-Ausstoß- oder Aufwands-Ertrags-Verhältnisse einzelner Wirtschaftszweige, Betriebe oder Betriebsabteilungen. Auch die große Zahl der technisch-wissenschaftlichen Kenngrößen gehört zu den Parametern ökonometrischer Modelle. Erinnert sei etwa an Größen wie Materialverbrauch einer Materialart für eine Erzeugniseinheit, Verbrauch von Maschinenstunden je Leistungseinheit und -art und ähnliche Größen. Über einen gewissen Zeitraum hin oder für bestimmte Erzeugnisse, Leistungen oder Materialarten handelt es sich um konstante Größen, die auch in den Modellen als solche verwendet werden. Im Laufe einer längeren zeitlichen Entwicklung verändern sich allerdings die Modellparameter und bedürfen dann einer Korrektur.

Modellparameter stellen statistisch betrachtet im allgemeinen Durchschnitte dar, die über mehrere Zeiträume oder über mehrere Materialarten oder über mehrere Erzeugnisse beziehungsweise Leistungen gebildet werden. Um die Verläßlichkeit der Modellresultate beurteilen zu können, ist es erforderlich, die Streuung um diese Durchschnittsparameter zu kennen. Im Zusammenhang mit der Modellschätzung sind deshalb Streuungsangaben unerläßlich (vgl. Anhang).

Auf die große Bedeutung der Statistik als entscheidende Quelle der Ökonometrie wurde bereits verwiesen. Der enge Zusammenhang der Ökonometrie mit der Statistik läßt sich besonders vorteilhaft an der Ableitung der Struktur aus dem Modell demonstrieren. Das Modell enthält, wie schon ausgeführt wurde, nur allgemeine Koeffizienten oder Parameter. Es kann somit grundsätzliches, vor allem *qualitatives* Abbild des mo-

1. Verkehrsökonometrische Grundlagen

dellierten Tatbestandes oder Prozesses sein. Folglich ist es zwar für theoretische Untersuchungen geeignet und bedeutungsvoll, vermag jedoch nicht zu numerischen Entscheidungsgrundlagen zu führen.

Die ökonomische Entscheidung bezieht sich in der Regel auf den konkreten Fall und bedarf deshalb auch konkreter Daten. Um diese Entscheidung aus dem Modell ableiten zu können, müssen zunächst die Modellparameter numerisch festgelegt werden. Dazu sind zwei grundlegende Voraussetzungen zu erfüllen:

1. Es müssen Methoden zur Verfügung stehen, die es gestatten, die allgemeinen Modellparameter für den konkreten Fall numerisch zu fixieren.

2. Es müssen Ausgangsdaten vorliegen beziehungsweise beschafft werden, auf deren Grundlage die Bestimmung der Modellparameter erfolgen kann.

Die erste Voraussetzung wird durch das Vorhandensein von ökonometrischen Schätzmethoden erfüllt. Auf diese Methoden wird im Anhang näher eingegangen.

Die zweite Voraussetzung wird durch die angewandte Statistik zu realisieren sein. Ausgangsdaten, die zu verkehrsökonometrischen Untersuchungen benötigt werden, sind in erster Linie durch die Wirtschaftsstatistik, besonders durch die Verkehrsstatistik bereitzustellen.

Wie in Bild 1.3 veranschaulicht wird, ergibt sich das ökonometrische Modell aus der ökonomischen Problemstellung und aus den mathematischen Modellierungsmitteln. Ein solches Modell ist Abbild von allgemeiner Form. Für die konkrete Entscheidung wird es anwendbar, indem es durch Aufnahme tatsächlicher (statistischer) Beobachtungsdaten zur Struktur spezifiziert wird. Man erkennt aus dem Bild, daß die Statistik nicht nur eine der theoretischen Quellen der Ökonometrie ist, sondern daß sie auch unmittelbar praktische Voraussetzungen für die Schätzung der Modellparameter und somit für die Gewinnung sowie Verwendung konkreter ökonometrischer Aussagen liefert. Darin besteht die besondere Bedeutung der statistischen Information für die ökonometrischen Untersuchungen. Zwischen Statistik und Ökonometrie bestehen zweiseitige aktive Beziehungen. Einerseits kann die Möglichkeit ökonometrischer Forschungen durch das Vorhandensein oder Nichtvorhandensein statistischer Ausgangsdaten wesentlich erweitert oder eingeengt werden, während andererseits die ökonometrischen Forschungen zu Forderungen an die Statistik führen, bestimmte Daten zu erfassen und bereitzustellen.

Der Charakter des Übergangs vom generellen ökonometrischen Modell zur konkreten ökonometrischen Struktur wird durch Bild 1.4 verdeutlicht. Über ein (im allgemeinen ökonomisches) System S ist ein Modell M vorhanden. In dieses System führen verschiedene Einflußfaktoren oder Inputs, deren Werte in einem Vektor x zusammengefaßt sind.

8 1. Verkehrsökonometrische Grundlagen

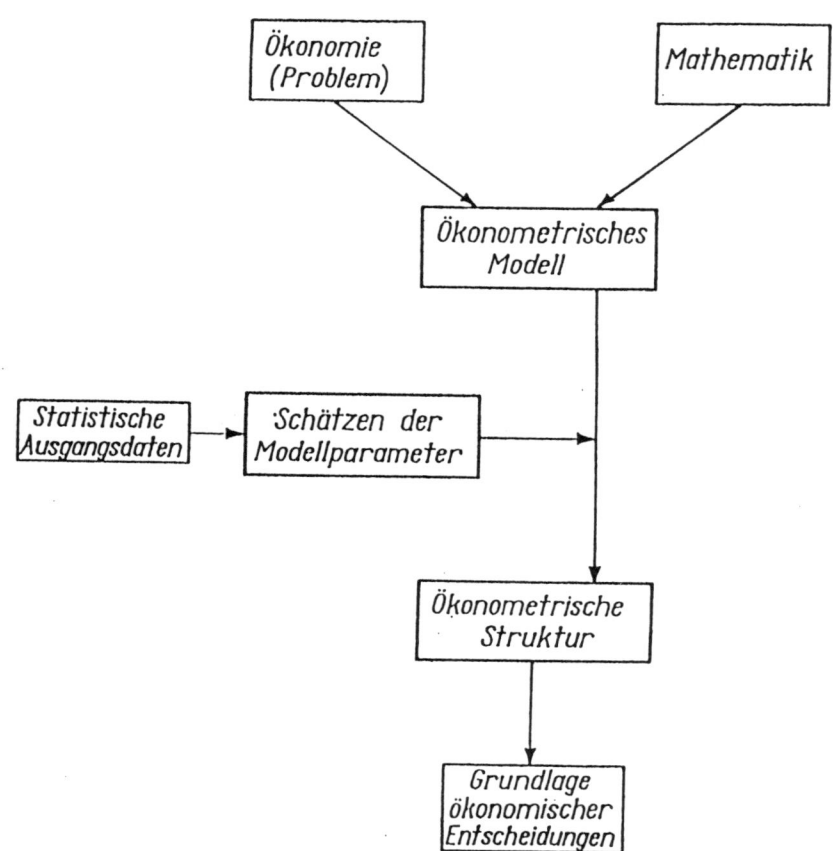

Bild 1.3   Übergang vom ökonometrischen Modell zur ökonometrischen Struktur

Diese Werte sind gleichzeitig Inputs des Modells M. Die Wirkungen des Systems S nach außen sind im Outputvektor y zusammengefaßt. Um aus dem allgemeinen Modell M die ökonometrische Struktur herzuleiten, werden die tatsächlichen Werte von x und y abgegriffen und als Grundlage der Schätzung benutzt. Man erhält eine ökonometrische Struktur Y = f(x), die den tatsächlichen Vorgang der Umwandlung (Transformation) der Inputs in die Outputs beschreibt. In diese Struktur Y = f(x) können weitere Inputs in Form von Plan- oder Prognosegrößen eingeführt werden, aus denen die nach der ermittelten Struktur zu erwartenden Outputs Y errechnet werden können. Ein Vergleich der zu erwartenden Outputs Y mit den tatsächlichen Outputs

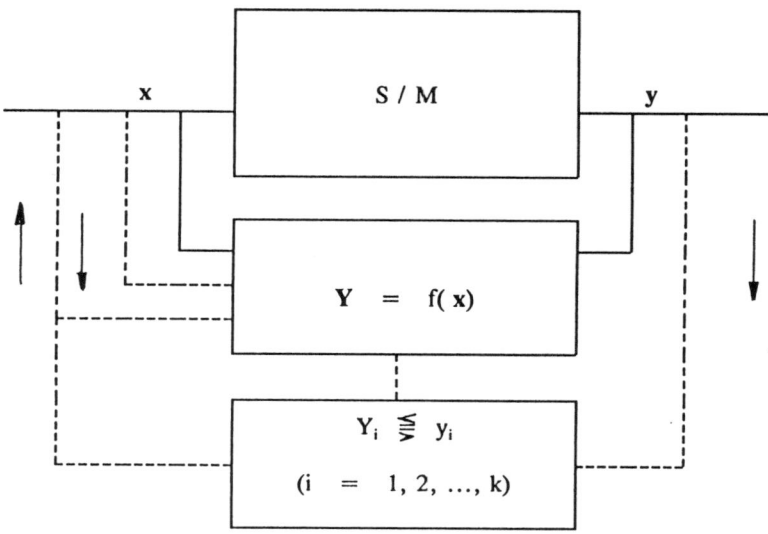

Bild 1.4   Schätzung der ökonometrischen Struktur nach dem black-box-Prinzip

y liefert Anhaltspunkte sowohl für eine erforderliche Veränderung der Inputs als auch für Korrekturen des Modells und der Struktur, wodurch letztere laufend verbessert werden können. Wesentlich ist dabei, daß nach diesem Vorgehen Aussagen über das Verhalten (die Outputs) des Systems S in Abhängigkeit von seinen Inputs möglich werden, obwohl die innere Struktur des Systems unbekannt ist. Sie besitzt den Charakter eines schwarzen Kastens oder einer black box. Trotz oder vielleicht sogar auf Grund dieser Beschränkung hat sich jedoch das black-box-Prinzip bei der Untersuchung und Beurteilung komplizierter Systeme sehr gut bewährt; es erlaubt, aus der vergleichenden Auswertung von Eingangs- und Ausgangsimpulsen das mögliche Verhalten des Systems bei bestimmten Eingangsimpulsen abzuschätzen.

Die Rolle des black-box-Prinzips für die Ökonomie charakterisiert KLAUS wie folgt:

"Die Systeme der politischen Ökonomie, unsere X_i zum Beispiel sind solche "black-box", da sie in Wirklichkeit sehr viele ökonomische Vorgänge zu einem Gesamtkomplex zusammenfassen, den wir in allen Einzelheiten gar nicht berücksichtigen wollen beziehungsweise gar nicht berücksichtigen können. Es genügt uns ja aber auch, wenn wir wissen, was in einen Produktionssektor an Geld, Material, Arbeitskräften usw. eingeht und was dieser Sektor dafür liefert. Das eine ist also im Sinne der Kybernetik der Input, das andere der Output" (KLAUS 1964, S. 252).

Aber nicht nur die Beziehungen im Verflechtungsmodell haben black-box-Charakter. Die ökonomischen Abhängigkeiten, die ökonometrisch untersucht werden, werden ebenfalls als black-box-Systeme aufgefaßt. Somit verfügt man stets nur über Eingangs- und Ausgangsimpulse, aus denen diese Abhängigkeiten abgeleitet werden.

1.2 Grundformen ökonometrischer Modelle

Zur Klassifizierung von ökonometrischen Modellen bestehen verschiedene Möglichkeiten. Hier sollen Gliederungsprinzipien angewendet werden, die eine ökonometrische Differenzierung der einzelnen Modelle gestatten. Demnach kann man ökonometrische Modelle nach

- linearen und nichtlinearen Modellen
- statischen und dynamischen Modellen
- deterministischen und stochastischen Modellen sowie nach
- rekursiven und interdependenten Modellen

unterscheiden. Eine Übersicht gibt Bild 1.5.

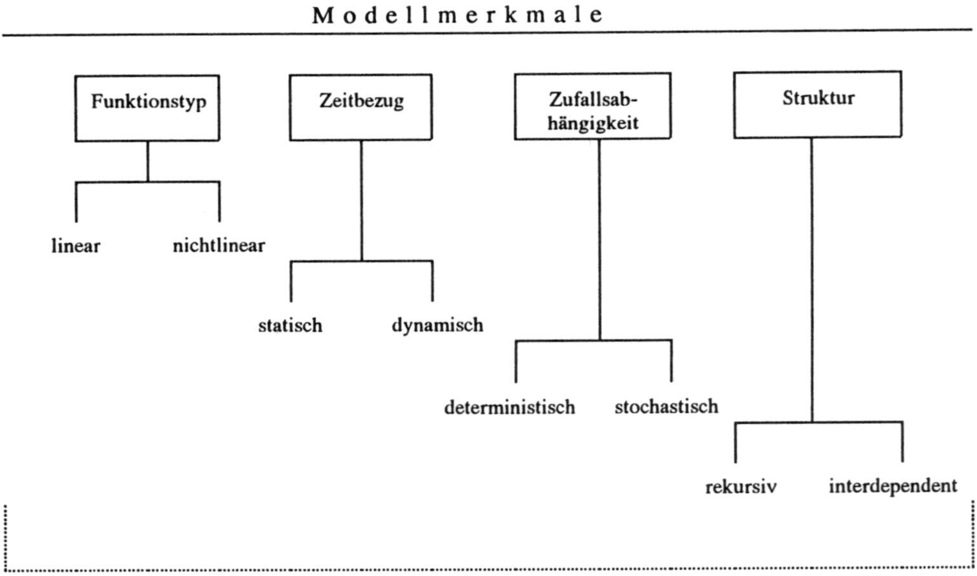

Modellmerkmale

```
Funktionstyp      Zeitbezug        Zufallsab-        Struktur
                                   hängigkeit

linear  nichtlinear
              statisch  dynamisch
                              deterministisch  stochastisch
                                                    rekursiv  interdependent
```

Jedes Modell besitzt aus jeder der vier Gruppen jeweils ein Merkmal.

Bild 1.5   Arten ökonometrischer Modelle

Die Unterscheidung nach linearen und nichtlinearen Modellen ist in dem Grad der mathematischen Beziehungen begründet, die im Modell auftreten. Handelt es sich um Beziehungen ersten Grades, also um lineare Beziehungen, dann spricht man von *linearen* Modellen. Treten aber Beziehungen anderen als ersten Grades auf, die allerdings auch gemeinsam mit Beziehungen ersten Grades in einem Modell enthalten sein können, dann spricht man von *nichtlinearen* Modellen.

Lineare Modelle werden bei ökonometrischen Untersuchungen den nichtlinearen Modellen oft vorgezogen. Sie besitzen folgende Vorteile:

1. Lineare Modelle enthalten im allgemeinen Parameter, die ökonomisch sinnvoll interpretiert werden können. Diese Parameter besitzen meist den Charakter von technisch-wirtschaftlichen Kenngrößen.

2. Lineare Modelle lassen sich mathematisch wesentlich einfacher behandeln als nichtlineare Modelle.

3. Da nichtlineare Modelle durch Linearisierung näherungsweise auf lineare Modelle zurückgeführt werden können und die dabei auftretenden Linearisierungsfehler relativ gering sind, lassen sich die meisten ökonomischen Probleme durch lineare Modelle erfassen. Das schließt nicht aus, daß beispielsweise bei dynamischen Modellen ein zunächst linearer Ansatz später zu einer nichtlinearen Lösung führt. Das Prinzip der Linearisierung wird in Bild 1.6 dargestellt.

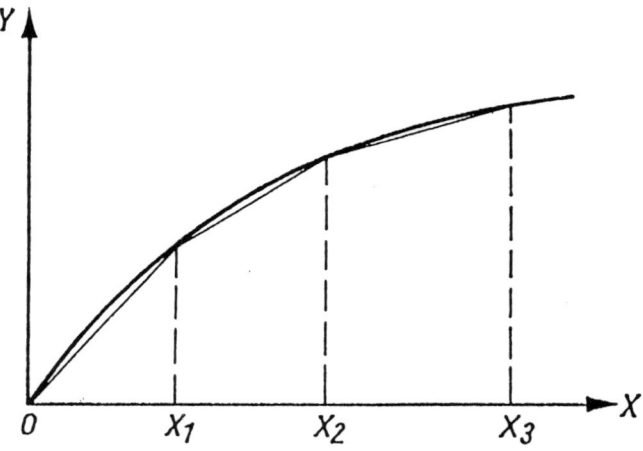

Bild 1.6   Prinzip der stückweisen Linearisierung einer nichtlinearen Beziehung

Die Verwendung linearer Beziehungen für nicht streng lineare Zusammenhänge ist zulässig, wenn

1. die De- oder Progressivität der einen Größe im Verhältnis zu der anderen Größe in dem betrachteten Bereich noch innerhalb der meß- oder erfaßbaren Genauigkeitsgrenze liegt

2. die De- oder Progressivität zwar die Genauigkeitsgrenze überschreitet, aber noch innerhalb der zugelassenen Toleranzen bleibt (SEIDEL 1963).

Damit wird der Toleranzbegriff, dessen Anwendung in der Vergangenheit im allgemeinen in der Technik erfolgte, auch zu einem ökonomischen Schlüsselbegriff. Im Zusammenhang mit ökonometrischen Modellen von Toleranzen zu sprechen beziehungsweise mit ihnen zu arbeiten ist sowohl aus Gründen der praktischen Modellbildung als auch der richtigen Beurteilung der durch die Modelle erzielten Ergebnisse notwendig. Zum zweiten Aspekt sind noch einige Bemerkungen erforderlich:

a) Ein ökonomischer Prozeß sei mit P bezeichnet. Er werde beeinflußt durch drei Haupteinflußgrößen A, B und C sowie durch einen Komplex S sonstiger und im einzelnen nebensächlicher Größen. In allgemeiner Darstellung wäre

$$P = f(A, B, C, S) \qquad (1.3)$$

zu schreiben. Das entsprechende Modell dieses Sachverhalts enthält gemäß den bisherigen Überlegungen nur die Haupteinflußgrößen. Man schreibt

$$P' = f(A, B, C) \,. \qquad (1.4)$$

Wird entsprechend der zuletzt genannten Beziehung ein Prognosewert P_p' berechnet und ergibt sich nach Ablauf des Prognosezeitraumes ein tatsächlicher Wert oder Istwert P_i, so wird eine Differenz

$$\Delta P = |P_p' - P_i| \qquad (1.5)$$

selbst dann eintreten, wenn die Einflußgrößen A, B und C während des Prognosezeitraumes in dem Maße gewirkt haben, wie es bei der Berechnung der Prognosegröße P_p' vorgesehen war. Diese Differenzierung resultiert daraus, daß tatsächlich noch der Komplex S wirksam war, der im Modell nicht berücksichtigt worden ist. Die Modellierung hat somit zu einer bestimmten Abweichung zwischen dem Prognosewert und dem Istwert geführt, die die Festlegung eines Toleranzbereiches erforderlich macht. Dazu werden die latenten Variablen benötigt (vgl. Anhang).

b) Ökonometrische Modelle enthalten im allgemeinen eine große Anzahl von Koeffizienten beziehungsweise Parametern (z.B. spezifische Materialverbrauchswerte), die sowohl durch langandauernde statistische Untersuchungen ermittelt werden als auch durch technologische Vorschriften bestimmt sind. Ihrem Charakter nach sind diese Größen statistische Durchschnittswerte. In einem späteren Zeitraum können die Koeffizienten Werte annehmen, die von den im Modell verwandten Durchschnittswerten abweichen. Das ist durch die statistische Streuung hinlänglich erklärt. Damit ergibt sich ein weiterer Faktor, die zu einer Differenz zwischen P_p' und P_i führen kann.

c) Weiter ist zu beachten, daß die Modellparameter bei Prognoseberechnungen aus dem Erfassungs- oder Bestimmungszeitraum in den Prognosezeitraum übertragen werden. Selbst Korrekturmaßnahmen werden nur ermöglichen, die mittlere Veränderung dieser Parameter abzuschätzen, so daß auch durch die notwendige Übertragung der Daten in nachfolgende Zeiträume Veränderungen zu erwarten sind, die zum Entstehen der genannten Differenz Δ P beitragen.

d) Schließlich ergibt sich eine weitere Ursache für diese Differenz durch die numerische Lösung des Modells. Die große Ausdehnung ökonometrischer Modelle, z.B. bei der Darstellung von Verflechtungen, führt zu umfangreichen Gleichungs- beziehungsweise Ungleichungssystemen mit sehr vielen Koeffizienten. Die numerische Lösung solcher Systeme kann zu erheblichen Fehlern im Endresultat führen, die auf den Rundungen der Zwischenresultate basieren.

Bei der praktischen Anwendung ökonometrischer Modelle wirken diese Ursachen gemeinsam, wenn auch von Fall zu Fall mit unterschiedlicher Intensität.

Neben der Unterscheidung in lineare und nichtlineare Modelle wurde weiterhin die in *statische* und *dynamische* Modelle angeführt. Eine klare Definition gibt TINBERGEN unter Berufung auf *Ragnar* FRISCH, indem er feststellt: Man kann

"... von dynamischer Forschung (gemeint ist Forschung auf dem Gebiet der Ökonometrie, d. Verf.) nur dann sprechen, wenn eine Beziehung zwischen wirtschaftlichen Phänomenen, die verschiedenen Zeitmomenten angehören, gesucht wird" (TINBERGEN 1952).

Gehören die zu betrachtenden Phänomene, deren Beziehung gesucht wird, gleichen Zeitpunkten oder Zeiträumen an, so ist die Untersuchung statisch, und das zugehörige Modell ist ein statisches Modell. Werden im Modell dagegen Beziehungen zwischen wirtschaftlichen Sachverhalten dargestellt, die verschiedenen Zeitpunkten oder Zeiträumen angehören, so wird von einem dynamischen Modell gesprochen. Bei statischen Modellen können aber durchaus mehrere Zeitmomente auftreten. Sofern die in Beziehung stehenden Größen jeweils dem gleichen Zeitmoment zugeordnet sind, bleibt das Modell statisch. Wenn also z.B. die Abhängigkeit des Energieverbrauchs von der Betriebsleistung der Eisenbahn untersucht wird, und dafür Messungen aus verschiedenen Zeiträumen vorliegen, handelt es sich trotzdem nicht um ein dynamisches Modell, weil der Energieverbrauch aus der Betriebsleistung des gleichen Zeitraumes erklärt wird (vgl. RICHTER/FISCHER 1961).

Dagegen werden Modelle dynamischen Charakters dann benötigt, wenn beispielsweise die Beziehungen zwischen den Investitionen eines gegebenen Zeitraumes und dem daraus resultierenden Produktionsumfang in einem nachfolgenden Zeitraum erfaßt werden sollen. Zur grafischen Darstellung statischer und dynamischer Zusammenhänge eignet sich das Pfeilschema (vgl. TINBERGEN 1952).

Nach dieser Darstellungsweise ist in Bild 1.7 ein statisches Modell mit den Variablen A, B, C und D wiedergegeben.

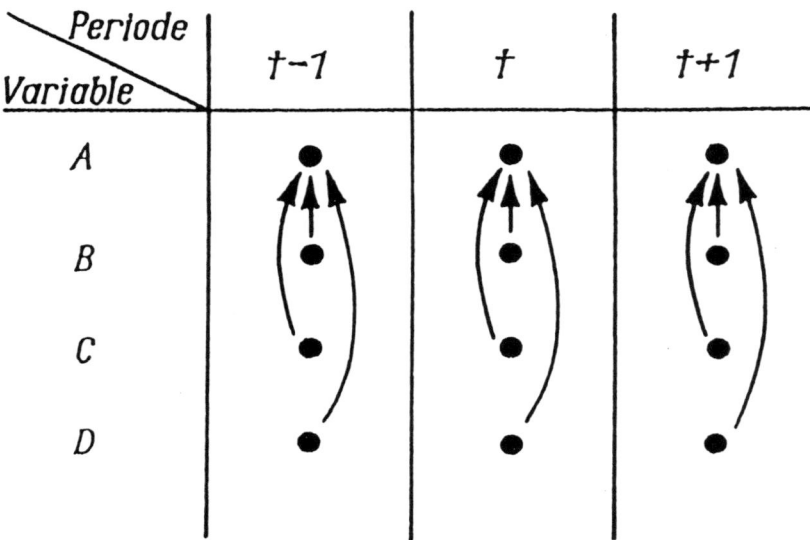

Bild 1.7 Pfeilschema eines statischen Modells

Im Gegensatz zu den statischen Modellen wird bei den *dynamischen* Modellen der Einfluß der Zeit berücksichtigt. Dazu bestehen verschiedene Möglichkeiten, die nachstehend in einer von der Quelle abweichenden Form angeführt werden (vgl. z.B. MENGES 1961):

1. Eine Variable ist eine Funktion der Zeit in der Form

$$Y_t = Y_t(t). \qquad (1.6)$$

2. Eine Variable hängt von ihren in den Vorperioden angenommenen eigenen Werten ab, etwa nach der Beziehung

$$Y_t = Y_t(Y_{t-1}, Y_{t-2}, \ldots). \qquad (1.7)$$

In diesem Falle sind die Variablenwerte autokorrelativ verbunden.

3. Eine Variable hängt von den Werten einer anderen Variablen in der Vorperiode oder in den Vorperioden ab. In dem in Bild 1.8 skizzierten dynamischen Modell dieses Typs gilt beispielsweise u. a. auch (mit geänderten Symbolen)

$$Y_t = Y_t(X_{t-1}), \qquad (1.8)$$

wobei die Zeiger der Zeitperiode (t, t - 1), ...) im Bild nicht bei den Variablen, sondern über der zweiten bis vierten Spalte stehen.

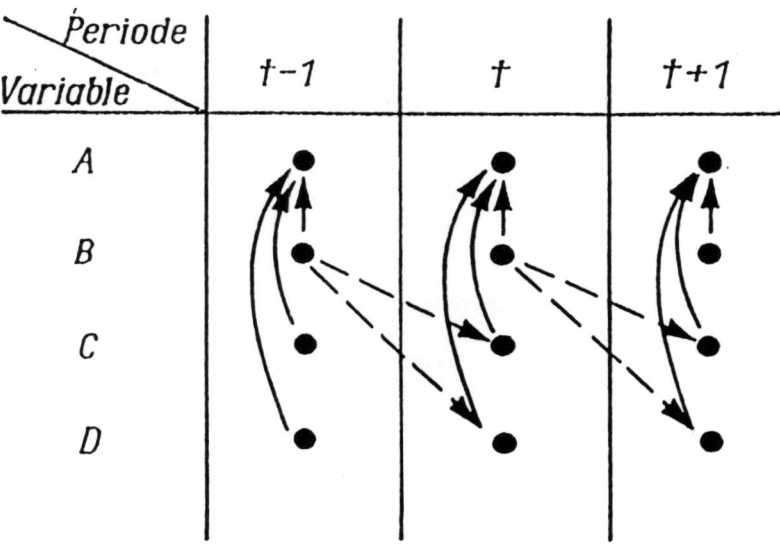

Bild 1.8   Pfeilschema eines dynamischen Modells

4. Eine Variable hängt von der Geschwindigkeit der zeitlichen Veränderung einer anderen Variablen ab. Wird diese zeitliche Veränderung durch ΔX ausgedrückt, so ist

$$Y_t = Y_t(\Delta X).\tag{1.9}$$

5. Eine Variable hängt ab von der zeitlichen Kumulation einer anderen Variablen, also von der Summe der Werte dieser anderen Variablen in den Vorperioden:

$$Y_t = Y_t\left(\sum_{1}^{t} X_{t-i}\right)\tag{1.10}$$

Üblicherweise werden also Zeitverzögerungen im dynamischen Modell angenommen. Dagegen wird das Vorauslaufen von Variablen, das auch berücksichtigt werden könnte, kaum als Grundlage dynamischer Modelle verwendet. Zeitverzögerungen bedeuten, daß die Ursachen für ein Resultat in der Periode t in früheren Perioden liegen. Diese Ursachen wirken verzögert, also mit einem Lag (auch time lag) der Größe τ, die natürlich von Fall zu Fall unterschiedlich sein kann.

Die Gesamtheit aller Zeitperioden, die in einem Modell in der Zeitperiode t zu berücksichtigen sind, nennt man den *zeitlichen Horizont* des Modells. Dieser zeitliche Horizont umfaßt bei statischen Modellen eben nur eine einzige Periode, nämlich die Periode t selbst, für die auch das Modell gilt.

Zweifellos sind dynamische Modelle den tatsächlichen ökonomischen Verhältnissen besser angepaßt als statische Modelle. Die Schwierigkeiten ihrer Aufstellung, insbesondere auch der zutreffenden Bestimmung der zeitlichen Verzögerungen, haben jedoch dazu geführt, daß zunächst mit der Aufstellung statischer Modelle begonnen wurde, die später schrittweise zu dynamischen Modellen weiterentwickelt wurden und werden.

In Kapitel 5. wird ein spezielles dynamisches Modell dargestellt, das auf dem Input-Output-Modell beruht.

Die Unterscheidung nach deterministischen und stochastischen Modellen wird von der Existenz oder Nichtexistenz latenter Variablen in den Modellen abhängig gemacht. Demnach wird von einem *deterministischen* Modell gesprochen, wenn dieses Modell nur determinierte Größen und Beziehungen enthält.

In einem deterministischen Modell treten keine zufälligen, also auch keine latenten Variablen auf. Schon infolge des Modellierungsprinzips, nur die wichtigsten Beziehungen im Modell zu erfassen, werden jedoch immer weitere Einflußfaktoren wirksam sein, die zu Abweichungen zwischen den Modellresultaten deterministischer Modelle und der (stochastischen) Wirklichkeit führen.

In *stochastischen* Modellen ist die Wirkung dieser sonstigen Einflüsse durch die latenten Variablen erfaßt. Ihre Benutzung hat zur Folge, daß für die Modellresultate Schätzintervalle angegeben werden, die die zu erwartenden Werte mit einer bestimmten Wahrscheinlichkeit einschließen, oder daß jene Modellparameter aus den statistischen Ausgangsgrößen geschätzt werden, denen die größte Wahrscheinlichkeit zukommt.

In seinem Vorwort zu LANGE, Ganzheit und Entwicklung in kybernetischer Sicht (LANGE 1966), bemerkt KLAUS dazu:

"Die ... Beschränkung auf determinierte Systeme bedeutet also aus den verschiedensten Gründen keine Einschränkung der Allgemeinheit. Wenngleich, gewissermaßen 'in letzter Instanz', alle materiellen Systeme stochastischer Natur sind, so hat die Wissenschaft doch vielerlei Methoden und Verfahren ausgearbeitet, die es gestatten, die Betrachtung solcher Systeme durch die Analyse von Systemen zu ersetzen, die determinierten Charakter haben und deren Verhalten sich von denen entsprechender stochastischer Systeme so wenig unterscheidet, daß die Differenz für den jeweiligen praktischen Fall belanglos wird" (KLAUS 1966, S. X).

Ungeachtet dieser für die Systeme getroffenen Feststellung enthält die ökonometrische

Standardgleichung immer auch eine latente Variable (Störvariable) und somit eine stochastische Komponente (vgl. Anhang). Über die Verteilung dieser Variablen ist eine Annahme zu treffen. Erst dieser Ansatz gestattet es überhaupt, die Modellparameter aus den statistischen Daten zu schätzen. In Modellen jedoch, deren Koeffizienten auf andere Weise als durch statistische Schätzung bestimmt werden können, werden latente Variablen nicht benötigt.

Die Unterscheidung nach rekursiven und interdependenten Modellen richtet sich nach der Art der Abhängigkeit zwischen den Variablen während einer Zeitperiode. Sie kann deshalb sowohl an statischen wie auch an dynamischen Modellen demonstriert werden.

Von einem *rekursiven* Modell spricht man, wenn innerhalb einer Zeitperiode nur einseitig gerichtete Abhängigkeiten zwischen den Variablen auftreten. Dieser Fall tritt beispielsweise bei Korrelationsmodellen als Regelfall auf. Ein rekursives Modell wurde in Bild 1.7 als Pfeilschema veranschaulicht.

Ein *interdependentes* Modell liegt vor, wenn innerhalb einer Zeitperiode gegenseitig (entgegengesetzt) gerichtete Beziehungen zwischen den Modellvariablen auftreten. Dieser Fall tritt beispielsweise bei Input-Output-Modellen auf. Bild 1.9 zeigt das entsprechende Pfeilschema.

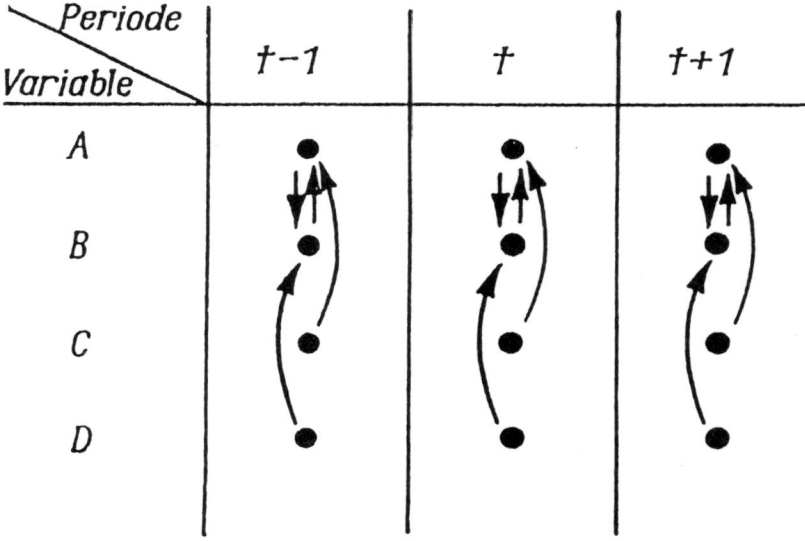

Bild 1.9   Pfeilschema eines interdependenten Modells

Die Unterscheidung nach rekursiven und interdependenten Modellen hängt oft von der Betrachtungsweise oder dem Untersuchungsziel ab. Praktisch wird man eher interdependente als rekursive Abhängigkeiten finden, doch können einzelne der gegenseitigen Beziehungen so schwach sein, daß der mathematisch einfachere Ansatz eines rekursiven Modells vertreten werden kann.

Die genannte Unterscheidung ist weiterhin für die Schätzung der Werte für die Modellparameter (Übergang vom Modell zur Struktur) von Bedeutung. Bei rekursiven Modellen kann man dazu die Schätzmethode der kleinsten Quadratsumme verwenden. Liegen interdependente Abhängigkeiten vor, so muß zur Schätzung die Methode der größten Dichte (Maximum-Likelihood-Methode) - kurz ML-Methode - verwendet werden (vgl. Anhang).

Die Vielfalt der möglichen Funktionen und Funktionstypen in ökonometrischen Modellen ist beachtlich, wie ein Blick in die bereits zitierte Literatur zeigt. Im einfachsten Fall besteht ein ökonometrisches Modell aus

- einer endogenen Variablen Y

- einer exogenen Variablen X und

- einer latenten Variablen U

sowie dem time lag τ und dem Intensitätskoeffizienten ϵ. Es lautet dann in allgemeiner Form

$$Y = f(X; U \mid \tau, \epsilon) , \qquad (1.11)$$

kann aber auch als

$$Y_t = a + b x'_{t-\tau} + U_t \qquad (1.12)$$

geschrieben werden. Für

$$\tau = 0$$

und

$$\epsilon = 1$$

entsteht aus (1.12) das einfache lineare Modell

$$Y_t = a + b x_t + u_t. \qquad (1.13)$$

Aus dieser Grundform werden auch kompliziertere ökonometrische Modelle zusammengesetzt.

1.3 Verkehrsstrommatrix als Strukturrahmen

In der Verkehrsökonometrie, allgemeiner im Rahmen der quantitativen Verkehrsforschung, kommt der Verkehrsstrommatrix ein herausragender Platz zu. Nicht zuletzt deshalb unterscheidet sich die Verkehrsökonometrie von allen anderen Arten der angewandten Ökonometrie.

Die Verkehrsstrommatrix ist die wichtigste Art der Verkehrsmatrix (vgl. RICHTER 1977). Indem sie die Hauptfunktion allen Verkehrs, die Veränderung des örtlichen Daseins von Personen, Gütern und Nachrichten, abbildet, liefert sie die Grundlage für viele auf dieser Abbildung beruhenden Modelle.

Der Aufbau der Verkehrsstrommatrix in Tabellenform wird durch Tabelle 1.1 wiedergegeben. Die entscheidenden Bestandteile dieser Tabelle sind

- die Verkehrsquellen, aus denen die Verkehrsströme hervorkommen,
- die Verkehrssenken, in die die Verkehrsströme fließen, und
- die Verbindungen zwischen den Verkehrsquellen und den Verkehrssenken, die mit den Mengen der Verkehrsobjekte belegt sind.

Tabelle 1.1   Aufbau der Verkehrsstrommatrix

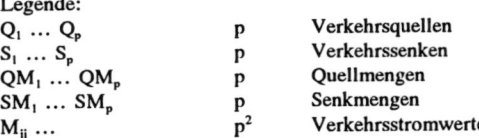

Legende:
$Q_1 \ldots Q_p$	p	Verkehrsquellen
$S_1 \ldots S_p$	p	Verkehrssenken
$QM_1 \ldots QM_p$	p	Quellmengen
$SM_1 \ldots SM_p$	p	Senkmengen
$M_{ij} \ldots$	p^2	Verkehrsstromwerte

Die Quellmengen werden auch als Aufkommensmengen, die Senkmengen als Zuflußmengen bezeichnet.

Tabelle 1.1 ist quadratisch strukturiert, weil davon ausgegangen wird, daß jede regionale Einheit sowohl Quelle als auch Senke von Verkehrsströmen sein kann. Es können jedoch auch nichtquadratische Verkehrsstrommatrizen aufgebaut werden.

Die Verkehrsstrommatrix ist zunächst der strukturelle Rahmen für die Abbildung von Verkehrsprozessen. Auf dieser Grundlage werden jedoch unterschiedliche verkehrsökonometrische Modelle entwickelt, die vor allem der Vorausberechnung von Verkehrsströmen dienen. Indirekt einbezogen ist hierbei auch die Bestimmung des Modal Split. Wichtig ist weiterhin die mögliche Ermittlung des Grades der Organisation in einem regional strukturierten System, die auf der Grundlage der Verkehrsströme erfolgt. Räumliche Strukturen können unterschiedlich stark ausgeformt sein, je nachdem, wie gleichmäßig oder ungleichmäßig die Verkehrsströme ausgeprägt sind. Die Verkehrsstrommatrix stellt damit eine Beziehung zwischen der Verkehrsökonometrie und der Regionalökonometrie dar.

1.4 Zusammenfassung

Das ökonometrische Modell vereinigt als mathematische Abbildung eines ökonomischen Sachverhalts, deren numerische Struktur aus statistischen Daten bestimmt wird, die konstituierenden Elemente der Ökonometrie, nämlich Ökonomie, Mathematik und Statistik. Durch das ökonometrische Modell werden Variablen und Konstanten miteinander verknüpft. Variable treten als endogene oder zu erklärende Variablen, als exogene oder erklärende Variablen und als latente oder Störvariablen auf. Die Konstanten, meist als Koeffizienten bzw. Parameter, bestimmen die numerischen Größenbeziehungen zwischen den Variablen. Sofern diese Konstanten als allgemeine Zahlen vorliegen, spricht man vom ökonometrischen Modell. Nachdem die Konstanten aus statistischen Daten hergeleitet, im allgemeinen statistisch geschätzt wurden, ist das ökonometrische Modell in die ökonometrische Struktur überführt worden.

Ökonometrische Modelle werden auf mehrfache Weise klassifiziert. Nach dem Funktionstyp unterscheidet man lineare und nichtlineare Modelle, nach dem Zeitbezug (der Dynamik) gibt es statische und dynamische Modelle, nach der Zufallsabhängigkeit wird in deterministische und in stochastische Modelle unterschieden, und nach der Abhängigkeitsstruktur existieren rekursive und interdependente Modelle.

Für die Verkehrsökonometrie als einer angewandten Ökonometrie liefert die Verkehrsstrommatrix den strukturellen Rahmen für eine ganze Modellklasse, die der Spezifik des Verkehrs entspricht.

2. Statistische Grundlagen

2.1 Gegenstand der multivariaten Analyse

Verkehr, Verkehrsentwicklung und Verkehrsfolgen werden in der Politik, in der Wirtschaft und in der Öffentlichkeit intensiv und nicht selten mit sehr kontroversen Standpunkten erörtert. Die Absicht, eine sogenannte optimale Verkehrslösung anzustreben, wird dabei allgemein bekundet. Bei näherem Hinsehen erweist sich aber Optimalität in diesem Zusammenhang als ein sehr unscharfer Begriff im Sinne der Fuzzy-Theorie, weil die an der Auseinandersetzung beteiligten Gruppen in der Regel unterschiedliche Ziele verfolgen oder zumindest bevorzugen. Da aber Verkehr ein Phänomen mit einer sehr großen Zahl von Merkmalen ist und diese Merkmale einerseits zur Bestimmung von Zielen und andererseits zur Festlegung von Grenzwerten bzw. Restriktionen herangezogen werden können, muß eine optimale Verkehrslösung immer eine multikriterielle Lösung und somit eine Kompromißlösung sein (ESTER 1987).

Die Eigenschaft, Träger einer großen Merkmalsmenge zu sein, haftet dem Verkehr und seinen unterschiedlichen Erscheinungsformen grundsätzlich an. Sie gilt für Verkehrsunternehmen, Verkehrsverbünde, Verkehrsnetze und -systeme und Verkehrsregionen gleichermaßen. Aus diesem Grunde muß die Verkehrsanalyse, insbesondere die verkehrswirtschaftliche Analyse, von der Akzeptanz der Merkmalsvielfalt ausgehen. Dennoch werden die dafür von der Statistik angebotenen Verfahren der Multivariaten Analyse (MVA) in der quantitativen Verkehrsforschung bisher noch ziemlich selten angewandt. Eine relativ frühe Ausnahme stellt die Untersuchung von Verkehrszellen durch MIKUS dar, der Bild 2.1 entnommen wurde (MIKUS 1974).

Die MVA hat sich in der jüngeren Vergangenheit zu einem eigenständigen Zweig der Statistik entwickelt (STEINHAUSEN/LANGE 1977; ECKES/ROßBACH 1980; FAHRMEIR/ HAMERLE 1984; BACKHAUS 1989; HARTUNG/ELPELT 1989; LÜTKEPOHL 1991). Ihre nutzbringende Anwendung setzt natürlich die Kenntnis der statistischen Grundlagen voraus, die z.B. in (RICHTER 1978; HOCHSTÄDTER 1987; MAYER 1988; BAMBERG/ BAUR 1989 und PINNEKAMP/SIEGMANN 1993) beschrieben sind.

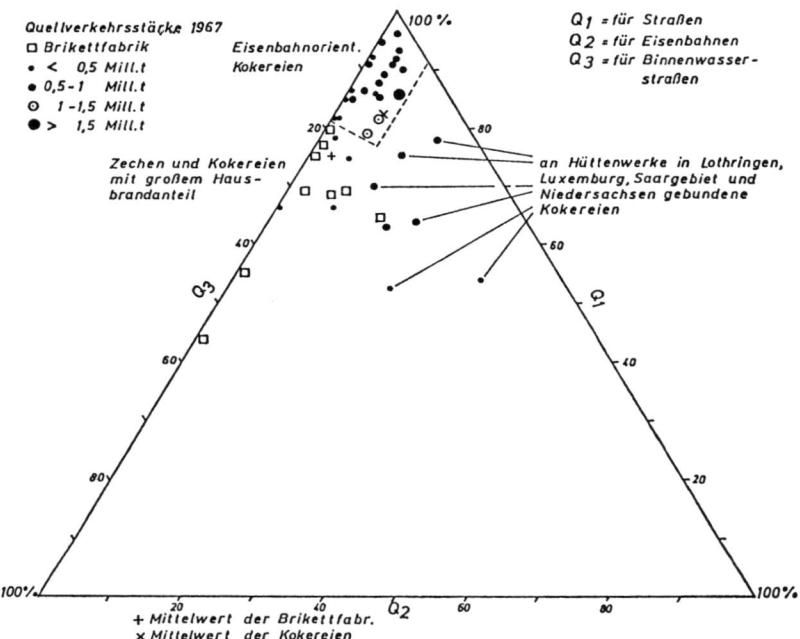

Bild 2.1   Der Quellverkehr der Kokereien und Brikettfabriken des Ruhrreviers nach der Quellverkehrsstärke und dem Anteil der Verkehrswege 1967 (aus MIKUS 1974, S. 40)

2.2 Datenmatrix

Die Grundlage der multivariaten statistischen Operationen ist die Datenmatrix (Matrix der Ausgangsdaten), die ihrerseits auf zwei Grundbegriffen beruht.

Die Datenmatrix **X** wird

- in den Zeilen nach den Untersuchungsgegenständen, den sogenannten Objekten, und
- in den Spalten nach den Untersuchungsmerkmalen (kurz: Merkmalen) bzw. Variablen

gegliedert.

Verkehrswirtschaftliche Objekte sind beispielsweise Verkehrsunternehmen oder Verkehrsregionen. Zugehörige Merkmale bzw. Variablen können die angebotene Verkehrskapazität, der Fahrzeugbestand oder der Verkehrserschließungsgrad sein.

2. Statistische Grundlagen

Es wird davon ausgegangen, daß

- n Objekte O_i, $i = 1(1)n$ existieren, von denen jedes Objekt
- p Merkmale trägt, die durch p Variablen X_j, $j = 1(1)p$ bezeichnet werden.

Die Ausprägung (der Meßwert) des Merkmals bzw. der Variablen X_j m Objekt O_i heißt x_{ij}.

Damit lautet die Datenmatrix der *Ausgangsdaten*:

$$X = \begin{bmatrix} x_{11} & x_{12} & x_{13} & \ldots & x_{1p} \\ x_{21} & x_{22} & x_{23} & \ldots & x_{2p} \\ x_{31} & x_{32} & x_{33} & \ldots & x_{3p} \\ \vdots & & & & \vdots \\ x_{n1} & x_{n2} & x_{n3} & \ldots & x_{np} \end{bmatrix} \quad (2.1)$$

Die verkürzte Schreibweise ergibt:

$$X = (x_{ij})_{n.p} \quad (2.2)$$

In der praktischen statistischen Analyse wird die Darstellung der Datenmatrix als Tabelle bevorzugt. In dieser Tabelle können gegenüber **X** zusätzliche Informationen aufgenommen werden, wie die Tabelle 2.1 veranschaulicht.

Die Datenmatrix **X** kann in Zeilenvektoren und in Spaltenvektoren zerlegt werden, das heißt entweder als Spaltenvektor von Zeilenvektoren oder als Zeilenvektor von Spaltenvektoren, geschrieben werden. Ein Zeilenvektor enthält alle Daten, die zu einem Objekt in der Matrix enthalten sind. Ein Spaltenvektor enthält alle Daten einer Variablen, die zu allen Objekten in der Matrix stehen. Ergänzt man den Spaltenvektor um die jeweiligen Angaben der letzten vier Zeilen in Tabelle 2.1, also um

- das arithmetische Mittel
- die Standardabweichung
- den Minimalwert und
- den Maximalwert,

Tabelle 2.1   Ergänzte Datenmatrix

Objekte	Merkmale/Variablen				
	X_1	X_2	X_3	....	X_p
O_1	x_{11}	x_{12}	x_{13}	....	x_{1p}
O_2	x_{21}	x_{22}	x_{23}	....	x_{2p}
O_3	x_{31}	x_{32}	x_{33}	....	x_{3p}
...	....				
...					
...					
O_n	x_{n1}	x_{n2}	x_{n3}	....	x_{np}
$\bar{x}_j$					
$s(x)_j$					
$x(min)_j$					
$x(max)_j$					

so stellt er eine eindimensionale statistische Verteilung des betrachteten Merkmals dar. Eine Datenmatrix **X** enthält somit immer p eindimensionale Verteilungen.

Bild 2.2 stellt das Prinzip der Datenmatrix schematisch dar.

Um zu erkennen, welche der in die Analyse einbezogenen Variablen in einem engeren Zusammenhang stehen und welche nahezu unabhängig voneinander sind, wird die Korrelationsmatrix **R** als

$$\mathbf{R} = (r_{kl})_{p \cdot p} \qquad (2.3)$$

bestimmt. Die Zeiger k und l stehen für j, den Index der Variablen. Die Matrix ist quadratisch und kann wegen

$$r_{kk} = 1 \quad \text{(Autokorrelation)} \qquad (2.4)$$

und

$$r_{kl} = r_{lk} \quad \text{(Symmetrieeigenschaft)} \qquad (2.5)$$

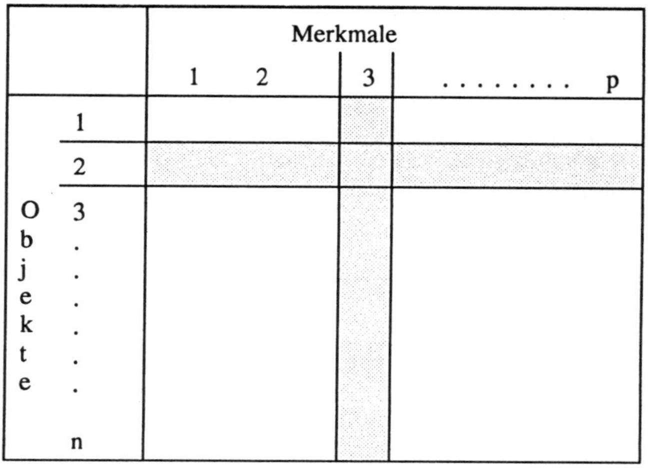

2. Statistische Grundlagen

Bild 2.2 Prinzip der Datenmatrix

als Dreiecksmatrix geschrieben werden:

$$R = \begin{bmatrix} 1 & r_{12} & r_{13} & r_{14} & \cdots & r_{1p} \\ & 1 & r_{23} & r_{24} & \cdots & r_{2p} \\ & & 1 & r_{34} & \cdots & r_{3p} \\ & & & 1 & \cdots & r_{4p} \\ & & & & \cdots & r_{5p} \\ & & & & \cdots & \cdots \\ & & & & & 1 \end{bmatrix} \quad (2.6)$$

Die Korrelationsmatrix sollte bei der Modellaufstellung stets herangezogen werden, wenn mehr als zwei Variablen verfügbar sind. Sie ermöglicht es, die verschiedenen Kombinationen von endogenen und exogenen Variablen nach der Strenge des Zusammenhangs zu ordnen. Stehen zur Erklärung einer endogenen Variablen Y mehrere exogene Variablen $X_1 \ldots X_p$ zur Verfügung und kann somit unter Einbeziehung einer latenten Variablen U ein Modell

$$Y = f(X_1, X_2, \ldots, X_p; U) \quad (2.7)$$

entwickelt werden, so lassen sich die exogenen Variablen nach der fallenden Stärke ihrer Korrelation mit Y ordnen. Weiter kann ein Grenzwert für den Korrelationskokoeffizienten dergestalt definiert werden, daß exogene Variablen, deren Korrelation zu Y geringer als durch diesen Grenzwert ausgedrückt ist, nicht in das Modell einbezogen werden.

Die Korrelationsmatrix gestattet es auch, engere Abhängigkeiten *zwischen* den exogenen Variablen zu erkennen. Wird dann von zwei derartigen Variablen jeweils eine Variable *nicht* in das Modell einbezogen, so wird das Auftreten von *Multikollinearität* weitestgehend vermieden und die Schätzbarkeit der Modellparameter gesichert (vgl. dazu z.B. ASSENMACHER 1991).

Selbst bei der Konstruktion eines einfachen Modells

$$Y = f(X; U) \qquad (2.8)$$

mit nur einer exogenen Variablen sollte durch Bestimmung des Korrelationskoeffizienten r_{xy} geprüft werden, ob zwischen den beiden Variablen eine hinlängliche Abhängigkeit besteht.

2.3 Datentransformation

Die MVA ist auf verschiedene Ziele gerichtet, von denen zwei besonders hervorgehoben und am Beispiel verkehrswirtschaftlicher Daten näher dargestellt werden.

Das erste Ziel besteht darin, jedes Objekt möglichst nur durch eine einzige Kennzahl zu charakterisieren, die jedoch die Informationen aus allen p ursprünglichen Variablen enthält. Eine solche Kennzahl kann durch *Aggregation* in Form der Linearkombination der Variablen X_1 bis X_p gebildet werden und besitzt damit den Charakter einer *synthetischen* Kennzahl. Sie ermöglicht es, die ursprünglich p-dimensional gekennzeichneten Objekte eindimensional abzubilden und auf diese Weise zu vergleichen.

Das zweite Ziel besteht darin, Objektgruppen unter Berücksichtigung aller p Merkmale zu bilden. Solche Gruppierungen werden als *Cluster* bezeichnet. Cluster sind demzufolge das Ergebnis einer Gruppierung im p-dimensionalen Raum.

Beide Ziele können nur erreicht werden, wenn die Daten der Ausgangsdatenmatrix **X** in geeigneter Weise umgeformt, das heißt transformiert werden. Die *Datentransformation* wird vorgenommen, um die zwischen den Ursprungsdaten bestehenden Unterschiede hinsichtlich der Maßeinheiten und der Größenordnungen zu beseitigen. So nennt beispielsweise BLEYMÜLLER (1989) als Variablen für Personenkraftwagen den Hubraum, den Anschaffungspreis und die monatlichen Betriebskosten, die sich alle drei nach Maßeinheit und Größenordnung unterscheiden. In (LEUTHARDT/GÜNTHER 1989) werden als Kennzahlen des Angebots von Verkehrsbetrieben die Anzahl der Haltestellen je km² und die Fahrzeug-km je Linien-km genannt. Merkmale bzw. Variablen für Verkehrsregionen können die Flächenausdehnung, die Anzahl der

Einwohner und die Netzdichte nach Verkehrsarten sein. In allen Beispielen unterscheiden sich die zu einer Gruppe gehörenden Kennzahlen nach Maßeinheit und Größenordnung.

Mittels Datentransformation werden die genannten Unterschiede aufgehoben, weil

1. die transformierten Daten keine Maßeinheit besitzen und somit diesbezüglich gleich sind und weil

2. die transformierten Daten alle auf die gleiche Größenordnung umgerechnet worden sind.

Aus der Menge der Transformationsarten werden nachfolgend

- die z-Transformation und
- die v-Transformation

dargestellt und verglichen. Dazu werden die in den letzten vier Zeilen von Tabelle 2.1 stehenden Größen benötigt.

Die *z-Transformation* wird am häufigsten verwendet. Sie führt durch den Ansatz

$$z_{ij} = \frac{x_{ij} - \bar{x}_j}{s(x)_j} \qquad (2.9)$$

zu transformierten Variablen Z_j, die alle den einheitlichen Durchschnitt null und die einheitliche Standardabweichung eins besitzen. Es gilt also

$$\bar{z}_j = 0 \qquad (2.10)$$

und

$$s(z)_j = 1 \qquad (2.11)$$

für alle z-transformierten Variablen. Die Transformation erfolgt generell spaltenweise auf der Grundlage der Datenmatrix **X**. Diese Matrix wird durch die z-Transformation in die neue Matrix

$$\mathbf{Z} = (z_{ij})_{n.p} \qquad (2.12)$$

überführt.

Durch die v-*Transformation* entstehen nach der Beziehung

$$v_{ij} = \frac{x_{ij} - x(min)_j}{x(max)_j - x(min)_j} \qquad (2.13)$$

transformierte Variablen V_j, deren Minimalwert jeweils null und deren Maximalwert jeweils eins beträgt:

$$v(min)_j = 0 \qquad (2.14)$$

$$v(max)_j = 1 \qquad (2.15)$$

Damit wird der Unterschied zwischen beiden Transformationsarten sofort deutlich. Durch die z-Transformation erfolgt eine Normierung auf Mittelwert und Standardabweichung, während die Werte selbst sowohl im negativen als auch im positiven Bereich variieren können. Dagegen bewirkt die v-Transformation eine Normierung auf die Extremwerte null und eins, während Mittelwert und Standardabweichung in diesem Intervall variieren können.

Jede Transformation der Daten aus X bedeutet einerseits einen Verlust an ursprünglicher Information und andererseits einen Gewinn hinsichtlich der Operationalität der Daten, vor allem hinsichtlich der Vergleichbarkeit und der Aggregierbarkeit. Die zu wählende Transformationsart hängt vom Ausgangsziel und vom Analytiker ab.

Sofern lediglich der Tatbestand der Transformation, nicht aber die Transformationsart bezeichnet werden soll, können die transformierten Variablen auch als $X_{t.j}$ und die einzelnen Werte als $x_{t.ij}$ geschrieben werden.

2.4 Datenaggregation

Das Objekt O_i ist durch Merkmalswerte

$$x_{i1}, x_{i2}, x_{i3}, \ldots\ldots, x_{ip}$$

beschrieben. Nach der Transformation lautet der entsprechende Datenvektor

$$x_{t.i1}, x_{t.i2}, x_{t.i3}, \ldots\ldots, x_{t.ip} \;.$$

Aus den Elementen dieses Vektors wird eine synthetische aggregierte Kennzahl $x_{t.i}$ nach der Vorschrift

$$x_{t.i} = \sum_j g_j \cdot x_{t.ij} \qquad (2.16)$$

gebildet. Der Ausdruck (2.16) heißt Linearkombination der $x_{t.ij}$.

Neben den transformierten Merkmalsarten des Objektes O_i sind in (2.16) noch die Gewichtszahlen g_j enthalten. Durch diese Zahlen wird die Bedeutung der Variablen X_j innerhalb der Gesamtheit aller Variablen ausgedrückt. Die Werte g_j sind durch die Vorschriften

$$0 \leq g_j \leq 1 \qquad (2.17)$$

und

$$\sum_j g_j = 1 \qquad (2.18)$$

normiert. Sie können auf verschiedene Weise bestimmt werden, wobei stets Expertenwissen einzubeziehen ist.

Es wird davon ausgegangen, daß die Bedeutung einer Variablen X_j dem zugehörigen Bedeutungswert g_j proportional ist. Wenn allen p Variablen die gleiche Bedeutung beigemessen wird, so folgt daraus für alle g_j-Werte

$$g_j = 1/p \,. \qquad (2.19)$$

Durch die $x_{t.i}$-Werte wird die Datenmatrix nach (2.1) bzw. die ihr entsprechende Matrix X_t für die transformierten Werte auf einen Datenvektor

$$x_t = \begin{bmatrix} x_{t.1} \\ x_{t.2} \\ x_{t.3} \\ \dots \\ \dots \\ \dots \\ x_{t.n} \end{bmatrix} \qquad (2.20)$$

reduziert. Jedem Objekt O_i wird nur noch eine Kennzahl zugeordnet. Aus dieser Zuordnung

$$(O_i \,,\, x_{t.i}) \qquad (2.21)$$

kann auf einfache Weise eine eindimensionale statistische Verteilung hergeleitet werden, die aber nur als quasi-eindimensional bezeichnet werden darf, weil ihre Werte aus einer ursprünglich p-dimensionalen Datenmenge gebildet worden sind.

Es wird noch gezeigt werden, daß sich die $x_{t.i}$-Werte sehr gut dazu eignen, Objekte miteinander zu vergleichen, Objektdistanzen zu bestimmen und Objektrangfolgen zu definieren. Auf der Grundlage dieser Werte läßt sich aber auch eine besonders einfache Methode der Clusterung entwickeln, die ebenfalls als quasi-eindimensional bezeichnet werden muß.

Die aggregierten Variablen sollen sachlich relevant sein und keine Ausreißer aufweisen. Es sollte vermieden werden, stark negativ oder stark positiv korrelierende Variablen gemeinsam in eine aggregierte Kennzahl einzubeziehen. Um solche Variablen zu identifizieren, wird wiederum die Korrelationsmatrix benötigt.

2.5 Multivariate Gruppierung (Clusterung)

Die Clusterung, also die Bildung von Objektgruppen in p-dimensionalen Merkmalsräumen, wird in ihrer klassischen Form in der Literatur ausführlich beschrieben (vgl. BLEYMÜLLER 1989 u.a.). Sie beruht auf zwei Grundschritten, nämlich

- im ersten Schritt auf der Bestimmung von Distanzen (Abständen), und zwar paarweise zwischen allen Objekten, und

- im zweiten Schritt auf der Clusterung im engeren Sinne, also auf der Bildung von Objektgruppen.

Die Distanz d_{ik} zwischen einem Objekt O_i und einem Objekt O_k wird in der Regel unmittelbar aus den Elementen der Matrix X_t der transformierten Werte gebildet, wobei alle Variablen einbezogen werden. Vorwiegend genutzte Distanzmaße sind

- die Euklidische Distanz

- die City-Block-Distanz und

- die Minkowski-Metrik.

Die dazugehörigen Berechnungsformeln für die Distanz d_{ik} zwischen dem Objekt O_i und dem Objekt O_k bei Einbeziehung von p Variablen bzw. Merkmalen lauten

$$d_{ik}(E) = \sqrt{\sum_j (x_{t.ij} - x_{t.kj})^2} \qquad (2.22)$$

für die Euklidische Distanz,

$$d_{ik}(C) = \sum_j |x_{t.ij} - x_{t.kj}| \qquad (2.23)$$

für die City-Block-Distanz und

$$d_{ik}(M) = [\sum_j |x_{t.ij} - x_{t.kj}|^c]^{1/c} \qquad (2.24)$$

für die Minkowski-Metrik.

Für c = 1 geht aus (2.24) die City-Block-Distanz und für c = 2 die Euklidische Distanz hervor.

Alle Distanzen werden in der quadratischen *Distanzmatrix*

$$\mathbf{D} = (d_{ik})n.n \qquad (2.25)$$

zusammengestellt. Werden diese Distanzen in der oben dargestellten Weise gebildet, so erfüllen sie die Anforderungen an eine *Metrik*:

$$d_{ik} > 0 \qquad (2.26)$$

$$d_{ii} = 0 \qquad (2.27)$$

$$d_{ik} = d_{ki} \qquad (2.28)$$

$$d_{ik} \leq d_{il} + d_{lk} \qquad (2.29)$$

Durch (2.28) ist die Symmetrieeigenschaft der Distanzmatrix (2.25) definiert. Es genügt also, **D** als Dreiecksmatrix zu schreiben.

Entscheidet man sich dafür, vor der Aufstellung der Distanzmatrix aus $\mathbf{X_t}$ zunächst die aggregierten Kennzahlen nach (2.16) zu bilden, die im Vektor (2.20) zusammengestellt sind, so läßt sich aus den $x_{t.i}$-Werten ebenfalls eine Distanzmatrix aufstellen, die wie die Matrix (2.25) strukturiert ist. Jetzt kann es allerdings eintreten, daß zwei unterschiedliche Objekte O_i und O_k die gleiche aggregierte Kennzahl aufweisen, daß also

$$x_{t.i} = x_{t.k} \qquad (2.30)$$

gilt. Um das zu berücksichtigen, muß in der genannten Metrik (2.26) durch

$$d_{ik} \geq 0 \qquad (2.31)$$

ersetzt werden. Eine Nulldistanz bedeutet folglich nicht mehr unbedingt, daß es sich um die Distanz eines Objektes zu sich selbst handelt. Selbstverständlich werden auch bei dieser Art der Distanzbildung die absoluten Beträge der Differenzen verwendet.

Im einfachsten Falle ist es schließlich auch möglich, die Distanzmatrix auf einen *Distanzvektor* zu reduzieren. Voraussetzung dazu ist wiederum die Bildung der aggregierten und somit synthetischen Kennzahlen. Die Objekte O_i, von denen der jeweils zugeordnete Wert $x_{t.i}$ bekannt ist, werden nach fallender Größe der $x_{t.i}$-Werte geordnet, wobei die Indizes neu festgelegt werden. Es ist nunmehr $O_{.1}$ das Objekt mit der größten aggregierten Kennzahl, die als $x_{.t.1}$ bezeichnet wird. Für die allgemeinen Objekte $O_{.i}$ und $O_{.i+1}$ gilt dann die Relation:

$$x_{.t.i} \geq x_{.t.i+1} \qquad (2.32)$$

Bei insgesamt n Objekten entstehen auf diese Weise (n-1) Nachbarschaftsdistanzen

$$d_{i.i+1} = x_{.t.i} - x_{.t.i+1} \geq 0, \qquad (2.33)$$

die zusammen den Distanzvektor bilden.

Das führt zu einer entsprechenden Veränderung der Metrik, auf die hier nicht näher eingegangen wird. Die Vorteile dieser Distanzbildung bestehen in einer enormen Vereinfachung der Clusterung.

Distanzmatrizen und Distanzvektoren auf der Grundlage der aggregierten Kennzahlen führen zu einer quasi-eindimensionalen Vorgehensweise. Es soll aber nicht übersehen werden, daß die ursprüngliche p-Dimensionalität des Problems durch die Aggregation von jeweils p Variablenwerten gewahrt geblieben ist.

In der Literatur werden verschiedene Gruppen von Verfahren zur Clusterung im engeren Sinne, das heißt zur multivariaten Gruppierung beschrieben. Besonderes Interesse verdienen

a) die *agglomerativen* Verfahren und
b) die *divisiven* Verfahren.

Beide Verfahrensgruppen beruhen auf einer entgegengesetzten Vorgehensweise.

Bei den *agglomerativen* Verfahren geht man davon aus, daß zunächst jedes einzelne Objekt ein eigenes Cluster ist. Man sucht den Minimalwert der ursprünglichen Distanzmatrix und verknüpft die beiden zugehörigen Objekte zu einem neuen Cluster. Anschließend muß eine reduzierte Distanzmatrix gebildet werden, die mindestens eine Zeile und eine Spalte weniger als die ursprüngliche Distanzmatrix enthält. Führt man dieses Verfahren ohne Abbruch fort, so sind am Ende alle Objekte in einem Cluster vereinigt. Die grafische Abbildung der agglomerativen Verfahren führt zu einem Dendrogramm nach Bild 2.3.

2. Statistische Grundlagen

Divisive Verfahren beruhen auf dem Ansatz, daß am Anfang alle Objekte in einem Cluster vereinigt sind. Dieses Ausgangscluster wird Schritt für Schritt in Cluster kleineren Umfangs zerlegt. Führt man dieses Verfahren ohne Abbruchschranke fort, so bildet am Ende jedes Element ein eigenes Cluster.

Beide Verfahren unterscheiden sich in Bild 2.3 durch die Pfeilrichtung.

```
——————————>                    <——————————
  agglomerativ                    divisiv
```

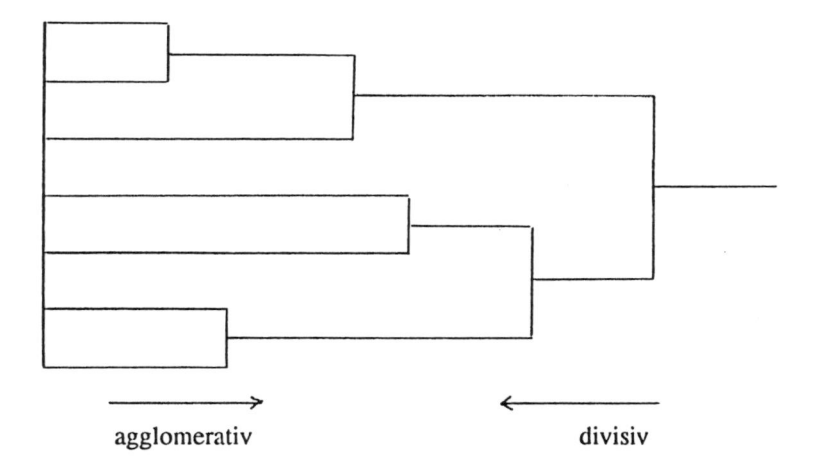

Bild 2.3   Dendrogramm (Prinzipdarstellung)

Die agglomerative Clusterung ist auch dann möglich, wenn aggregierte Kennzahlen - also eine quasi-lineare Abbildung der Objekte - und somit nur ein Distanzvektor vorliegen.

Die Clusterung kann an jeder Stelle abgebrochen werden. Man sollte den Abbruchpunkt jedoch nicht allein nach formalen Regeln bestimmen, sondern muß ihn unter Beachtung objekttypischer Kriterien festlegen. Das schließt die Möglichkeit ein, verschiedene Abbruchvarianten miteinander zu vergleichen und die sachlich beste Variante auszuwählen.

Eine Übersicht über die beschriebenen methodischen Schritte wird in Bild 2.4 gegeben. Die Methoden der Merkmalsaggregation und der Clusterung können überall angewendet werden, wo analytische Aussagen zu Objekten, die durch mehrere Merkmale gekennzeichnet sind, getroffen werden sollen. Wie bereits einleitend festgestellt wurde, bietet also die Verkehrswirtschaft ein weites Feld zum Einsatz dieser multivariaten Analyseverfahren. Zur Demonstration der möglichen Anwendungsbreite werden zwei Beispiele genannt.

2. Statistische Grundlagen

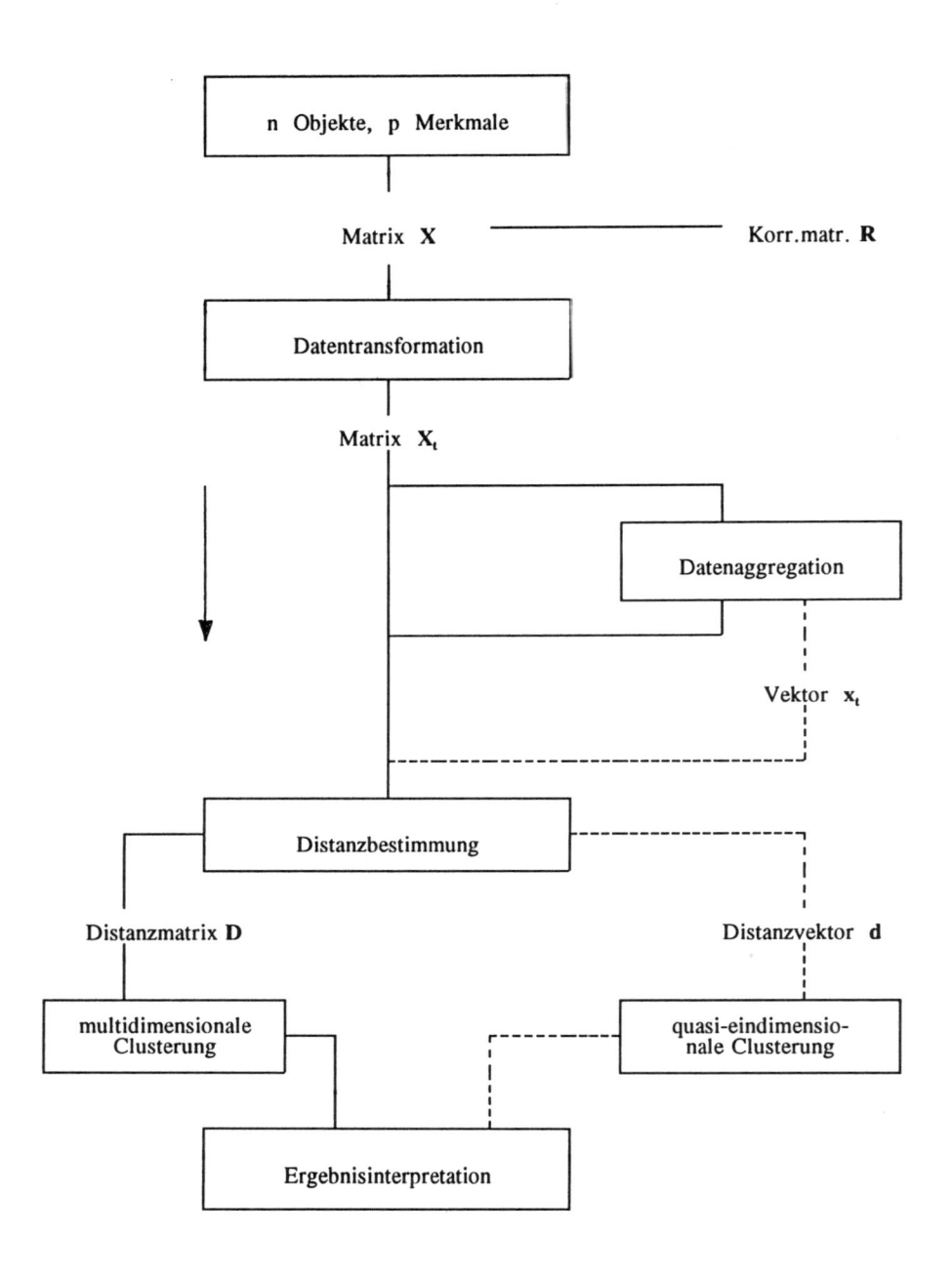

```
          ┌─────────────────────┐
          │  n Objekte, p Merkmale │
          └─────────────────────┘
                    │
             Matrix X ─────────────── Korr.matr. R
          ┌─────────────────────┐
          │  Datentransformation │
          └─────────────────────┘
                    │
             Matrix $X_t$
                    │             ┌─────────────────┐
                    ├─────────────│  Datenaggregation │
                    │             └─────────────────┘
                    │                      │
                    │                  Vektor $x_t$
          ┌─────────────────────┐
          │  Distanzbestimmung   │
          └─────────────────────┘
           │                         │
     Distanzmatrix D           Distanzvektor d
    ┌──────────────┐          ┌──────────────────┐
    │ multidimensionale │     │ quasi-eindimensio- │
    │   Clusterung     │      │  nale Clusterung   │
    └──────────────┘          └──────────────────┘
                  ┌────────────────────┐
                  │ Ergebnisinterpretation │
                  └────────────────────┘
```

Bild 2.4   Ablaufschema der Clusteranalyse

2. Statistische Grundlagen   35

Das erste Beispiel (KÁDAS 1981) betrifft eher die raumwirtschaftliche Analyse, enthält jedoch verkehrswirtschaftliche Konsequenzen.

Das zweite Beispiel betrifft die Clusterung von Verkehrsunternehmen. Es handelt sich um Busverkehrsunternehmen der Bundesrepublik Deutschland. Die Unternehmen und die dazugehörigen statistischen Ausgangsdaten wurden der VÖV-Statistik 1989 entnommen. Die Berechnungen erfolgten im Rahmen eines Seminars zur multivariaten Verkehrsstatistik. Die Ausgangsdaten enthält Tabelle 2.2.

Tabelle 2.2   Ausgangsdaten

Objekt	Einwohner /1/	Fahrgäste (Tsd) /2/	mittl. Rw (km) /3/
I	3.300.000	46.901	12,10
II	1.800.000	29.035	8,90
III	649.947	28.476	5,10
IV	224.160	23.144	4,50
V	127.182	17.501	4,90
VI	13.800	10.028	5,00
VII	82.457	5.625	4,90
VIII	103.650	7.273	7,20
IX	71.222	6.005	4,80
X	61.925	7.071	2,60
XI	217.000	2.953	5,80
XII	65.000	1.964	10,40
XIII	32.000	837	3,80

Die Daten der Tabelle 2.2 wurden nach der v-Transformation entsprechend (2.13) umgeformt. Die dabei gewonnenen Ergebnisse enthält Tabelle 2.3.

Zur Bildung der aggregierten Kennzahlen durch Linearkombination wurden die Gewichts- bzw. Bedeutungszahlen wie folgt festgelegt:

g_1 = 0,2
g_2 = 0,3
g_3 = 0,5

Sie entsprechen damit den durch (2.17) und (2.18) gesetzten Normierungsvorschriften. Inhaltlich bedeutet diese Festlegung, daß der mittleren Reiseweite als Kennzahl die gleiche Bedeutung beigemessen wird wie der Anzahl der Einwohner und der Anzahl der Fahrgäste zusammen. Die mit diesen Gewichtszahlen errechneten aggregierten Kennzahlen für die 13 Betriebe stehen in Tabelle 2.4.

Tabelle 2.3 v-transformierte Daten zu Tabelle 2.2

Objekt	Einwohner /1/	Fahrgäste /2/	mittl. Rw /3/
I	1,000	1,000	1,000
II	0,544	0,612	0,663
III	0,194	0,600	0,263
IV	0,064	0,484	0,200
V	0,035	0,362	0,242
VI	0,000	0,200	0,253
VII	0,021	0,104	0,242
VIII	0,027	0,140	0,484
IX	0,017	0,112	0,232
X	0,015	0,135	0,000
XI	0,062	0,046	0,337
XII	0,016	0,024	0,821
XIII	0,006	0,000	0,126

Tabelle 2.4 Aggregierte Kennzahlen auf der Grundlage von Tabelle 2.3

Objekt	aggreg. Kennzahl
I	1,000
II	0,642
III	0,350
IV	0,258
V	0,236
VI	0,186
VII	0,156
VIII	0,289
IX	0,153
X	0,044
XI	0,195
XII	0,421
XIII	0,064

Unter Bezugnahme auf die Distanzen zwischen den aggregierten Kennzahlen können vier Cluster der Verkehrsbetriebe gebildet werden (vgl. Tab. 2.5).

In Tabelle 2.5 wurden die Objekte bereits nach fallender Größe der aggregierten Kennzahlen geordnet. Dadurch wird es möglich, die Elemente des Distanzvektors zu bestimmen (vgl. Tabelle 2.6). Die Distanzen machen deutlich, daß die Abstände zwischen benachbarten Objekten innerhalb eines Clusters geringer sind als diejenigen zwischen benachbarten Clustern.

Tabelle 2.5 Zuordnung der Objekte (Verkehrsbetriebe) zu den Clustern 1 bis 4

Objekte	aggreg. Kennzahl	Cluster
I	1,000	1
II	0,624	2
XII	0,421	3
III	0,350	3
VIII	0,289	3
IV	0,258	3
V	0,236	3
XI	0,195	3
VI	0,186	3
VII	0,156	3
IX	0,153	3
XIII	0,064	4
X	0,044	4

In Bild 2.5 sind die vier Cluster deutlich zu erkennen.

Ordnet man die nach Tabelle 2.6 aufeinanderfolgenden Objekte im 0-1-Intervall an, so sind die vier Cluster, die bereits in Bild 2.5 und in Tabelle 2.6 deutlich hervortreten, auf den ersten Blick zu erkennen. Bild 2.6 veranschaulicht das Prinzip, ursprünglich multidimensionale Distanzen und Cluster auf quasi-eindimensionale Distanzen und Cluster zu reduzieren.

Die quasi-eindimensionale Vorgehensweise besitzt gegenüber der originären Clusterung zwei Vorteile. Auf die große Anschaulichkeit der eindimensionalen Anordnung der Objekte wurde schon verwiesen. Es tritt aber der Vorzug hinzu, daß die einzelnen Merkmale Bedeutungs- oder Gewichtsdifferenzen haben können, die durch die Gewichtszahlen g_j nach (2.17) und (2.18) ausgedrückt werden. Derartige Gewichtungen sind bei den Distanzmaßen (2.22) bis (2.24) nicht vorgesehen.

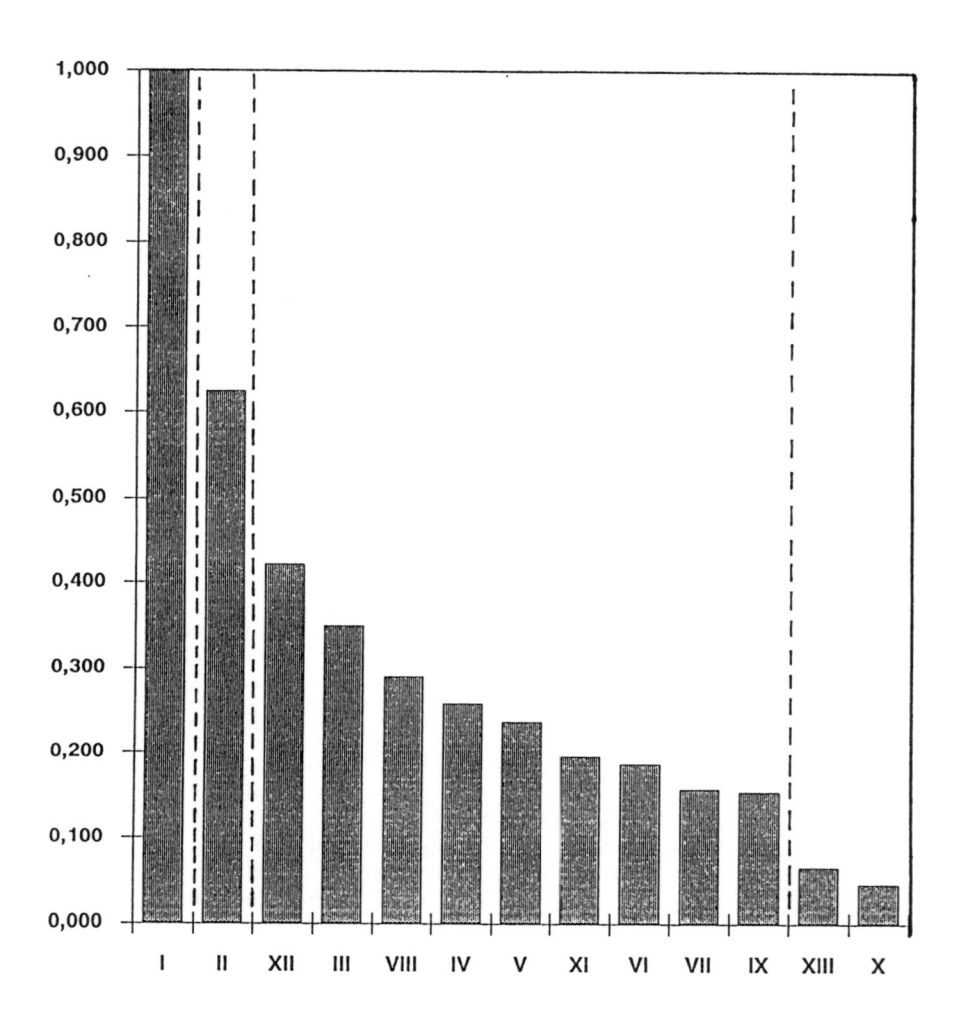

Bild 2.5   Gruppierung der 13 Verkehrsbetriebe in vier Cluster

2. Statistische Grundlagen 39

Tabelle 2.6 Bestimmung der Distanzwerte

Objekt[*]	aggreg. Kennzahl	Distanz zum Folgewert
O_1	1,000	0,376
O_2	0,624	0,203
O_3	0,421	0,071
O_4	0,350	0,061
O_5	0,289	0,031
O_6	0,258	0,022
O_7	0,236	0,041
O_8	0,195	0,009
O_9	0,186	0,030
O_{10}	0,156	0,003
O_{11}	0,153	0,089
O_{12}	0,064	0,020
O_{13}	0,044	--

[*] Index geändert

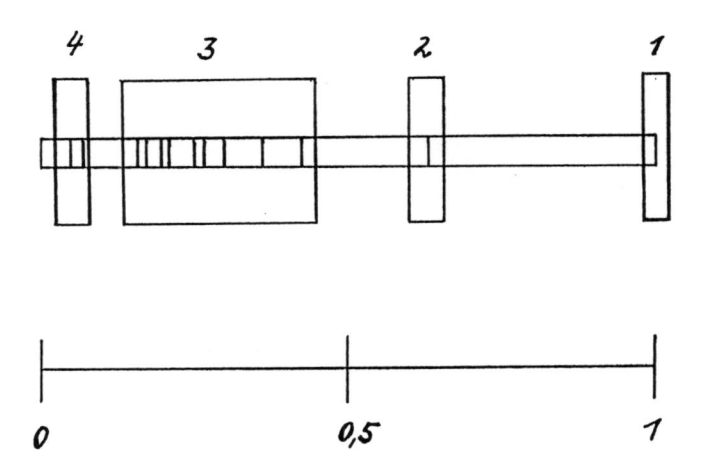

Bild 2.6 Quasi-eindimensionale Clusterung

2.6 Clusterung regionaler Objekte

Regionale Objekte, beispielsweise Kreise oder Verkehrszellen, lassen sich ebenfalls multikriteriell gruppieren. Ein Beispiel dazu wird durch Bild 2.7 gegeben, in dem neun Landkreise und ein Stadtkreis des ostsächsischen Raumes dargestellt sind. Die in diesem Bild enthaltenen Zahlen I bis III besitzen für die anschließenden Ausführungen keine Bedeutung.

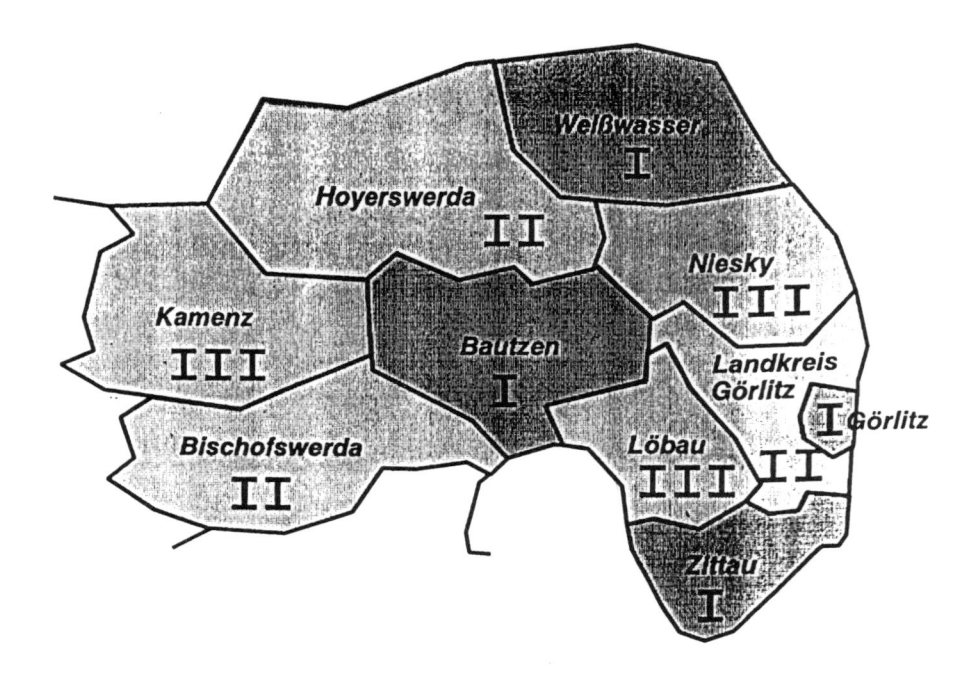

Bild 2.7 Kreise des ostsächsischen Raumes

Jede der zehn, allgemein der n Regionen ist wiederum durch die gleichen p Merkmale bzw. Variablen gekennzeichnet. Als Beispiele dafür können die Einwohnerzahl, die flächenmäßige Ausdehnung, die Netzdichte der Eisenbahn und im Straßennetz sowie die Produktionsumfänge der Industrie und der Landwirtschaft dienen.

Ersetzt man die Objektsymbole O_i nunmehr durch diejenigen der Regionen R_i, so entsteht eine Ausgangsdatenmatrix X der bekannten Form nach Tabelle 2.7.

Mittels Clusterung kann Antwort auf mindestens zwei Fragen gegeben werden.

2. Statistische Grundlagen

Tabelle 2.7   Ausgangsmatrix in Tabellenform bei Regionalclusterung (Prinzip)

	X_j
R_i	x_{ij}

Die erste Frage zielt auf die Ähnlichkeit zwischen den Regionen. Sie wird auf der Grundlage der üblichen Distanzmatrix beantwortet. Beispielsweise kann das Ergebnis darin bestehen, daß zwischen den angenommenen Regionen R_2, R_5 und R_8 nur geringe Distanzen, also geringe multivariate Unterschiede bestehen. Diese Regionen sind folglich einander ähnlich und werden zu einem Cluster zusammengefaßt. Bei dieser Art Clusterung wird die *räumliche* Nachbarschaft der Regionen *nicht* berücksichtigt.

Die zweite Frage richtet sich auf die Ähnlichkeit oder Unähnlichkeit *benachbarter* Regionen. Sie ist dann von Bedeutung, wenn es darum geht, aus zwei oder mehr benachbarten Regionen regionale Einheiten höherer Ordnung zu bilden, also mehrere benachbarte Regionen zusammenzufassen. Gemäß Bild 2.7 könnte beispielsweise zu entscheiden sein, welche *Nachbarkreise* eines betrachteten Kreises diesem am ähnlichsten sind.

Zur Beantwortung der zweiten Frage wird eine gefilterte Distanzmatrix D^* benötigt. Ihre Struktur entspricht derjenigen der Nachbarschafts- oder Inzidenzmatrix, die in (RICHTER 1970) als Verkehrsnetzmatrix bezeichnet wird (vgl. auch Kapitel 3). Tabelle 2.8 enthält diese Nachbarschaftsmatrix für die Regionalstruktur nach Bild 2.7.

Die Nummern in den Tabellen 2.8 und 2.9 bedeuten:

1	Landkreis Bautzen
2	Landkreis Bischofswerda
3	Stadtkreis Görlitz
4	Landkreis Görlitz
5	Landkreis Hoyerswerda
6	Landkreis Kamenz
7	Landkreis Löbau
8	Landkreis Niesky
9	Landkreis Weißwasser
10	Landkreis Zittau.

Tabelle 2.8   Nachbarschaftsmatrix nach Bild 2.7

	1	2	3	4	5	6	7	8	9	10
1	-	1	0	1	1	1	1	1	0	0
2	1	-	0	0	0	1	0	0	0	0
3	0	0	-	1	0	0	0	0	0	0
4	1	0	1	-	0	0	1	1	0	1
5	1	0	0	0	-	1	0	1	1	0
6	1	1	0	0	1	-	0	0	0	0
7	1	0	0	1	0	0	-	0	0	1
8	1	0	0	1	1	0	0	-	1	0
9	0	0	0	0	1	0	0	1	-	0
10	0	0	0	1	0	0	1	0	0	-

Natürlich ist die Nachbarschaftsmatrix quadratisch und symmetrisch. Sie könnte infolgedessen auch als Dreiecksmatrix geschrieben werden. Unter Ausschluß der Nachbarschaft einer Region zu sich selbst besitzen die Matrixelemente den Wert eins, wenn die beiden zugehörigen Regionen benachbart sind, und den Wert null, wenn keine Nachbarschaft vorliegt.

Gegenüber der ursprünglichen Distanzmatrix **D** besitzt die Nachbarschaftsmatrix Filterwirkung, indem aus **D** nur diejenigen Distanzen in die Matrix **D*** gelangen, die auf Matrixfeldern stehen, welche in der Nachbarschaftsmatrix mit eins besetzt sind. Die auf diese Weise gewonnene Matrix **D*** kann dem üblichen Clusterungsprozeß unterworfen werden. Dabei werden die den Nullfeldern der Nachbarschaftsmatrix entsprechenden Felder in der reduzierten Distanzmatrix mit sehr hohen (künstlichen) Distanzen belegt, um zu verhindern, daß nicht benachbarte Regionen zusammengefaßt werden. Die Analogie zur Sperrung von Verbindungen bei der Transportoptimierung ist offensichtlich.

Da Nachbarschaften oft nur zu einer bestimmten Region untersucht werden, kann die reduzierte Distanzmatrix auch reihenweise ausgewertet werden. Die in einer Reihe stehenden Distanzen werden in steigender Folge geordnet und zeigen dadurch eine Rangfolge abnehmender Nachbarschaft der zugehörigen Regionen zu der Region an, durch die die Matrixreihe bestimmt ist. Künstliche Entfernungswerte für Nichtnachbarschaftsbeziehungen werden nunmehr nicht benötigt.

In Tabelle 2.9 stehen die Ausgangsdaten der zehn Kreise für die Clusterung. Die

2. Statistische Grundlagen

Spaltennummern bedeuten:

1 Fläche (qkm)
2 Wohnbevölkerung (Personen)
3 Landwirtschaftliche Nutzfläche (ha)
4 Erwerbstätige (Personen)
5 Betriebe im Bergbau und im verarbeitenden Gewerbe (Anzahl)

Tabelle 2.9   Ausgangsdaten (Quelle: Statistik im Vergleich: Sachsen und seine europäische Nachbarschaft. Statist. Landesamt des Freistaates Sachsen, Kamenz 1992)

	1	2	3	4	5
1	690	120 064	42 006	57 671	49
2	316	62 182	20 724	27 436	38
3	26	71 360	12	34 518	25
4	359	27 107	21 088	16 491	5
5	668	194 602	13 054	42 522	17
6	617	59 225	26 188	21 105	25
7	400	91 036	27 269	40 928	42
8	521	37 524	21 431	14 521	15
9	525	57 849	10 987	28 591	15
10	256	82 880	15 188	35 252	43

In der Regel erzeugen

a) die Clusterung ohne Berücksichtigung der räumlichen Nachbarschaft und
b) die Clusterung mit Berücksichtigung der räumlichen Nachbarschaft

nicht die gleichen Cluster. Das gilt auch für den Beispielfall mit der Datenbasis nach Tabelle 2.9. Durch die Clusterung ohne Beachtung der *räumlichen* Nachbarschaft, bei der es nur um die *sachliche* Nähe oder Ferne der Regionen geht, entstehen nacheinander Cluster in folgender Struktur:

(4, 8) und (2, 10)
(4, 6, 8)
(2, 7, 10)
(4, 6, 8, 9)
(2, 4, 6, 7, 8, 9, 10)
(2, 4, 5, 6, 7, 8, 9, 10)
(2, 3, 4, 5, 6, 7, 8, 9, 10)
(1, 2, 3, 4, 5, 6, 7, 8, 9, 10)

Region 1 wird zuletzt einbezogen; sie unterscheidet sich demnach am stärksten von allen anderen Regionen.

Die Ergebnisse der Clusterung unter Beachtung der räumlichen Nachbarschaft, bei der gleichzeitig die *räumliche* und die *sachliche* Nähe oder Ferne berücksichtigt werden, weichen von den eben genannten Ergebnissen teilweise ab. Beispielsweise werden zuerst die Cluster (4, 8) in Übereinstimmung und (7, 10) in Nichtübereinstimmung zum ersten Ergebnis gebildet. Diese Tendenz hält bei den weiteren Clusterschritten an.

Die Bildung regionaler Einheiten höherer Ordnung ist dadurch zu beeinflussen, daß Schwellwerte für die Distanzen definiert werden, um ähnliche von unähnlichen regionalen Objekten zu unterscheiden. Derartige Schwellwerte lassen sich relativ leicht dann definieren, wenn die Ausgangswerte v-transformiert und zu aggregierten Kennzahlen zusammengefaßt worden sind. In diesem Falle können bekanntlich auch die Distanzen nicht größer als eins sein. Sie liegen im 0-1-Intervall.

Für die regionale Clusterung läßt sich in Analogie zu Bild 2.4 ebenfalls ein Ablaufschema angeben (vgl. Bild 2.8).

Regionen $R_1 \ldots R_n$ Variablen $X_1 \ldots X_p$

↓

Datenmatrix **X**

↓

Matrix der transformierten Daten $\mathbf{X_t}$

↓

Volle Distanzmatrix **D**

↓

Clusterung nach Eigenschaften

↓

Strukturmatrix **S** (0,1)
(Nachbarschaftsmatrix)

↓

Filterung von **D** vermittels **S** zu
$\mathbf{D^*} \in \mathbf{D}$

↓

Clusterung von Regionen nach dem
Prinzip größter Nachbarschaft

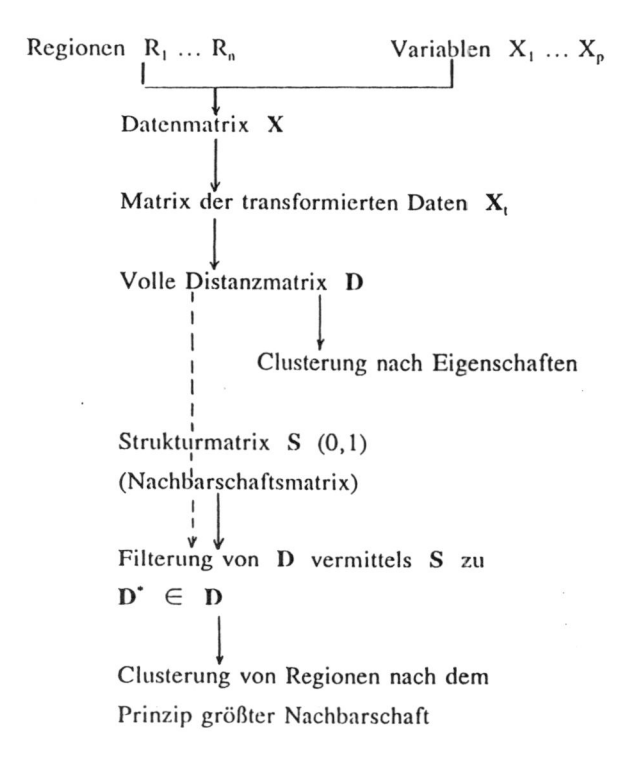

Bild 2.8   Ablaufschema der regionalen Clusterung

2.7 Zeitcluster

Nachfolgend wird versucht, die Methodologie und die Verfahren der multivariaten Statistik, genauer: einiger Teile der multivariaten Statistik, auf die gemeinsame Analyse mehrerer Zeitreihen anzuwenden. Dieser Sachverhalt dürfte in der Verkehrsanalyse oftmals vorliegen, in der es in aller Regel nicht genügt, eine einzelne Zeitreihe oder mehrere Zeitreihen einzeln zu analysieren. Die verwendeten statistischen Urdaten dienen vor allem der datenmäßigen Unterstützung der vorgeschlagenen Vorgehensweise; bei einer praktischen Verkehrsanalyse wären zweifellos mehr und wahrscheinlich noch andere Daten einzubeziehen. Mit diesem Ansatz (RICHTER 1992) wird versucht, den Methodenfundus der Zeitreihenanalyse (vgl. z.B. CHATFIELD 1982, LÜTKEPOHL 1991, GRANGER/TERÄSVIRTA 1993) durch Verfahren der MVA zu erweitern.

In der multivariaten Statistik, insbesondere bei der Aufstellung der multivariaten Datei, spielen die Begriffe des Objekts und des Merkmals eine zentrale Rolle.

Ersetzt man die Objekte durch aufeinanderfolgende Zeiteinheiten, die gewöhnlich äquidistant sind, so ändert sich an der vorgestellten formalen Datenstruktur nichts. Die Matrixspalten bleiben nach den Merkmalen geordnet, während die Matrixzeilen nicht mehr durch die Untersuchungsobjekte bestimmt sind, sondern durch die Zeiteinheiten. Zeiteinheiten können dabei sowohl Zeitpunkte als auch Zeiträume sein.

Inhaltlich tritt allerdings eine gewisse Umkehrung des ursprünglichen Ansatzes der multivariaten Analyse ein: Während es zunächst darum ging, eine bestimmte Gruppe von Objekten nach einer Menge gemeinsamer Merkmale zu kennzeichnen, wird nunmehr die gemeinsame Veränderung einer Merkmalsgruppe in der Zeit betrachtet. Das verlangt die präzise Abgrenzung des einen Objekts, auf das sich alle Merkmale beziehen. Im Falle der Verkehrsanalyse kann es sich dabei um eine regionale Einheit, aber z.B. auch um ein Verkehrsunternehmen handeln.

In der folgenden Tabelle 2.10 sind folgende Merkmale zusammengestellt worden (vgl. RICHTER 1992):

X_1 Wohnbevölkerung in Mill. Personen
X_2 Produziertes Nationaleinkommen in Mrd. Mark
X_3 Gütertransportmenge in Mrd. Tonnen
X_4 Gütertransportleistung in Mrd. Tonnenkilometern
X_5 Beförderte Personen in Mrd. Personen
X_6 Personenbeförderungsleistung in Mrd. Personenkilometern
X_7 Bestand an zugelassenen Personenkraftwagen in Mill. Pkm

Einige der in Tabelle 2.10 enthaltenen Zeitreihen sind praktisch stationär, einige nur schwach nichtstationär. Durch die Datentransformation wird es jedoch möglich sein, die Unterschiede zwischen den einzelnen Merkmalen deutlicher hervorzuheben. Wesentliche Bezugsgrößen jeder Datentransformation sind der Durchschnitt und die

Standardabweichung für jedes Merkmal, die als

$$\overline{x_j} = \frac{1}{n} \sum_i x_{ij} \quad \forall j \qquad (2.34)$$

und

$$s_j = \sqrt{\frac{1}{n} \sum_i (x_{ij} - \overline{x_j})^2} \quad \forall j \qquad (2.35)$$

berechnet und in Tabelle 2.11 zusammengestellt werden.

Tabelle 2.10   Ausgangsdaten (Quelle: Statistisches Jahrbuch der DDR 1990, Berlin 1990)

Jahr	i	X_1	X_2	X_3	X_4	X_5	X_6	X_7[*)
1980	1	16,7	193,6	1,1	155,3	4,1	53,9	2,7
1981	2	16,7	203,0	1,1	154,0	4,1	53,2	2,8
1982	3	16,7	208,2	1,0	133,0	4,1	52,7	2,9
1983	4	16,7	217,8	1,0	142,4	4,1	53,1	3,0
1984	5	16,7	230,0	1,0	144,1	4,2	54,1	3,2
1985	6	16,7	242,0	1,0	144,8	4,2	54,5	3,3
1986	7	16,6	252,2	1,0	157,0	4,1	54,9	3,5
1987	8	16,7	260,6	0,9	173,6	4,2	55,7	3,6
1988	9	16,7	268,1	1,0	171,8	4,2	56,8	3,7
1989	10	16,4	273,7	1,0	174,9	4,1	57,6	3,9

*) davon mehr als 90 % private Personenkraftwagen

Tabelle 2.11   Durchschnitt und Standardabweichung für jedes Merkmal nach Tabelle 2.10

	X_1	X_2	X_3	X_4	X_5	X_6	X_7
$\overline{x_j}$	16,66	234,9	1,01	155,1	4,14	54,7	3,26
s_j	0,09	27,10	0,05	13,80	0,05	1,54	0,39

Die Matrix der Ursprungsdaten **X** kann entsprechend den Regeln der multivariaten Analyse in Spaltenvektoren und in Zeilenvektoren zerlegt werden.

Die Zerlegung in Spaltenvektoren ergibt

$$\mathbf{X} = (\mathbf{x}_j)_p. \qquad (2.36)$$

Jeder Spaltenvektor

$$\mathbf{x}_j = \begin{bmatrix} x_{1j} \\ x_{2j} \\ x_{3j} \\ \cdot \\ \cdot \\ \cdot \\ x_{nj} \end{bmatrix} \quad \forall\, j \qquad (2.37)$$

liefert die zeitlich geordneten Daten für ein Merkmal und stellt somit eine Zeitreihe im üblichen Sinne dar. Die Elemente eines solchen Vektors lassen sich nach den statistischen Prinzipien der Zeitreihenanalyse bearbeiten.

Jeder Zeilenvektor

$$\mathbf{x}(i) = |x_{i1},\ x_{i2},\ x_{i3},\ \ldots,\ x_{ip}| \qquad (2.38)$$

enthält die Werte, die für alle Merkmale für eine Zeiteinheit i gefunden worden sind. Er liefert auf der Basis der gewählten Merkmale eine komplexe Charakteristik der Zeiteinheit i. Alle Zeilenvektoren bilden entsprechend

$$\mathbf{X} = \begin{bmatrix} \mathbf{x}(1) \\ \mathbf{x}(2) \\ \mathbf{x}(3) \\ \cdot \\ \cdot \\ \cdot \\ \mathbf{x}(n) \end{bmatrix} \qquad (2.39)$$

wieder die Datenmatrix **X**.

Zur Bearbeitung einer multivariablen Datei werden verschiedene Arten der Datentransformation herangezogen. Das gilt auch für die hier erörterte dynamische multivariate Datei.

Die Ergebnisse der z-Transformation sind in Tabelle 2.12 enthalten.

Tabelle 2.12 z-transformierte Werte der Tabelle 2.10

i	$X_{t.1}$	$X_{t.2}$	$X_{t.3}$	$X_{t.4}$	$X_{t.5}$	$X_{t.6}$	$X_{t.7}$
1	0,44	-1,52	1,80	0,01	-0,80	-0,48	-1,43
2	0,44	-1,18	1,80	-0.08	-0,80	-0,94	-1,18
3	0,44	-0,98	-0,20	-1,60	-0,80	-1,27	-0,92
4	0,44	-0,63	-0,20	-0,92	-0,80	-1,01	-0,67
5	0,44	-0,18	-0,20	-0,79	1,20	-0,36	-0,15
6	0,44	0,26	-0,20	-0,74	1,20	-0,10	0,10
7	-0,66	0,64	-0,20	0,14	-0,80	0,16	0,61
8	0,44	0,95	-2,20	1,34	1,20	0,68	0,87
9	0,44	1,22	-0,20	1,21	1,20	1,40	1,13
10	-2,88	1,43	-0,20	1,43	-0,80	1,92	1,64

Diese Werte bilden die Grundlage zur Berechnung der Korrelationsmatrix (s. Tabelle 2.13).

Tabelle 2.13 Korrelationsmatrix

	X_1	X_2	X_3	X_4	X_5	X_6	X_7
X_1	1	-0,54447	0,0884	-0,4902	0,3536	-0,6551	-0,6116
X_2		1	-0,7302	0,7061	0,4492	0,8961	0,9884
X_3			1	-0,2820	-0,5600	-0,4200	-0,6960
X_4				1	0,2040	0,8762	0,7176
X_5					1	0,3240	0,3900
X_6						1	0,9052
X_7							1

Die durch die Korrelationsmatrix vermittelte Aussage bestätigt sich durch den Verlauf der standardisierten Werte aller sieben Merkmale bzw. Variablen in Bild 2.9. Um die durch die Standardisierung gewonnene Information beurteilen zu können, stelle man sich vor, die ursprünglichen Merkmalswerte nach Tabelle 2.10 seien über der Zeitachse aufgetragen worden.

Herausgekommen wären zwei Arten von Verlaufsformen, nämlich drei quasi stationäre Punktfolgen und vier mit einem mehr oder weniger starken Anstieg. Die Standardisierung erweist sich als eine Möglichkeit, den Charakter von Entwicklungsprozessen zu verdeutlichen. Daneben bildet sie einen Zugang zur Bildung des *Verkehrsdatenmix* in Form einer Linearkombination der ursprünglichen Merkmale.

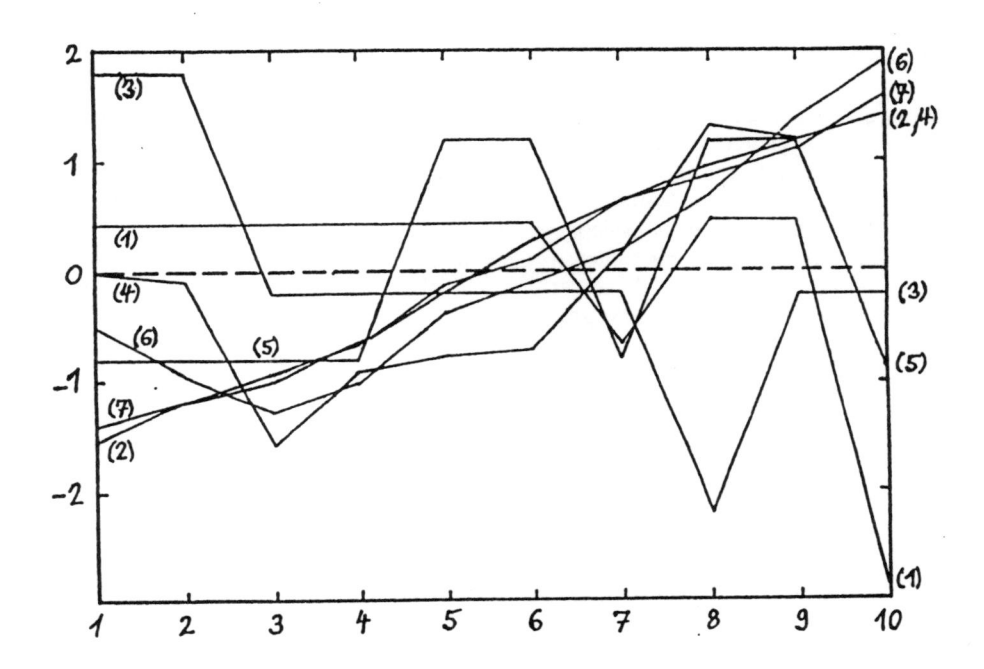

Bild 2.9   Verlauf der Werte nach Tabelle 2.12

Tabelle 2.14   Verkehrsdatenmix (gebildet aus den Werten der Tabelle 2.12 mit den einheitlichen Gewichten $w_j = 1$)

Jahr	i	Verkehrsdatenmix aus	
		X_1 bis X_7	X_2 bis X_7
1980	1	-1,98	-2,42
1981	2	-1,94	-2,38
1982	3	-5,33	-5,77
1983	4	-3,79	-4,23
1984	5	-0,04	-0,48
1985	6	0,96	0,52
1986	7	-0,11	0,55
1987	8	3,28	2,84
1988	9	6,40	5,96
1989	10	2,54	5,42

Kombiniert man Verkehrsdaten und/oder verkehrsrelevante Daten in Form einer Linearkombination nach (2.16), so entsteht ein Verkehrsdatenmix, wobei alle allgemeinen Aussagen zur Linearkombination weiter gelten. Tabelle 2.14 enthält dafür ein Beispiel.

Die zweite Berechnung wurde vorgenommen, um den störenden Einfluß der Variablen X_1 im Verkehrsdatenmix auszuschalten. Infolge der vorgenommenen Standardisierung bei vergleichsweise geringer Streuung, die wiederum auf die überwiegende Gleichheit der Ausgangswerte zurückzuführen ist, führen geringe Abweichungen in den Ausgangswerten zu extremen Abweichungen in den standardisierten Daten, die im Verkehrsdatenmix möglichst vermieden werden sollen.

In Bild 2.10 sind die Datenmixwerte nach Tabelle 2.14, letzte Spalte, und zum Vergleich die zugehörigen Werte der linearen Trendfunktion eingetragen worden. Die Trendfunktion lautet:

$$\hat{y}_i = 0{,}001 + 0{,}568\, x_i, \qquad (2.40)$$

wobei die x_i-Werte durch -9, -7, ..., -1, +1, ..., +7, +9 gegeben sind.

Der Verkehrsdatenmix stellt eine *synthetische* Variable dar, die auch nur als solche interpretiert werden kann. Somit muß der Nutzer einer solchen Variablen wissen, aus welchen ursprünglichen Variablen sie sich zusammensetzt. Wenn vorausgesetzt wird, daß Merkmale bzw. Variablen von annähernd gleicher Bedeutung vereinigt werden, so läßt sich eine solche synthetische Variable für verschiedene Bewertungen und Vergleiche, dabei auch für den Zeitvergleich und die Darstellung von Entwicklungen verwenden.

Daneben ist es natürlich möglich und für untersetzende Aussagen oft auch nützlich, die einzelnen Zeitreihen oder einige von ihnen, die in die synthetische Variable eingegangen sind, getrennt zu analysieren.

Es ist eine mehr verkehrswirtschaftliche als statistische Frage, welche Merkmale zum Verkehrsdatenmix zu vereinigen sind. Die Beantwortung dieser Frage hängt nicht zuletzt von den empirischen Untersuchungen ab, bei denen dieser Mix im zeitlichen und eventuell auch im zeitlich-regionalen Vergleich eingesetzt wird.

Auf der Grundlage der z-transformierten bzw. standardisierten Werte aus Tabelle 2.12 entsteht die Matrix der sachlichen Distanzen zwischen den Zeiteinheiten, die in Tabelle 2.15 als Dreiecksmatrix angegeben ist.

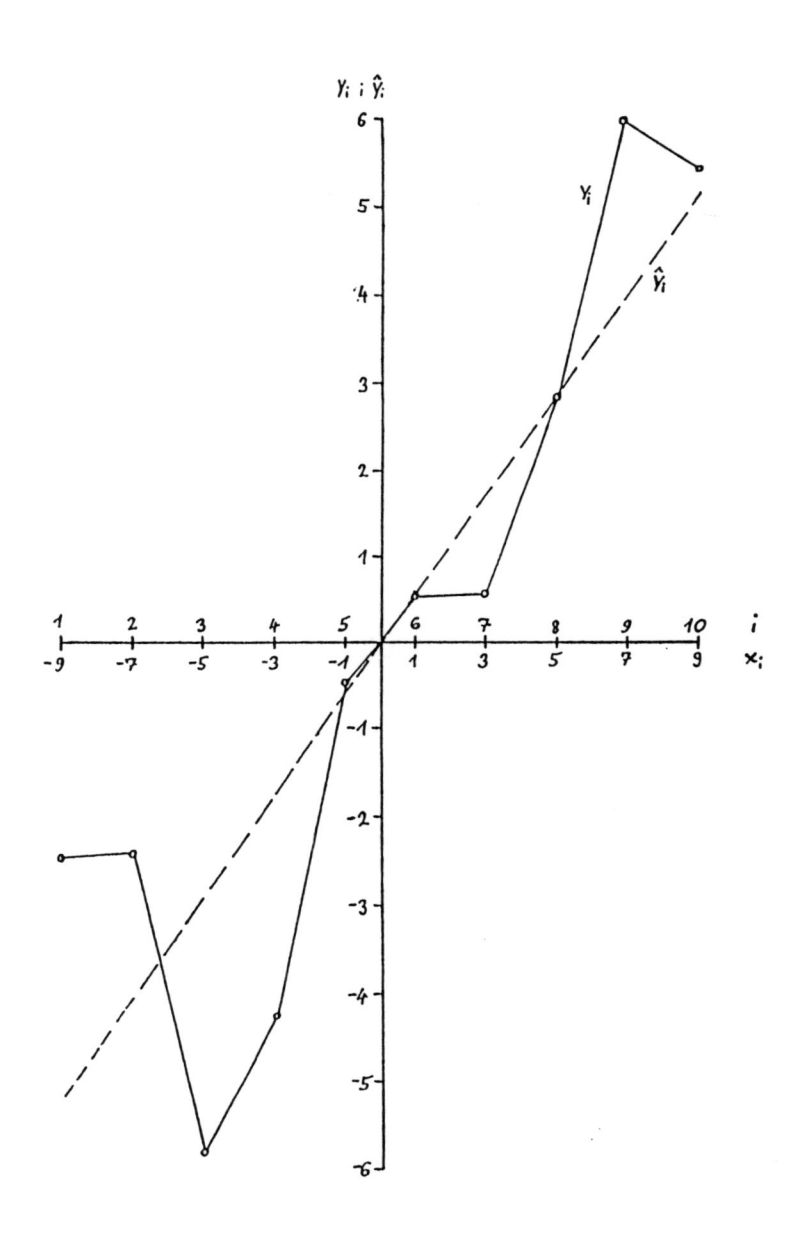

Bild 2.10 Datenmixwerte y_i und zugehöriger linearer Trend

Tabelle 2.15 Distanzmatrix

	1	2	3	4	5	6	7	8	9	10
1	0	0,63	2,79	2,55	3,48	3,77	3,80	5,88	5,20	6,14
2		0	2,55	2,30	3,30	3,86	3,60	5,78	5,12	6,34
3			0	0,85	2,59	2,95	3,35	5,23	5,30	6,54
4				0	2,22	2,50	2,64	4,56	4,58	5,89
5					0	0,57	2,76	3,45	3,27	5,56
6						0	2,54	3,16	2,91	5,25
7							0	3,33	2,92	3,37
8								0	2,16	4,63
9									0	3,96
10										0

Die Zeilen- und die Spaltennummern in Tabelle 2.15 sind die Indizes bzw. die Nummern der Zeiteinheiten. Die Elemente der in dieser Tabelle stehenden Matrix erfüllen die an eine Metrik zu richtenden Anforderungen nach (2.26) bis (2.29).

Begrenzt man die Distanzmatrix auf die sachlichen Distanzen der unmittelbar benachbarten Zeiteinheiten, so entsteht Tabelle 2.16.

Tabelle 2.16 Reduzierte Distanzmatrix zu Tabelle 2.15

	1	2	3	4	5	6	7	8	9	10
1	0	0,63								
2		0	2,55							
3			0	0,85						
4				0	2,22					
5					0	0,57				
6						0	2,54			
7							0	3,33		
8								0	2,16	
9									0	3,96
10										0

Die aufgestellten Distanzmatrizen erlauben eine dynamische Clusterung im doppelten Sinne:

a) Es ist möglich, nach der herkömmlichen Vorgehensweise der Clusteranalyse Gruppen bzw. Cluster "ähnlicher" Zeiteinheiten zu bilden, und zwar unabhängig von der zeitlichen Reihenfolge bzw. der zeitlichen Nähe der Zeiteinheiten. Das ermöglicht die Aufdeckung von Ähnlichkeiten zwischen Zeiteinheiten auf multivariater Basis. Ein entsprechendes Dendrogramm kann aufgestellt werden.

b) Innerhalb einer Zeitreihe können unterschiedliche Veränderungstempi auftreten, die sich durch entsprechende Abstände zwischen benachbarten Zeiteinheiten ausdrücken. Eng beieinander liegende Zeiteinheiten, wie beispielsweise in Tabelle 2.16 die Einheiten 1 und 2, 3 und 4 sowie 5 und 6 bilden Minicluster in Zeitfolge.

Beide Wege lassen sich bis zur Darstellung von Periodizitäten im allgemeinen und im verkehrswirtschaftlichen Ablauf führen.

Bei der Distanzbemessung werden alle Merkmale mit gleichem Gewicht eingesetzt. Das entspricht der Art und Weise, wie auch die Werte des Verkehrsdatenmix bestimmt worden sind. Dann liegt der Gedanke nahe, diese Mixwerte unmittelbar heranzuziehen, um die Differenzen zwischen ihnen als Maß für die Distanzen zwischen den Zeiteinheiten zu benutzen. Man erhält Tabelle 2.17.

Tabelle 2.17 Distanzmatrix auf der Grundlage der Werte des Verkehrsdatenmix
(Tabelle 2.14, letzte Spalte)

	1	2	3	4	5	6	7	8	9	10
1	0	-0,04	3,35	1,81	-1,94	-2,94	-2,97	-5,26	-8,38	-7,84
2		0	3,39	1,85	-1,90	-2,90	-2,93	-5,22	-8,34	-7,80
3			0	-1,54	-5,29	-6,29	-6,32	-8,61	-11,73	-11,19
4				0	-3,75	-4,75	-4,78	-7,07	-10,19	-9,65
5					0	-1,00	-1,03	-3,32	-6,44	-5,90
6						0	-0,03	-2,32	-5,44	-4,90
7							0	-2,29	-5,41	-4,87
8								0	-3,12	-2,58
9									0	0,54
10										0

Die auf die gleiche Weise bestimmten Distanzen zwischen den unmittelbar benachbarten Zeiteinheiten stehen in Tabelle 2.18.

Die in den Tabellen 2.17 und 2.18 enthaltenen Distanzen sind als

$$d^x_{ik} = y_i - y_k \quad \text{mit } i \leq k \tag{2.41}$$

gebildet worden, worin y_i und y_k Datenmixwerte sind. Es handelt sich um lineare Größen, die die Distanz zwischen den Zeiteinheiten i und k nach Betrag und Richtung (Vorzeichen) angeben. Infolge dieser Eigenschaften gelten folgende Beziehungen:

$$d^x_{ki} = (-1) d^x_{ik} \tag{2.42}$$

$$d^x_{ii} = 0 \tag{2.43}$$

$$d^x_{ik} = d^x_{il} + d^x_{lk} \tag{2.44}$$

Ein Vergleich mit den Formeln (2.26) bis (2.29) zeigt die Unterschiede zur Euklidischen Distanz. Wie auf der Grundlage der Tabellen 2.15 und 2.16 können auch auf derjenigen der Tabellen 2.17 und 2.18 Clusterungen vorgenommen werden.

Tabelle 2.18   Reduzierte Distanzmatrix zu Tabelle 2.17

	1	2	3	4	5	6	7	8	9	10
1	0	-0,04								
2		0	3,39							
3			0	-1,54						
4				0	-3,75					
5					0	-1,00				
6						0	-0,03			
7							0	-2,29		
8								0	-3,12	
9									0	0,54
10										0

Unter Nutzung der multivariaten Zeitreihenanalysen lassen sich umfassende Modelle aufbauen, die sowohl für die Verkehrsanalyse als auch für die Verkehrsprognose geeignet sein können. Angesichts der methodisch oft schwach abgesicherten Verkehrsprognosen verdient dieser Umstand besondere Erwähnung.

2.8 Zusammenfassung

Der praktische Ökonometriker ist im allgemeinen darauf angewiesen, benötigte Daten zu beschaffen oder vorhandene Daten zu beurteilen. Dabei ist zu berücksichtigen, daß Wirtschaftsobjekte nahezu immer multivariate Objekte, das heißt Objekte mit mehreren Merkmalen sind. Das gilt insbesondere für die Verkehrszellen als diejenigen regionalen Basiseinheiten, zwischen denen Verkehrsbeziehungen untersucht werden.

Merkmalsvielfalt kann dadurch bewältigt werden, daß man synthetische Kennzahlen bildet, in denen mehrere ursprüngliche Kennzahlen oder Merkmale vereinigt sind. Der übliche Weg zur Gewinnung solcher Kennzahlen bzw. Variablen besteht in der Datenaggregation durch Linearkombination der ursprünglichen Merkmalswerte. Das wiederum verlangt, daß die gemessenen Daten für die Merkmale oder Kennzahlen, die in einer Datenmatrix bereitgestellt werden, vergleichbar und aggregationsfähig gemacht werden. Dazu wird eine Datentransformation vorgenommen, die die gemessenen Daten in dimensionslose und normierte bzw. standardisierte Daten umwandelt.

Aus einer festgelegten Merkmalsvielfalt folgen also zunächst eine Datenmatrix der Meß- oder Erfassungsdaten und weiter eine Matrix der transformierten Daten. Damit sind die Voraussetzungen zur Datenaggregation, also zur Bildung einer synthetischen

Kennzahl, je nach Bedarf aber auch mehrerer synthetischer Kennzahlen, die gewissen ursprünglichen Merkmalsgruppen entsprechen, nahezu erfüllt. Es ist lediglich noch festzustellen, ob die einbezogenen Merkmale alle gleichbedeutend und somit gleichgewichtet sind oder ob Bedeutungsunterschiede zu beachten sind. Daraus folgen die Gewichtszahlen.

Die transformierten Daten werden außerdem benötigt, um die mit mehreren Merkmalen behafteten verkehrswirtschaftlichen Objekte zu gruppieren, das heißt Objektcluster zu bilden. Üblicherweise werden sachliche und räumliche (regionale) Objekte geclustert; eine Erweiterung der Methode auf die Clusterung zeitlicher Objekte ist möglich. Sobald in der Objektmenge eine bestimmte Struktur, z.B. durch räumliche Anordnung oder zeitliche Abfolge, vorgegeben ist, kann sowohl nach einer allgemeinen Ähnlichkeit als auch nach einer Nachbarschaftsähnlichkeit geclustert werden.

Die multivariate Analyse wird überwiegend im Vorfeld der ökonometrischen Modellbildung, also bei der Problem- und Systemanalyse eingesetzt.

3. Verkehrsmatrix

3.1 Überblick und Definitionen

Die Verkehrsmatrix bildet den Rahmen für die strukturierte Beschreibung nichtinformationeller Kommunikation. In diesem Sinne wird sie in der Verkehrstheorie (vgl. z.B. KORTUM 1965, POTTHOFF 1970) seit langem verwendet, wobei sie oft auch als Transportmatrix bezeichnet wird (vgl. z.B. RICHTER 1977).

In (RICHTER 1971) werden drei Kriterien unterschieden, die für die mathematische Beschreibung nichtinformationeller Kommunikation von Bedeutung sind:

- das Strukturkriterium
- das Belegungs- oder Stromkriterium und
- das Bewertungskriterium.

Diese Kriterien können den Aspekten der Beschreibung des Verkehrs gleichgestellt werden. Entsprechend einem Hinweis von POTTHOFF können jedoch vier Aspekte benutzt werden. Sie werden als

- Strukturaspekt
- Quell- und Senkaspekt
- Stromaspekt und
- Bewertungsaspekt

bezeichnet.

Da Verkehrssysteme in mehrfacher Hinsicht Bestandteil übergeordneter Ganzheiten sind, läßt sich die Frage nach den Beziehungen zwischen diesen Systemen und ihrer Umgebung stellen. Damit kann als fünfter Aspekt der Umgebungsaspekt eingeführt werden. Er führt auf eine makroökonomische, ihrem Wesen nach ökonometrische Modellierung hin.

Die Grundlage für alle weiteren Überlegungen ist eine definierte Menge von regionalen Einheiten, zwischen denen Verkehr stattfindet. Die regionalen Einheiten werden als Orte bezeichnet. Diese Orte bilden die *Ortemenge*

$$M_o = \{O_1, O_2, ..., O_p\} \quad (3.1)$$

mit insgesamt

$$|M_o| = p \quad (3.2)$$

Orten. Orte sind alle regionalen Einheiten, in denen Verkehr beginnen oder enden kann. Weiterhin werden Transitorte in die Ortemenge aufgenommen. Verkehr wird dabei als die Veränderung der Orts- und der Zeitkoordinate von Verkehrsobjekten definiert. Wird nur die Zeitkoordinate verändert, so handelt es sich um Lagerung.

3. Verkehrsmatrix

Verkehrsobjekte sind Güter, Personen und Nachrichten. Jedes Verkehrsobjekt besitzt neben der Orts- und Zeitkoordinate eine gewisse Anzahl von Zustandskoordinaten, die einen Zustandsvektor z bilden. Es ist

$$z = \begin{bmatrix} z_1 \\ z_2 \\ . \\ . \\ . \\ z_k \end{bmatrix} \qquad (3.3)$$

Der Zustandsvektor zu Transportbeginn, das heißt zu Beginn eines Verkehrsvorganges, sei z^o und am Ende desselben z^*. Dann wird im allgemeinen

$$\Delta z = /z^o - z^*/ \longrightarrow \text{Min.} \qquad (3.4)$$

oder zumindest

$$/z^o - z^*/ \leq \Delta z_N \qquad (3.5)$$

gefordert. Die Zustandsveränderung des Verkehrsobjektes soll also minimal sein oder einen oberen Grenzwert Δz_N nicht überschreiten. Diese Forderung ist aber durchaus nicht selbstverständlich. Sie resultiert hauptsächlich aus der einseitigen Betonung der Veränderung der Ortskoordinate durch den Transport. Es ist also denkbar, statt der oben angeführten Forderung bei gewissen Transporten eine Mindestveränderung des Verkehrsobjektes anzustreben:

$$/z^o - z^*/ \geq \Delta z_m \qquad (3.6)$$

Forderungen dieser Art sollten bei einer umfassenderen als der bisherigen Formulierung des Transportproblems berücksichtigt werden. Sie führen beispielsweise auch dazu, daß Überlegungen über die Art des Verkehrsweges als eines aktiven Elements des Verkehrssystems angestellt werden müssen, weil eben auf dem Wege sowohl die Orts- und die Zeitkoordinate als auch die Zustandskoordinaten verändert werden. Analoge Überlegungen gelten für die Knoten, Orte oder Verkehrsbezirke.

Unter Berücksichtigung der Zustandskoordinaten kann Verkehr als die Veränderung der Orts- und/oder Zeitkoordinate bei minimaler Veränderung, höchstzulässiger Veränderung oder Mindestveränderung der Zustandskoordinaten von Verkehrsobjekten definiert werden.

Die Veränderung der Ortskoordinate wird oft kurz als Ortsveränderung bezeichnet. In den Verkehrsprozeß können Umschlag- und Lagerprozesse eingeschlossen sein.

Unter dem *Struktur*aspekt werden die Existenz und die Eigenschaften von Verkehrsverbindungen und Verkehrsrelationen untersucht (vgl. RICHTER 1971). Dabei versteht man unter dem Verkehrssystem in Analogie zum kybernetischen Systembegriff in mengentheoretischer Definition die Kreuzmenge aus der Menge der Orte M_O und der Menge R der zwischen den Orten definierten Relationen (Beziehungen). Systemstrukturen lassen sich als aus Elementarstrukturen oder elementaren Strukturtypen zusammengesetzt erklären (vgl. HÜRLIMANN 1963).

Solche elementaren Strukturtypen sind für eine definierte Ortemenge

- das Simultannetz
- das Sammelnetz
- das Verteilnetz
- das Pendelnetz
- das Ringnetz und
- die Einzelverbindung.

Als brauchbares mathematisches Beschreibungsmittel für derartige Strukturen hat sich die allgemeine Form der Relationsmatrix (0-1-Matrix) erwiesen, die hier als Verkehrsnetzmatrix und als Verkehrsrelationsmatrix eingeführt wird. Diese Matrix erweist sich bereits als ein Spezialfall der in der Kybernetik üblichen Strukturmatrix, die für die Abbildung von Strukturen von Verkehrs- und Nachrichtensystemen ebenso geeignet ist wie für die Abbildung der Struktur von Leitungssystemen oder für die Darstellung soziologischer Strukturen. Diese Allgemeinheit der Matrix gilt aber eben nur für die reine Strukturabbildung; die mit dieser Abbildung verbundene Semantik einer gegebenen Struktur ist durch die Eigenarten des realen Objektbereichs bestimmt, dem die Struktur entnommen wurde. Jeder Strukturmatrix und damit auch jeder Verkehrsnetz- und jeder Verkehrsrelationsmatrix kann ein bestimmter Graph zugeordnet werden. Dadurch ist es möglich, Operationen mit Verkehrssystemen, also beispielsweise Verknüpfungen und Trennungen von Systemen, durch Anwendung der Graphentheorie auf mathematische Weise vorzunehmen. Diese Möglichkeit ist z.B. sowohl für die Planung städtischer Verkehrsnetze als auch für die Entwicklung internationaler Netze im Rahmen der europäischen Integration von großer praktischer Bedeutung.

Operationen mit den Elementen der Verkehrsnetz- und der Verkehrsrelationsmatrix gestatten es auch, eine Beurteilung der zur Ortemenge M_O gehörenden Orte nach der Anzahl der Quell- und Senkverbindungen vorzunehmen. Das eröffnet die Möglichkeit einer strukturell bedingten Bewertung dieser Orte, die als spezifische Ausprägung der kybernetischen Systemanalyse für Verkehrssysteme verstanden werden kann. Aus einer solchen Strukturanalyse von Verkehrssystemen können Ergebnisse gewonnen werden, die auch für die Strukturanalyse in nicht zum Verkehr gehörenden Bereichen geeignet sind.

Unter dem *Quell-* und dem *Senk*aspekt wird vor allem die Quell- und die Senkintensität der Orte, die zur Ortemenge M_O gehören, untersucht. Hierbei wird es möglich, eine allgemeine verkehrsstatistische Vorgehensweise für die Untersuchung dieser Intensitäten zu entwickeln. Während die Bestimmung von mittleren Intensitäten für die Quell- und für die Senkfunktion der einzelnen Orte zu den erprobten Operationen gerechnet werden kann, geht die Bestimmung der dazugehörigen Streuungen, beispielsweise in Form der Standardabweichungen, erst recht aber die Untersuchung der statistischen Verteilungen der Quell- und Senkintensität über den Rahmen üblicher Untersuchungen hinaus. Erst die Untersuchungen solcher Verteilungen aber führen zu Informationen, die für eine komplexe Beurteilung der Orte erforderlich sind. Sie gestatteten es auch, Hypothesen über die Existenz von Verteilungsgesetzen aufzustellen und mittels mathematisch-statistischer Tests zu prüfen.

Die Ergebnisse aus der Untersuchung unter dem Quell- und dem Senkaspekt werden weiterhin für Berechnungen benötigt, die sich unter dem Stromaspekt ergeben. Unter dem *Strom*aspekt werden die Verkehrsströme in allgemeiner Form betrachtet. Solche Verkehrsströme äußern sich als Belegungen der im Netz vorhandenen Verbindungen und der Relationen innerhalb definierter Zeiträume. Sie sind Ausdruck des Austausches von Verkehrsobjekten zwischen den Orten der Ortemenge M_O. Die Belegung der Verbindungen und der Relationen wird in einer Verkehrsstrommatrix, die ebenfalls einen Spezialfall der Verkehrsmatrix darstellt, erfaßt. In Analogie dazu können Belegungsfaktoren für die Orte angegeben werden, deren Elemente durch die in den Orten vorhandenen Verkehrsobjekte bestimmt sind. Die Quell- oder Ausgangsmenge und die Senk- oder Eingangsmenge jedes Ortes werden durch Addition der entsprechenden Matrixwerte ermittelt.

Die statistische Abbildung der Belegung der Verkehrsverbindungen und der Verkehrsrelationen gilt für einen definierten Zeitraum, in Sonderfällen auch für einen definierten Zeitpunkt. Die Notwendigkeit der zeitabhängigen Darstellung führt zum dynamischen Ansatz. Als Zwischenlösung kann die quasidynamische Darstellung angesehen werden, bei der analoge Werte zu verschiedenen Zeitpunkten oder für verschiedene Zeiträume bestimmt und miteinander verglichen werden. Eine ähnliche Vorgehensweise führt z.B. zur komparativen Verflechtungsbilanz, die als nichtstatischer Modelltyp benutzt wird, wenn keine dynamische Verflechtungsbilanz verfügbar ist (vgl. z.B. PLATT 1957). Der dynamische Effekt in der quasidynamischen Darstellung kann durch die Bestimmung von Trendfunktionen für entscheidende Größen der Verkehrsstrommatrix erhöht werden. Der eigentliche dynamische Ansatz beruht darauf, daß alle Elemente der Verkehrsstrommatrix als zeitabhängige Größen, mathematisch als Funktionen der Zeit, verstanden werden. Die Belegungsgrößen der Orte sind in die Darstellung eingeschlossen.

Für die Untersuchungen unter den Stromaspekt kann auf bereits vorhandene Modelle zurückgegriffen werden. Zu diesen Modellen gehören die Steigerungsfaktorenmodelle, die Schwerkraftmodelle und die Entropiemodelle. Sie gestatten in statischer, quasidynamischer und dynamischer Form die schätzungsweise Vorausberechnung künftiger Verkehrsströme. Damit erweist sich die Verkehrsstrommatrix sowohl als Instrument der Analyse als auch als Mittel der Prognose. Sie stellt außerdem Ausgangsgrößen für eine eventuelle Optimierung ausgewählter Verkehrsprozesse zur Verfügung.

Die Verkehrsstrommatrix bildet schließlich die Grundlage für informationstheoretische Berechnungen über Verkehrssysteme. Informationsentropie und Transinformation standen bisher im Vordergrund (vgl. POTTHOFF 1965). Sind

$H(Q)$ die Informationsentropie der Quellen
$H(S)$ die Informationsentropie der Senken und
$H(QS)$ die Informationsentropie der Ströme,

so ergibt sich die Transinformation als

$$\Delta H = H(Q) + H(S) - H(QS). \tag{3.7}$$

Bezieht man die Transinformation (Entropiedifferenz) auf die Entropie $H(Q)$ oder die Entropie $H(S)$, so entsteht die bezogene Transinformation (relative Entropiedifferenz) ΔH_r, für die die Eingrenzung

$$0 \leq \Delta H_r \leq 1 \tag{3.8}$$

gilt. In (3.8) bedeutet

0   den niedrigsten Organisiertheitsgrad (System ohne Organisation)
1   den höchsten Organisiertheitsgrad (System mit maximaler Organisiertheit).

Dieses Problem wird ausführlich in Kapitel 4. behandelt.

Unter dem *Bewertungs*aspekt werden Bewertungskriterien betrachtet. Diese Kriterien sind erforderlich, um die einzelnen Belegungen beurteilen und miteinander vergleichen zu können. Jede Belegung kann im allgemeinen Sinne als die Lösung eines Verkehrsproblems verstanden werden. Zur Bewertung der Belegungen in Verkehrssystemen verfügt man über vier Gruppen von Kriterien:

- Entfernungskriterien
- Kostenkriterien
- Zeitkriterien und
- sonstige Kriterien,

die als Aufwandskriterien Ausdruck des zu überwindenden Verkehrswiderstandes sind.

Welcher Gruppe das Kriterium im Einzelfall entnommen wird, hängt ab

- von der Art des gegebenen Verkehrsproblems und
- von der Verfügbarkeit der erforderlichen Daten.

3. Verkehrsmatrix 61

Wenn z.B. weder ein Entfernungs- noch ein Kosten- noch ein Zeitkriterium benutzt werden kann oder soll, muß ein zur vierten Gruppe zählendes spezielles Kriterium verwendet werden, beispielsweise die mit dem Transport einer Einheit des Verkehrsobjektes verbundene ökologische Belastung.

Neben Bewertungen, die sich auf die einzelnen Relationen beziehen, werden zunehmend Bewertungen für ganze Verkehrssysteme benötigt. In derartigen komplexen Bewertungen sind für die Beurteilung der Verkehrssysteme verschiedene Gesichtspunkte, beispielsweise betriebswirtschaftliche, volkswirtschaftliche und ökologische Aspekte, weiterhin aber auch Sicherheit und Zuverlässigkeit heranzuziehen. Das führt zum Problem der multikriteriellen Bewertung mittels aggregierter Kenngrößen (vgl. Kapitel 2).

Da sich Verkehrsprozesse in Netzen (Mengen von Verbindungen und Relationen) vollziehen, wird durch die Verkehrsmatrix das mathematische Basismodell für derartige Prozesse geliefert. Die einzelnen Netzelemente wie die Netzknoten erzeugen Bedienungsleistungen. Deshalb tritt neben die Verkehrsmatrix, die vorwiegend für verkehrswirtschaftliche Untersuchungen genutzt wird, und deren geometrische Entsprechung der Graph ist, die für verkehrstechnische Untersuchungen und Berechnungen wichtige Bedienungstheorie (vgl. FISCHER/HERTEL 1990 und HERTEL 1994). Es entsteht Bild 3.1.

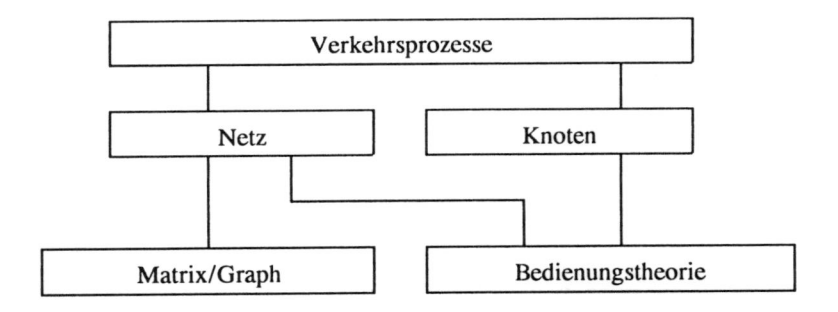

Bild 3.1 Mathematische Modelle für Verkehrsprozesse

Auf die Ausprägung der Verkehrsmatrix als Grundmodell wirkte sich nicht nur die Entwicklung immer neuer Modelle, sondern auch die Verbreitung des kybernetischen Gedankengutes aus. In "Kybernetik und Gesellschaft" wies KLAUS nachdrücklich darauf hin, daß die auf Matrizen beruhenden Verflechtungsmodelle einen ausgezeichneten Zugang zur kybernetischen Untersuchung ökonomischer Prozesse bilden (vgl. KLAUS 1973 und CERNJAK 1972). Die in den bekannten Verflechtungsmodellen dargestellte technologisch bedingte Verflechtung ist aber ebenso ein Spezialfall der allgemeinen Verflechtung in ökonomischen Systemen wie die regionale Verflechtung, die im Prinzip durch Verkehrsmatrizen abzubilden ist.

3. Verkehrsmatrix

Die kybernetische Betrachtungsweise führte zu dem Schema der Verkehrsmatrix gemäß Bild 3.2. Danach werden die wesentlichen Aspekte jeder Systemanalyse und -synthese - nämlich Struktur, Funktion und Bewertung - in getrennten Matrizen erfaßt.

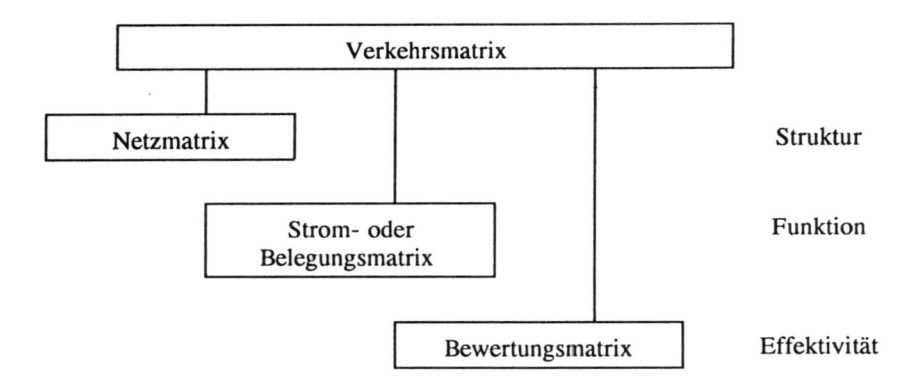

```
                    Verkehrsmatrix
        ┌──────────────┬──────────────┐
   Netzmatrix                                Struktur
        
              Strom- oder                    Funktion
              Belegungsmatrix
        
                    Bewertungsmatrix         Effektivität
```

Bild 3.2   Formen der Verkehrsmatrix

Die Verkehrsmatrix ist zunächst ein Beschreibungsansatz. Umfassende und präzise Beschreibung ist jedoch die Voraussetzung jeder erfolgversprechenden Modellierung. Außerdem zeigt Tabelle 3.1, daß auch der Beschreibungsrahmen weit genug gefaßt ist, um zu elementaren Modellstrukturen gelangen zu können. Beispielsweise lassen sich zur Erklärung der Belegungswerte x_{ij} einer Verkehrsstrommatrix ökonometrische Funktionen aufstellen, die die Bestimmungsfaktoren der endogenen Belegungsgröße als exogene Variablen enthalten.

Als Darstellungsform ist die Verkehrsmatrix, insbesondere die Verkehrsstrommatrix, lange bekannt (vgl. z.B. Tabelle 3.2, HÜRLIMANN 1963 und RICHTER 1972).

Die Verkehrsstrommatrix gestattet es, eine sehr große Vielfalt der Realität zu erfassen und in äußerst knapper Form darzustellen. Darin aber liegt die enorme Breite ihrer Anwendungsmöglichkeiten begründet. In Bild 3.3 wird versucht, diesen Sachverhalt darzustellen.

Tabelle 3.1 Mögliche Belegungen der Verkehrsstrommatrix

Nr.	Matrixelement	Inhalt
1	x_{ij}	Verkehrsmenge (Einzelwert)
2	$\bar{x}_{ij}$; s_{ij}	Verkehrsmenge (Durchschnitt und Schwankungsbreite)
3	x_{ij}; $\varphi(x_{ij})$	Verkehrsmenge (theoretische Verteilung)
4	$x_{ij} = f_{ij}(t)$	Trend und saisonale Schwankungen der Verkehrsmenge
5	$p_{kl}(x_{ij})$	wahrscheinliche Entwicklung der Verkehrsmenge
6	$x_{ij} = g_{ij}(F_1, ..., F_k)$	Erklärung der Verkehrsmenge durch die Einflußfaktoren F_1 bis F_k
7	$x_{ij} = z_{ij}(F_1, ..., F_k; T)$	allgemeine Bestimmungsgleichung für die Verkehrsmenge

Tabelle 3.2 Güterstromtabelle (RICHTER 1977)

von \ nach	Region (j) 1 2 3 ... 21	Export aus Region i	Aufkommen von Region i
Region (i) 1 2 3 21	Ströme von Region i nach Region j		
	Import nach Region j	-	
	Zufluß nach Region j		-

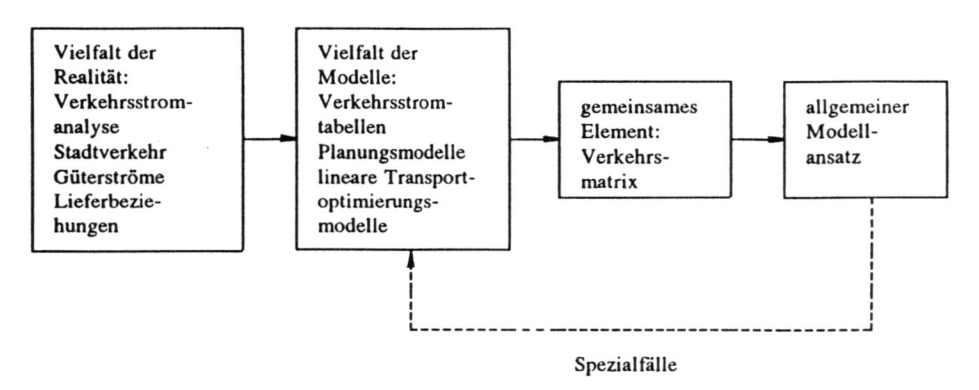

```
┌──────────────┐   ┌──────────────┐
│ Vielfalt der │   │ Vielfalt der │   ┌──────────┐   ┌──────────┐
│ Realität:    │   │ Modelle:     │   │          │   │          │
│ Verkehrsstrom│──▶│ Verkehrsstrom│──▶│gemeinsames│──▶│allgemeiner│
│ analyse      │   │ tabellen     │   │ Element: │   │ Modell-  │
│ Stadtverkehr │   │ Planungsmodelle│  │ Verkehrs-│   │ ansatz   │
│ Güterströme  │   │ lineare Transport│ │ matrix   │   │          │
│ Lieferbezie- │   │ optimierungs-│   │          │   │          │
│ hungen       │   │ modelle      │   └──────────┘   └──────────┘
└──────────────┘   └──────────────┘
```

Spezialfälle

Bild 3.3   Verkehrsmatrix als Ergebnis der Abstraktion und als Basis spezieller Modelle

3.2 Verkehrsnetzmatrix und Verkehrsrelationsmatrix

Das von MAIMINAS entwickelte Konzept zur Aufstellung mathematischer Modelle von ökonomischen Sachverhalten gilt unverändert. Es enthält vier Etappen:

"- Problemstellung und, wenn erforderlich, Definition der Ausgangsbegriffe und der zwischen ihnen bestehenden Operationsregeln, das heißt der Sprache, in welcher dieses Problem gestellt und beurteilt wird;

- Formulierung der Lösungssätze, Aufstellen von Hypothesen und nichtformaler Modelle;

- Ausarbeitung von Theorien, Modellen, von Modellkomplexen und ihre experimentelle Erprobung;

- Überprüfung in der Praxis, Aufbau funktionierender Modelle, die es in einer Reihe von Fällen erlauben, den untersuchten Prozeß nachzubilden und danach effektivere Prozesse zu entwerfen." (MAIMINAS 1972, S. 25)

Überträgt man diesen Ansatz auf die Entwicklung von Verkehrsmatrizen, so wird die Vorgehensweise, nach der nacheinander Verkehrsnetzmatrizen, Verkehrsstrommatrizen und Bewertungsmatrizen aufgestellt werden, bestätigt.

Voraussetzung für die Aufstellung einer Verkehrsnetzmatrix ist die Ortemenge nach (3.1). Die Orte der Ortemenge M_0 bilden die Elemente eines realen regionalen Systems.

3. Verkehrsmatrix

Zwischen diesen Elementen können sehr unterschiedliche Beziehungen bestehen, von denen hier nur die Verkehrsverbindungen betrachtet werden.

Danach besitzt die Verkehrsnetzmatrix **H** die folgende Form:

$$\mathbf{H} = \begin{bmatrix} h_{11} & h_{12} & \cdots & h_{1p} \\ h_{21} & h_{22} & \cdots & h_{2p} \\ \vdots & \vdots & \cdots & \vdots \\ \vdots & \vdots & \cdots & \vdots \\ \vdots & \vdots & \cdots & \vdots \\ h_{p1} & h_{p2} & \cdots & h_{pp} \end{bmatrix} \quad (3.9)$$

Es handelt sich um eine quadratische Matrix der Ordnung p. Ihre Elemente h_{ij} sind durch die Beziehung

$$h_{ij} = \begin{cases} 1, & \text{sofern die Verbindung von } O_i \text{ nach } O_j \\ & \text{existiert} \\ 0 & \text{sonst} \end{cases} \quad (3.10)$$

bestimmt. Aus der Beziehung (3.10) folgt, daß es sich bei der Matrix **H** um eine Relationsmatrix handelt, deren Element lediglich die Werte 1 und 0 annehmen können.

Die verschiedenen Formen von Verkehrsnetzen lassen sich durch die Verkehrsnetzmatrix (in einem noch allgemeineren Sinne durch die Strukturmatrix) abbilden. Man erhält für eine Ortemenge $M_O = \{O_1, O_2, O_3, O_4\}$ aus vier Orten folgende Matrizen:

- freies Simultannetz

$$\mathbf{H}_{FS} = \begin{bmatrix} 0 & 1 & 1 & 1 \\ 1 & 0 & 1 & 1 \\ 1 & 1 & 0 & 1 \\ 1 & 1 & 1 & 0 \end{bmatrix} \quad (3.11)$$

- teilweise gesperrtes Simultannetz

$$H_{TS} = \begin{bmatrix} 0 & 1 & 0 & 0 \\ 1 & 0 & 1 & 0 \\ 0 & 1 & 0 & 1 \\ 0 & 1 & 1 & 0 \end{bmatrix} \quad (3.12)$$

- Sammelnetz (Sammelort ist O_2)

$$H_S = \begin{bmatrix} 0 & 1 & 0 & 0 \\ 0 & 0 & 0 & 0 \\ 0 & 1 & 0 & 0 \\ 0 & 1 & 0 & 0 \end{bmatrix} \quad (3.13)$$

- Verteilnetz (Verteilort ist O_2)

$$H_V = \begin{bmatrix} 0 & 0 & 0 & 0 \\ 1 & 0 & 1 & 1 \\ 0 & 0 & 0 & 0 \\ 0 & 0 & 0 & 0 \end{bmatrix} \quad (3.14)$$

- Pendelnetz (Ausgangsort ist O_2)

$$H_P = \begin{bmatrix} 0 & 1 & 0 & 0 \\ 1 & 0 & 1 & 1 \\ 0 & 1 & 0 & 0 \\ 0 & 1 & 0 & 0 \end{bmatrix} \quad (3.15)$$

- Ringnetz (Rundfahrt)

$$H_R = \begin{bmatrix} 0 & 1 & 0 & 0 \\ 0 & 0 & 1 & 0 \\ 0 & 0 & 0 & 1 \\ 1 & 0 & 0 & 0 \end{bmatrix} \quad (3.16)$$

- Einzelverbindung (von O_3 nach O_2)

$$H_E = \begin{bmatrix} 0 & 0 & 0 & 0 \\ 0 & 0 & 0 & 0 \\ 0 & 1 & 0 & 0 \\ 0 & 0 & 0 & 0 \end{bmatrix} \quad (3.17)$$

Eine Verkehrsnetzmatrix **H**, deren Elemente h_{ij} die Existenz oder die Nichtexistenz einer Verbindung von O_i nach O_j angeben, ist die *Adjazenz-* oder *Verbindungsmatrix* eines Graphen

$$G = (U, H) \quad (3.18)$$

mit einer endlichen Menge von U von p Knoten oder Punkten und einer endlichen Menge H von Kanten oder Bögen zwischen jeweils zwei Knoten. In der Adjazenzmatrix und im Graphen entsprechen sich:

Matrix	Graph
Ort	Knoten, Punkt
Verbindung	Kante, Bogen

Das Matrixelement h_{ij} hat den Wert 1, wenn der Graph eine Kante vom Ort (Knoten, Punkt) O_i zum Ort O_j enthält, und sonst den Wert 0.

Die zu den Verkehrsnetzmatrizen (3.11) bis (3.17) gehörenden Graphen sind in den Bildern 3.4 bis 3.10 dargestellt.

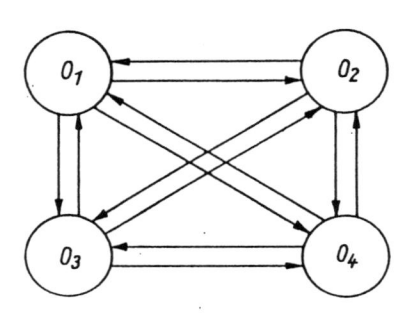

Bild 3.4   Freies Simultannetz

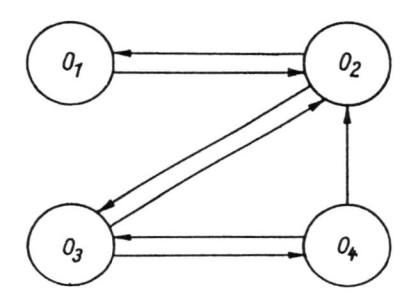

Bild 3.5   Teilweise gesperrtes Simultannetz

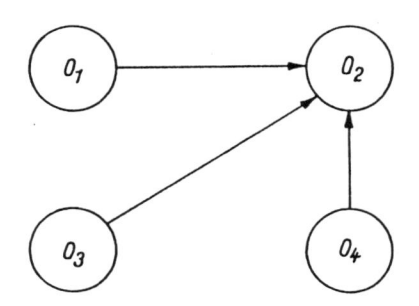

Bild 3.6   Sammelnetz

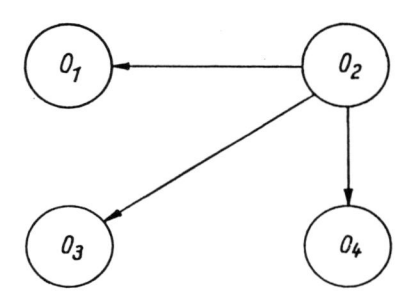

Bild 3.7 Verteilnetz

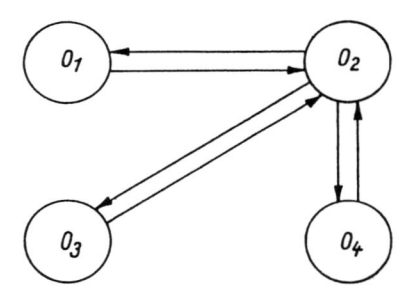

Bild 3.8 Pendelnetz

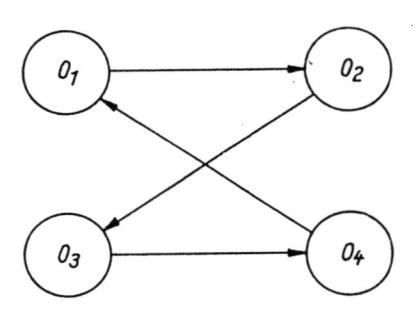

Bild 3.9 Ringnetz

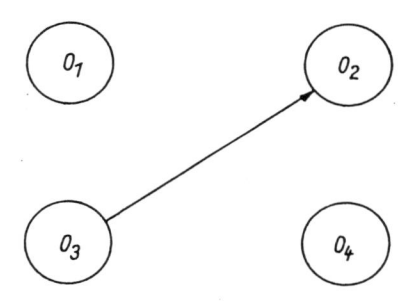

Bild 3.10   Einzelverbindung

Tabelle 3.3 zeigt den Abstraktionsprozeß, der vom realen Objekt (Verkehrsnetz) bis zur Verkehrsnetzmatrix führt.

Tabelle 3.3   Abstraktionsstufen

Stufe	Objekt/Modell
0	reales Transportnetz (Objekt)
1	Landkarte
2	Netzkarte (Eisenbahn, Luftverkehr usw.)
3	Graph (mathematisches Modell)
4	Matrix (mathematisches Modell)

Bereits die Verkehrsnetzmatrix gestattet es, strukturelle Charakteristika für die Orte der Ortemenge M_O zu bestimmen. So können die Orte O_i (in ihrer Eigenschaft als Abgangsorte oder Quellen) durch die *Ausgangszahl*

$$h_i = \sum_j h_{ij}; \quad i = 1(1)\,p \tag{3.19}$$

und die Orte O_j (in ihrer Eigenschaft als Zielorte oder Senken) durch die *Eingangszahl*

$$h_j = \sum_i h_{ij}; \quad j = 1(1)\,p \tag{3.20}$$

gekennzeichnet werden. Die Ausgangszahl gibt die Anzahl der von O_i abgehenden Relationen oder erreichbaren Orte (Zielknoten) und die Eingangszahl die Anzahl der in O_j eintreffenden Relationen (mit O_j verbundene Abgangsorte oder Abgangsknoten) an. In diesem Sinne stellt die Verkehrsnetzmatrix eine Grundlage zur Beurteilung der Orte einer Ortemenge M_O dar.

Die Bedeutung eines Ortes (allgemein: eines Verkehrsbezirkes) im Verkehrsnetz ergibt sich unter anderem aus der Anzahl der Verbindungen, die von diesem Ort ausgehen, und aus der Anzahl der Verbindungen, die zu diesem Ort führen. Wird der betrachtete Ort als Knoten eines gerichteten Graphen aufgefaßt, so handelt es sich um die Anzahl der austretenden Kanten und um die Anzahl der eintretenden Kanten. Da die Verbindungen im Netz (die Kanten im Graphen) zu anderen Orten (Knoten) laufen oder von diesen kommen, ist ihre Anzahl gleich der Zahl der Orte, die von einem gegebenen Ort aus erreicht werden können (austretende Verbindungen bzw. Kanten), oder gleich der Zahl derjenigen Orte, von denen aus der gegebene Ort erreicht werden kann (eintretende Verbindungen bzw. Kanten). Alle diese Aussagen beziehen sich auf direkte Verbindungen.

Wenn die Menge M_O der Orte eines Verkehrsnetzes durch die Menge U der Knoten eines Graphen in der Art abgebildet wird, daß jedem Ort nur ein Knoten entspricht und umgekehrt (eineindeutige Abbildung), wird es jeweils zu einem beliebigen Knoten U_i aus der Menge U eine Teilmenge von Knoten aus der Menge U geben, die von U_i aus erreicht werden können (Anzahl der austretenden Kanten), und eine weitere Teilmenge aus der Knotenmenge U, von denen aus der Knoten U_j zu erreichen ist (Anzahl der eintretenden Kanten). Die erste Teilmenge wird als $\Gamma(U_i)$ und die zweite Teilmenge als $\Gamma^{-1}(U_j)$ bezeichnet.

Es entspricht

$\Gamma(U_i)$ der Ausgangszahl h_i gemäß (3.19)

und

$\Gamma^{-1}(U_j)$ der Eingangszahl h_j gemäß (3.20).

Für die Matrix (3.12) des teilweise gesperrten Simultannetzes sind die Ausgangszahlen und die Eingangszahlete 3.4 angegeben.

Tabelle 3.4 Erweiterte (geränderte) Verkehrsnetzmatrix

	O_1	O_2	O_3	O_4	h_i
O_1	0	1	0	0	1
O_2	1	0	1	0	2
O_3	0	1	0	1	2
O_4	0	1	1	0	2
$h_{.j}$	1	3	2	1	7

Das allgemeine Schema der Verkehrsnetzmatrix erweitert sich nun zu

	O_j	
O_i	h_{ij}	h_i
	$h_{.j}$	

(3.21)

Mit Hilfe der Ausgangszahlen und der Eingangszahlen läßt sich eine Klassifizierung der Orte in folgender Weise vornehmen:

1. Orte, für die gilt h_i = 0
                         $h_{.j}$ = 0

2. Orte, für die gilt h_i > 0
                         $h_{.j}$ = 0

3. Orte, für die gilt h_i = 0
                         $h_{.j}$ > 0

4. Orte, für die gilt h_i > 0
                         $h_{.j}$ > 0.

In allen Beziehungen ist $i = j$ gesetzt. Wegen (3.10) gilt

$$h_i \geq 0, \text{ ganzzahlig} \tag{3.22}$$

und

$$h_{.j} \geq 0, \text{ ganzzahlig} \tag{3.23}$$

für alle Werte i und j.

Die unter 1. genannten Orte sind isoliert. Sie besitzen weder ausgehende noch eingehende Verbindungen. In der graphischen Darstellung entsprechen ihnen die isolierten Knoten.

Unter 2. sind Orte aufgeführt, die nur ausgehende Verbindungen haben. Diese Orte sind reine Verkehrsquellen. Sie treten wie die unter 3. genannten reinen Verkehrssenken in der Regel dann auf, wenn Verkehrssnetze für spezielle Verkehrsobjekte untersucht werden, beispielsweise für feste Brennstoffe.

Die unter 3. angegebenen Orte sind reine Verkehrssenken. Sie besitzen ausschließlich eingehende Verbindungen.

Den im allgemeinen auftretenden Fall bilden die unter 4. genannten Orte, die sowohl als Verkehrsquellen als auch als Verkehrssenken wirken. Diese Orte besitzen mindestens eine ausgehende und eine eingehende Verbindung.

Die angeführte Klassifikation läßt sich in verschiedener Hinsicht erweitern. Beispielsweise kann von den Fällen, in denen die Eingangszahl und/oder die Ausgangszahl größer als Null ist, der Fall besonders hervorgehoben werden, bei dem diese Zahl gerade eins beträgt. Gilt für alle Orte, daß die Eingangszahl gleich der Ausgangszahl ist, so entspricht dem zugehörigen Verkehrsnetz ein gleichwertig gerichteter Graph.

Die unter 4. genannten Orte können weiter in drei Gruppen gegliedert werden, nämlich in Orte, für die (Überwiegen der Verteilfunktion)

$$h_i > h_{.j}, \tag{3.24}$$

in Orte, für die (Ausgeglichenheit der Sammel- und Verteilfunktion)

$$h_i = h_{.j}, \tag{3.25}$$

und in Orte, für die (Überwiegen der Sammelfunktion)

$$h_i < h_{.j} \tag{3.26}$$

gilt. Selbstverständlich beziehen sich diese Unterscheidungen nur auf die Existenz und die Nichtexistenz der Verbindungen. Sie werden durch die Berücksichtigung der Belegungswerte und der Bewertungen präzisiert.

Wird neben der Ortemenge M_O die Menge der Aufkommensorte (Quellorte)

$$M_A = \{A_1, A_2, ..., A_m\} \tag{3.27}$$

mit der Mächtigkeit

$$|M_A| = m \tag{3.28}$$

und die Menge der Bedarfsorte (Senk- oder Zielorte)

$$M_B = \{B_1, B_2, \ldots, B_n\} \tag{3.29}$$

mit der Mächtigkeit

$$|M_B| = n \tag{3.30}$$

unterschieden, sind M_A und M_B definitionsgemäß Teilmengen der Ortemenge M_O. In diesem Zusammenhang bestehen zwei Grenzfälle:

1. Alle Orte O_i der Menge M_O sind zugleich Aufkommensorte *und* Bedarfsorte, gehören also sowohl zu M_A als auch zu M_B. Daraus folgt:

$$M_A \cap M_B = M_O \tag{3.31}$$

$$M_A \cup M_B = M_O \tag{3.32}$$

und weiter:

$$m = n = p. \tag{3.33}$$

2. Die Orte O_i der Menge M_O sind entweder Aufkommensorte (und gehören zu M_A) *oder* Bedarfsorte (und gehören zu M_B). Daraus folgt:

$$M_A \cap M_B = \varnothing \tag{3.34}$$

$$M_A \cup M_B = M_O \tag{3.35}$$

und außerdem

$$m + n = p. \tag{3.36}$$

Zwischen den beiden Grenzfällen liegt der Normalfall, bei dem die Ortemenge M_O

a) Orte enthält, die nur Aufkommensort sind (sie gehören zu M_A, nicht aber zu $M_A \cap M_B$),

b) Orte enthält, die nur Bedarfsort sind (sie gehören zu M_B, nicht aber zu $M_A \cap M_B$),

c) Orte enthält, die zugleich Aufkommensort und Bedarfsort sind (sie gehören zu M_A, M_B und zu $M_A \cap M_B$).

Daraus folgt als allgemeine Eingrenzung für p:

$$\max(m, n) \leq p \leq m + n. \tag{3.37}$$

Die Ortemenge M_O und die Menge der zwischen den Orten bestehenden Verbindungen bilden die Grundlage für die Bildung von Verkehrsrelationen (Verkehrsbeziehungen).

Nunmehr werden die Beziehungen zwischen den Orten als Verkehrsrelationen aufgefaßt. Dabei wird lediglich berücksichtigt, ob zwischen zwei Orten eine Austauschbeziehung besteht oder ob das nicht der Fall ist. Außerhalb der Betrachtung bleibt, ob eine angetroffene Austauschbeziehung über Zwischenorte oder durch direkte Verbindung der beiden Orte realisiert wird. Reale Verkehrsnetze sind jedoch aus einer Menge direkter Verbindungen zwischen jeweils benachbarten Orten aufgebaut, über die die Austauschbeziehungen abgewickelt werden. Aus diesen Verbindungen werden die Austauschbeziehungen, also die Verkehrsrelationen, zusammengesetzt.

Als Beispiel dient ein Verkehrsnetz, das die Verbindungen zwischen vier Orten gemäß Bild 3.5 enthält. Die zugehörige Verkehrsnetzmatrix (3.12) wird nochmals angegeben:

$$\mathbf{H} = \begin{bmatrix} 0 & 1 & 0 & 0 \\ 1 & 0 & 1 & 0 \\ 0 & 1 & 0 & 1 \\ 0 & 1 & 1 & 0 \end{bmatrix}$$

Bild 3.5 läßt erkennen, daß durch Zusammensetzen einzelner Verbindungen Verkehrsrelationen zwischen allen Orten entstehen. Das Netz gemäß der Matrix **H** enthält folgende Relationen:

O_1 O_2 (direkte Verbindung)
O_1 O_3 (Relation über O_2)
O_1 O_4 (Relation über O_2 und O_3)
O_2 O_1 (direkte Verbindung)
O_2 O_3 (direkte Verbindung)
O_2 O_4 (Relation über O_3)
O_3 O_1 (Relation über O_2)
O_3 O_2 (direkte Verbindung)
O_3 O_4 (direkte Verbindung)
O_4 O_1 (Relation über O_2 oder über O_3 und O_2)
O_4 O_2 (direkte Verbindung)
O_4 O_3 (direkte Verbindung).

Die entsprechende Verkehrsrelationsmatrix lautet:

$$\mathbf{H}^* = \begin{bmatrix} 0 & 1 & \underline{1} & \underline{1} \\ 1 & 0 & 1 & \underline{1} \\ \underline{1} & 1 & 0 & 1 \\ 1 & 1 & 1 & 0 \end{bmatrix} \qquad (3.38)$$

Der dazugehörige Graph ist in Bild 3.11 dargestellt.

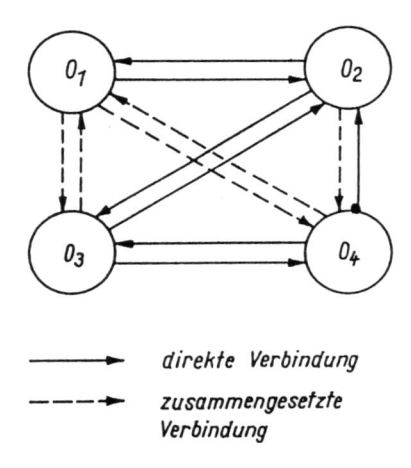

Bild 3.11   Graph zu Matrix (3.38)

Die in der Verkehrsrelationsmatrix enthaltenen zusammengesetzten Relationen sind durch Unterstreichung der "1" gekennzeichnet. Im Sinne der Graphentheorie handelt es sich dabei um Wege (Folgen von Bögen). Wenn Anfangsknoten und Endknoten eines Weges übereinstimmen, liegt ein Kreis vor. Die Matrix $\mathbf{H}^*$ stellt eine Form der *Erreichbarkeitsmatrix* (ohne Verbindung der Orte zu sich selbst) dar. Man erhält diese Matrix durch Potenzieren der Adjazenzmatrix (Verbindungs- oder Verkehrsnetzmatrix) **H**, wobei die Rechenoperationen nach den Regeln der *Boole*schen Algebra auszuführen sind:

$$\begin{array}{llll}
0 \cdot 0 = 0 & \qquad & 0 + 0 = 0 \\
0 \cdot 1 = 0 & & 0 + 1 = 1 \\
1 \cdot 0 = 0 & & 1 + 0 = 1 \\
1 \cdot 1 = 1 & & 1 + 1 = 1.
\end{array}$$

Die modifizierte Erreichbarkeitsmatrix (hier H^*) ergibt sich schließlich durch Summation der potenzierten Adjazenzmatrizen:

$$H^* = \sum_{r=1}^{r_0} H_B^r - E \qquad (3.39)$$

Dabei wird davon ausgegangen, daß sich die Potenzen von H_B^r periodisch - erstmals von $r = r_0 + 1$ an - wiederholen. Der Index B verweist auf die *Boole*sche Algebra. Die Subtraktion der Einheitsmatrix E schließt die Verbindungen der Orte zu sich selbst (Kreise durch diese Orte) aus. Unter Einschluß dieser Kreise gilt für die Erreichbarkeitsmatrix

$$H^* + E.$$

Die Elemente der Verkehrsrelationsmatrix (Erreichbarkeitsmatrix) sind definiert als:

$$h^*_{ij} = \begin{cases} 1, \text{ wenn zwischen } O_i \text{ und } O_j \text{ irgendein Weg} \\ \quad \text{beliebiger Länge existiert} \\ 0 \text{ sonst} \end{cases} \qquad (3.40)$$

Gilt

$$h^*_{ij} = 1; \quad \begin{matrix} i = 1(1)p, \\ j = 1(1)p, \end{matrix} \qquad (3.41)$$

so heißt der zugehörige Graph stark zusammenhängend. In dem entsprechenden Verkehrsnetz bestehen dann Relationen (Beziehungen, Wege) zwischen allen Orten.

Ein Beispiel dazu wird durch die Matrizen (3.42) und (3.43) und durch die Bilder 3.12 und 3.13 gegeben.

$$H = \begin{bmatrix} 1 & 0 & 1 & 0 & 0 & 1 \\ 1 & 1 & 0 & 0 & 0 & 1 \\ 0 & 0 & 1 & 1 & 0 & 0 \\ 0 & 1 & 0 & 1 & 0 & 0 \\ 0 & 0 & 0 & 1 & 1 & 0 \\ 0 & 0 & 0 & 0 & 1 & 1 \end{bmatrix} \qquad (3.42)$$

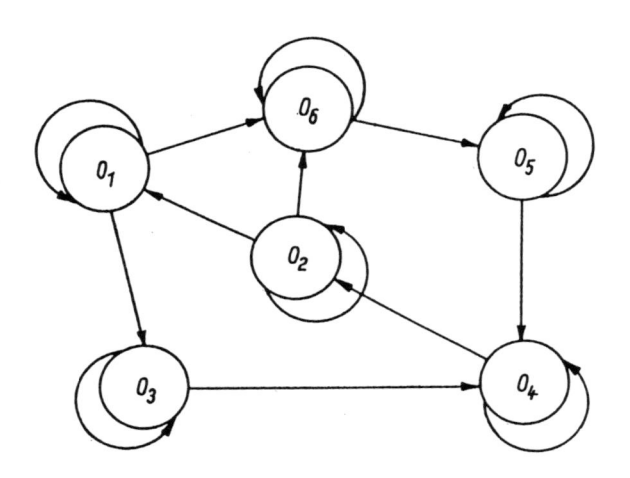

$$\mathbf{H}^* = \begin{bmatrix} \underline{1} & \underline{1} & \underline{1} & \underline{1} & \underline{1} & 1 \\ 1 & 1 & \underline{1} & \underline{1} & \underline{1} & 1 \\ \underline{1} & \underline{1} & 1 & 1 & \underline{1} & \underline{1} \\ \underline{1} & 1 & \underline{1} & 1 & \underline{1} & \underline{1} \\ \underline{1} & \underline{1} & \underline{1} & \underline{1} & 1 & \underline{1} \\ \underline{1} & \underline{1} & \underline{1} & \underline{1} & 1 & 1 \end{bmatrix} \tag{3.43}$$

Bild 3.12   Graph zur Verkehrsnetzmatrix (3.42)

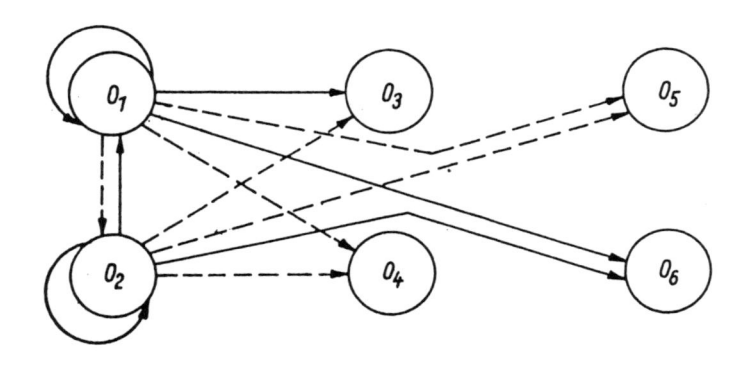

Bild 3.13   Graph zur Verkehrsrelationsmatrix (3.43)

Der Vergleich der Matrizen **H** und **H*** ergibt, daß die Verkehrsnetzmatrix als Sonderfall in der Verkehrsrelationsmatrix enthalten ist. Es ist auch möglich, daß beide Matrizen übereinstimmen. Während die Verkehrsrelationsmatrix das durch Austauschbeziehungen bestimmte Beziehungsgefüge eines regionalen Systems darstellt, enthält die Verkehrsnetzmatrix die tatsächlich bestehenden Verbindungen, über die die Austauschbeziehungen abgewickelt werden und die in ihrer Gesamtheit - die Orte eingeschlossen - das Verkehrsnetz bilden.

Die Gesetze der BOOLEschen Algebra werden auch benutzt, um verschiedene Verkehrsnetze miteinander zu verknüpfen und die dabei entstehenden Relationen zu bestimmen. Ausgegangen wird dabei von der Existenz zweier Systeme, die durch die Verkehrsnetzmatrizen

$$\mathbf{H}_1 = (h_{ij}^{(1)}) \qquad (3.44)$$

und

$$\mathbf{H}_2 = (h_{ij}^{(2)}) \qquad (3.45)$$

gegeben sind. Die mathematischen Operationen zur Verknüpfung der Systeme beruhen auf nachstehenden Sätzen:

1. Gegeben sind zwei nichtnegative quadratische Matrizen $(h_{ij}^{(1)})$ und $(h_{ij}^{(2)})$, die beide p-ter Ordnung sind. Die Matrix $(h_{ij}^{(1)})$ wird durch den Graphen $G_1 = [U, H_1]$ und die Matrix $(h_{ij}^{(2)})$ durch den Graphen $G_2 = [U, H_2]$ dargestellt. Beide Graphen besitzen die gleiche Menge von Knoten U, jedoch unterschiedliche Mengen von Kanten H_1 bzw. H_2. Der logischen Summe der beiden Matrizen entspricht dann ein Graph $G_S = [U, H_S]$, der die gleiche Knotenmenge U wie die beiden Ausgangsgraphen besitzt und dessen Kantenmenge sich durch die Vereinigung der beiden ursprünglichen Kantenmengen ergibt, das heißt $H_S = H_1 \cup H_2$.

2. Unter den gleichen Voraussetzungen wie bei 1. entspricht dem logischen Produkt der beiden Matrizen ein Graph $G_P = [U, H_P]$, der ebenfalls die gleiche Knotenmenge wie die beiden Ausgangsgraphen besitzt. Seine Kantenmenge H_P ergibt sich wie folgt: Zwischen einem Knoten U_i und einem Knoten U_k, die beide zur Knotenmenge U gehören, existiert in dem Ergebnisgraphen G_P eine Kante U_iU_k gerade dann, wenn es einen weiteren Knoten U_j in der Knotenmenge U in der Form gibt, daß der Graph G_1 die Kante U_iU_j und der Graph G_2 die Kante U_jU_k enthält.

In den Sätzen 1. und 2. sind alle Graphen und alle Kanten gerichtet.

Durch den ersten Satz wird gesichert, daß im Ergebnisgraphen alle Kanten enthalten sind, die bereits in den beiden Ausgangsgraphen enthalten waren. Der zweite Satz beschreibt die Bildung neuer Kanten und damit neuer Beziehungen, die durch die Verknüpfung der beiden ursprünglichen Systeme entstehen. Beide Sätze liegen auch der Bildung der Erreichbarkeitsmatrix zugrunde.

Als Beispiel dient die Verknüpfung eines Sammelnetzes, dargestellt als

$$H_1 = \begin{bmatrix} 0 & 1 & 0 & 0 & 0 & 0 \\ 0 & 0 & 0 & 0 & 0 & 0 \\ 0 & 1 & 0 & 0 & 0 & 0 \\ 0 & 1 & 0 & 0 & 0 & 0 \\ 0 & 0 & 0 & 0 & 0 & 0 \\ 0 & 0 & 0 & 0 & 0 & 0 \end{bmatrix} \qquad (3.46)$$

mit einem Verteilnetz, dargestellt als

$$H_2 = \begin{bmatrix} 0 & 0 & 0 & 0 & 0 & 0 \\ 0 & 0 & 0 & 0 & 1 & 1 \\ 0 & 0 & 0 & 0 & 0 & 0 \\ 0 & 0 & 0 & 0 & 0 & 0 \\ 0 & 0 & 0 & 0 & 0 & 0 \\ 0 & 0 & 0 & 0 & 0 & 0 \end{bmatrix} \qquad (3.47)$$

Die entsprechenden Graphen sind in den Bildern 3.14 und 3.15 wiedergegeben.

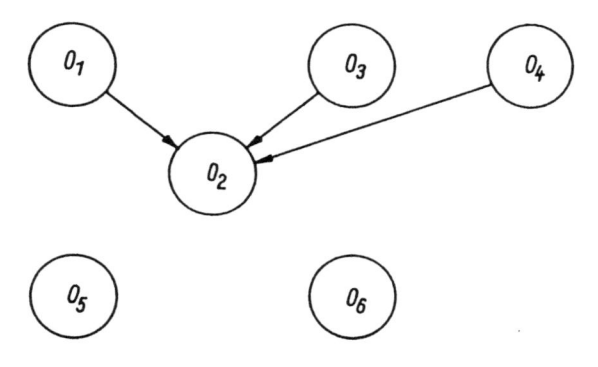

Bild 3.14   Graph zur Matrix (3.46); Sammelnetz

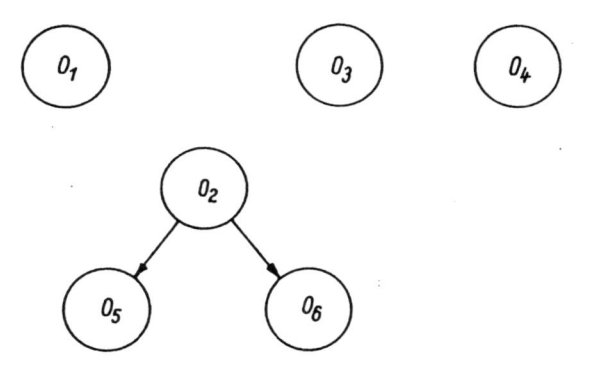

Bild 3.15   Graph zur Matrix (3.47); Verteilnetz

Die durch die Verknüpfung neu entstandenen Verbindungsfolgen (Relationen) bilden die Matrix (vgl. Bild 3.16)

$$\mathbf{H}_{1/2} = \begin{bmatrix} 0 & 0 & 0 & 0 & 1 & 1 \\ 0 & 0 & 0 & 0 & 0 & 0 \\ 0 & 0 & 0 & 0 & 1 & 1 \\ 0 & 0 & 0 & 0 & 1 & 1 \\ 0 & 0 & 0 & 0 & 0 & 0 \\ 0 & 0 & 0 & 0 & 0 & 0 \end{bmatrix} \qquad (3.48)$$

Das nach der Verknüpfung gemäß den angegebenen Regeln entstandene Relationsgefüge wird durch die Verkehrsrelationsmatrix

$$\mathbf{H}^* = \mathbf{H}_1 \cup \mathbf{H}_2 \cup \mathbf{H}_{1/2} \qquad (3.49)$$

also durch

$$\mathbf{H}^{\bullet} = \begin{bmatrix} 0 & 1 & 0 & 0 & \underline{1} & \underline{1} \\ 0 & 0 & 0 & 0 & 1 & 1 \\ 0 & 1 & 0 & 0 & \underline{1} & \underline{1} \\ 0 & 1 & 0 & 0 & \underline{1} & \underline{1} \\ 0 & 0 & 0 & 0 & 0 & 0 \\ 0 & 0 & 0 & 0 & 0 & 0 \end{bmatrix} \quad (3.50)$$

beschrieben (vgl. Bild 3.17).

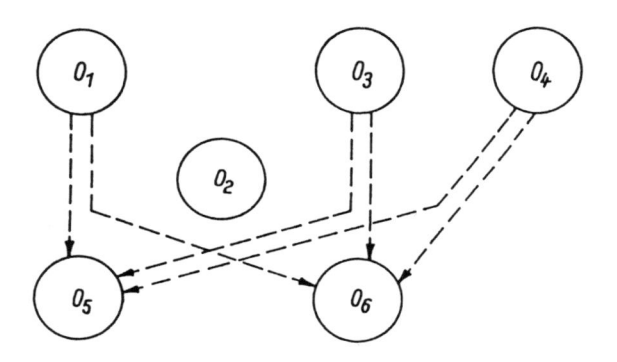

Bild 3.16 Neu entstandene Relationen

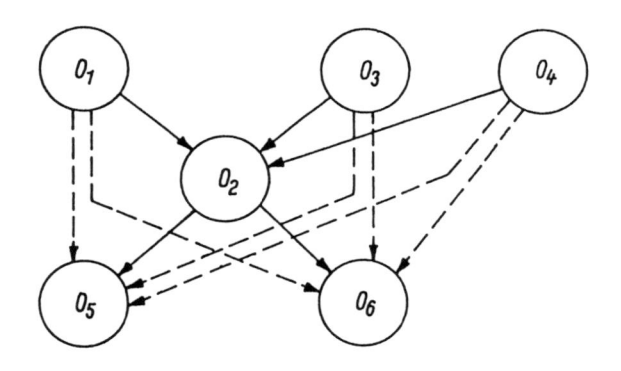

Bild 3.17 Graph zur Verkehrsrelationsmatrix (3.50)

Die Verkehrsrelationsmatrix H^* kann ebenso wie die Verkehrsnetzmatrix H durch Angabe der Ausgangszahlen und der Eingangszahlen gerändert werden. Bei stark zusammenhängenden Graphen kann auf diese Angaben verzichtet werden, weil dann bei p Orten in der Ortemenge M_o alle Ausgangszahlen und alle Eingangszahlen den Wert p haben.

Teilnetze können sowohl hinsichtlich der Verbindungen als auch in bezug auf die Relationen durch Teilgraphen und durch Untergraphen beschrieben werden.

Ein *Teilgraph*

$$\bar{G} = (U, \bar{H}) \tag{3.51}$$

mit $\bar{H} \subset H$ (im Vergleich zu (3.18)) entspricht einem Verkehrsnetz, das gegenüber dem ursprünglichen Netz gemäß dem Graphen nach (3.18) die gleiche Ortemenge umfaßt, aber weniger Verbindungen bzw. Relationen enthält. Die zugehörigen Matrizen sind von der gleichen Ordnung p wie die dem Graph nach (3.18) entsprechende Matrix, enthalten aber weniger Elemente mit dem Wert eins.

Ein *Untergraph*

$$\tilde{G} = (\tilde{U}, \tilde{H}) \tag{3.52}$$

mit $\tilde{U} \subset U$ und $\tilde{H} \subset H$ umfaßt nur einen Teil der ursprünglichen Punktemenge und die zugehörigen Bögen. Dadurch wird nur ein Teil der Orte des ursprünglichen Verkehrsnetzes und somit nur ein Teil dieses Netzes erfaßt. Die zugehörigen Matrizen H und H^* sind von geringerer Ordnung als p.

Ausgehend von der Definition der Verkehrsnetzmatrix, ist festzustellen, daß die Netze in realen Verkehrssystemen mindestens zwei Arten von aktiven Elementen enthalten:

1. Orte (als Ausdruck für territoriale Einheiten, Knoten und ähnliches), in denen die Verkehrsobjekte im allgemeinen nur zeitlich, nicht aber örtlich verändert werden. In den Orten vollziehen sich Speicher- (Lager-) und Umstellungsprozesse, in die die Umschlagsprozesse einbezogen sind. Die bei den Umschlagsprozessen auftretenden geringfügigen örtlichen Veränderungen der Verkehrsobjekte werden hier vernachlässigt.

2. Wege (bei der Eisenbahn beispielsweise Strecken) als Verbindungen zwischen den Orten, auf denen die Verkehrsobjekte örtlich und zeitlich verändert werden. Eine Austauschbeziehung besteht gewöhnlich aus mehreren Verbindungen. Transport-, Umschlags- und Lagerprozesse werden gemeinsam abgewickelt.

Diese Komplexität der TUL-Prozesse kann durch die Verkehrsrelationsmatrix nicht abgebildet werden. Gleiches gilt für die Verkehrsnetzmatrix. Es wird noch dargelegt werden, daß man die die Orte verknüpfenden Relationen ebenso wie die Verbindungen mit Mengen von Verkehrsobjekten belegen kann. Damit läßt sich beispielsweise der aktive Charakter der Verbindungen in Verkehrssystemen verdeutlichen.

Durch Ergänzung der Ortemenge um die Verbindungsmenge entsteht ein erweiterter Matrixansatz. Allgemein ist die Verbindungsmenge

$$M_V = \{V_{11}, V_{12}, ..., V_{pp}\} \tag{3.53}$$

Gilt z.B. für die Ortemenge

$$M_O = \{O_1, O_2, O_3\} \tag{3.54}$$

die Verkehrsnetzmatrix

$$H = \begin{bmatrix} 0 & 1 & 1 \\ 0 & 0 & 1 \\ 1 & 0 & 0 \end{bmatrix}, \tag{3.55}$$

so lautet die Verbindungsmenge

$$M_V = \{V_{12}, V_{13}, V_{23}, V_{31}\}. \tag{3.56}$$

Andere Verbindungen sind in der Matrix nicht angezeigt. Die Menge M_O entspricht graphentheoretisch der Knotenmenge und die Menge M_V der Kantenmenge des Graphen zu (3.55).

Aus den beiden Mengen M_O und M_V läßt sich eine neue Relationsmatrix ableiten. Dabei wird davon ausgegangen, daß im Hinblick auf die Analyse des Verkehrsprozesses sowohl die Orte als auch die Wege (Verbindungen) aktive Elemente sind. Es ist möglich, beide Arten von aktiven Elementen im Sinne eines abstrakten Systems durch Variablen zu kennzeichnen. Kopplungen bestehen aber in diesem Sinne nicht mehr direkt zwischen den Elementen der Menge M_O, sondern immer nur zwischen einem Element der Menge M_0 und einem Element der Menge M_V sowie zwischen einem Element der Menge M_V und einem Element der Menge M_O. Dabei ist nicht jeder Ort mit jeder Verbindung und nicht jede Verbindung mit jedem Ort gekoppelt. Für das angeführte Beispiel ergibt sich die nachfolgende Relationsmatrix in tabellarischer Darstellung:

	O_1	O_2	O_3	V_{12}	V_{13}	V_{23}	V_{31}
O_1	0	0	0	1	1	0	0
O_2	0	0	0	0	0	1	0
O_3	0	0	0	0	0	0	1
V_{12}	0	1	0	0	0	0	0
V_{13}	0	0	1	0	0	0	0
V_{23}	0	0	1	0	0	0	0
V_{31}	1	0	0	0	0	0	0

(3.57)

Dabei sind die Verbindungen V_{ij} als gerichtete Verbindungen definiert; eine entsprechende Darstellung mit ungerichteten Verbindungen ist möglich.

Aus dem angeführten Beispiel ist erkennbar:

1. Die Elemente der neuen Relationsmatrix stellen reine Kopplungen dar, die im graphentheoretischen Sinne nicht belegbar sind. Es handelt sich um Kopplungen im Sinne eines abstrakten Systems.

2. Die Kopplungen des realen Verkehrssystems, die Verbindungen, werden in der Relationsmatrix (3.57) als aktive Elemente abgebildet.

3. Direkte Kopplungen zwischen Orten existieren nicht.

4. Direkte Kopplungen zwischen Verbindungen existieren nicht.

5. Eine Verbindung ist immer mit dem Ort gekoppelt, dessen Index gleich dem ersten Index der Verbindung ist.

6. Ein Ort ist immer mit jenen Verbindungen gekoppelt, deren zweiter Index gleich dem Index des Ortes ist.

Die eingeführte neue Relationsmatrix kann als Strukturmatrix eines abstrakten Systems verstanden werden, da das System Variablen enthält, die sich auf die Orte und auf die Verbindungen eines realen Verkehrssystems beziehen. Solche Variablen können beispielsweise auch die Mengen an Verkehrsobjekten betreffen, mit denen die Verbindungen belegt sind. Während diese Mengen in der graphentheoretischen Abbildung der Verkehrsnetzmatrix **H** aber als Belegungen der Kanten des Graphen verstanden werden müssen, sind sie nun Variablen, die Objekte des realen Systems betreffen. Es hat den Anschein, daß der skizzierte erweiterte Ansatz einen leichteren Übergang von der Betrachtung realer Verkehrssysteme zu der entsprechender abstrakter Systeme gestattet, als das auf der Grundlage der Matrizen **H** und **H*** möglich ist.

Auch der Relationsmatrix in der zuletzt genannten Form kann ein Graph zugeordnet werden. Dieser Graph enthält nun aber zwei Arten von Knoten, nämlich

1. Knoten im Sinne der Orte (Elemente der Ortemenge M_O) und damit der realen Verkehrssysteme, und

2. Knoten im Sinne der Verbindungen zwischen den Orten. Diese Knoten, die bei direkter Abbildung realer Verkehrssysteme als Kanten anzusehen wären, ergeben sich aus dem Bestreben nach einheitlicher Abbildung eines realen Verkehrssystems in einem abstrakten System. Sie werden im abstrakten System ebenso wie die Knoten der ersten Art als Variablen abgebildet.

Dieser Sachverhalt ist in der Matrix (3.57) dargestellt. Einem Vorschlag von POTTHOFF folgend, wird diese Matrix im linken oberen und im rechten unteren Teil ergänzt.

	O_1	O_2	O_3	V_{12}	V_{13}	V_{23}	V_{31}
O_1	0	L	L	1	1	0	0
O_2	0	0	L	0	0	1	0
O_3	L	0	0	0	0	0	1
V_{12}	0	1	0	0	0	L	0
V_{13}	0	0	1	0	0	0	L
V_{23}	0	0	1	0	0	0	L
V_{31}	1	0	0	L	L	0	0

(3.58)

Die Matrix (3.58) enthält gegenüber der Matrix (3.57) zusätzlich

1. im linken oberen Teil die ursprüngliche Verkehrsnetzmatrix (3.55), wobei $L = 1$ gilt, dargestellt in Bild 3.18, und

2. im rechten unteren Teil die Verknüpfung der Kanten (der Verbindungen aus (3.55)), die sich einander anschließen, wobei ebenfalls $L = 1$ gilt, dargestellt in Bild 3.19.

Die graphische Darstellung von (3.57) ergibt Bild 3.20.

3. Verkehrsmatrix 87

Die Konsequenzen, die sich aus der Analogie der Relationsmatrix (3.57) zu einem realen Verkehrssystem ergeben, müssen weiter untersucht werden. Ungeachtet dessen läßt sich aber feststellen, daß die Verkehrsnetzmatrizen **H**, die Verkehrsrelationsmatrizen **H*** und die Relationsmatrizen der zuletzt genannten Art die Struktur von realen Verkehrssystemen nicht vollständig abbilden. Es handelt sich immer um die Abbildung spezieller Eigenschaften im Sinne abstrakter Systeme. Die Menge der Eigenschaften realer Verkehrssysteme ist demgegenüber wesentlich größer. Dabei ist zu berücksichtigen, daß die Analyse realer Systeme umfangreiche Meßprobleme aufwirft, die nicht allein in der Bestimmung der zu messenden Grundgrößen bestehen, sondern auch den Umstand betreffen, daß die Meß- oder Beobachtungsmittel die Meßergebnisse beeinflussen können. Auch exakte Begriffsbestimmungen gehören zu den Voraussetzungen einer erfolgreichen Verkehrssystemanalyse (vgl. POTTHOFF 1957, GÜNTHER 1970).

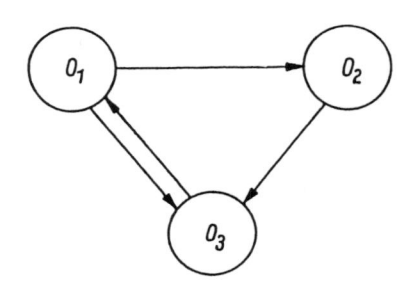

Bild 3.18 Verkehrsnetz gemäß (3.55)

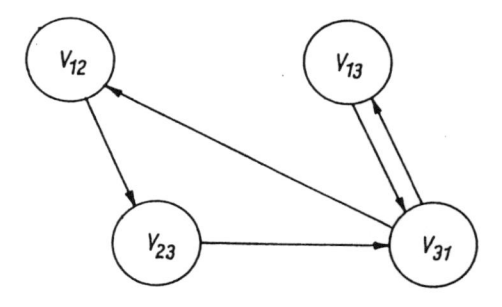

Bild 3.19 Verknüpfungsgraph der Verbindungen

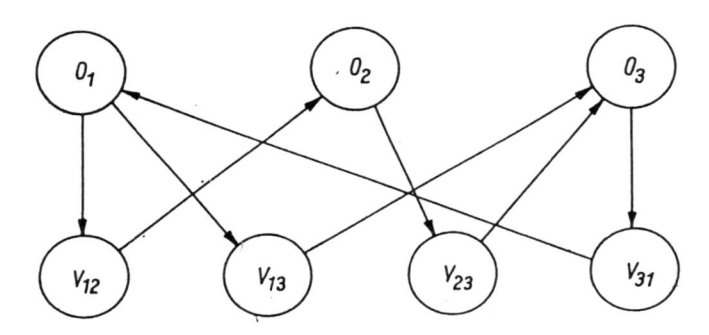

Bild 3.20   Graph zur Matrix (3.57)

Die graphentheoretische Interpretation von Verkehrssystemen auf der Grundlage von Verkehrsnetzmatrizen und von Verkehrsrelationsmatrizen bildet die Grundlage für weitere Überlegungen, die die Belegung der Verbindungen und der Verkehrsrelationen betreffen. Solche Belegungen können als Belegungen der Kanten des dem jeweiligen Verkehrssystem entsprechenden Graphen aufgefaßt werden.

Die Relationsmatrix (im allgemeinen Sinne) als Mittel der mathematischen Abbildung von Verkehrssystemen wird als Strukturmatrix verstanden. Das schließt bei der üblichen Darstellung ein, daß die Elemente (Variablen) eines solchermaßen definierten abstrakten Systems die Orte der Ortemenge M_O und die Kopplungen die Verbindungen oder die Relationen zwischen diesen Orten sind.

Es wurde bereits die Möglichkeit angedeutet, die Orte durch Gruppen von Merkmalen zu kennzeichnen. Darauf beruht die Analogie zwischen einer Verkehrsnetzmatrix oder einer Verkehrsrelationsmatrix und einer allgemeinen Relationsmatrix, wie sie beispielsweise aus einer Verflechtungsmatrix (Input-Output-Matrix) herausgefiltert werden kann (vgl. Kapitel 5.).

3.3.   Verkehrsstrommatrix

Wie die Verkehrsnetzmatrix und die Verkehrsrelationsmatrix ist auch die Verkehrsstrommatrix ein Spezialfall der Verkehrsmatrix.

Bei einer gegebenen Ortemenge von p Orten $O_1 \ldots O_p$ ergibt sich als Verkehrsstrommatrix eine quadratische Matrix

$$X = (x_{ij}), \qquad (3.59)$$

bezogen auf Verbindungen, und

$$\mathbf{X}^{\bullet} = (x^{\bullet}_{ij}) , \qquad (3.60)$$

bezogen auf Relationen.

In ausgeschriebener Form lautet die Matrix (3.59)

	O_1	O_2	O_3	.....	O_p	
O_1	x_{11}	x_{12}	x_{13}	.....	x_{1p}	$\sum_j x_{1j}$
O_2	x_{21}	x_{22}	x_{23}	.....	x_{2p}	$\sum_j x_{2j}$
O_3	x_{31}	x_{32}	x_{33}	.....	x_{3p}	$\sum_j x_{3j}$
.	...	...	...	.....	...	......
.	...	...	...	.....	...	......
.	...	...	...	.....	...	......
O_p	x_{p1}	x_{p2}	x_{p3}	.....	x_{pp}	$\sum_j x_{pj}$
	$\sum_i x_{i1}$	$\sum_i x_{i2}$	$\sum_i x_{i3}$	.....	$\sum_i x_{ip}$	$\sum_i \sum_j x_{ij}$

(3.61)

als verbindungsbezogene Verkehrsstrommatrix und - in gekürzter Darstellung -

	O_j	
O_i	$x^{\bullet}_{ij}$	$\sum_i x^{\bullet ij}$
	$\sum_i x^{\bullet}_{ij}$	$\sum_i \sum_j x^{\bullet}_{ij}$

(3.62)

als relationsbezogene Verkehrsstrommatrix.

Die Elemente x_{ij} und $x^{\bullet}_{ij}$ werden wie folgt definiert:

$$x_{ij} \begin{cases} \geq 0, \text{ sofern } h_{ij} = 1 \\ = 0, \text{ sofern } h_{ij} = 0 \end{cases} \qquad (3.63)$$

und als

$$x^*_{ij} \begin{cases} \geq 0, \text{ sofern } h^*_{ij} = 1 \\ = 0, \text{ sofern } h^*_{ij} = 0. \end{cases} \qquad (3.64)$$

Die jeweils erste Zeile der Formeln bezeichnet den Fall, daß eine Verbindung bzw. eine Relation existiert, die belegt oder nicht belegt sein kann, während die jeweils zweite Zeile den Fall der Nichtexistenz einer Verbindung (Relation) angibt.

Damit ist gesagt, daß bei vorhandenen Beziehungen im unteren Grenzfall keine Verkehrsobjekte ausgetauscht werden. Die Elemente x_{ij} und x^*_{ij} werden im allgemeinen in Natureinheiten gemessen.

Für die Verkehrsstrommatrix nach Formel (3.61) gelten folgende Beziehungen:

$$\sum_j x_{ij} = X_i \,;\, i = 1(1)p \qquad \text{für den Ausstoß aus } O_i \qquad (3.65)$$

$$\sum_i x_{ij} = X_j \,;\, j = 1(1)p \qquad \text{für den Zufluß nach } O_j \qquad (3.66)$$

$$\sum_i X_i = \sum_j X_j = \sum_i \sum_j x_{ij} \qquad \text{für die Gesamtmenge der Verkehrsobjekte} \qquad (3.67)$$

Die entsprechenden Beziehungen zur Matrix (3.62) lauten

$$\sum_j x^*_{ij} = X^*_i \,;\, i = 1(1)p \qquad (3.68)$$

$$\sum_i x^*_{ij} = X^*_j \,;\, j = 1(1)p \qquad (3.69)$$

$$\sum_i X^*_i = \sum_j X^*_j = \sum_i \sum_j x^*_{ij} \,. \qquad (3.70)$$

Die Summen (3.65) und (3.68) bzw. (3.66) und (3.69) enthalten jeweils auch den Binnenverkehr in O_i bzw. in O_j. Sie sind hinsichtlich des Binnenverkehrs nicht bereinigt. Die entsprechenden bereinigten Werte, die den Binnenverkehr nicht enthalten, lauten:

$$\sum_{j \neq i} x_{ij} = X^{(b)}_i \qquad (3.71)$$

und

$$\sum_{j \neq i} x^*_{ij} = X^{*(b)}_i \qquad (3.72)$$

bzw.

$$\sum_{i \neq j} x_{ij} = X^{(b)}_j \qquad (3.73)$$

und

$$\sum_{i \neq j} x^*_{ij} = X^{*(b)}_j \,. \qquad (3.74)$$

Die angeführten Beziehungen werden durch das in Tabelle 3.5 enthaltene Beispiel bestätigt.

Tabelle 3.5 Beispiel einer Verkehrsstrommatrix (Werte in Mengeneinheiten)

von \ an	O_1	O_2	O_3	O_4	O_5	O_6	Σ
O_1	50	10	90	30	60	10	250
O_2	20	0	40	60	30	50	200
O_3	0	50	10	100	20	0	180
O_4	120	40	40	80	20	20	320
O_5	100	50	100	50	30	120	450
O_6	40	100	100	40	260	60	600
Σ	330	250	380	360	420	260	2000

In Abschnitt 3.2 werden die Verkehrsnetzmatrix und die Verkehrsrelationsmatrix als zwei Formen der Strukturbeschreibung behandelt. Da sich eine Verkehrsrelation aus mindestens einer Verkehrsverbindung, oft aber aus mehreren Verbindungen zusammensetzt, führt die Belegung einer Relation zur Belegung entsprechend vieler Verbindungen.

Für die Matrix (3.43) gilt folgende Zusammensetzung der Relationen (Auszug):

Verkehrsrelation	realisiert durch Verkehrsverbindung
O_1 ..... O_2	O_1 ..... O_3
	O_3 ..... O_4
	O_4 ..... O_2
O_1 ..... O_3	O_1 ..... O_3
O_1 ..... O_4	O_1 ..... O_3
	O_3 ..... O_4
O_1 ..... O_5	O_1 ..... O_6
	O_6 ..... O_5
usw.	

Nachdem für alle Verkehrsrelationen festgestellt wurde, durch welche Verkehrsverbindungen sie realisiert werden, wird die Belegung der Einzelverbindungen ermittelt. Die Belegung der Einzelverbindungen ist die Summe der Belegungen aller Verkehrsrelationen, in denen die betrachtete Einzelverbindung enthalten ist. Nach diesem Prinzip wurde Tabelle 3.6 berechnet. Sie repräsentiert eine Verkehrsstrommatrix für ein Netz, das nur aus Einzelverbindungen aufgebaut ist.

Tabelle 3.6 Verkehrsstrommatrix auf der Grundlage von Einzelverbindungen gemäß Bild 3.12 und Ausgangsdaten gemäß Tabelle 3.5

von \ an	O_1	O_2	O_3	O_4	O_5	O_6	Σ
O_1	50	-	410	-	-	70	530
O_2	560	0	-	-	-	320	880
O_3	-	-	10	210	-	-	220
O_4	-	930	-	80	-	-	1010
O_5	-	-	-	760	30	-	790
O_6	-	-	-	-	730	60	790
Σ	610	930	420	1050	760	450	4220

Wie aus Tabelle 3.6 hervorgeht, werden die Verbindungen eines Ortes zu sich selbst als Einzelverbindungen betrachtet; sie zeigen "Transporte am Ort" an. In Bild 3.21 sind die Belegungswerte aus Tabelle 3.6 an die Verbindungen angeschrieben worden.

Folgende Bezeichnungen wurden bzw. werden eingeführt:

	Verkehrsstrommatrix, aufgebaut aus	
	Verkehrsrelationen	Verkehrsverbindungen
Ausstoß	X^*_i	X_i
Zufluß	$X^*_{.j}$	$X_{.j}$
Strom	x^*_{ij}	x_{ij}

Für die Stromgrößen x_{ij} entsprechend Tabelle 3.6 gilt

$$x_{ij} \begin{cases} \geq x^*_{ij}, \text{ sofern die Verbindung von } O_i \text{ nach } O_j \text{ besteht} \\ = 0, \text{ sofern die Verbindung von } O_i \text{ nach } O_j \text{ nicht besteht.} \end{cases} \quad (3.75)$$

Da die Beziehungen (3.65) bis (3.67) für aus Einzelverbindungen aufgebaute Verkehrsstrommatrizen aufgestellt worden sind, gilt weiterhin

und
$$X_i \geq X^*_i \quad (3.76)$$
$$X_{.j} \geq X^*_{.j}. \quad (3.77)$$

3. Verkehrsmatrix

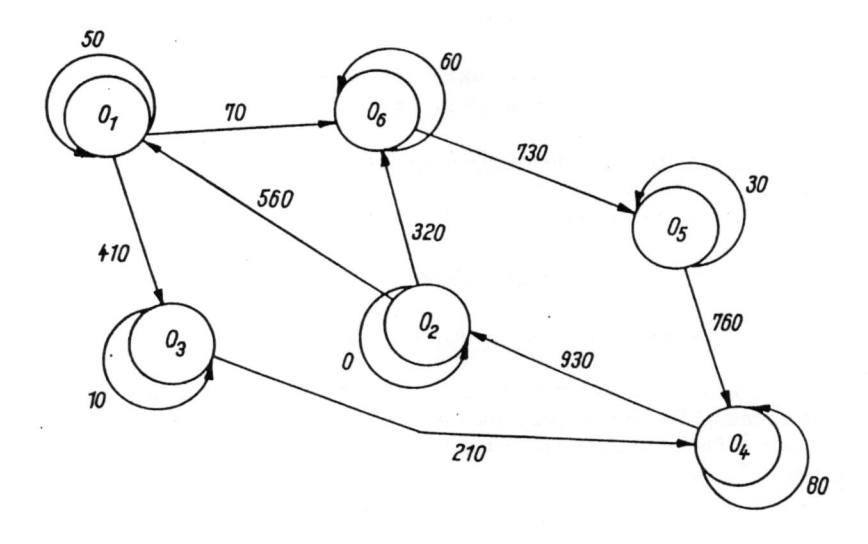

Bild 3.21   Verkehrsnetz aus sechs Orten und ihren Verbindungen mit eingetragenen Belegungswerten

Der Aufbau der zusammengesetzten Verbindungen im Sinne der "besten Wege" wird zu einem Optimierungsproblem, sofern eine Verkehrsrelation durch unterschiedlich zusammengesetzte Verbindungen realisiert werden kann. Es handelt sich hierbei um eine Optimierungsaufgabe, der die Optimierung der Lieferbeziehungen (in diesem Kapitel der Verkehrsrelationen) in traditioneller Form vorausgegangen sein sollte, sofern das vom Verkehrsobjekt aus möglich ist. Gleichzeitig ist zu beachten, daß die Kapazität einer Relation nicht größer als die kleinste der freien Kapazitäten der beteiligten Verbindungen ist. Die Lösung der Aufgabe erfordert, alle möglichen Relationen zwischen zwei Orten und deren Ordnung nach einem Bewertungskriterium aufzulisten.

In Fortsetzung der Ausführungen in Abschnitt 3.2 können auf der Grundlage der Verkehrsstrommatrix folgende aktive Elemente (vgl. LANGE 1966) definiert werden:

1. Einzelverbindungen, z.B. in Form von Strecken, mit den möglichen Eingangsgrößen:

    - Menge der Verkehrsobjekte (entspricht dem Belegungswert x_{ij})
    - Koordinaten des Ausgangsortes (der Quelle) O_i und
    - Zeitpunkt des Transportbeginns in O_i

sowie den möglichen Ausgangsgrößen

- Menge der Verkehrsobjekte (im allgemeinen gleich der entsprechenden Eingangsgröße)
- Koordinaten des Zielortes (der Senke) O_j und
- Zeitpunkt der Ankunft in O_j.

2. Orte mit den möglichen Eingangsgrößen:

- Zuflußmenge X_j und Zuflußzeitpunkt

und den möglichen Ausgangsgrößen:

- Ausstoßmenge X_i und den Abgangszeitpunkt.

In den Orten wird lediglich eine Veränderung der Zeitkoordinaten der Verkehrsobjekte vorgenommen. Sie bezieht sich aber nur auf diejenigen Verkehrsobjekte, die einen bestimmten Ort erreichen und wieder verlassen, also für die der betreffende Ort Transitort ist. Verkehrsobjekte, deren Transport in einem gegebenen Ort ursprünglich beginnt, fallen nicht unter die spezifische Transformationsfunktion dieses Ortes.

Die Transitmengen werden nach der Beziehung

$$\sum_j x_{ij} - \sum_j x^*_{ij} \geq 0 \qquad (3.78)$$

oder nach der Beziehung

$$\sum_i x_{ij} - \sum_i x^*_{ij} \geq 0 \qquad (3.79)$$

berechnet. Beide Ansätze liefern die gleichen Ergebnisse. In Tabelle 3.7 ist die Berechnung nach Formel (3.78) vorgenommen worden.

Ein Vergleich der Tabellen 3.5, 3.6 und 3.7 läßt erkennen, daß sich die einzelnen Orte hinsichtlich ihrer Quell-, Senk- und Transitfunktion stark unterscheiden. Weitere Bewertungen der Orte können auf diesem Vergleich aufgebaut werden.

In Tabelle 3.6 wird unter Rückgriff auf Bild 3.12 davon ausgegangen, daß zwei Orte immer nur durch einen Weg miteinander verbunden sind. Praktisch jedoch bestehen zwischen zwei Orten oft mehrere Verbindungen. Die Optimierungsaufgabe erweitert sich dann insofern, als nun auch der jeweils günstigste Weg zwischen zwei Orten bestimmt werden muß, bevor eine zusammengesetzte Verbindung zur Realisierung der Verkehrsrelation optimiert wird. Werden die zur Auswahl stehenden Verbindungen von verschiedenen Verkehrszweigen realisiert, so ist einerseits die Möglichkeit des Verkehrszweigwechsels (einschließlich des Umschlags und der möglichen Lagerung) zu beachten und andererseits eine Aussage über die zweckmäßige Kooperation der verschiedenen Verkehrszweige zu erwarten.

Tabelle 3.7 Verkehrsobjektmenge im Transit, berechnet nach Formel (3.78)

Ort	$\sum_j x_{ij}$	$\sum_j x^*_{ij}$	$\sum_j x_{ij} - \sum_j x^*_{ij}$
O_1	530	250	280
O_2	880	200	680
O_3	220	180	40
O_4	1010	320	690
O_5	790	450	340
O_6	790	600	190
	4220	2000	2220

Auf die skizzierte Weise entwickelt sich aus dem ursprünglich vorwiegend volkswirtschaftlich geprägten Transportproblem der linearen Optimierung zur Bestimmung optimaler Lieferbeziehungen schrittweise ein erweitertes Transportproblem, das den eigentlichen Aufgaben des Verkehrs in höherem Maße angemessen ist.

Dieses Transportproblem reicht bis zu betriebstechnologischen Fragen und Planungen des Verkehrs. Betriebstechnologisch handelt es sich bei der Verknüpfung von Verbindungen (Verkehrsnetzmatrix **H**) zu Relationen (Verkehrsrelationsmatrix **H***) um die Bildung von Leitungswegen, der graphentheoretisch die Verknüpfung von Bögen (Kanten) zu Wegen entspricht. Die Kapazität der an einem Leitungsweg beteiligten Verbindungen und Orte ist zu berücksichtigen. Zur Herleitung der verbindungsbezogenen Verkehrsstrommatrix **X** aus der relationsbezogenen Verkehrsstrommatrix **X*** wird auf (POTTHOFF 1970) verwiesen. Ein ähnliches Problem tritt bei der Bestimmung von Fahrtwegen im Zusammenhang mit der Stadtverkehrsplanung auf.

Die Elemente der verbindungsbezogenen Verkehrsstrommatrix (x_{ij}) waren in der bisherigen Darstellung die Mengen der Verkehrsobjekte, die entweder bereits transportiert worden sind (statistische Analyse) oder deren Transport vorgesehen ist (Planung).

Im gleichen Sinne bedeuten X_i Quellmengen und X_j Empfangs- oder Senkmengen. Bei dieser Betrachtungsweise wird nicht nach Gütertransport, Personenbeförderung und Nachrichtenverkehr unterschieden. Außerdem muß nicht festgelegt werden, ob es sich um Verkehrsbeziehungen (von Quelle bis Senke) oder um Verkehrsverbindungen (Relation zwischen zwei benachbarten Orten auf einem tatsächlichen Verkehrsweg) handelt.

Die Verkehrsstrommatrix gemäß (3.61) oder (3.62) gestattet lediglich summarische Angaben, beispielsweise in Form der Zahl der beförderten Personen in einem Nahverkehrssystem. Es handelt sich um einen deterministischen Ansatz. Im Gegensatz dazu gestattet die stochastische Interpretation eine allgemeine Vorgehensweise:

Die Grundgröße der Verkehrsstrommatrix ist nach wie vor die Menge der Verkehrsobjekte, mit der eine Verbindung O_iO_j oder eine Relation innerhalb eines definierten Zeitraums T belegt ist. Diese Belegungsmenge kann als *stochastische* Variable aufgefaßt werden. Eine Differenzierung nach den unterschiedlichen Arten von Verkehrsprozessen in TUL-Systemen ist in diesem Zusammenhang nicht erforderlich.

Die stochastische Variable für die Menge der Verkehrsobjekte, mit der die Verbindung O_iO_j im Zeitraum T belegt ist, wird als X_{ij} (T) bezeichnet. Dabei gibt i den Quellpunkt und j den Senkpunkt an; eine einheitliche Dimension für die Menge der Verkehrsobjekte wird vorausgesetzt. Sofern T festgelegt ist, kann auf eine besondere Angabe verzichtet werden; man schreibt kürzer X_{ij}.

Die Realisationen der stochastischen Variablen X_{ij} werden mit $x^{(k)}_{ij}$ bezeichnet, wobei k der laufende Zeiger ist. Wird beispielsweise T als Tag (24 h) festgelegt, gibt es innerhalb eines Kalenderjahres 365 Realisationen (n = 365), und es gilt k = 1(1) 365.

Dabei wird X_{ij} als stetige Variable betrachtet. Für sie gilt

$$0 \leq x_{ij} \leq +\infty, \tag{3.80}$$

weil negative Mengen von Verkehrsobjekten nicht auftreten können. Für die Verteilungsfunktion gilt

$$F(x_{ij}) = 0 \text{ für } x_{ij} < 0$$

und (3.81)

$$F(+\infty) = 1.$$

Die Wahrscheinlichkeitsdichte wird aus (3.81) hergeleitet. Ausgehend vom allgemeinen Schema der Verkehrsstrommatrix, ist ersichtlich, daß

- jede Zeilensumme eine Gesamtwert des Aufkommens für O_i (Quellintensität)
- jede Spaltensumme einen Gesamtwert des Zuflusses für O_j (Zufluß- oder Senkintensität)

liefert. Es gelten die Beziehungen (3.65), (3.66) und (3.67).

Damit sind die Randsummen und die Gesamtsumme in der Verkehrsstrommatrix auch stochastische Variablen. Ihre Verteilungsgesetze können

- durch empirische Vorgehensweise, also auf der Grundlage entsprechender Statistiken, oder
- aus den Verteilungsgesetzen der X_{ij}, z.B. durch Faltung

bestimmt werden.

Die Interpretation der Austauschmenge als stochastische Variable führt zu verschiedenen Konsequenzen:

1. Der Verkehrsprozeß muß als ein stochastischer Prozeß aufgefaßt werden; Verkehrssysteme sind dynamische und stochastische Systeme. Davon muß die allgemeine mathematische Beschreibung von Verkehrsprozessen ausgehen. Sie wird auf wahrscheinlichkeitstheoretische Ansätze gegründet, deren generelle Strukturierung durch die Verkehrsmatrix erfolgt. Demnach sind Verteilungsgesetze und ihre Erwartungswerte charakteristische Darstellungsweisen für Gesetzmäßigkeiten von Verkehrsprozessen. Für alle Felder der Matrix gemäß (3.61) können Verteilungsgesetze bestimmt werden. Die Gesamtheit der Verteilungen wird in einer Matrix entsprechend Tabelle 3.8 zusammengestellt. Sind alle Verteilungen vom gleichen Typ, so genügt es, in der Matrix nur die Verteilungsparameter anzugeben. Wie verschiedene frühere Untersuchungen gezeigt haben, kann in vielen Fällen verkehrsstatistischer Untersuchungen damit gerechnet werden, eine Normalverteilung, eine POISSON-Verteilung oder eine reine oder modifizierte negative Exponentialverteilung anzutreffen. Die entsprechenden Testverfahren sind in der statistischen Literatur behandelt worden (vgl. z.B. FISCHER/RICHTER/SCHNEIDER 1974).

   Die Angaben der Tabelle 3.8 werden durch die Erwartungswerte $E\,X_{ij}$, $E\,X_i$ und $E\,X_j$, die nach den üblichen Vorschriften bestimmt werden, sowie durch Angaben über die Varianz zu allen Variablen ergänzt.

2. Der Auffassung des Verkehrsprozesses als eines stochastischen Prozesses entspricht im statistischen Bereich die Angabe der empirischen Häufigkeitsverteilungen nach Tabelle 3.9.

   In Tabelle 3.9 enthält jedes innere Feld eine Häufigkeitsverteilung

$$(x_{ij}^{(l)},\ h_{ij}^{(l)}) \tag{3.82}$$

mit den Klassenmitten $x_{ij}^{(l)}$ und den Klassenhäufigkeiten $h_{ij}^{(l)}$; l ist der laufende Index. Analog gilt das für die Randfelder. Im allgemeinen drücken die $x_{ij}^{(l)}$ und die entsprechenden Randwerte Mengenangaben von Verkehrsobjekten aus, die sich für festgelegte Zeiten durch statistische Messungen ergeben haben.

Erfolgt die Berechnung der statistischen Maßzahlen für alle möglichen Verkehrsbeziehungen bzw. Verkehrsverbindungen, so läßt sich die $\bar{x}/s$-Matrix gemäß Tabelle 3.10 aufstellen.

Tabelle 3.8   Matrix der Verteilungen

	O_1	O_2	...	O_p	
O_1	$\phi(x_{11})$	$\phi(x_{12})$	...	$\phi(x_{1p})$	$\phi(X_1)$
O_2	$\phi(x_{21})$	$\phi(x_{22})$	...	$\phi(x_{2p})$	$\phi(X_2)$
⋮	⋮	⋮	...	⋮	⋮
O_p	$\phi(X_{p1})$	$\phi(X_{p2})$	...	$\phi(x_{pp})$	$\phi(X_p)$
	$\phi(X_{.1})$	$\phi(X_{.2})$	...	$\phi(X_{.p})$	-

Tabelle 3.9   Verkehrsstrommatrix (Häufigkeitsverteilungen)

	O_j	Σ
O_i	$x_{ij}^{(l)}$; $h_{ij}^{(l)}$	$X_i^{(l)}$; $h_i^{(l)}$
Σ	$X_{.j}^{(l)}$; $h_{.j}^{(l)}$	$X^{(l)}$; $h^{(l)}$

Die Streuungen der Randspalte und der Randzeile ergeben sich aus den Streuungen s_{ij} der Felder. Dabei gilt - die gleiche Anzahl von Beobachtungszahlen für alle Verbindungen vorausgesetzt - :

$$s_i^2 = \frac{(n-1) \sum_{j=1}^{p} s_{ij}^2}{p n - p} = \frac{\sum_{j=1}^{p} s_{ij}^2}{p} \tag{3.83}$$

Eine analoge Beziehung kann für s_j^2 angegeben werden.

Tabelle 3.10 $\bar{x}/s$ - Matrix

	$O_{.j}$	
O_i	$\bar{x}_{ij}$; s_{ij}	$\bar{X}_i$; s_i
	$\bar{X}_{.j}$; $s_{.j}$	$\bar{X}$; s

Auf die gesonderte Berechnung der Standardabweichung (bzw. Varianz) kann verzichtet werden, wenn sich lineare korrelative Beziehungen zwischen ihr und dem Durchschnitt nachweisen läßt. Aus der Größe des Durchschnitts wird dann auf die der Standardabweichung geschlossen.

Schließlich besteht die Möglichkeit, für alle in der Matrix nach Tabelle 3.8 bzw. nach Tabelle 3.9 enthaltenen Verteilungen den mittleren Informationsgehalt zu bestimmen. Dazu wird die mittlere Informationsentropie (Entropie)

$$H = -\sum_z p_z \operatorname{lb} p_z \qquad (3.84)$$

berechnet. Die Wahrscheinlichkeiten p_z werden im allgemeinen statistisch bestimmt. Es entsteht Tabelle 3.11.

Zur Berechnung der Entropie wird auf Kapitel 4. verwiesen.

Führt man weiterhin die *Kapazität* nach Relationen gegliedert ein, so lassen sich die Differenzen zwischen den einzelnen Kapazitätswerten und den Istwerten der Belegung ebenfalls statistisch auswerten. Die gleiche Feststellung gilt für die Spitzenfaktoren des Verkehrsaufkommens. Auf die Kapazitätsmatrix wird weiter unten näher eingegangen (vgl. Abschnitt 3.4).

3. Bei dem Ansatz nach Tabelle 3.9 wird davon ausgegangen, daß die statistischen Urwerte, zumindest im Gesamtzeitraum der Erfassung, zeitunabhängig sind. Wird diese einengende Voraussetzung aufgegeben, bedeutet das den Übergang von einem System stochastischer Variablen zu einem System stochastischer Prozesse. Das Vorhandensein bestimmter Verkehrsobjekte in den Quellen ist dann ebenso ein Systemzustand wie das Vorhandensein dieser Verkehrsobjekte in den Senken. Der Verkehrsvorgang bewirkt einen Übergang des Systms aus einem Zustand (Objekte befinden sich in den Quellen) in einen anderen Zustand (Objekte befinden sich in den Senken).

Die gegenwärtige Form der Verkehrsstatistik garantiert das Entstehen derartiger statistischer Daten im regulären statistischen Prozeß nicht. Das kann angesichts der Spezifik der Aussage, zumindest in Mikrosystemen (innerbetrieblicher Transport), auch nicht erwartet werden. Für den großräumigen Verkehr wären solche Angaben laufend - natürlich auf repräsentativer Basis - zu gewinnen.

Tabelle 3.11 Entropien der statistischen Verteilungen der Ströme (H_{ij}), des Aufkommens (H_i) und des Zuflusses ($H_{.j}$) - Prinzip -

	O_j	
O_i	H_{ij}	H_i
	$H_{.j}$	

Die steigende Bedeutung der Verkehrsinfrastruktur für die Entwicklung im europäischen Wirtschaftsraum macht derartige Verkehrsstatistiken dringend erforderlich. Sie sind Bestandteil einer umfassenden Verkehrssystemanalyse.

4. Aus der stochastischen Interpretation der Elemente der Verkehrsstrommatrix folgt die generelle Möglichkeit, die Variablen X_{ij} als endogene ökonometrische Variablen aufzufassen, die von exogenen Variablen Z_r, der Zeitvariablen T und einer latenten Variablen (Störvariablen) abhängen:

$$X_{ij} = f_{ij}(Z_r, T, U). \tag{3.85}$$

Damit bietet sich die Möglichkeit an, den grundlegenden ökonometrischen Modellansatz unmittelbar auf die Elemente der Verkehrsstrommatrix anzuwenden. Auf dieser Grundlage läßt sich ein spezifisches Prognosekonzept entwickeln (vgl. Abschnitt 6.6). Allerdings muß dazu die Verkehrsstrommatrix durch Filterung auf die Hauptrelationen reduziert wein, um den Gesamtumfang in vertretbaren Grenzen zu halten (vgl. zur Filterung Abschnitt 3.5).

3.4 Kapazitätsmatrix

Eine inhaltliche Erweiterung des Systems der Verkehrsmatrizen ist in Bild 3.22 durch Aufnahme der Kapazitätsmatrix vorgenommen worden. Es geben die Größen k_{ij} die Kapazität der Transportverbindungen, die Größen K_i die Kapazität der Quellen und die Größen K_j die Kapazität der Senken an (vgl. Tabelle 3.12). Ihre Dimensionen entsprechen denen der Elemente der Verkehrsstrommatrix.

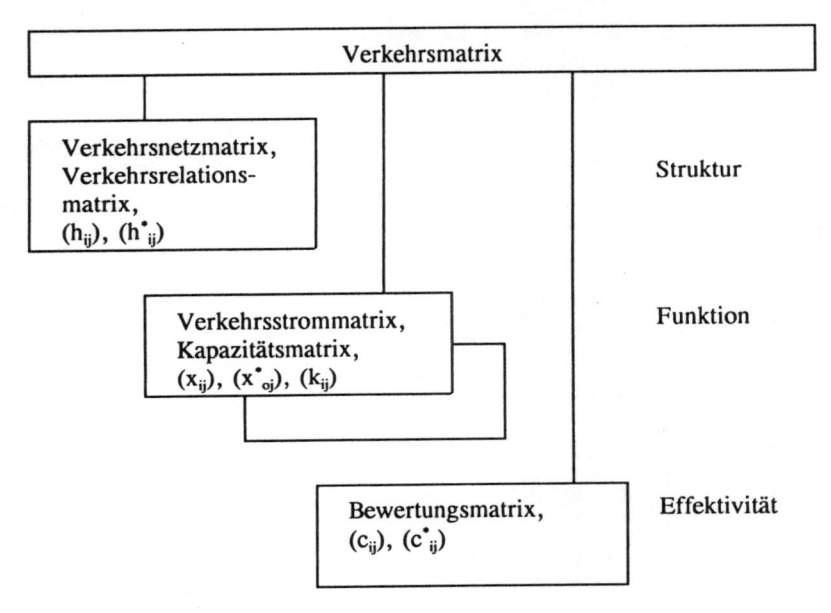

```
                    Verkehrsmatrix
                          |
    ┌─────────────────────┼─────────────────────┐
    │                     │                     │
Verkehrsnetzmatrix,                          Struktur
Verkehrsrelations-
matrix,
(h_ij), (h*_ij)

         Verkehrsstrommatrix,              Funktion
         Kapazitätsmatrix,
         (x_ij), (x*_oj), (k_ij)

                 Bewertungsmatrix,         Effektivität
                 (c_ij), (c*_ij)
```

Bild 3.22   Verkehrs- und Kapazitätsmatrizen

Tabelle 3.12   Kapazitätsmatrix

	O_1	O_2	...	O_p	
O_1	k_{11}	k_{12}	...	k_{1p}	K_1
O_2	k_{21}	k_{22}	...	k_{2p}	K_2
.	.	.	...	.	.
.	.	.	...	.	.
.	.	.	...	.	.
O_p	k_{p1}	k_{p2}	...	k_{pp}	K_p
	$K_{.1}$	$K_{.2}$	...	$K_{.p}$	-

102   3. Verkehrsmatrix

Nun können die Kapazitätsgrößen mit den statistisch gemessenen Belastungswerten verglichen werden. Dadurch entstehen die Differenzen (vgl. Tabelle 3.13)

$$\Delta_{ij} = k_{ij} - x_{ij} \quad \text{für die Verbindungen} \tag{3.86}$$

$$\Delta_{i} = K_{i} - X_{i} \quad \text{für die Quellen und} \tag{3.87}$$

$$\Delta_{.j} = K_{.j} - X_{.j} \quad \text{für die Senken.} \tag{3.88}$$

Tabelle 3.13 Matrix der Differenzen zwischen Kapazität und Belegung

	O_1	O_2	...	O_p	
O_1	Δ_{11}	Δ_{12}	...	Δ_{1p}	Δ_1
O_2	Δ_{21}	Δ_{22}	...	Δ_{2p}	Δ_2
.	.	.	...	.	.
.	.	.	...	.	.
.	.	.	...	.	.
O_p	Δ_{p1}	Δ_{p2}	...	Δ_{pp}	Δ_p
	$\Delta_{.1}$	$\Delta_{.2}$	...	$\Delta_{.p}$	

Die Ergebnisse der Differenzbildung nach (3.86) bis (3.88) lassen sich ebenfalls in einer Matrix erfassen, wie Tabelle 3.13. zeigt. Tabelle 3.14 enthält die statistischen Häufigkeitsverteilungen der genannten Differenzen für die Verbindungen, für die Quellen und für die Senken. Die zugehörigen Durchschnitte und Streuungen sind - ebenfalls als Matrixschema - in Tabelle 3.15 enthalten. Alle statistischen Operationen, die auf die Stromgrößen, auf die Quellwerte und auf die Zuflußmengen angewandt werden können, lassen sich auf die Differenzen nach (3.86) bis (3.88) übertragen. Damit können auch die Verteilungsgesetze $\phi(\Delta_{ij})$, $\phi(\Delta_i)$ und $\phi(\Delta_{.j})$ bestimmt, statistisch getestet und im Matrixschema geordnet werden (vgl. Tabelle 3.16).

Die Differenzen und die entsprechenden statistischen Größen und Verteilungen lassen sich aus den Stromgrößen herleiten. Unter Verzicht auf alle Indizes und ohne Beweis wird angegeben:

$$\bar{\Delta} = k - \bar{x} \tag{3.89}$$

$$s(\Delta) = s \tag{3.90}$$

$$\phi(\Delta) \stackrel{\wedge}{=} \phi(x). \tag{3.91}$$

Für Tabelle 3.17 und Bild 3.23 folgt bei einer angenommenen Kapazität von
k = 180 eine Häufigkeitsverteilung der Differenzen gemäß Tabelle 3.18. Der
graphische Verlauf dieser Häufigkeitsverteilung ist in Bild 3.24 dargestellt worden.

Tabelle 3.14 Häufigkeitsverteilungen der Differenzen (Prinzip)

	O_j	
O_i	$\Delta_{ij}^{(l)}, h_{ij}^{(l)}$	$\Delta_i^{(l)}, h_j^{(l)}$
	$\Delta_{.j}^{(l)}, h_{.j}^{(l)}$	–

Tabelle 3.15 Durchschnitte und Streuungen zu den Verteilungen nach Tabelle 3.17 (Prinzip)

	O_j	
O_i	$\overline{\Delta}_{ij}, s_{ij}^{(\Delta)}$	$\overline{\Delta}_i, s_i^{(\Delta)}$
	$\overline{\Delta}_{.j}, {}^{(\Delta)}$	-

Tabelle 3.16 Matrix der Verteilungsgesetze der Differenzen (Prinzip)

	O_j	
O_i	$\phi(\Delta_{ij})$	$\phi(\Delta_i)$
	$\phi(\Delta_{.j})$	-

Tabelle 3.17 Häufigkeitsverteilung der Anzahl der zwischen 10°° und 15°° Uhr von O_i nach O_j mit der Straßenbahn beförderten Personen (30 Messungen; angenommene Werte)

Klasse	x_z	h_z
61 - 80	70,5	2
81 - 100	90,5	6
101 - 120	110,5	14
121 - 140	130,5	7
141 - 160	150,5	1
Σ	-	30

104   3. Verkehrsmatrix

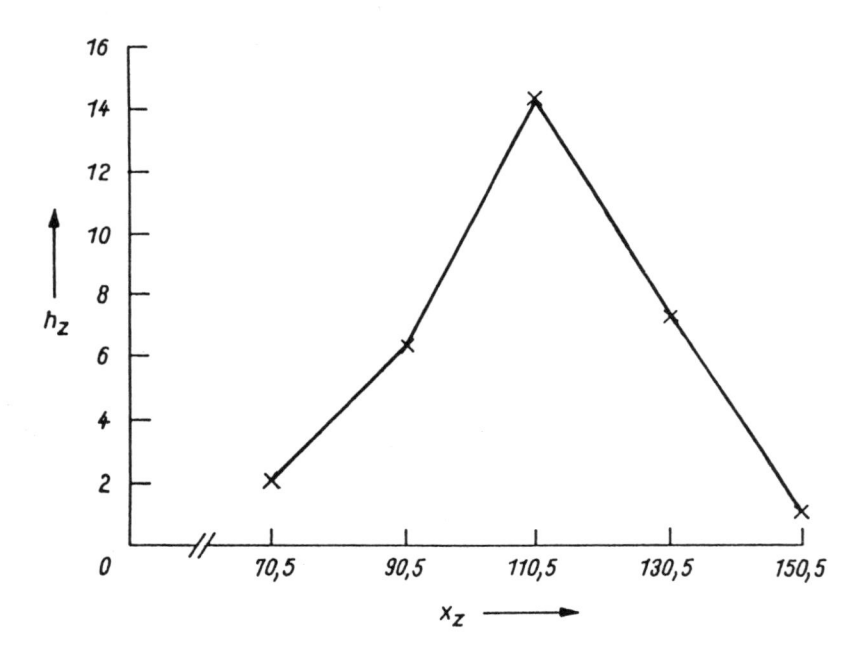

Bild 3.23   Häufigkeitspolygon nach Tabelle 3.17

Beim Vergleich der Tabellen 3.17 und 3.18 und der Bilder 3.23 und 3.24 miteinander wird deutlich, daß die empirische Verteilung der Differenzen aus der empirischen Verteilung der Stromgrößen durch Spiegelung an der Gipfelkoordinate und Verschieben auf der Abszissenachse entsteht:

Tabelle 3.18   Differenzen Δ_z zu den Werten von Tabelle 3.17 ($k = 180$)

x_z	$\Delta_z = k - x_z$	h_z
70,5	109,5	2
90,5	89,5	6
110,5	69,5	14
130,5	49,5	7
150,5	29,5	1
Σ	-	30

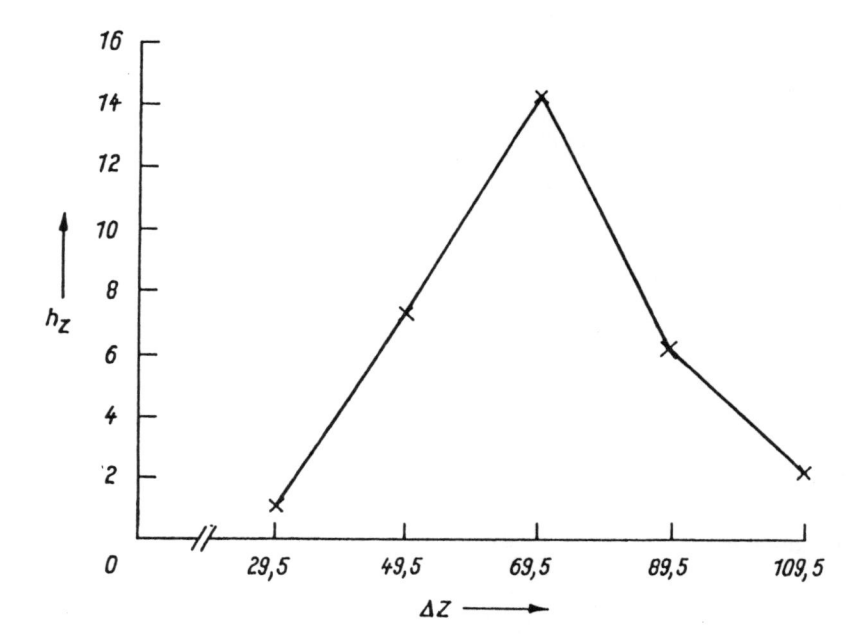

Bild 3.24   Häufigkeitspolygon nach Tabelle 3.18

Die Kapazitätsmatrix wird stets mit der verbindungsbezogenen Verkehrsstrommatrix verglichen, weil auch die Kapazitätswerte gewöhnlich für die Verbindungen angegeben werden.

3.5 Qualitative Verkehrsstrommatrix (Filterung I)

Der Begriff der qualitativen Verkehrsstrommatrix ist in Anlehnung an die qualitative Input-Output-Analyse gebildet worden (vgl. dazu SCHNABL/HOLUB 1979). Verkehrsstrommatrizen dieser Art werden gebildet, um die wichtigen Verkehrsrelationen herauszuheben und die gering besetzten Felder zu unterdrücken.

Praktische Verkehrsstromanalysen führen zu Verkehrsstrommatrizen **X** mit sehr unterschiedlichen Belegungen. Es existieren Quellen mit starker, mit mittlerer und mit schwacher Quellintensität. Entsprechendes gilt für die Senken der Verkehrsströme. Schließlich treten auch zwischen den Belegungswerten x_{ij} beachtliche Unterschiede auf. Im Normalfall besteht somit eine erhebliche Ungleichmäßigkeit in der Belegung von Verkehrsstrommatrizen. Das ist an den Werten der Tabelle 3.5 gut zu erkennen, wird aber noch deutlicher, wenn man aus den Werten dieser Tabelle die relativen Häufigkeiten (statistischen Wahrscheinlichkeiten)

$$p_i = \frac{\sum_j x_{ij}}{\sum_i \sum_j x_{ij}} \quad \forall\, i \qquad (3.92)$$

für die Quellen,

$$p_j = \frac{\sum_i x_{ij}}{\sum_i \sum_j x_{ij}} \quad \forall\, j \qquad (3.93)$$

für die Senken und

$$p_{ij} = \frac{x_{ij}}{\sum_i \sum_j x_{ij}} \quad \forall\, i,\, j \qquad (3.94)$$

für die Ströme
bestimmt.

Tabelle 3.19 enthält die Ergebnisse.

Tabelle 3.19 Statistische Wahrscheinlichkeiten zu Tabelle 3.5

von \ an	O_1	O_2	O_3	O_4	O_5	O_6	p_i
O_1	0,025	0,005	0,045	0,015	0,030	0,005	0,125
O_2	0,010	0	0,020	0,030	0,015	0,025	0,100
O_3	0	0,025	0,005	0,050	0,010	0	0,090
O_4	0,060	0,020	0,020	0,040	0,010	0,010	0,160
O_5	0,050	0,025	0,050	0,025	0,015	0,060	0,225
O_6	0,020	0,050	0,050	0,020	0,130	0,030	0,300
P_j	0,165	0,125	0,190	0,180	0,210	0,130	1,000

Im Regelfall werden die Belegungswerte x_{ij} einer Verkehrsstrommatrix in einem sehr breiten Intervall variieren. Es wird Relationen geben, die sehr stark belegt sind, aber auch solche, deren Belegung gering und aus verkehrswirtschaftlicher Sicht bedeutungslos ist. Die dadurch bestimmte dynamische Struktur des Verkehrssystems kann durch das Herausfiltern der schwach belegten Felder (Relationen) besonders hervorgehoben werden.

3. Verkehrsmatrix

Bereits KORNAI hat darauf aufmerksam gemacht, daß man die Anzahl der numerischen Fehler, die bei der Behandlung umfangreicher Matrizen im Zusammenhang mit der Input-Output-Theorie auftreten, dadurch reduzieren kann, daß Felder mit geringer Besetzung auf Null gesetzt werden. Im Falle der Input-Output-Theorie werden die dadurch anfallenden Größen dem Endverbrauch zugeschlagen, um die Bilanz zu erhalten (vgl. KORNAI 1967).

Einen weiterführenden Gedanken dieser Art haben HOLUB und SCHNABL entwickelt und dabei den Begriff des *Bagatellwertes* benutzt (SCHNABL/HOLUB 1979). Die Autoren definieren einen Belegungswert, der als Kriterium dafür gilt, ob eine ursprünglich besetzte Matrixzelle auf Null gesetzt wird oder nicht. Dieser Belegungswert heißt Bagatellwert BAG. Generell gilt dann für die Elemente der neuen Matrix X_f folgende Bildungsregel:

$$x_{ij.f} = \begin{cases} x_{ij}, & \text{wenn } x_{ij} > BAG \\ 0, & \text{wenn } x_{ij} \leq BAG \end{cases} \tag{3.95}$$

Frühere Berechnungen auf der Grundlage einer konkreten Input-Output-Tabelle haben ergeben, daß auf diese Weise eine erhebliche Zahl von ursprünglich belegten Matrixfeldern auf Null gesetzt wird und daß sich die numerische Struktur der gesamten Matrix wesentlich vereinfacht. Natürlich hängt der Grad der "Entleerung" von der Höhe des BAG-Wertes ab (vgl. RICHTER 1970).

Im Zusammenhang mit den Verkehrsstrommatrizen besteht das vordringliche Ziel der durch eine derartige Filterung erzielbaren Vereinfachung der Matrix nicht zuerst darin, die Bedingungen der numerischen Verarbeitung der Matrix zu verbessern. Vielmehr kommt es darauf an, unter der Menge der in der Verkehrsstrommatrix enthaltenen und belegten Verkehrsrelationen jene zu bestimmen, die als bedeutsam, wesentlich oder wichtig bezeichnet werden können. Auf diese Relationen soll die Aufmerksamkeit der Verkehrspolitik und Verkehrswirtschaft - darin eingeschlossen auch der Verkehrsplanung und der Verkehrsprognose - gelenkt werden. Somit kann formuliert werden:

> Durch den Einsatz von Bagatellwerten für die Elemente einer Verkehrsstrommatrix werden aus einer derartigen Matrix jene Elemente und somit Verkehrsrelationen *herausgefiltert*, die aus regionaler, aus allgemeinwirtschaftlicher und aus verkehrswirtschaftlicher Sicht als die entscheidenden Relationen zu gelten haben. Als *Filter* wirken die Bagatellwerte, deren Höhe die Wirksamkeit des Filtervorganges bestimmt. Das Ergebnis der Filterung ist die Ableitung einer gefilterten Verkehrsstrommatrix X_f aus einer ursprünglichen Matrix X. Die Anzahl der belegten Felder wird in X_f wesentlich geringer sein als in X.

Der beschriebene Vorgang entspricht einer Aufteilung der ursprünglichen belegten Matrixfelder in zwei Gruppen. Eine Gruppe enthält die Felder (Relationen), die wegen ihrer geringen Belegung aus der ursprünglichen Matrix X ausgesondert werden. In der zweiten Gruppe befinden sich die verkehrlich bedeutsamen Felder (Relationen) der

Verkehrsstrommatrix, die die Grundlage der weiteren Berechnungen bilden.

Wendet man nun das in Kapitel 4. definierte Strukturmaß auf die ursprüngliche und auf die gefilterte Matrix an, so wird notwendigerweise die Relation

$$\Delta H_{r,f} > \Delta H_r \qquad (3.96)$$

gelten. Der Grad der Organisation ist im gefilterten System der Verkehrsströme entschieden höher als im ungefilterten System. Das hat Konsequenzen verschiedener Art.

Zunächst wird die Analyse der regionalen Verkehrsstruktur auf die entscheidenden Verkehrsströme gelenkt. Die *dynamische Struktur* des gefilterten Systems unterscheidet sich wesentlich von derjenigen des ungefilterten Systems, vor allem durch einen deutlich höheren Grad von Konzentration.

Bei verkehrslenkenden Maßnahmen ergibt sich die Möglichkeit, jene Relationen zu identifizieren und in den Mittelpunkt der Verkehrssteuerung zu stellen, von deren Funktionieren das gesamte betrachtete Verkehrssystem entscheidend abhängt. Es erhöht sich also nicht nur das Maß der dynamischen Struktur des Realsystems, sondern auch dasjenige des zugeordneten Steuerungssystems. Dadurch entstehen Ansatzpunkte für die Einführung des *Lean Management* in der Verkehrssteuerung.

Nicht unterschätzt werden kann der Nutzen der vorgestellten Filterung für die Theorie und die Praxis der Verkehrsprognose. Die meisten heute gebräuchlichen Verkehrsprognoseansätze beruhen auf dem Prinzip, alle Felder einer Verkehrsstrommatrix durch einen einheitlichen Algorithmus zu belegen. Basiert man jedoch die Verkehrsprognose auf gefilterten Verkehrsstrommatrizen, so lassen sich auch andere Prognosetechniken anwenden. Beispielsweise können dann die Hauptrelationen jeweils einzeln prognostiziert werden, während der größere Teil der übrigen Relationen über geeignete Anteilswerte oder Multiplikatoren aus den Werten der Hauptrelationen bestimmt werden kann. Es kann aber auch gänzlich auf die Prognose der weniger wichtigen Relationen verzichtet werden (vgl. dazu Kapitel 6.).

Für die praktische Anwendung des BAG-Filters ist die Methode von Bedeutung, durch die die BAG-Werte bestimmt werden. Unter den verschiedenen Möglichkeiten, diese Werte festzulegen, verdienen die nachfolgend genannten besondere Erwähnung:

1. Es wird auf der Grundlage regional- und verkehrswirtschaftlicher Prinzipien ein für alle Felder der Verkehrsstrommatrix gültiger Wert festgelegt, der diejenige Verkehrsmenge angibt, die in der gefilterten Matrix auf Null gesetzt werden soll. Alle Verkehrsmengen, die unter diesem Wert liegen oder ihm gleich sind, werden in gleicher Weise behandelt.

2. Der BAG-Wert wird als Prozentsatz der gesamten Menge X in der Verkehrsstrommatrix bestimmt und gilt dann für alle Felder der Matrix. Je höher dieser

Prozentsatz angesetzt wird, desto stärker ist die Filterwirkung. Auch diese Regel definiert ein einheitliches Filterprinzip für alle Matrixfelder.

3. Der BAG-Wert wird als Prozentsatz der jeweiligen Quellmenge X_i bzw. der jeweiligen Zuflußmenge $X_{.j}$ festgelegt. In diesem Falle werden nach Zeilen (Quellen) bzw. nach Spalten (Zielen) differenzierte BAG-Werte bestimmt, die eine Anpassung an die Belegungsstruktur der Ursprungsmatrix **X** erlauben.

Weitere Vorgehensweisen sind denkbar. Alle Berechnungsweisen bewirken einen Filtereffekt, der zu einer neuen dynamischen Struktur führt.

Das Verfahren wird am Beispiel der Tabelle 3.5 demonstriert. Der Bagatellwert wird zu 2 % der gesamten Verkehrsmenge (2000) festgelegt und beträgt somit BAG = 40. Alle Felder, die in Tabelle 3.5 mit bis zu 40 Mengeneinheiten belegt sind, werden entleert und sind in der gefilterten Matrix nach Tabelle 3.20 nicht mehr belegt. Sie sind mit " - " gekennzeichnet, damit man sie von den bereits ursprünglich leeren Feldern unterscheiden kann.

Der Unterschied zwischen Tabelle 3.5 und Tabelle 3.20 ist offenkundig. Er läßt sich durch Berechnung und Vergleich der beiden Strukturmaße nach (3.96) auch quantitativ belegen.

Tabelle 3.20 Gefilterte Verkehrsstrommatrix

	O_1	O_2	O_3	O_4	O_5	O_6	Σ
O_1	50	-	90	-	60	-	200
O_2	-	0	-	60	-	50	110
O_3	0	50	-	100	-	0	150
O_4	120	-	-	80	-	-	200
O_5	100	50	100	50	-	120	420
O_6	-	100	100	-	260	60	520
Σ	270	200	290	290	320	230	1600

Wie HOLUB/SCHNABL in der genannten Quelle zeigen, läßt sich die Filterung in ihrer konsequentesten Form auch als

$$x^{*}_{ij.f} = \begin{cases} 1, & \text{wenn } x_{ij} > \text{BAG} \\ 0, & \text{wenn } x_{ij} \leq \text{BAG} \end{cases} \quad (3.97)$$

durchführen. Das Ergebnis ist eine 0-1-Entscheidung in solche Relationen, die weiter untersucht werden, und in Relationen, die aus dem ursprünglichen System ausgeschlossen sind. Im Zusammenhang mit Input-Output-Analysen spricht man dann von einem qualitativen Modell. Die Konsequenzen dieser Vorgehensweise für die Verkehrsanalyse und für die Verkehrsplanung sind noch wenig untersucht, stellen aber wahrscheinlich ein lohnendes Forschungsobjekt dar.

3.6 Bewertungsmatrix

Die Bewertungsmatrix liefert einen formalen Rahmen für die Bewertung von Verkehrssystemen. Verkehrssysteme sind große Systeme, die auch als komplizierte Systeme oder als Systeme großen Maßstabs bezeichnet werden. Solche Systeme besitzen folgende Eigenschaften:

- Das System wird aus Untersystemen und Elementen konstituiert, die bei Verkehrssystemen sowohl durch eine betrieblich-technologische als auch durch eine leitungsorganisatorische oder durch eine regionale Gliederung des Systems bestimmt werden können.

- Die Verknüpfung der Untersysteme und Elemente erfolgt mittels Kopplungen, also durch den Austausch von Information, Energie und Stoff zwischen den Untersystemen und zwischen den Elementen.

- Das System als Ganzes dient einer einheitlichen Verwendung oder einem einheitlichen Ziel.

- Für das Systemverhalten können verschiedene, miteinander konkurrierende Lösungen angegeben werden, woraus die Notwendigkeit folgt, eine möglichst gute Lösung zu ermitteln und zu realisieren.

- Das System unterliegt einem einheitlichen Bewertungsmaßstab.

Beispiele für große Systeme sind

- große industrielle Produktionskomplexe
- energetische und hydrotechnische Komplexe mit automatischer Regelung
- ökonomische Systeme
- das Telefonnetz einer größeren Stadt oder eines Bezirkes
- Systeme des öffentlichen Personennahverkehrs in Ballungsräumen und industriellen Zentren
- große See- und Flughäfen.

Kennzeichnend für alle großen Systeme ist, daß sie aus zahlreichen miteinander verbundenen Untersystemen und Elementen bestehen. Das hat in den meisten Fällen eine sehr komplizierte Struktur dieser Systeme zur Folge. Weiterhin handelt es sich bei großen Systemen gewöhnlich um Systeme, in denen Menschen viele und zum Teil recht komplizierte technische Mittel einsetzen, um die Funktionen der Systeme zu erfüllen (Mensch-Maschine-Systeme). Beide Charakteristika sind bei Verkehrssystemen gegeben.

Bei der nachfolgenden Bewertung von Verkehrssystemen handelt es sich um *spezifische* Fragen der Bewertung großer Systeme. Zunächst werden deshalb einige *allgemeine* Aspekte dargestellt.

Bei der Bewertung großer Systeme ist vornehmlich davon auszugehen, daß diese Systeme stochastisches, also zufallsabhängiges Verhalten aufweisen. Dieses stochastische Verhalten folgt daraus, daß

- reale große Systeme stets unter den Bedingungen des Wirkens einer großen Zahl von Zufallsfaktoren funktionieren (zufällige Einflüsse von außen) und

- in großen Systemen zufällige Abweichungen verschiedener Größen von Soll- und Durchschnittswerten sowie Fehler auftreten, auf die sich die großen Mengen an Elementen und die komplizierten Strukturen förderlich auswirken (zufällige Einflüsse von innen) (vgl. BUSLENKO 1972, S. 19).

Die zufälligen Einflüsse von außen und von innen, die sich bei Verkehrssystemen beispielsweise in den meteorologischen Bedingungen, in den Nachfrageschwankungen, in Störungen in den Anlagen und im Betriebsablauf äußern, beeinträchtigen die Arbeitsweise der Systemelemente sowie die Art und Weise, in der das System seiner Funktion gerecht wird. Die Einflüsse der Umwelt auf ein System werden als Eingangs- oder Inputvektor und die Größen, die das Ergebnis des Funktionierens des Systems beschreiben, als Ausgangs- oder Outputvektor bezeichnet. Entsprechend den getroffenen Feststellungen über den stochastischen Charakter großer Systeme enthält sowohl der Eingangs- als auch der Ausgangsvektor großer Systeme Zufallsgrößen, die durch Verteilungsgesetze gekennzeichnet sind.

Ein treffendes Beispiel liefern die im Verkehrsbereich bestehenden Bedienungssysteme. So ist die Anzahl der Kraftfahrzeuge, die je Zeiteinheit eine Tankstelle aufsuchen, eine Zufallsgröße, deren Verteilung oft als POISSON-Verteilung angenommen wird. Die Abfertigungszeit je Kraftfahrzeug schwankt ebenfalls zufällig. Im Ergebnis stellt sich schließlich auch die Anzahl der je Zeiteinheit abgefertigten Kraftfahrzeuge als eine zufällige Größe dar.

Das Beispiel macht deutlich, daß die Untersuchung großer Systeme auf die Frage führt, in welcher Weise zufällige Größen einander beeinflussen. Diese Frage lautet: "Ruft die Streuung der Einflüsse von außen oder der Werte der Systemparameter nur eine Streuung der Ergebnisse des Funktionierens des Systems hervor, oder kann sich das Verhalten des Systems im Durchschnitt unter der Einwirkung von Zufallsfaktoren verändern?" (BUSLENKO 1972, S. 20). Die Antwort auf diese Frage hängt davon ab, welche Form der Funktion

$$Y = f(X) \tag{3.98}$$

besitzt, in der X der zufällige Eingangsvektor und Y der zufällige Ausgangsvektor ist.

Zur Charakterisierung großer Systeme können verschiedene allgemeine Kenngrößen benutzt werden, z.B.

- Effektivität
- Zuverlässigkeit
- Störanfälligkeit
- Qualität der Steuerung.

Die Kenngröße der Effektivität wird benutzt, um die Qualitäten zu beurteilen, mit der das große System funktioniert. Daraus wird bereits deutlich, daß es sich bei der Bestimmung dieser Kenngröße um ein umfangreiches und schwieriges Problem handelt. Aber genauso ist die Situation, wenn beispielsweise über die Effektivität eines Systems des öffentlichen Personennahverkehrs oder eines anderen Verkehrssystems entschieden werden soll. Aussagen, die allein die erzielten Verkehrsleistungen oder die entstandenen Kosten oder eine vergleichbare Komponente der Tätigkeit des Verkehrssystems betreffen, reichen für die Beurteilung von dessen Effektivität nicht mehr aus. Die Effektivitätskenngröße wird durch die Wirkungsweise des gesamten großen Systems bestimmt. Unter der Prämisse, daß eine Menge möglicher Prozesse des Funtionierens eines großen Systems vorstellbar ist, kann die Effektivitätskenngröße als Funktional des Funktionsprozesses des Systems verstanden werden.

Sicher entsteht die Effektivitätskenngröße aus einer ganzen Reihe elementarer Größen. Diese sind auf Grund der Stochastik der zu beschreibenden Prozesse selbst zufällige Größen. Damit sind auch die Werte des Funktionals Zufallsgrößen. Schwierigkeiten, die sich daraus bei der Verwendung von Effektivitätskenngrößen ergeben können, umgeht man durch Benutzung des Mittelwertes des Funktionals. Statt mit den Zufallsgrößen wird mit ihren Erwartungswerten operiert. Daneben trifft man auch den Fall an, daß geeignete Wahrscheinlichkeitsmaße als Effektivitätskenngrößen verwendet werden.

Wesentlich für die Kennzeichnung der Wirkungsweise und Qualität eines großen Systems ist dessen Zuverlässigkeit. Die Zuverlässigkeit eines großen Systems zu beurteilen wird durch die enorm hohe Anzahl der Systemelemente und die oft komplizierte Struktur des Systems sehr erschwert. BUSLENKO weist darauf hin, daß Versuche, Methoden der Zuverlässigkeitstheorie für "einfache" Systeme bei der Bestimmung der Zuverlässigkeit komplizierter Systeme anzuwenden, in der Regel erfolglos ausgehen. In der Tat sagt beispielsweise die mittlere ausfallsfreie Einsatzzeit eines Kraftomnibusses wenig über die Funktiontüchtigkeit eines gesamten Netzes von Autobus-Linien aus. Das liegt vor allem daran, daß bei großen Systemen von Anfang an mit dem Ausfall des einen oder anderen Elementes gerechnet werden muß. Im allgemeinen wird ein solch großes System demnach so konzipiert werden, daß es mit Ausfällen seiner Systemelemente, zumindest in bestimmten Grenzen, "fertig wird" (BUSLENKO 1972, S. 24).

In der Weise, wie die Effektivität eines großen Systems auf der Grundlage verschiedener elementarer Größen beurteilt wird, zieht man auch für die Einschätzung der Zuverlässigkeit eines großen Systems verschiedene Charakteristika heran. Diese Charakteristika, wie Ausfallsintensität von Elementen, mittlere Ausfallshäufigkeit und --dauer, statistische Verteilung der Zeitabstände zwischen Ausfällen, werden im Komplex betrachtet. Sie beeinflussen natürlich die Effektivität des Systems. Das ist der Grund dafür, die Zuverlässigkeit des Systems über die Effektivitätskenngröße auszudrücken. Dazu genügt folgender Ansatz:

$$\Delta R^\circ_{zuv} = |R^\circ - R^*_{zuv}| \qquad (3.99)$$

In ihm bedeuten:

R° Wert der Effektivitätskenngröße unter der Annahme, daß alle Systemelemente absolut zuverlässig arbeiten,

R^*_{zuv} Wert der Effektivitätskenngröße unter den Bedingungen einer angenommen (vorgegebenen) Zuverlässigkeit, die dem "normalen" Funktionieren des großen Systems entspricht

ΔR°_{zuv} Effektivitätskenngröße des großen Systems.

Die Zuverlässigkeit großer Systeme wird vor allem durch entsprechende Reserven auf dem gewünschten Wert gehalten. Umfang und Struktur dieser Reserven werden wesentlich durch gründliche statistische Analysen der Arten und Ursachen von Unzuverlässigkeiten bestimmt. Daher erwachsen im Zusammenhang mit der Untersuchung von Verkehrssystemen auch der Verkehrsstatistik bedeutende Aufgaben.

Zeigt es sich, daß die Differenz ΔR°_{zuv} relativ klein ist, so unterscheiden sich die Effektivität des normalen Systemfunktionierens und die Effektivität eine "idealen" Systems nur wenig. Das gilt auch dann, wenn die Differenz für verschiedene angenommene Grade der Zuverlässigkeit klein bleibt. In diesem Falle verspricht die Erhöhung der Systemzuverlässigkeit aus der Sicht des Systems nur geringen oder praktisch keinen Effekt. Umgekehrt verhält sich die Angelegenheit bei großem oder sehr großem ΔR°_{zuv}.

Analoge Betrachtungen können angestellt werden, um die Störanfälligkeit eines großen Systems über die Systemeffektivität zu beurteilen. Der entsprechende Ansatz lautet:

$$\Delta R^\circ_{stör} = |R^\circ - R^*_{stör}| \qquad (3.100)$$

mit

R° Wert der Effektivitätskenngröße bei störungsfreiem Systemfunktionieren (Idealzustand)

$R^*_{stör}$ Wert der Effektivitätskenngröße bei Störungen mit angenommener Charakteristik (z.B. statistischer Normalfall)

$\Delta R^\circ_{stör}$ Kenngröße der Störempfindlichkeit.

Die Kenngröße der Störempfindlichkeit kann relativiert werden. Schließlich lassen sich zur Beurteilung der Qualität der Steuerung ähnliche Überlegungen anstellen. Dazu wird angenommen, daß verschiedene Varianten zur Steuerung des große System existieren. Die Effektivität wird für jede Steuerungsvariante bestimmt. Der paarweise Vergleich der verschiedenen Steuerungsvarianten beruht dann auch auf Effektivitätskenngrößen, deren absolute Differenzen gebildet und zur Beurteilung herangezogen werden.

In allen angeführten Fällen sind die als Effektivitätskenngrößen benutzten Funktionale auf elementare Größen gegründet. Die Gewichtung der elementaren Größen und auch deren Bestimmung selbst führen wie die Bildung der Effektivitätskenngrößen zu Bewertungsproblemen, die sich letztlich als Bewertungsprobleme großer Systeme zeigen. Die Bewertung von Verkehrssystemen ist ein Spezialfall der Bewertung großer Systeme (vgl. z.B. POTTHOFF 1972).

Expertenschätzungen sind bereits in vielen Fällen angewandt worden, um Bewertungen in solchen Fällen vornehmen zu können, in denen direkte Bewertungskenngrößen nicht vorliegen oder nur mit unvertretbar hohem Aufwand zu beschaffen sind. Solche Schätzungen beruhen im allgemeinen auf den in der Operationsforschung entwickelten Bewertungsverfahren. Sie führen darüber hinaus zu dem Vorteil, daß die durch sie getroffenen Bewertungen auf Eigenschaften und Merkmale der untersuchten Systeme ausgedehnt werden können, die nicht Gegenstand regelmäßiger Erfassung sind. Gleichzeitig ist es möglich, bei der Anwendung von Bewertungsverfahren einen hohen Grad von Komplexität des Bewertungsobjekts zu berücksichtigen. Damit bieten sich Bewertungsverfahren als Mittel der komplexen Bewertung von Verkehrssystemen an.

Das Grundprinzip der überwiegend benutzten Bewertungsverfahren ist verschiedentlich beschrieben worden. Es besteht darin, daß eine Gruppe von Fachleuten zusammengestellt wird, die

1. die Menge der zu bewertenden Objekte definieren, sofern diese Menge nicht bereits vorgegeben wird

2. eine Rangordnung der zu bewertenden Objekte aufstellen, die im allgemeinen auf dem Prinzip fallender Bedeutung beruht

3. den Objekten Wert- und Bedeutungszahlen zuordnen, durch die die Aussage über den Platz der einzelnen Objekte in der Rangordnung vertieft wird und die zu objektbezogenen Bewertungszahlen aggregiert werden.

Die Gesamtheit der Objektmengen, die auf diese Weise bewertet werden können, ist im Verkehr sehr vielgestaltig. Es kann sich sowohl um ganze Verkehrssysteme als auch um einzelne Untersysteme, Elemente, Bereiche oder spezifische Eigenschaften von Verkehrssystemen handeln. Auch die Eignung von bestimmten technischen Mitteln für die Erfüllung gestellter Verkehrsaufgaben kann auf diese Weise bewertet werden. Als Vorteil ergibt sich, daß durch Bewertungsverfahren auch nicht direkt meßbare Eigenschaften berücksichtigt werden können.

Die Qualität der Bewertungsergebnisse wird entscheidend von der Zusammensetzung der Expertengruppe und von der Sachkenntnis der einzelnen Experten beeinflußt. Ein abgeschlossenes Intervall für die zugelassenen Bewertungszahlen, Kontrollen und Korrekturrechnungen sichern ein möglichst objektives Bewertungsergebnis, das die Grundlage von Entscheidungen sein kann.

Bewertungsverfahren bewähren sich auch in den Fällen, in denen die Entwicklungstendenzen von Verkehrssystemen beurteilt oder Vorschläge für die künftige Gestaltung solcher Systeme unterbreitet werden sollen.

Systemspezifische Bewertungsgrößen können auf verschiedene Weise gebildet werden. Die Grundlage für ihre Bildung ist aber in jedem Fall die exakte Bestimmung des zu bewertenden Systems. Um sie vornehmen zu können, sind im Falle von Verkehrssystemen sowohl systemtheoretische als auch spezifische verkehrswissenschaftliche Erkenntnisse zugrunde zu legen. Letzteres ergibt sich aus der Tatsache, daß Verkehrssysteme stets reale Systeme darstellen, die der Bewertung unterworfen werden. Aus dem Charakter der Verkehrssysteme als realer Systeme folgt auch, daß die aus laufenden Erfassungen und Aufschreibungen gewonnenen Informationen und Daten zur komplexen Bewertung von Verkehrssystemen herangezogen werden müssen. Es ist jedoch erforderlich, diese Informationen dafür aufzubereiten und zusammenzufassen. In diesem Zusammenhang empfiehlt es sich, die Bewertungsverfahren zu benutzen, um die Wertigkeit der einzelnen Informationen im Komplex der Gesamtbewertung festzustellen. Diese Situation wurde bereits bei der Datenaggregation beschrieben, bei der es darum geht, aus mehreren gewichteten Einzelkenngrößen aggregierte Kenngrößen zu bilden. Die benötigten Gewichte werden durch Berechnungsverfahren auf der Grundlage von Expertenschätzungen bestimmt (vgl. Abschnitt 2.4).

Bei der komplexen Bewertung von Verkehrssystemen kommt der Bewertung der Elemente dieser Systeme - Strecken und Knoten - große Bedeutung zu. Sie erfolgt auf der Grundlage einer Bewertungsmatrix

$$_A C = (_A c_{ij}) ; \quad i = 1(1)p \quad (3.101)$$

$$j = 1(1)p ,$$

deren grundsätzlicher Aufbau mit dem der Verkehrsnetzmatrix, dem der Verkehrsrelationsmatrix und dem der Verkehrsstrommatrix übereinstimmt. Der tiefgesetzte Zeiger "A" bedeutet, daß (3.101) das allgemeine Schema der Bewertungsmatrix darstellt, unabhängig davon, ob die Verbindungen oder Relationen betrachtet werden. Die Elemente $_A c_{ij}$ beziehen sich immer auf eine Verbindung oder auf eine Relation $O_i O_j$. Im Falle $O_j O_i$ lautet die Bewertungsgröße $_A c_{ji}$.

Je nachdem, welches Bewertungskriterium benutzt wird, kann

$$_A c_{ij} = {_A c_{ji}} \quad \text{oder} \quad _A c_{ij} \neq {_A c_{ji}} \tag{3.102}$$

gelten.

Die Matrix $_A C$ ist im Hinblick auf ein aus Strecken und Knoten bestehendes Verkehrssystem nicht vollständig, da die Knoten nicht erfaßt werden. Die Matrix muß durch Größen $_A C_i$ für die Quellen und $_A C_j$ für die Senken ergänzt werden. Für den gleichen Ort (i = j) kann

$$\text{sowohl} \quad _A C_i = {_A C_{\cdot j}} \tag{3.103}$$

$$\text{als auch} \quad _A C_i \neq {_A C_{\cdot j}} \tag{3.104}$$

gelten.

Unter Einbeziehung der Orte wird die Bewertungsmatrix in Form von Tabelle 3.21 geschrieben.

Tabelle 3.21 Bewertungsmatrix

	O_1	O_2	.....	O_p	
O_1	$_A c_{11}$	$_A c_{12}$	.....	$_A c_{1p}$	$_A C_1$
O_2	$_A c_{21}$	$_A c_{22}$	.....	$_A c_{2p}$	$_A C_2$
.	.....	.....	.....	.....	.....
.	.....	.....	.....	.....	.....
.	.....	.....	.....	.....	.....
O_p	$_A c_{p1}$	$_A c_{p2}$	.....	$_A c_{pp}$	$_A C_p$
	$_A C_{\cdot j}$	$_A C_{\cdot 2}$	.....	$_A C_{\cdot p}$	

Bezieht sich die Bewertungsmatrix auf Verkehrsverbindungen (Verkehrsnetze), so gilt

$$_A C = C, \tag{3.105}$$

bezieht sie sich auf Verkehrsrelationen,

3. Verkehrsmatrix

so gilt

$$_A C = C^*. \qquad (3.106)$$

Die Elemente C^*_i und $C^*_{\cdot j}$, bedingt auch C_i und $C_{\cdot j}$, können als Ersatzmaße für die Ausstrahlungskraft und für die Anziehungskraft der Orte aufgefaßt werden. Im entsprechenden allgemeinen Sinne repräsentieren die c^*_{ij} und die c_{ij} die zu überwindenden "Verkehrswiderstände".

Die Ortebewertungen werden entsprechend bezeichnet. Die Werte $_A c_{ij}$, $_A C_i$ und $_A C_{\cdot j}$ sind, einzeln betrachtet, elementare Bewertungsgrößen, dienen aber in ihrer Gesamtheit der Beurteilung ganzer Verkehrssysteme. Für diesen Zweck werden die genannten Größen jeweils festgelegt. Sie können angegeben werden

1. als Entfernungsgrößen
2. als Kostengrößen (Transportkosten und daraus abgeleitete Größen)
3. als Zeitgrößen (Transportzeiten, Reisezeiten)
4. als sonstige Bewertungsgrößen.

Ein Fall der vierten Kategorie liegt z.B. dann vor, wenn eine Relation oder eine Verbindung durch die Stärke ihrer Belegung bewertet wird. Das führt auf den allgemeinen Ansatz

$$c_{ij} = f(x_{ij}) \qquad (3.107)$$

bzw.

$$c^*_{ij} = f(x^*_{ij}), \qquad (3.108)$$

der die Abhängigkeit der elementaren Bewertungen von den Belegungswerten ausdrückt. Oft führt dieser Ansatz zu nichtlinearen Bewertungsfunktionen - beispielsweise bei der Benutzung des Kostenkriteriums - und in Verbindung mit dem Entscheidungsproblem zu nichtlinearen Optimierungsproblemen.

Beispielsweise soll die Einheitskostenkurve (Kosten je Mengeneinheit der Verkehrsobjekte) für die Verbindung oder Relation $O_i O_j$ nach Bild 3.25 verlaufen.

Überträgt man diesen Ansatz auf alle Relationen, so gilt

$$c(x) = \frac{a}{x} + b, \qquad (3.109)$$

sofern die Gesamtkosten der Funktion

$$K = a + bx \qquad (3.110)$$

folgen.

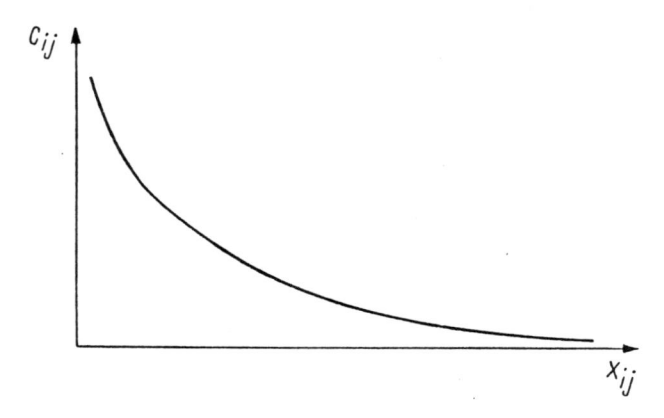

Bild 3.25   Einheitskostenkurve

Bild 3.26 zeigt, in Spezifizierung von Bild 1.6, die stückweise Linearisierung der Einheitskostenkurve mit einem relativen Maximalfehler e nach der Beziehung

$$e = \max \frac{d}{c(x)} = konst. \tag{3.111}$$

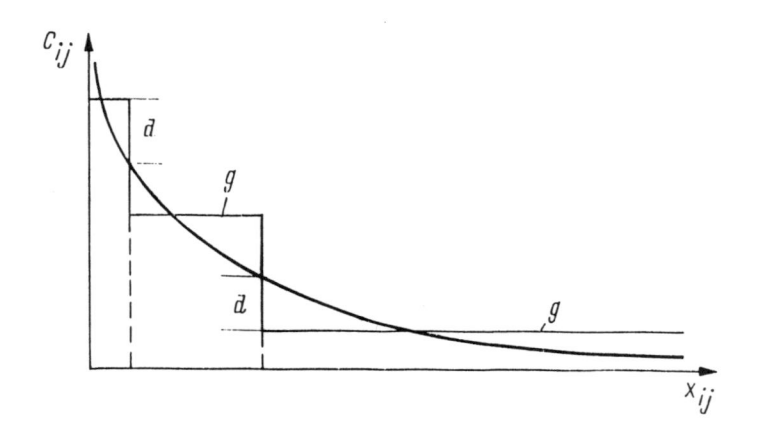

Bild 3.26   Linearisierung der Einheitskostenkurve nach Bild 3.25

Die Grenzen der Geradenstücke oder Intervalle folgen aus

$$c(x_k) = \frac{1-e}{1+e} \cdot c(x_{k-1}), \tag{3.112}$$

die konstanten Einheitskosten im k-ten Intervall als

$$g_k = (1-e)c(x_k) = (1+e)c(x_{k+1}).\qquad(3.113)$$

Durch die Vorgabe von e werden

- die Anzahl der Intervalle oder Geradenstücke
- damit die Genauigkeit der Linearisierung und zugleich
- der Rechenaufwand

festgelegt. Das zeigen die Werte von Tabelle 3.22.

Tabelle 3.22   Werte von $(1-e)/(1+e)$

e	$(1-e)/(1+e)$	e	$(1-e)/(1+e)$
0	1,00	0,08	0,85
0,01	0,98	0,09	0,83
0,02	0,96	0,10	0,81
0,03	0,94	0,12	0,78
0,04	0,92	0,14	0,75
0,05	0,90	0,16	0,72
0,06	0,89	0,18	0,69
0,07	0,87	0,20	0,67

Für analytische Zwecke ist diese Vorgehensweise unproblematisch. Bei Einführung von intervallweise konstanten Einheitskosten in Algorithmen der Transportoptimierung (vgl. z.B. HELLMANN/RICHTER 1988) treten Iterationsschritte auf.

Eine interessante Variante der Bewertungsmatrix führen RABE/WEGNER durch die Kombination von Aufwandsmatrix **A** und Gewichtsmatrix **G** für die Bewertung von Verkehrsnetzen ein.

Aus beiden Matrizen werden vorwiegend auf mathematisch-statistischem Wege Bewertungsgrößen gebildet. Durch Einbeziehung einer Gewichtsmatrix wird eine Lösung erreicht, die in allgemeiner Form in (3.107) und (3.108) enthalten ist.

Für die in der Bewertungsmatrix enthaltenen Größen bestehen im wesentlichen drei Quellen:

1. technisch-technologische Unterlagen und messungen
2. ökonomisch-statistische Unterlagen und Messungen und
3. Bewertungsverfahren.

Die folgende Übersicht enthält Beispiele (vgl. RABE/WEGNER 1975):

Matrix	Typ	Bedeutung der Elemente
Aufwands- matrix A	(m, n)	Reiseweite Reisezeit Reisegeschwindigkeit Umsteigegefälle Kosten
Gewichts- matrix G	(m, n) oder (m, 1) oder (1, n)	Personen Personenkraftwagen Krafträder Fahrräder Einwohner Berufstätige Arbeitsplätze

Die in einer Bewertungsmatrix zusammengestellten Daten werden

- für die Analyse realer Verkehrssysteme
- für die Beurteilung und den Vergleich der Varianten von Verkehrssystemen in der Generalverkehrsplanung sowie in der mittel- und der kurzfristigen Verkehrsplanung
- für die Ermittlung zukünftiger Verkehrsströme
- für die verschiedenen Formen der Verkehrsoptimierung

benötigt.

Die Bewertungsmatrix $_AC$ stellt wie die Verkehrsnetzmatrix, die Verkehrsrelationsmatrix und die Verkehrsstrommatrix einen Sonderfall der Verkehrsmatrix dar.

3.7 Bildung regionaler Einheiten

Verkehr wird als die Gesamtheit oder Menge von Ortsveränderungen verstanden, die innerhalb definierter Zeit in den verschiedenen Aufkommensorten (Quellen) eines Verkehrssystems beginnen und in den Zielorten (Senken) enden. Die Anzahl der möglichen Quellen und Senken kann - zumindest in Verbindung mit bestimmten Arten von Verkehrsobjekten - so groß sein, daß eine modellhafte Darstellung nicht gelingt. Dann bleibt nur die Möglichkeit, die Verkehrsquellen und die Verkehrssenken in geeigneten regionalen Einheiten zusammenzufassen, das heißt Verkehrsbezirke zu bilden. So wird beispielsweise bei der Verkehrsplanung im Landesmaßstab vorgegangen. Auch die großstädtische Verkehrsplanung bedient sich dieser Methode.

Durch die Einführung der Begriffe Ort und Ortemenge wird dieser Vorgehensweise Rechnung getragen. Alle theoretischen Überlegungen gehen ebenso wie auch die Strukturierung der verschiedenen Verkehrsmatrizen von diesen Begriffen aus. In der

Regel sind die Orte als Repräsentanten von Verkehrsbezirken zu verstehen. Für die Strukturierung von Verkehrsnetzen, für die Untersuchung von Verkehrsströmen und für die Bewertung von Verkehrssystemen genügt die bloße Repräsentanz der Verkehrsbezirke durch die Orte der Ortemenge nicht. Vielmehr ist dafür eine genaue Festlegung der Orte erforderlich, die in zweierlei Form erfolgen kann:

1. durch die Bildung entsprechend gewichteter Durchschnittskoordinaten je Verkehrsbezirk, durch die Orte festgelegt werden, die im allgemeinen im realen Verkehrssystem nicht existieren, und

2. durch Bestimmung eines Punktes im Verkehrsbezirk, der auf Grund seiner gesellschaftlichen, ökonomischen, geographischen und verkehrsspezifischen Merkmale diesen Verkehrsbezirk zu repräsentieren vermag (solche Punkte sind z.B. große Bahnhöfe, Bushöfe, Flughäfen, Häfen, aber auch Bezirksstädte, Kreisstädte und industrielle Zentren).

Im allgemeinen wird die zweite Form der Ortebestimmung angewandt. Daraus ergeben sich zwei Konsequenzen.

Die erste Konsequenz besteht darin, daß der Ortsbegriff zwei Bedeutungen erhält, die gewöhnlich nebeneinander benutzt werden. In der einen Bedeutung ist Ort Repräsentant eines Verkehrsbezirks (im Sinne von regionaler Einheit). Diese Bedeutung reicht für theoretische Betrachtungen meistens aus. In der anderen Bedeutung ist Ort ein bestimmter typischer Punkt, im umgangssprachlichen Sinne wieder ein Ort des repräsentativen Verkehrsbezirks. Diese Festlegung ist für praktische Untersuchungen notwendig.

Die zweite Konsequenz folgt aus der zweiten Bedeutung für Ort, mit der die Vorstellung verbunden ist, daß die gesamte Verkehrsaktivität eines Verkehrsbezirks in dem einen ausgewählten Punkt konzentriert ist. Der Ort erhält in diesem Sinne bereits Modellcharakter (vgl. Bild 3.27). Er wird in Analogie zum physikalischen Massenpunkt, der durch einen Körper gekennzeichnet ist, der eine endliche Masse besitzt und dessen Lage wie die eines mathematischen Punktes hinreichend genau durch die Koordinaten festgelegt werden kann, zum *Verkehrs*massenpunkt. Damit kann dem Verkehrsmassenpunkt in bezug auf andere Punkte ein Potential zugeordnet werden, das allerdings dem physikalischen Potential nur ebenso analog ist wie der Verkehrsmassenpunkt dem physikalischen Massenpunkt. Dieses Potential wird bei der Berechnung künftiger Verkehrsströme benutzt (vgl. Kapitel 6.).

Die zweite Bedeutung des Ortebegriffs besitzt eine Analogie im Verkehrsknoten. Die Wertigkeit der Verkehrsmassenpunkte (Orte) wird

a) direkt und
b) indirekt

gemessen.

3. Verkehrsmatrix

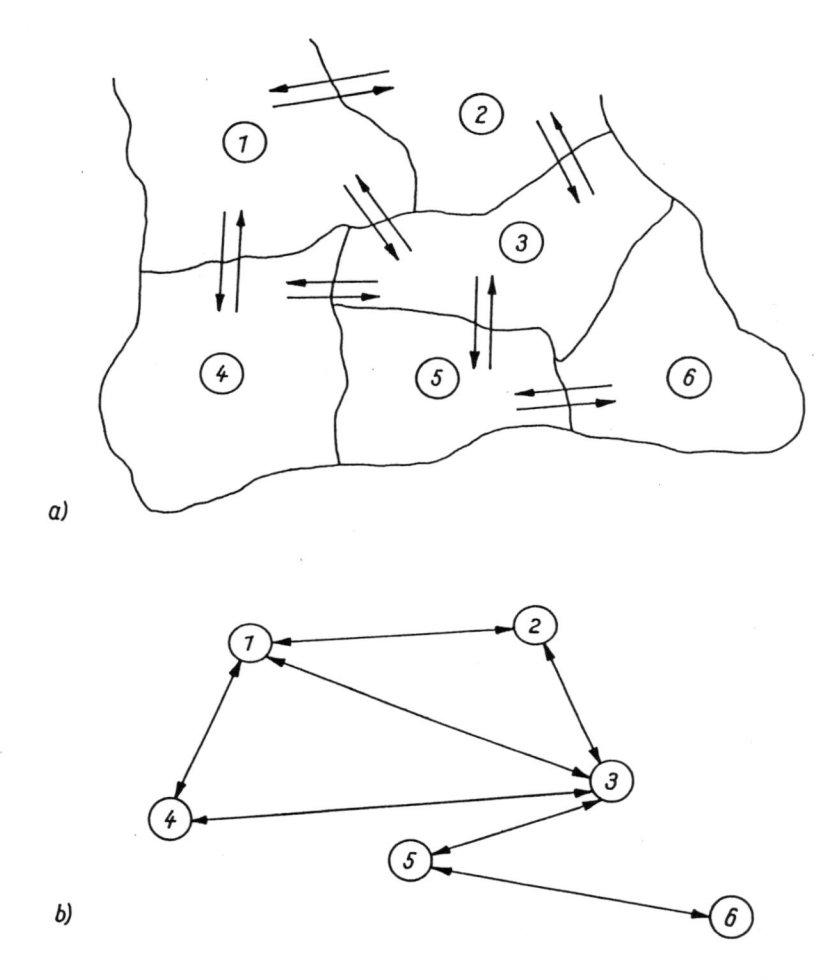

Bild 3.27   Verkehrsverbindungen zwischen Verkehrsbezirken (a) und zwischen Orten (b)

Zur direkten Messung dienen verkehrsspezifische Größen, zu denen

- die Anzahl der abgehenden Verbindungen/Relationen
- die Anzahl der eintreffenden Verbindungen/Relationen (also die Ausgangszahl und die Eingangszahl)
- die Menge der abgehenden Verkehrsobjekte (Quellintensität)
- die Menge der eintreffenden Verkehrsobjekte (Senkintensität)
- die Menge der umgeschlagenen Verkehrsobjekte (Umschlagintensität) und
- entsprechende Kapazitätsgrößen

gehören.

3. Verkehrsmatrix

Zur indirekten Messung können Angaben über
- die Bevölkerung
- die industrielle Produktion
- die kulturellen Einrichtungen
- die Verwaltungseinrichtungen und ähnliches mehr

verwendet werden. Es ist aber stets zu beachten, daß den Orten Größen zugeordnet werden, die dem zum jeweiligen Ort gehörenden Verkehrsbezirk entsprechen. Das folgt aus der Bestimmung der Orte als Verkehrsmassenpunkte.

Der Begriff des Verkehrsmassenpunktes oder auch des Transportmassenpunktes wird schon lange in der verkehrswissenschaftlichen Arbeit benutzt (vgl. HÜRLIMANN 1963 und POTTHOFF 1970). Eine umfassende und durch viele praktische Beispiele belegte Darstellung hat MIKUS (1974) gegeben. Er bezeichnet die regionale Einheit als *Verkehrszelle* und verwendet sie als Grundlage einer Hierarchie regionaler Struktureinheiten mit der Folge

- Verkehrszelle
- Verkehrszentrum (-viertel)
- Verkehrsgebiet
- Verkehrsregion
- Verkehrszone (-gürtel)

(MIKUS 1974, s. 18/19). Faktoren zur Definition von verkehrsräumlichen Einheiten sind nach der gleichen Quelle (S. 17):

a) physikalisch-geographische Bedingungen
b) die regional unterschiedliche Ausstattung mit Verkehrsanlagen und die unterschiedlichen Organisationsformen des Verkehrs
c) die technische Ausstattung und die Einsatzmöglichkeiten von Verkehrsmitteln
d) gesetzlich vorgeschriebene Verkehrskonditionen
e) das Verkehrsverhalten in Form bestimmter Verhaltensmuster
f) die Absatz- und Beschaffungsstruktur der Unternehmen
g) die administrative Struktur von Räumen, dargestellt durch Gliederung in verschiedenen Sektoren, und
h) besondere lokale, in der Regel zeitlich befristete Aktivitäten (z.B. Veranstaltungen).

Mit kritischem Vorbehalt wird auf die 44 Merkmale verweisen, die MÄCKE bereits 1965 je Verkehrszelle definiert hat. Jede Verkehrszelle ist eine multivariate räumliche Einheit (vgl. Kapitel 2.) mit p Merkmalen. In welchem Maße diese Merkmale unabhängig voneinander variieren, ist an der Korrelationsmatrix R zu erkennen. Die einzelnen Verkehrszellen sind somit Punkte im p-dimensionalen Raum. Ihre Nähe oder ihr Abstand zueinander wie auch ihre mehr oder weniger starke Clusterung werden durch die multivariate Analyse bestimmt bzw. vorgenommen (vgl. dazu insbesondere Abschnitt 2.6).

Wesentliche statistische Kenngrößen jeder Verkehrszelle sind (vgl. MIKUS 1974, S. 28 - 30):

1. die *Quellverkehrsstärke* und die *Zielverkehrsstärke* (vgl. auch Ausgangszahl und Eingangszahl)

2. die *Quellverkehrsdichte* und die *Zielverkehrsdichte* als auf die Fläche bezogene Werte

3. das *Quellverkehrsvolumen* und das *Zielverkehrsvolumen* als Raummaße

4. die *Quellfahrtenhäufigkeit* und die *Zielfahrtenhäufigkeit* als verkehrsbetriebliche Kenngrößen

5. die in einer Verkehrszelle beginnende oder endende *Quellverkehrsleistung* und *Zielverkehrsleistung*

6. die durchschnittliche *Absatzverkehrs*leistung *Beschaffungsverkehrsleistung* und

7. die durchschnittliche *Absatzverkehrsweite* (Reichweite) und *Beschaffungsverkehrsweite* (Einzugsweite).

Hinsichtlich dieser statistischen Kenngrößen bestehen Analogien zu (POTTHOFF 1972) uns (RICHTER 1978).

Die Verkehrszelle erweist sich als der allgemeine Begriff für regionale Einheit, wenn Verkehrsanalyse, Verkehrsplanung und Verkehrsprognose betrieben werden. Sie läßt sich auch als aktives Element im systemtheoretischen Sinne auffassen (vgl. LANGE 1966). Zugleich stellt sie einen Punkt im p-dimensionalen Raum dar, indem sie durch p Merkmale multivariat beschrieben wird. Bei der Bestimmung dieser Merkmale treffen Verkehrsstatistik und Raumstatistik zusammen.

Werden die Eigenschaften bzw. Merkmale der Verkehrszelle als zeitabhängig untersucht, also dynamisiert, so wird die Verkehrszelle zur Grundlage der Analyse nicht nur der Raumstruktur, sondern der Raum-Zeit-Struktur.

3.8 Zusammenfassung

Es wurde schon mehrfach hervorgehoben, daß die Verkehrsmatrix das grundlegende formale Konzept dieses Buches ist. Sie folgt aus der Vorstellung, daß ein regionales System durch p regionale Einheiten oder Orte gegeben ist, zwischen denen Austauschbeziehungen bestehen. Die Elemente der Ortemenge bestimmen die Reihen der Verkehrsmatrix.

3. Verkehrsmatrix

Unter systemtheoretischem Aspekt existieren drei Formen der Verkehrsmatrix, die als

- Strukturmatrix (Verkehrsnetzmatrix oder Verkehrsrelationsmatrix)
- Funktionsmatrix oder Belegungsmatrix (Verkehrsstrommatrix) und
- Bewertungsmatrix

auftreten.

Die Verkehrsnetz- und die Verkehrsrelationsmatrix bildet die Struktur von Verkehrssystemen ab. Möglich wird die Klassifikation von Strukturen, aber auch der operationelle Umgang mit ihnen, sofern auf die BOOLEsche Algebra zurückgegriffen wird.

Verkehrsstrommatrizen stehen in direkter Beziehung zur Funktion und zum Funktionsvollzug von Verkehrssystemen. Sie gestatten weitreichende analytische Aussagen ebenso wie den Aufbau klassischer ökonometrischer Modelle, den Vergleich mit vorhandenen Kapazitäten und die Herausfilterung wichtiger Verkehrsrelationen. Die Belegungsmöglichkeiten der Felder der Verkehrsstrommatrix reichen von einfachen Absolutwerten über Mittelwerte und Verteilungen bis zu ökonometrischen Modellansätzen.

Die Bewertungsmatrix wird zur Beurteilung von Verkehrsprozessen benötigt. Ihre semantische Spezifikation hängt wesentlich vom Ziel der jeweiligen verkehrsökonometrischen Untersuchung ab.

Die eingangs erwähnten Orte sind Repräsentanten regionaler Einheiten. Als regionale Basiseinheit wird die Verkehrszelle genutzt, die durch Aggregation in Einheiten höherer Ordnung überführt werden kann.

4. Organisiertheitsgrad in Verkehrssystemen

4.1 Organisiertheit als Systemmerkmal

Große Systeme besitzen viele Merkmale, zu denen auch dasjenige der Ordnung, Strukturiertheit oder Organisiertheit gehört. Organisiertheit bezeichnet die Art und Weise, in der die Systemelemente miteinander verknüpft (gekoppelt) bzw. einander zugeordnet sind. Geeignetes Abbild dafür ist die Strukturmatrix.

Diese Feststellung gilt auch für Verkehrssysteme, bei denen sich zunächst die Verkehrsnetzmatrix (vgl. Abschnitt 3.2) als Mittel zur Darstellung von Struktur und Organisiertheit anbietet und auch in diesem Sinne eingeführt ist. Daß aber die bloße Feststellung einer Kopplungsrelation über sämtliche Verbindungen hinweg nicht alle Information über die Struktur und somit über den Grad der Organisation in einem Verkehrssystem erfaßt, zeigt Bild 4.1.

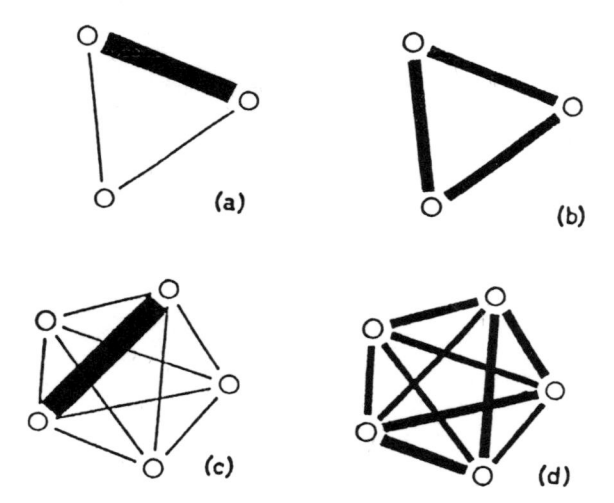

Bild 4.1 Gleiche Verkehrsnetze mit unterschiedlichen Belegungen (aus HEIDEMANN 1965)

Die Netze (a) und (b) sind von gleicher und sehr einfacher Struktur, die durch die Verkehrsnetzmatrix (Dreiecksmatrix)

$$\begin{bmatrix} 0 & 1 & 1 \\ & 0 & 1 \\ & & 0 \end{bmatrix} \quad (4.1)$$

dargestellt wird. Eine entsprechende Matrix

$$\begin{bmatrix} 0 & 1 & 1 & 1 & 1 \\ & 0 & 1 & 1 & 1 \\ & & 0 & 1 & 1 \\ & & & 0 & 1 \\ & & & & 0 \end{bmatrix} \qquad (4.2)$$

ergibt sich für die Netze (c) und (d). Dennoch gibt es wesentliche Unterschiede zwischen a) und b) einerseits und zwischen (c) uns (d) andererseits, die in der unterschiedlichen Belegung begründet sind. Die jeweils zwei strukturell gleichen Netze sind Abbilder von unterschiedlich stark organisierten Verkehrssystemen. Geeignetes Maß für die Stärke der Organisiertheit ist der *Organisiertheitsgrad*. Das Maß beruht auf der Informationsentropie als Grundgröße. Wenngleich dieser Ansatz schon länger bekannt ist (vgl. z.B. HEIDEMANN 1965, POTTHOFF 1989, RICHTER 1966) und auch bis in die jünste Vergangenheit dazu publiziert wurde (vgl. CERWENKA 1991, RICHTER/RITSCHEL 1989, RICHTER 1990), sind doch nur relativ wenige Anwendungen bekannt. Dabei ist der Organisiertheitsgrad ein universelles, für metrische wie für nichtmetrische Variablen leicht bestimmbares und gut interpretierbares Maß.

4.2 Informationsentropie und Organisiertheitsmaß

Grundlage der Bestimmung des *Organisiertheitsgrades*, der hier als universelles Abhängigkeitsmaß und zugleich als Organisiertheitsmaß benutzt wird, ist die Abhängigkeitstabelle in Form von Tabelle 4.1. Es ist ersichtlich, daß Organisiertheit als Ausdruck von Abhängigkeit verstanden wird, die später in Form der Abhängigkeit zwischen den Verkehrsquellen einerseits und den Verkehrssenken andererseits interpretiert wird.

Die Abhängigkeit wird zunächst ganz allgemein zwischen zwei Merkmalen bzw. Variablen X und Y definiert.

In Tabelle 4.1 bedeuten

x_i, $i = 1(1)m$ die Merkmalsvarianten des Merkmals X
h_i, $i = 1(1)m$ die absoluten Häufigkeiten der Merkmalsvariationen x_i (Randhäufigkeiten von X)
y_j, $j = 1(1)n$ die Merkmalsvariationen des Merkmals Y
h_j, $j = 1(1)n$ die absoluten Häufigkeiten der Merkmalsvariationen y_j (Randhäufigkeiten von Y)
h_{ij}, $i = 1(1)m$, $j = 1(1)n$ die absolute Häufigkeit, mit der die Kombination der Merkmalsvariation x_i mit der Merkmalsvariation y_j auftritt (Feldhäufigkeit).

Tabelle 4.1   Abhängigkeitstabelle (allgemeines Schema)

		X					h_j
		x_1	x_2	x_3	...	x_m	
Y	y_1	h_{11}	h_{21}	h_{31}	...	h_{m1}	h_1
	y_2	h_{12}	h_{22}	h_{32}	...	h_{m2}	h_2
	y_3	h_{13}	h_{23}	h_{33}	...	h_{m3}	h_3
	.	.	.	.	...	.	.
	.	.	.	.	...	.	.
	.	.	.	.	...	.	.
	y_n	h_{1n}	h_{2n}	h_{3n}	...	h_{mn}	h_n
h_i		h_1	h_2	h_3	...	h_m	

Die Abhängigkeitstabelle hat die gleiche Struktur wie die zweidimensionale Häufigkeitstabelle. Die einfachen Summenbezeichnungen

$$\sum_j h_{ij} = h_i, \quad i = 1(1)m \tag{4.3}$$

für die m Spaltensummen,

$$\sum_i h_{ij} = h_j, \quad j = 1(1)n \tag{4.4}$$

für die n Zeilensummen und

$$\sum_{i,j} h_{ij} = \sum_i h_i = \sum_j h_j \tag{4.5}$$

für die Gesamtsumme sind sofort ableitbar.

Die Abhängigkeitstabelle bildet die Grundlage für die Bestimmung des als Organisiertheitsgrad bezeichneten informationstheoretischen Abhängigkeitsmaßes, das als relative Entropiedifferenz berechnet wird. Die theoretische Basis dieses Maßes wird von der Systemtheorie und von der Informationstheorie geliefert.

Die Informationsentropie eines Systems wird nach POLETAJEW (1963) wie folgt bestimmt:

Ein System X kann die endliche Zahl von m einander ausschließenden Zuständen

4. Organisiertheitsgrad in Verkehrssystemen

x_i mit den Wahrscheinlichkeiten p_i annehmen, wobei

$$\sum_i p_i = 1 \tag{4.6}$$

gilt. Befindet sich das System im Zustand x_i, dann bedeutet das, daß das Ergebnis x_i eingetreten ist. Somit bilden die Systemzustände und die zugehörigen Wahrscheinlichkeiten ein Ereignisfeld:

$$\begin{bmatrix} x_1 & x_2 & x_3 & \ldots & x_m \\ p_1 & p_2 & p_3 & \ldots & p_m \end{bmatrix} \tag{4.7}$$

Die Information, die durch das Eintreten des Zustandes oder Ereignisses x_i gewonnen wird, ist gleich der Ungewißheit, die durch dieses Eintreten beseitigt wird. Diese Ungewißheit steht im umgekehrten Verhältnis zur Wahrscheinlichkeit des Eintretens von x_i und wird als

$$e_i = \text{lb}(1/p_i) = -\text{lb } p_i \tag{4.8}$$

berechnet, wobei "lb" den Logarithmus zur Basis 2 (Duallogarithmus) darstellt. Wenn e_i der Informationsgehalt des Zustandes x_i ist, so beträgt der mittlere Informationsgehalt für alle Zustände des Ereignisfeldes

$$E(e_i) = H(X) = -\sum_i p_i \text{ lb } p_i, \tag{4.9}$$

ist also gleich dem Erwartungswert aller einzelnen e_i-Werte und wird wie diese in bit/Zustand gemessen.

Die Informationsentropie oder kurz Entropie nach Formel (4.9) ist ein ausgezeichnetes Maß für die Gleichmäßigkeit oder für die Ungleichmäßigkeit einer Verteilung, wie aus den Grenzwerten von $H(X)$ zu ersehen ist. Der untere Grenzfall von $H(X)$ wird durch die Einpunktverteilung nach Bild 4.2 dargestellt. In diesem Falle weist einer der möglichen Systemzustände die Wahrscheinlichkeit $p_i = 1$ auf, so daß er immer eintritt, während alle Zustände $x_{k \neq i}$ nicht eintreten und somit die Wahrscheinlichkeit $p_{k \neq i} = 0$ haben. Damit ergibt sich der untere Grenzwert der Infromationsentropie zu $H(X) = 0$, der damit zu erklären ist, daß dann, wenn stets der gleiche Zustand eintritt, in bezug auf diesen Zustand keine Ungewißheit besteht.

Die entgegengesetzte Situation entsteht, wenn alle Systemzustände gleichwahrscheinlich sind, also $p_i = 1/m$ mit $i = 1(1)$ gilt. In diesem Falle kann über das Eintreffen eines bestimmten Zustandes keine Vorhersage gegeben werden; die Ungewißheit nimmt ihren maximalen Wert an. Setzt man $p_i = 1/m$ in die Formel (4.9) ein, so erhält man den Maximalwert der Informationsentropie zu $H(X) = \text{lb } m$. Es wird also deutlich, daß die maximale Ungewißheit keine Konstante ist, sondern mit der Anzahl m der möglichen Systemzustände zunimmt.

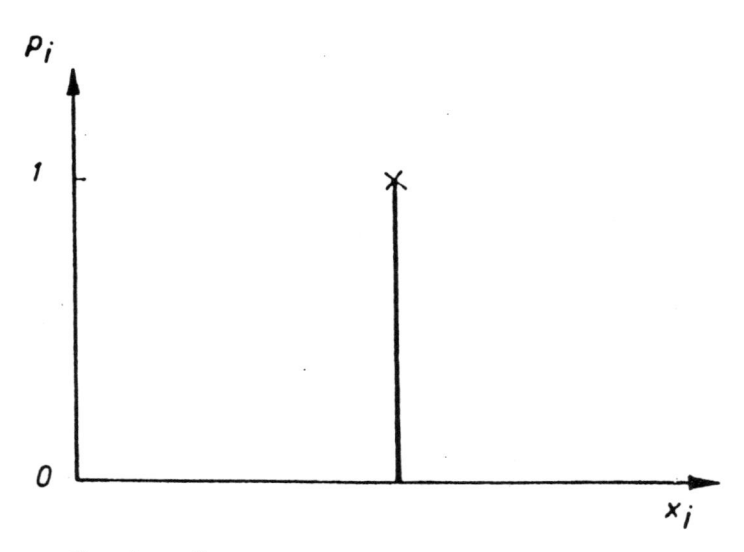

[figure: Einpunktverteilung — p_i vs x_i, single spike at p_i = 1]

Bild 4.2   Einpunktverteilung

Für die Informationsentropie folgt die Eingrenzung

$$0 \leq H(X) \leq \text{lb } m. \qquad (4.10)$$

Dem Zustand der maximalen Informationsentropie entspricht das Bild der Gleichverteilung (vgl. Bild 4.3).

Wenn zwei Systeme X und Y mit den Zuständen x_i und y_j vorliegen, können zwei Werte der Entropie berechnet werden, nämlich H(X) nach der Formel (4.9) und H(Y) nach der Formel

$$H(Y) = -\sum_j p_j \text{ lb } p_j, \qquad (4.11)$$

die strukturell mit der Formel (4.9) übereinstimmt. Bei Verkehrssystemen können diese beiden Systeme die Verkehrsquellen und die Verkehrssenken sein.

Bei einem Vergleich verschiedener Entropiemaße, die für unterschiedliche Systeme berechnet wurden, ist die Tatsache von Nachteil, daß der obere Grenzwert von H variabel ist. Deshalb empfiehlt es sich, für Systemvergleiche die Redundanz

$$R = 1 - \frac{H(X)}{H_{\max}} \qquad (4.12)$$

zu verwenden, wobei $H_{\max}$ als lb m bestimmt ist. Da R = 0 für H(X) = $H_{\max}$ und R = 1 für H(X) = 0 begrenzt ist, ergibt sich

4. Organisiertheitsgrad in Verkehrssystemen

$$0 \leq R \leq 1 \tag{4.13}$$

und somit ein beidseitig konstant beschränktes Intervall.

Mittels der Redundanz nach Formel (4.12) ist es leicht möglich, zwei Entropiewerte H(X) und H(Y) miteinander zu vergleichen. Diese beiden Werte spielen aber auch dann eine Rolle, wenn es darum geht, aus den beiden Systemen X und Y ein gemeinsames System zu bilden und dessen Informationsentropie zu bestimmen. Da die Entropieberechnung voraussetzt, daß die entsprechenden Wahrscheinlichkeitswerte bekannt sind, wird zunächst in Analogie zu Tabelle 4.1 eine zweidimensionale Wahrscheinlichkeitstabelle aufgestellt (vgl. Tabelle 4.2).

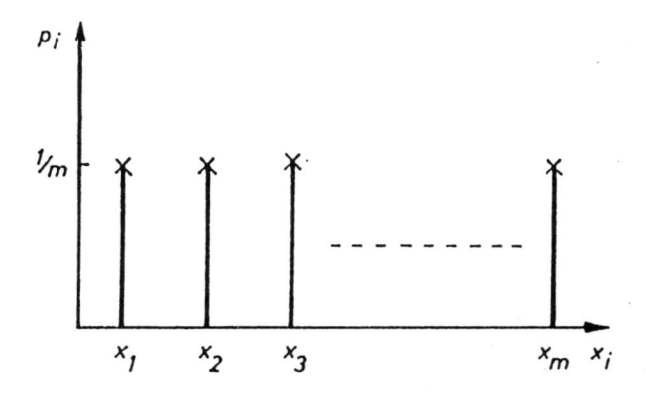

Bild 4.3   Gleichverteilung

In dieser Tabelle treten die Wahrscheinlichkeiten p_i für die Merkmalsvariationen x_i; p_j für die Merkmalsvariationen y_j und p_{ij} für die Kombinationen x_i; y_j der Merkmalsvariationen an die Stelle der in Tabelle 4.1 enthaltenen absoluten Häufigkeiten h_i, h_j und h_{ij}. Die genannten Merkmalsvariationen bezeichnen die Systemzustände.

Da die absoluten Häufigkeiten als Ausgangswerte, die statistisch erfaßt wurden, meistens vorliegen, werden die p_i-, p_j- und p_{ij}-Werte als statistische Wahrscheinlichkeiten nach den Beziehungen

$$p_i = \frac{h_i}{\sum_i h_i}, \quad i = 1(1)m \tag{4.14}$$

$$p_j = \frac{h_j}{\sum_j h_j}, \quad j = 1(1)n \qquad (4.15)$$

und

$$p_{ij} = \frac{h_{ij}}{\sum_{i,j} h_{ij}}, \quad i = 1(1)m, \quad j = 1(1)n \qquad (4.16)$$

bestimmt.

Tabelle 4.2 Zweidimensionale Wahrscheinlichkeitstabelle

		X					p_j
		x_1	x_2	x_3	...	x_m	
Y	y_1	p_{11}	p_{21}	p_{31}	...	p_{m1}	p_1
	y_2	p_{12}	p_{22}	p_{32}	...	p_{m2}	p_2
	y_3	p_{13}	p_{23}	p_{33}	...	p_{m3}	p_3
	.	.	.	.	...	.	.
	.	.	.	.	...	.	.
	.	.	.	.	...	.	.
	y_n	p_{1n}	p_{2n}	p_{3n}	...	p_{mn}	p_n
	p_i	p_1	p_2	p_3	...	p_m	1

Als Beispiel wird etwa angenommen, daß bei einer betriebsorganisatorischen Analyse X das System der Leitungsorgane und Y das System der Leitungsaufgaben ist (vgl. RICHTER/RITSCHEL 1989). Dann bedeuten die Merkmalsvariationen von X als Ausdruck der Systemzustände die einzelnen Leitungsorgane und die entsprechenden Variationen von Y die einzelnen Leitungsaufgaben. Die Frage nach dem Zusammenhang zwischen den Leitungsorganen und den Leitungsaufgaben, allgemein zwischen den Systemen X und Y , wird durch die Bestimmung der Informationsentropie für das aus X und Y gebildete übergeordnete System, also das System aus den Leitungsorganen und den Leitungsaufgaben, beantwortet. Dabei sind zwei Fälle zu unterscheiden.

Im *ersten Fall* wird angenommen, daß die beiden Systeme X und Y voneinander unabhängig sind. Dann vermag eine Information über eines der beiden Systeme die Ungewißheit in bezug auf das jeweils andere System nicht zu verringern. Das aus X

4. Organisiertheitsgrad in Verkehrssystemen

und Y gebildete Gesamtsystem ist vollständig unorganisiert; seine Gesamtentropie beträgt

$$H(XY)_0 = H(X) + H(Y). \qquad (4.17)$$

$H(XY)_0$ ist der Maximalwert, den die Informationsentropie im übergeordneten Gesamtsystem annehmen kann. Dieser Wert kennzeichnet die absolute Unorganisiertheit, also den geringsten Grad der Organisiertheit.

Im *zweiten Fall* wird angenommen, daß die beiden Systeme X und Y miteinander in Beziehung stehen und eigentlich erst dadurch ein übergeordnetes System bilden. Daraus folgt, daß Informationen über eines der beiden konstituierenden Systeme die Ungewißheit in bezug auf das jeweils andere System verringert; die Gesamtentropie $H(XY)_1$ muß also kleiner sein als die Entropie $H(XY)_0$. Hängt Y von X ab, so tritt an die Stelle der unbedingten Entropie H(Y) für Y nun die bedingte Entropie H(Y/X), nämlich die Entropie für Y, die unter der Voraussetzung seiner Abhängigkeit von X verbleibt. Es ist

$$H(Y/X) \leq H(Y) \qquad (4.18)$$

und somit auch wegen

$$H(XY)_1 = H(X) + H(Y/X) \qquad (4.19)$$

$$H(XY)_1 \leq H(XY)_0. \qquad (4.20)$$

Die bedingte Entropie kann nicht größer sein als die unbedingte Entropie; sie ist in der Regel kleiner als diese.

Betrachtet man den Zusammenhang umgekehrt, als X als von Y abhängend, so tritt an die Stelle der unbedingten Entropie H(X) von X die bedingte Entropie H(X/Y), die diese Abhängigkeit berücksichtigt. In Analogie zu den Formeln (4.18) bis (4.20) erhält man jetzt

$$H(X/Y) \leq H(X) \qquad (4.21)$$

und

$$H(XY)_1 = H(X/Y) + H(Y), \qquad (4.22)$$

wobei Formel (4.20) weiterhin gilt. Die Formeln (4.19) und (4.22) für $H(XY)_1$ entsprechen sich. Am Rande sei vermerkt, daß die bedingten Entropiegrößen, deren Berechnung die vorherige Ermittlung der bedingten Wahrscheinlichkeiten voraussetzt, durch den Grad der Abhängigkeit zwischen X und Y beeinflußt werden. Existiert nämlich ein funktionaler Zusammenhang und somit strengste Abhängigkeit, dann ist bei Kenntnis des Zustandes des einen Systems auch der Zustand des anderen Systems bekannt, so daß hinsichtlich dieses zweiten Zustandes keinerlei Ungewißheit besteht. Somit nimmt die entsprechende bedingte Entropie den Wert null an. Liegt dagegen zwischen beiden Systemen völlige Unabhängigkeit vor, ist es nicht möglich, aus der Kenntnis des Zustandes des einen Systems auf den Zustand des anderen System zu schließen; in diesem Fall stimmt der Wert der bedingten Entropie mit dem der unbedingten Entropie überein. Dieser Umstand wird bei der Messung der Abhängigkeit auf informationsentropischer Basis genutzt, obwohl der Berechnungsansatz von den Entropiegrößen $H(XY)_0$ und $H(XY)_1$ des Gesamtsystems ausgeht. Die Entropiedifferenz wird als

$$\Delta H = H(XY)_0 - H(XY)_1 \tag{4.23}$$

definiert und ergibt, wenn $H(XY)_0$ nach Formel (4.17) und $H(XY)_1$ nach Formel (4.19) oder nach Formel (4.22) eingesetzt wird, entweder

$$\Delta H = H(Y) - H(Y/X) \tag{4.24}$$

oder

$$\Delta H = H(X) - H(X/Y), \tag{4.25}$$

das heißt jeweils die bereits erwähnte Differenz zwischen der unbedingten und der bedingten Entropie. Die beiden zuletzt genannten Formeln entsprechen einander. Durch sie wird die *Transinformation* bestimmt (vgl. POTTHOFF 1965).

Zu beachten ist, daß ΔH nach beiden Formeln bei Unabhängigkeit zwischen X und Y auf Grund der Übereinstimmung zwischen unbedingter und bedingter Entropie den Wert null, bei strengster Abhängigkeit jedoch den Wert $H(Y)$ oder den Wert $H(X)$ annimmt, weil dann die bedingten Entropien zu Null werden. Um zu einem normierten informationsentropischen Abhängigkeitsmaß zu gelangen, muß der Ausdruck (4.24) auf $H(Y)$ oder in entsprechender Weise der Ausdruck (4.25) auf $H(X)$ bezogen werden. Dadurch ergibt sich die relative Entropiedifferenz ΔH_r in den beiden Formen

$$\Delta H_r = 1 - \frac{H(Y/X)}{H(Y)} \tag{4.26}$$

und

$$\Delta H_r = 1 - \frac{H(X/Y)}{H(X)}. \tag{4.27}$$

Aus den vorhergegangenen Überlegungen folgt, daß ΔH_r bei Unabhängigkeit zwischen X und Y den Wert $\Delta H_r = 0$ und bei strengster Abhängigkeit den Wert $\Delta H_r = 1$ annimmt, also durch

$$0 \leq \Delta H_r \leq 1 \tag{4.28}$$

eingegrenzt ist. Es ergeben sich hinsichtlich der Eingrenzung Analogien zwischen dem Bestimmtheitsmaß und der relativen Entropiedifferenz ΔH_r.

Die relative Entropiedifferenz ΔH_r wird als *Organisiertheitsgrad* oder als Grad der Organisiertheit bezeichnet. Obwohl die beiden Berechnungsformeln (4.26) und (4.27) die gleichen Grenzwerte liefern, wie Formel (4.28) zeigt, ergeben sie innerhalb dieser Grenzwerte jedoch nicht zwangsläufig die gleichen Zahlenwerte. Das hängt mit der Unterschiedlichkeit ihres Inhaltes zusammen. Wie in (POMP/RICHTER 1979) am Beispiel einer Verkehrsstrommatrix demonstriert wird, entsteht der Unterschied zwischen beiden Berechnungsweisen durch den Nenner, der entweder $H(Y)$ oder $H(X)$ lautet. Dieser Unterschied erstreckt sich nicht nur auf die Zahlenwerte, sondern auch auf den Inhalt der zwei Formen des Organisiertheitsmaßes. Unter Bezugnahme auf diese Quelle gilt:

a) Das Organisiertheitsmaß nach Formel (4.26) gestattet die Beurteilung, mit welcher Zuverlässigkeit bei Kenntnis des Zustandes des Systems X auf den Zustand des Systems Y geschlossen werden kann, während

b) das Organisiertheitsmaß nach Formel (4.27) die Bewertung zuläßt, mit welcher Zuverlässigkeit bei Kenntnis des Zustandes des Systems Y auf den Zustand des Systems X geschlossen werden kann.

Jedes der beiden Maße bezieht sich somit nur auf einen der beiden Aspekte von Organisiertheit. Bei der praktischen Anwendung steht oft einer dieser beiden Aspekte im Vordergrund, so daß nur eine der beiden Formeln angewendet wird. Es ist jedoch auch möglich, beide Formeln anzuwenden und schließlich aus den zwei Zahlenwerten das geometrische Mittel zu bilden.

Für die leichte Handhabung des Berechnungsverfahrens ist es unzweckmäßig, auf die bedingten Wahrscheinlichkeiten zurückzugreifen. Es empfiehlt sich deshalb, die durch Formel (4.23) definierte Entropiedifferenz nach der Beziehung

$$\Delta H \quad = \quad H(X) \quad + \quad H(Y) \quad - \quad H(XY) \tag{4.29}$$

zu bestimmen. Diese Formel wurde in (FISCHER/RICHTER/SCHNEIDER 1974) abgeleitet. Unter Bezugnahme auf Tabelle 4.2 werden jetzt $H(X)$ und $H(Y)$ als *Randentropien* bezeichnet, während

$$H(X,Y) \quad = \quad -\sum_{i,j} p_{ij} \, lb \, p_{ij} \tag{4.30}$$

die *Feldentropie*, also die Unbestimmtheit in bezug auf die Zustandskombinationen, ist. Die zu ihrer Berechnung erforderlichen Wahrscheinlichkeiten p_{ij} werden nach Formel (4.16) bestimmt. Tabelle 4.2 enthält auch die Aussage, daß

$$\sum_i p_i \quad = \quad \sum_j p_j \quad = \quad \sum_{i,j} p_{ij} \quad = \quad 1 \tag{4.31}$$

gilt.

In betriebsorganisatorischen wie auch in anderen Systemen können Veränderungen vorgenommen werden, die in der Zusammenfassung oder in der weiteren Unterteilung bisheriger Struktureinheiten bestehen. Solche "Aggregationen" und "Desaggregationen" bewirken mehr oder weniger große Änderungen des Organisiertheitsgrades im Gesamtsystem. Wird der Ausgangszustand durch A und der Zielzustand durch Z gekennzeichnet, so ist

$$\Delta H_{r.AZ} = \Delta H_{r.A} - \Delta H_{r.Z} \qquad (4.32)$$

die Differenz der beiden Organisiertheitsmaße, das heißt der Ausdruck für die Zunahme oder für die Abnahme der organisatorischen Abhängigkeit als Folge der strukturellen Maßnahmen. In (RICHTER 1975) wird ein allgemeiner Ausdruck für diese Differenz für den Fall der Aggregation angegeben. Es zeigt sich, daß die analytische Lösung des Problems sehr umständlich ist und komplizierte Berechnungen erfordert. Unter Ausnutzung der Leistungsfähigkeit der Informationsverarbeitungstechnik ist es heute möglich, die analytische Vorgehensweise durch Methoden der Rechnersimulation zu ersetzen. In diesem Fall bedeutet das, das Maß ΔH_r für die verschiedenen Strukturvarianten rechnerisch zu bestimmen und die Differenzen zum jeweiligen Ausgangszustand zu ermitteln.

4.3 Interpretation und Anwendungsfälle

Um die Ergebnisse von Abschnitt 4.2 auf Verkehrsnetze übertragen zu können, wird von der Ortemenge (3.1) ausgegangen. Alle in dieser Menge enthaltenen p Orte sind

a) Quellen bzw. Quellorte und
b) Senken bzw. Senkorte.

Somit existieren zwei ursprüngliche Systeme S(Q) und S(S). Die Verbindung zwischen beiden Systemen erfolgt durch die Verkehrsströme, die das abgeleitete System S(QS) bilden.

Es existieren infolgedessen auch drei Entropien, nämlich

- die Informationsentropie der Verkehrsquellen H(Q)
- die Informationsentropie der Verkehrssenken (H(S)
- die Informationsentropie der Verkehrsströme zwischen den Quellen und den Senken H(QS).

Berechnet werden diese drei Ausgangsgrößen nach den Beziehungen:

$$H(Q) = -\sum_i p_i \, lb \, p_i \qquad (4.33)$$

$$H(S) = -\sum_j p_j \, lb \, p_j \qquad (4.34)$$

$$H(QS) = -\sum_i \sum_j p_{ij} \, lb \, p_{ij} \, . \tag{4.35}$$

Um der bereits eingeführten Bezeichnung der Quellen als O_i und der Senken als O_j zu entsprechen, sind die Indizes i und j nachfolgend gegenüber den Tabellen 4.1 und 4.2 vertauscht. Wegen der Symmetrie von ΔH_r hat dieser Bezeichnungswechsel jedoch keine Folgen für das Ergebnis der Berechnungen.

Nunmehr ergibt sich in Analogie zu (4.29) die Transinformation (Entropiedifferenz) zu

$$\Delta H = H(Q) + H(S) - H(QS) \tag{4.36}$$

und weiter der *Organisiertheitsgrad* von Verkehrssystemen als

$$\Delta H_r = \frac{\Delta H}{H(Q) \; oder \; H(S)} \, . \tag{4.37}$$

Für die Ausgangswerte der Tabelle 3.5 sind die Wahrscheinlichkeiten nach den Formeln (3.92) bis (3.94) berechnet und in Tabelle 3.19 bereits zusammengestellt worden. Die dazugehörigen Entropiewerte werden nunmehr in den Tabellen 4.3 bis 4.5 berechnet. Die Produkte - p lb p sind (JAGLOM/JAGLOM 1967) entnommen, wo entsprechende Tafeln angegeben werden.

Tabelle 4.3   Berechnung von H(Q)

p_i	$- p_i \, lb \, p_i$
0,125	0,3750
0,100	0,3322
0,090	0,3127
0,160	0,4230
0,225	0,4841
0,300	0,5211
H(Q)	2,4482 bit

Tabelle 4.4   Berechnung von H(S)

p_j	$- p_j \, lb \, p_j$
0,165	0,4289
0,125	0,3750
0,190	0,4552
0,180	0,4453
0,210	0,4728
0,130	0,3826
H(S)	2,5598 bit

Aus den Tabellen 4.3, 4.4 und 4.5 erhält man für die Transinformation nach (4.36)

```
   H(Q)   =   2,4482
 + H(S)   =   2,5598
             ──────
             5,0080
 - H(QS)  =   4,6750
             ──────
   ΔH     =   0,3330 bit.
```

Tabelle 4.5   Berechnung von H(QS)

p_{ij}	$- p_{ij} \, \text{lb} \, p_{ij}$
0,025	0,1330
0,005	0,0382
0,045	0,2013
0,015	0,0909
0,030	0,1518
0,030	0,1518
0,005	0,0382
0,010	0,0664
0,020	0,1129
0,030	0,1518
0,015	0,0909
0,025	0,1330
0,025	0,1330
0,005	0,0382
0,050	0,2161
0,010	0,0664
0,060	0,2435
0,020	0,1129
0,020	0,1129
0,040	0,1858
0,010	0,0664
0,010	0,0664
0,050	0,2161
0,025	0,1330
0,050	0,2161
0,025	0,1330
0,015	0,0909
0,060	0,2435
0,020	0,1129
0,050	0,2161
0,050	0,2161
0,020	0,1129
0,130	0,3826
0,030	0,1518
H(QS)	4,6750 bit

Bei $\Delta H_r = 0$ ist das untersuchte System völlig unorganisiert, bei $\Delta H_r = 1$ ist es in höchstem Maße unorganisiert. Für die Daten der Tabelle 3.5 ergibt sich

4. Organisiertheitsgrad in Verkehrssystemen

$$\Delta H_r = \frac{0,3330}{2,4482} = 0,1360 \;;$$

das System ist relativ schwach organisiert. Dieser Tatbestand ist aus der ziemlich gleichmäßigen Belegung der einzelnen Verkehrsbeziehungen zu erkennen.

Um die Aussage der relativen Entropiedifferenz zu veranschaulichen, wurde ein zweites Beispiel durchgerechnet (vgl. Tabellen 4.6 bis 4.8). Tabelle 4.6 stimmt mit Tabelle 3.5 und Tabelle 3.7 stimmt mit Tabelle 3.19 in den Randwerten überein. Dagegen besteht in Tabelle 4.6 eine wesentlich stärkere Konzentration der Verkehrsströme. Während in Tabelle 3.5 immerhin 33 Verkehrsrelationen belegt sind, sind es in Tabelle 4.6 nur 11 Relationen. Entsprechendes gilt für die Tabellen 3.19 und 4.7.

Offensichtlich sind der Konzentrationsgrad und damit die Organisiertheit des Verkehrs bzw. des Verkehrssystems im Falle der Tabelle 4.6 höher als im Falle der Tabelle 3.5. Das wird durch Berechnung der Transinformation nachgewiesen.

Tabelle 4.6   Verkehrsstrommatrix (veränderte Ausgangswerte)

an von	O_1	O_2	O_3	O_4	O_5	O_6	Σ
O_1	250	-	-	-	-	-	250
O_2	-	200	-	-	-	-	200
O_3	-	-	180	-	-	-	180
O_4	-	-	-	320	-	-	320
O_5	-	-	-	30	420	-	450
O_6	80	50	200	10	-	260	600
Σ	330	250	380	360	420	260	2000

Tabelle 4.7   Statistische Wahrscheinlichkeiten (veränderte Ausgangswerte)

an von	O_1	O_2	O_3	O_4	O_5	O_6	p_i
O_1	0,125	-	-	-	-	-	0,125
O_2	-	0,100	-	-	-	-	0,100
O_3	-	-	0,090	-	-	-	0,090
O_4	-	-	-	0,160	-	-	0,160
O_5	-	-	-	0,015	0,210	-	0,225
O_6	0,040	0,025	0,100	0,005	-	0,130	0,300
p_j	0,165	0,125	0,190	0,180	0,210	0,130	1,000

4. Organisiertheitsgrad in Verkehrssystemen

Zur erneuten Berechnung von ΔH_r stehen folgende Ausgangswerte zur Verfügung:

$H(Q)$ = 2,4482 aus Tabelle 4.3
$H(S)$ = 2,5598 aus Tabelle 4.4
$H(QS)$ = 3,0784 aus Tabelle 4.8.

Es folgt für ΔH gemäß Formel (4.36)

ΔH = 2,4482 + 2,5598 - 3,0784
ΔH = 1,9296

(sämtliche Angaben in bit). Für den Organisiertheitsgrad ergibt sich

$$\Delta H_r = \frac{1,9296}{2,4482} = 0,7882 \, .$$

Tabelle 4.8 Entropieberechnung $H(QS)$

p_{ij}	$- p_{ij} \, lb \, p_{ij}$
0,125	0,3750
0,100	0,3322
0,090	0,3127
0,160	0,4230
0,015	0,0909
0,210	0,4728
0,040	0,1858
0,025	0,1330
0,100	0,3322
0,005	0,0382
0,130	0,3826
$H(QS)$	3,0784

Der Vergleich des ΔH_r-Wertes zu Tabelle 3.5 (0,1360) mit dem zu Tabelle 4.6 (0,7882) unterstreicht den höheren Organisiertheitsgrad der durch Tabelle 4.6 dargestellten Verkehrsströme. Er ergibt sich durch die Verteilung der gegenüber Tabelle 3.5 unveränderten Menge von Verkehrsobjekten auf wesentlich weniger Relationen. Konzentration der Verkehrsströme bedeutet also stets den Übergang zu einem System höherer Organisiertheit. Dieser Effekt tritt praktisch bei allen Formen der Transportoptimierung auf, weil eine optimale Transportlösung immer auch die mit der geringsten Anzahl der belegten Verbindungen oder Relationen ist. Bei der linearen Transportoptimierung ergibt sich für ein quadratisches Problem mit p Quellen und p Senken folgende Situation:

4. Organisiertheitsgrad in Verkehrssystemen

1. Anzahl der möglichen Verbindungen

$$v_m = p^2 \tag{4.38}$$

2. Anzahl der maximal erforderlichen Verbindungen in der optimalen Lösung

$$v_e = 2p - 1 \tag{4.39}$$

3. Belegungsgrad

$$b = \frac{2p - 1}{p^2} \cdot 100 \ /\%/. \tag{4.40}$$

Jede Optimierung von Verkehrsrelationen führt nicht allein zur Minimierung des Verkehrsaufwandes, sondern reduziert gleichzeitig die Anzahl der benötigten Relationen auf ein Minimum. Das aber bedeutet eine Maximierung der Organisiertheit im Rahmen der für die Transportoptimierung gesetzten Restriktionen (vgl. auch Bild 4.4).

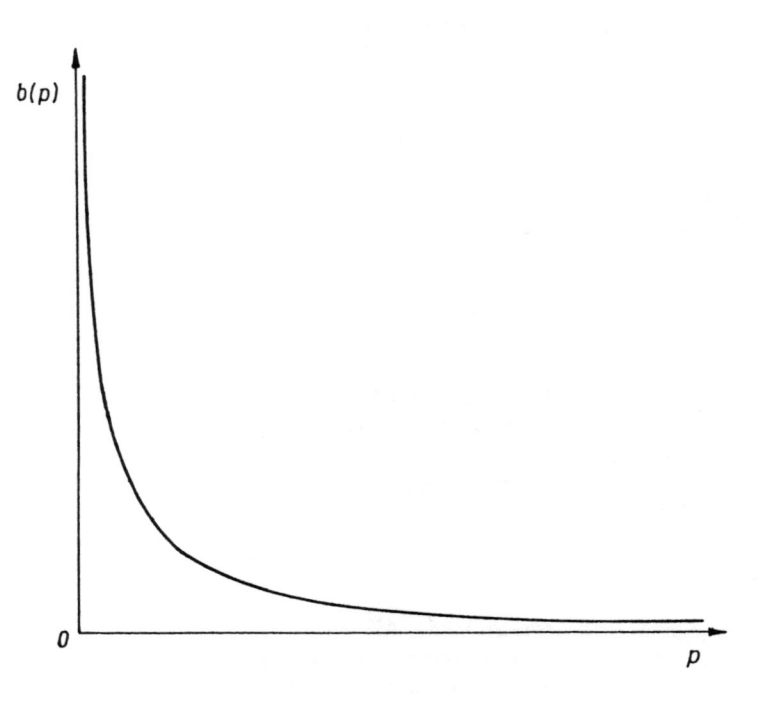

Bild 4.4 Abhängigkeit des Belegungsgrades b(p) von der Zahl der Orte p (vgl. (4.40))

Daraus resultieren folgende Feststellungen:

1. Bei gegebener Menge von Orten ist die Organisiertheit eines Verkehrssystems (allgemein eines Austauschsystems) um so höher, je weniger Verbindungen und Relationen in diesem System belegt sind.

2. Die durch die lineare Transportoptimierung bestimmten Verkehrsströme stellen Lösungen dar, die unter den gegebenen Bedingungen den höchsten Grad von Organisiertheit besitzen.

3. Der Organisiertheitsgrad der Lösungen aus der linearen Transportoptimierung nimmt mit der Problemgröße zu. Dem entspricht die Feststellung, daß der durch Organisation erzielbare Effekt relativ um so größer ist, je größer das organisierte System ist. Im Falle von Verkehrssystemen kann die Anzahl p der Orte in der Ortemenge als Maß der Systemgröße dienen.

4. Das absolute Minimum der Zahl der Verbindungen oder Relationen beträgt p, wenn p Quellen und p Senken existieren, und max (m, n), wenn m Quellen und n Senken existieren, wobei die Bilanz des Gesamtaufkommens und des Gesamtzuflusses an Verkehrsobjekten sowie eine entsprechende Aufteilung auf die Quellorte und auf die Senkorte vorausgesetzt werden. Es ist dann

$$H(Q) = H(S) = H(QS) \tag{4.41}$$

und somit

$$\Delta H_r = 1. \tag{4.42}$$

5. Unter Rückgriff auf informationstheoretische Betrachtungen hat POTTHOFF (1972) ein thermodynamisches Verkehrsflußmodell entwickelt. Dabei wird der Begriff der Verkehrstemperatur eingeführt, der als Quotient aus der Verkehrsenergie und der Entropie gebildet wird. Unter Verkehrsenergie ist der Quotient aus der Verkehrsmenge und der Zeit zu verstehen. POTTHOFF erwartet von der Verkehrstemperatur "Aussagen über den globalen Zustand in einem Verkehrsnetz" (a.a.O., S. 716). Analogien zu verkehrsökonomischen Problemstellungen sind naheliegend.

Es ist offenkundig, daß die Organisiertheitsgrade

- für eine Verkehrsnetzmatrix, ΔH_r (VN)
- für eine Verkehrsstrommatrix, ΔH_r (VS) und
- für eine durch Filterung konzentrierte Verkehrsstrommatrix, ΔH_r (FVS), in der Relation

$$\Delta H_r (VN) < \Delta H_r (VS) < \Delta H_r (FVS) \tag{4.43}$$

4. Organisiertheitsgrad in Verkehrssystemen

stehen. Der höchste Organisiertheitsgrad wird in der gefilterten Matrix erzielt. Damit ist der Organisiertheitsgrad ein Maß für den Effekt der Filterung. Bei einer Filterung bis zur (0,1)-Matrix tritt ein Zuwachs an Organisiertheit nur gegenüber der ursprünglichen Verkehrsnetzmatrix ein.

HEIDEMANN (1965) benutzt die normierte Entropie

$$H_N = \frac{H}{H_{max}} \qquad (4.44)$$

mit der Eingrenzung

$$0 \leq H_N \leq 1 \qquad (4.45)$$

zur Beschreibung räumlicher Strukturen, die an den Verkehrsuhren für den Durchgangsverkehr zweier Städte anschaulich dargestellt werden (vgl. Bilder 4.5 und 4.6).

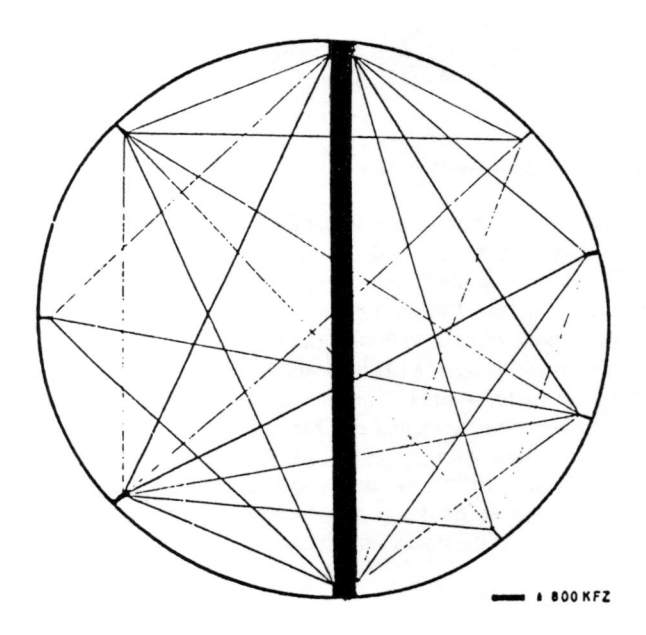

Bild 4.5   Wolfenbüttel, Durchgangsverkehr (aus HEIDEMANN 1965)

Mit dem Grad der Organisiertheit eines Verkehrssystems hängen zusammen:

- die Komplexität des Systems
- die Steuerbarkeit des Systems und
- die Prognostizierbarkeit des Systems.

144   4. Organisiertheitsgrad in Verkehrssystemen

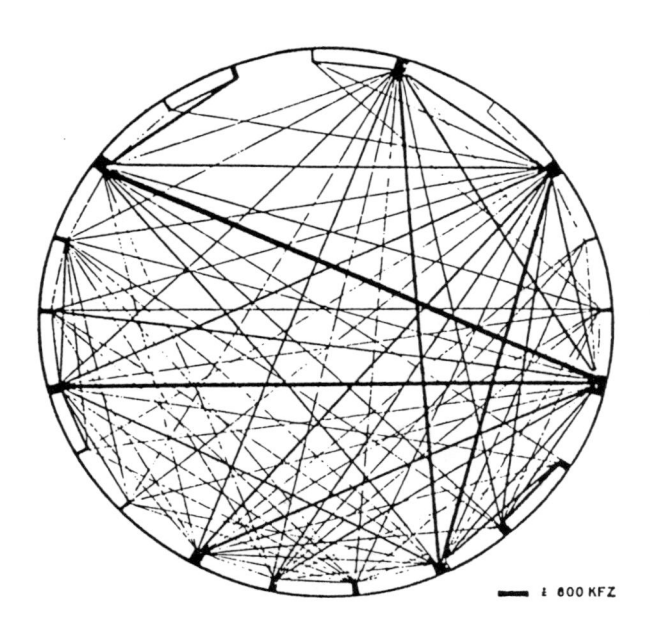

Bild 4.6   Stuttgart, Durchgangsverkehr (aus HEIDEMANN 1965)

Der Komplexitätsgrad eines Systems wird wesentlich von der Mächtigkeit der M(
der Systemelemente und von der Anzahl der Kopplungen bestimmt. Bei konsta
Elementenmenge wird der Komplexitätsgrad reduziert, wenn die Anzahl der K(
lungen verringert wird. Für ein Verkehrssystem bedeutet das, daß die Verringe:
der Zahl der Verbindungen oder Relationen oder die Reduzierung der Anzahl
belegten Verbindungen oder Relationen bei konstanter Ortemenge dazu führt, daß
Komplexitätsgrad dieses Systems sinkt. Eine Reduzierung der belegten Verbindui
oder Relationen führt aber - die Konstanz der Menge der Verkehrsobjekte, Verke
gefäße oder Verkehrseinheiten vorausgesetzt - zur Erhöhung des Grades der Org
siertheit. Somit bewirkt die Erhöhung des Organisiertheitsgrades eines Verke
systems die zumindest relative Senkung des Komplexitätsgrades bzw. die rel:
Vereinfachung des Systems. Wird der Komplexitätsgrad mit K bezeichnet, so gil
Prinzip

$$K = \frac{C_K}{\Delta H_r} \qquad (4.4$$

worin C_K eine Konstante ist.

Ähnliche Überlegungen können zur Steuerbarkeit S und zur Prognostizierbarke:
eines Verkehrssystems angestellt werden. S und P sind um so größer, je einfa
und je höhergradig organisiert ein Verkehrssystem ist. Daraus folgen die Beziehu1

4. Organisiertheitsgrad in Verkehrssystemen

und
$$S = C_S \cdot \Delta H_r \tag{4.47}$$
$$P = C_P \cdot \Delta H_r, \tag{4.48}$$

in denen C_S und C_P wiederum Konstanten sind. Natürlich können nunmehr auch Zusammenhänge zwischen K, S und P hergeleitet werden:

$$S = \frac{C_K \cdot C_S}{K} \tag{4.49}$$

$$P = \frac{C_K \cdot C_P}{K} \tag{4.50}$$

$$S = \frac{C_S}{C_P} \cdot P \tag{4.51}$$

$$P = \frac{C_P}{C_S} \cdot S \tag{4.52}$$

Die angeführten Zusammenhänge sind plausibel. Auch lassen sich unter Rückgriff auf (4.28),
$$0 \leq \Delta H_r \leq 1,$$

Grenzen für K, S und P als

$$\infty \geq K \geq C_K \tag{4.53}$$

$$0 \leq S \leq C_S \tag{4.54}$$

$$0 \leq P \leq C_P \tag{4.55}$$

angeben. Die unteren Grenzen in (4.54) und (4.55) bringen zum Ausdruck, daß Organisiertheit die Voraussetzung für die Steuerbarkeit und für die Prognostizierbarkeit eines Verkehrssystems ist. Die angedeuteten Zusammenhänge, die auf der informationstheoretischen Analyse der Verkehrsstrommatrix beruhen, bedürfen hinsichtlich ihrer Verfeinerung und ihrer Quantifizierung weiterer Untersuchungen.

Geht man davon aus, daß die Region, in der ein Verkehrssystem agiert, mit einem sehr feinen Raster (Verkehrszellen) überdeckt ist, und daß die Steuerung des Verkehrssystems mit einer strafferen Stuktur als der eigentlichen Netzstruktur erfolgt, so läßt sich in Analogie zu (4.43) formulieren:

$$\Delta H_r \text{ (Region)} < \Delta H_r \text{ (Netz)} < \Delta H_r \text{ (Steuerung)} \tag{4.56}$$

Die Berechnungen von Entropie und Organisiertheitsgrad spielen in der Verkehrssystemanalyse eine große Rolle. Bild 4.7 vermittelt ein praktikables Schema der

Verkehrssystemanalyse (vgl. RICHTER 1987).

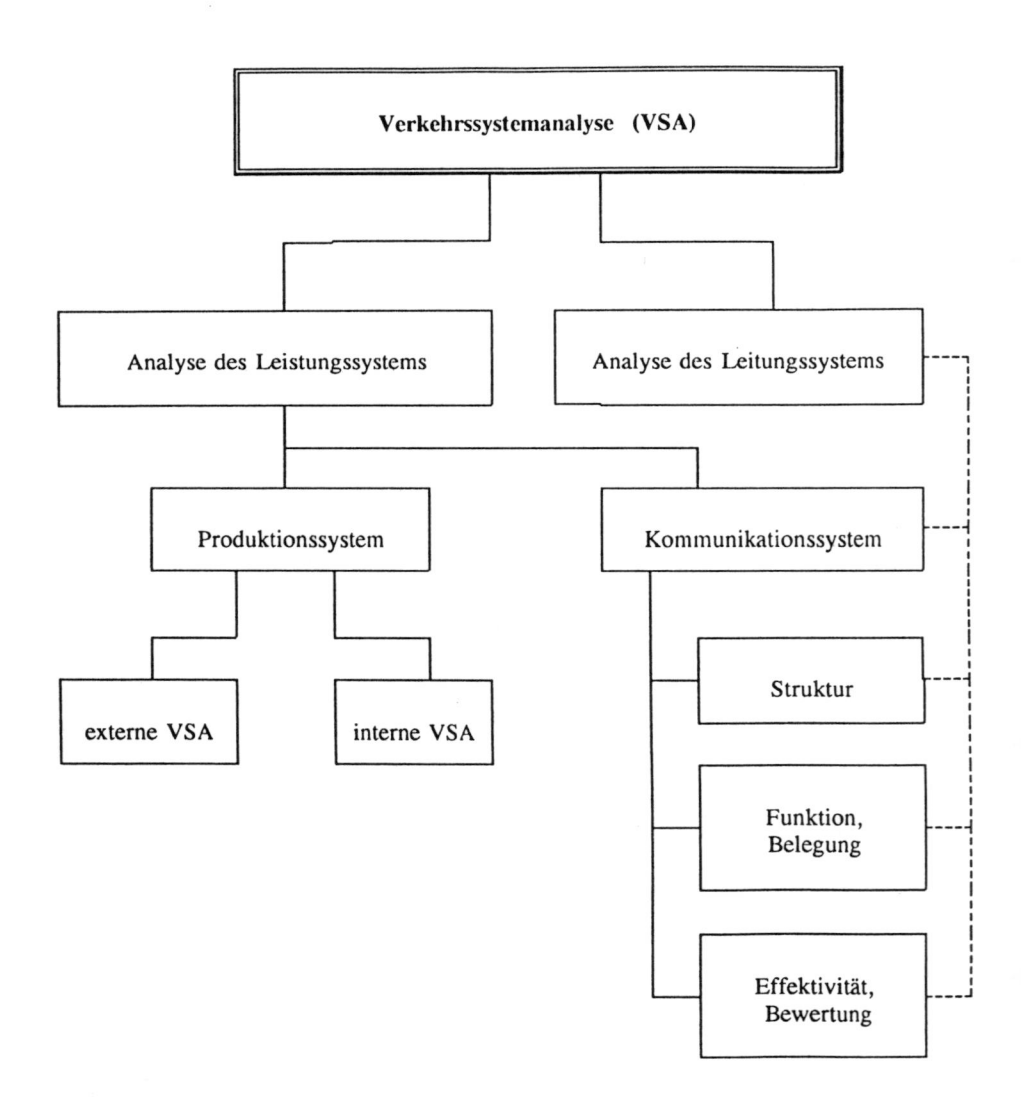

Bild 4.7   Struktur der Verkehrssystemanalyse

Das Schema geht davon aus, daß Verkehrssysteme nicht nur im volkswirtschaftlichen und im betriebswirtschaftlichen Sinne, sondern auch als stoffliche Kommunikationssysteme, also im kybernetischen Sinne untersucht, analysiert und modelliert werden können. Zu diesem Untersuchungskomplex gehört auch die Quantifizierung struktureller Eigenschaften, beispielsweise in Form des Organisiertheitsgrades.

4.4 Zusammenfassung

Räumliche und verkehrliche Strukturen sind immer auch Ausdruck eines bestimmten Grades von Organisation oder besser von Organisiertheit. Es handelt sich dabei um ein grundlegendes Systemmerkmal, das sich statisch, begründet durch bestehende Verbindungen oder Relationen, oder dynamisch, begründet durch deren Belegungen, äußert.

Um das Ausmaß der Organisiertheit zu bestimmen, wird ein Ansatz der Informationstheorie benutzt. Er beruht auf dem Begriff der Informationsentropie, durch die nicht nur die beseitigte Unbestimmtheit, sondern zugleich der erzielte Informationsgewinn gemessen wird.

Bei einem Quelle-Senke-System werden drei Arten der Informationsentropie, kurz der Entropie, angetroffen, nämlich

- die Entropie der Verkehrsquellen
- die Entropie der Verkehrssenken und
- die Entropie der Verkehrsströme.

Je enger die Zuordnung zwischen den Verkehrsquellen einerseits und den Verkehrssenken andererseits (oder umgekehrt) ist, desto mehr Information über die Senken ist in der Information über die Quellen enthalten. Die Umkehrung des Satzes gilt auch. Auf diesem Tatbestand ist das Organisiertheitsmaß als relative Entropiedifferenz oder Transinformation begründet. Es ist von Vorteil, daß dieses Maß zwischen null (keine Organisiertheit) und eins (strengste Organisiertheit) begrenzt ist.

Das Organisiertheitsmaß ist auf jede zweidimensionale Struktur anwendbar. Es kann dazu beitragen, Zusammenhänge zwischen dem Grad der Organisation einerseits und dem Komplexitätsgrad eines Systems, der Steuerbarkeit eines Systems und der Prognostizierbarkeit eines Systems andererseits zu quantifizieren und dadurch aufzuhellen.

Das Organisiertheitsmaß stellt zugleich ein allgemeines Abhängigkeitsmaß dar, das auf metrische, auf ordinale und auf nominale Variablen anwendbar ist.

5. Verkehrsökonometrisches Verflechtungsmodell (Input-Output-Modell)

5.1 Modellansatz und Modellkoeffizienten

Der hohe Grad der Arbeitsteilung in den Industrieländern führt zu einem umfangreichen Güter- und Leistungsaustausch zwischen den verschiedenen volkswirtschaftlichen Bereichen. Die dadurch entstehenden Güter- und Leistungsströme bilden den Gegenstand des allgemeinen Verflechtungsmodells - nach LEONTIEF als Input-Output-Modell (IOM) oder Input-Output-Tabelle bezeichnet. Das Verflechtungsmodell geht von der Gliederung der Volkswirtschaft in Bereiche und Zweige, die allgemein als Sektoren bezeichnet werden, aus. Die Volkswirtschaft besteht aus q produzierenden Sektoren (Branchen, Zweigen) und einem Endverbrauchssektor.

Tabelle 5.1 Grundschema des Verflechtungsmodells (E: Endverbrauch, G: Gesamtausstoß)

Liefernde Sektoren (Ausstoß)	Empfangende Sektoren (Einsatz)					E	G
	1	2	...	l	... q		
1	x_{11}	x_{12}	...	x_{1l}	... x_{1q}	y_1	X_1
2	x_{21}	x_{22}	...	x_{2l}	... x_{2q}	y_2	X_2
...	...	...	...	...	... ...	...	...
k	x_{k1}	x_{k2}	...	x_{kl}	... x_{kq}	y_k	X_k
...	...	...	...	...	... ...	...	...
q	x_{q1}	x_{q2}	...	x_{ql}	... x_{qq}	y_q	X_q

Die Tabelle ist dem prinzipiellen Aufbau einer Verkehrsmatrix sehr ähnlich. Das Schema nach Tabelle 5.1 wird als ausstoßorientiertes Modell bezeichnet. Die Summe der in einer Zeile stehenden Elemente ergibt die am rechten Rand stehende Größe. Im einzelnen besitzen die eingeführten Größen folgende Bedeutung:

x_{kl} Güter- und Leistungsstrom zwischen dem abgebenden Sektor k und dem empfangenden Sektor l, das heißt Strom vom k-ten zum l-ten Sektor, (k = 1, 2, ..., q und l = 1, 2, ..., q).

y_k Endverbrauch, der durch den produzierenden Ausstoßsektor k befriedigt wird (k = 1, 2, ..., q)

X_k Gesamtausstoß des produzierenden Sektors k (k = 1, 2, ..., q).

5. Verkehrsökonometrisches Verflechtungsmodell (Input-Output-Modell)

Die Größen x_{kl}, X_k und y_k können entweder als Wertgrößen (beziehungsweise als Preisgrößen) oder als Naturalgrößen angegeben werden. Diese Unterscheidung ist jedoch bei der Behandlung des allgemeinen Modells nicht von Bedeutung. Es gilt die einfache Beziehung

$$\sum_{1}^{q} x_{kl} + y_k = X_k , \quad \forall k \tag{5.1}$$

Tabelle 5.1 enthält nur denjenigen Ausschnitt aus der *Verflechtungsbilanz*, der für die folgenden Darlegungen benötigt wird. Eine vollständige Input-Output-Tabelle ist unter Bezugnahme auf (HOLUB/SCHNABL 1985, S. 19) in Tabelle 5.2 wiedergegeben. Sie enthält

- die *Vorleistungen* (Lieferungen der q Sektoren untereinander)
- die Lieferungen der q Sektoren für den *Endverbrauch* (privater Konsum, öffentlicher Konsum, Bruttoinvestitionen, Export)
- den *Gesamtausstoß* der q Sektoren und
- den *Primäraufwand* (Gewinne, Löhne, Abschreibungen, indirekte Steuern, Import).

Tabelle 5.2 Aufbau der Input-Output-Tabelle

Vorleistungen	Endverbrauch	Gesamtausstoß
Primäraufwand		

Zum Vergleich mit einer älteren Verflechtungsbilanz wird auf (RICHTER 1975) verwiesen.

Seine wesentliche Form erhält das Verflechtungsmodell durch die Einführung der *Koeffizienten des direkten Aufwands* (auch als technische oder technologische Koeffizienten bezeichnet). Sie sind definiert als

$$a_{kl} = \frac{x_{kl}}{X_l} \tag{5.2}$$

und beruhen auf der Hypothese, daß eine direkte Proportionalität zwischen dem Einsatz (Verbrauch) und dem Ausstoß (den Lieferungen) der einzelnen Sektoren besteht (linear-limitationale Produktionstechnik). Bild 5.1 erläutert die Bestimmung der Koeffizienten a_{47} und a_{74}.

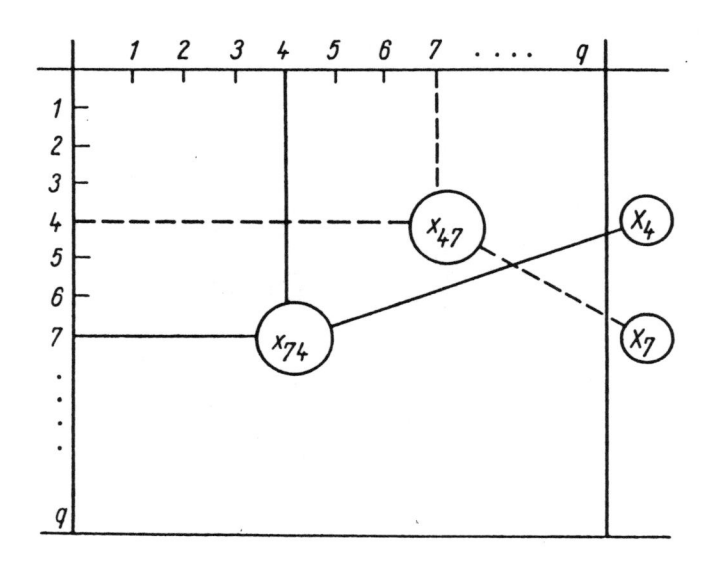

150   5. Verkehrsökonometrisches Verflechtungsmodell (Input-Output-Modell)

Bild 5.1   Erläuterungsskizze

Aus Formel (5.2) folgt

$$x_{kl} = a_{kl} \cdot X_l \tag{5.3}$$

und in Verbindung mit Formel (5.1)

$$\sum_{l=1}^{q} a_{kl} X_l + y_k = X_k, \quad \forall\, k. \tag{5.4}$$

Das Gleichungssystem (5.4) ergibt in Matrizendarstellung

$$A \cdot x + y = x \tag{5.5}$$

mit folgenden Bestandteilen:

1. Matrix der Koeffizienten des direkten Aufwands

$$A = (a_{kl}) \tag{5.6}$$

2. Vektor der Ausstoßgrößen

$$x = (X_k) \tag{5.7}$$

5. Verkehrsökonometrisches Verflechtungsmodell (Input-Output-Modell)   151

3. Endverbrauchsvektor

$$y = (y_k). \tag{5.8}$$

Das Gleichungssystem ergibt nach Umformung

$$(E - A) \cdot x = y. \tag{5.9}$$

Durch Gleichung (5.9) wird der mögliche Endverbrauch y bestimmt, der realisiert werden kann, wenn bei einer durch A gegebenen spezifischen volkswirtschaftlichen Verbrauchsstruktur der Ausstoß der einzelnen produzierenden Sektoren x beträgt. Sie enthält die Einheitsmatrix

$$E = \begin{bmatrix} 1 & 0 & 0 & \dots & 0 \\ 0 & 1 & 0 & \dots & 0 \\ \dots & \dots & \dots & \dots & \dots \\ 0 & 0 & 0 & \dots & 1 \end{bmatrix} \tag{5.10}$$

Man muß sich vergegenwärtigen, daß in dieser außerordentlich einfachen und übersichtlichen Beziehung praktisch die innerhalb einer ganzen Volkswirtschaft auftretenden Güter- und Leistungsströme für den produktiven Verbrauch und für den Endverbrauch enthalten sind, um zu erkennen, welch weitgehende Verdichtung ökonomischer Informationen durch mathematische Beziehungen möglich ist.

Grundlage der Gleichung (5.9) ist die Gleichung (5.3), die ihrerseits aus der Definition der Koeffizienten des direkten Aufwands abgeleitet wurde. Dies Beziehung definiert eine lineare homogene Gleichung zwischen Ausstoß X_l und Aufwand x_{kl}. Bild 5.2 zeigt deutlich, daß die verschiedenen Koeffizienten a_{kl} entsprechend ihrer Größe Geraden unterschiedlichen Anstiegs definieren.

Aus dem Bild 5.2 wird ersichtlich, daß der Verbrauch oder Aufwand grundsätzlich gleich null ist, wenn kein Ausstoß vorliegt. Das mag im allgemeinen stimmen, stellt jedoch eine gewisse Vereinfachung des Modells gegenüber der Wirklichkeit dar.

Es gibt Produktionsbereiche, bei denen auch dann, wenn kein Ausstoß erfolgt, ein bestimmter Aufwand (etwa für Heizung, Beleuchtung, In-Gang-Haltung bestimmter Maschinen usw.) gegeben ist. Dem entspricht der allgemeinere Ansatz

$$x_{kl} = c_{kl} + a'_{kl} \cdot X_l \tag{5.11}$$

Die Größe a'_{kl} bestimmt jetzt nur den leistungs- beziehungsweise ausstoßabhängigen Verbrauch je Ausstoßeinheit, während c_{kl} den ausstoßunabhängigen Verbrauch beziehungsweise Einsatz angibt.

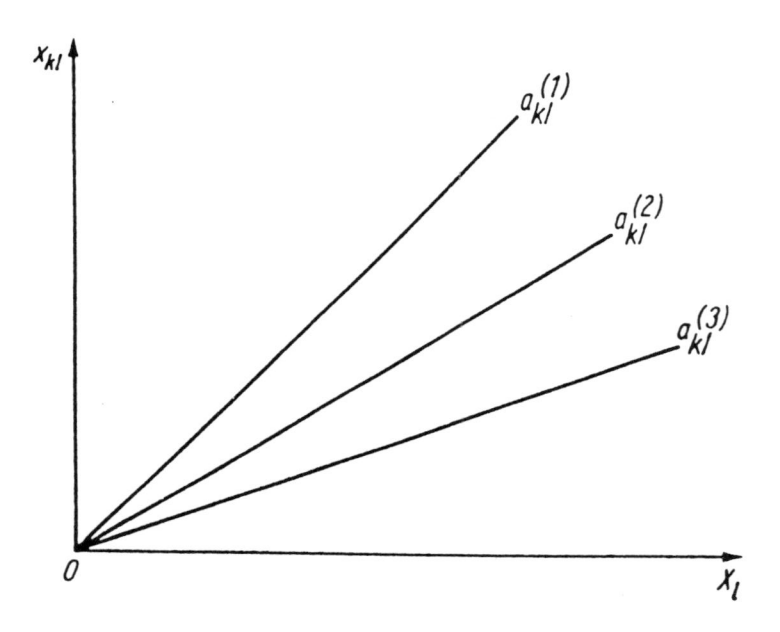

152   5. Verkehrsökonometrisches Verflechtungsmodell (Input-Output-Modell)

Bild 5.2   Geraden nach (5.3) für unterschiedliche Werte a_{kl}

Dabei kann c_{kl} relativ unterschiedliche Werte annehmen. Ab welcher Größe sie berücksichtigt werden müssen oder in welchen Fällen es möglich ist, sie zu vernachlässigen, wird von Fall zu Fall entschieden. Im Grunde handelt es sich um die Frage, mit welchen Toleranzen die ökonomische Analyse und die Steuerung vor sich gehen sollen. Liegen diese Toleranzen fest, so können alle c_{kl} vernachlässigt werden, die im Toleranzbereich liegen. Bild 5.3 liefert die geometrische Interpretation des Unterschiedes zwischen der linearen homogenen Gleichung (5.3) und der linearen inhomogenen Gleichung (5.11).

Durch den Ansatz (5.3) wird weiterhin unterstellt, daß die Beziehung zwischen Einsatz und Ausstoß linear ist. Auch diese Hypothese wird in der Wirtschaftspraxis nur in mehr oder weniger starkem Maße bestätigt. Möglich ist, daß der Einsatz langsamer zunimmt als der Ausstoß, aber auch, daß der Einsatz schneller als der Ausstoß wächst. In beiden Fällen liegt keine lineare Beziehung zwischen Einsatz und Ausstoß vor. Da es jedoch wünschenswert ist, wenigstens in abgegrenzten Intervallen mit Koeffizienten des direkten Aufwands rechnen zu können, empfiehlt sich eine *stückweise Linearisierung* der allgemeinen Beziehung x_{kl} = $f(X_l)$ (vgl. Bild 5.4).

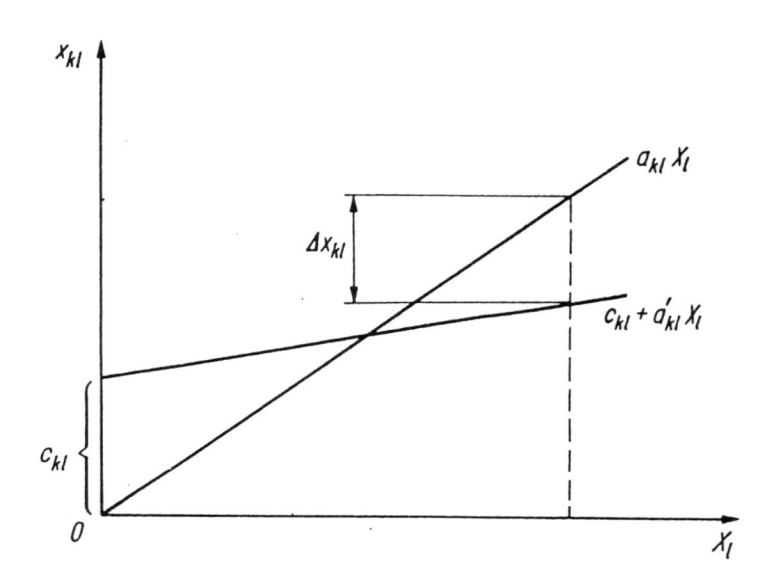

Bild 5.3 Vergleich der Ansätze (5.3) und (5.11)

Die Aufgabe, den Ausstoß der einzelnen produzierenden Sektoren zu bestimmen, der erforderlich ist, um einen vorgesehenen Endverbrauch zu befriedigen, führt zu einem neuen Modell, das aus Formel (5.9) durch Freistellen des Ausstoßvektors x entsteht. Man erhält

$$x = (E - A)^{-1} \cdot y. \tag{5.12}$$

Damit sind Vorausberechnungen möglich, die von der Verbrauchsstruktur künftiger Zeiträume ausgehen. Durch die inverse Matrix

$$B = (E - A)^{-1} \tag{5.13}$$

werden neue Koeffizienten definiert, die als *Koeffizienten des vollen Aufwands* b_{kl} bezeichnet werden:

$$B = (b_{kl}). \tag{5.14}$$

Die Koeffizienten des vollen Aufwands beinhalten den gesamten Verbrauch an Erzeugnissen und Leistungen eines Sektors k, der im Sektor l und in allen übrigen produzierenden Sektoren anfällt, wenn aus dem Sektor l eine Einheit für den Endverbrauch geliefert wird. Um zum Beispiel ein Kraftfahrzeug herzustellen, wird im Kraftfahrzeugwerk eine bestimmte Menge Energie aufgewendet.

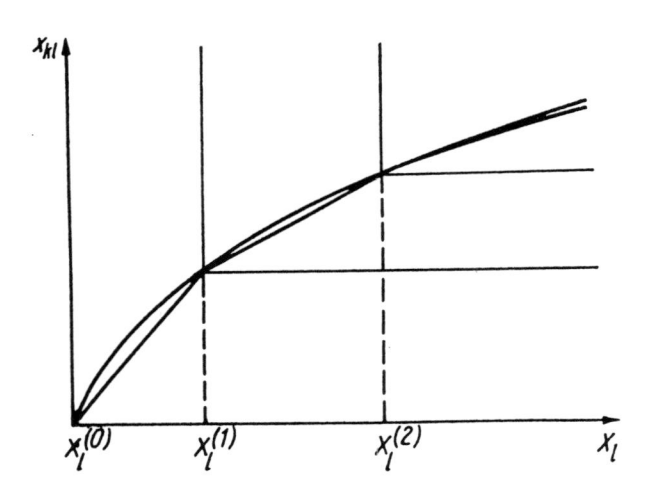

Bild 5.4 Stückweise Linearisierung (Prinzip) der Funktion für x_{kl}

Das Kraftfahrzeugwerk bezieht jedoch von anderen Bereichen Motoren, Reifen und sonstige Teile, für deren Herstellung ebenfalls Energie verbraucht wurde. Der Gesamtverbrauch an Energie, der mit der Herstellung eines Kraftfahrzeugs (im Sektor der Kraftfahrzeugindustrie) verbunden ist, wird durch den Koeffizienten des vollen Aufwands bestimmt. Anders ausgedrückt, ist b_{kl} der gesamte Verbrauch an Produkten und Leistungen des Sektors k, der im betrachteten wirtschaftlichen System erforderlich ist, um aus dem Sektor l eine Einheit für den Endverbrauch liefern zu können. Logischerweise ist $b_{kk} > 1$ für alle k.

Das Gleichungssystem (5.12) gestattet es, Vorausberechnungen (VB) in Form von Plan- und von Prognoserechnungen durchzuführen. Bild 5.5 zeigt den Ablauf dieser Berechnungen, die in folgenden Schritten verlaufen:

1. Ausgehend von den statistischen Werten x_{kl} und y_k werden die Koeffizienten des direkten Aufwands a_{kl} berechnet.

2. Die Inversion der Matrix (**E** − **A**) liefert die Matrix **B** der Koeffizienten des vollen Aufwands.

3. Nach Vorgabe des VB-Endverbrauchsvektors **y** wird der VB-Ausstoßvektor **x** berechnet, aus dem die intersektoralen Güter- und Leistungsausstoßgrößen x_{kl} als VB-Größen berechnet werden können.

4. Nach Ablauf des VB-Zeitraumes werden
   a) die tatsächlichen, statistisch erfaßten Größen mit den errechneten VB-Größen verglichen und

5. Verkehrsökonometrisches Verflechtungsmodell (Input-Output-Modell)

b) aus den statistisch erfaßten Größen wiederum die Koeffizienten des direkten Aufwandes abgeleitet.

```
Statistische Werte
```

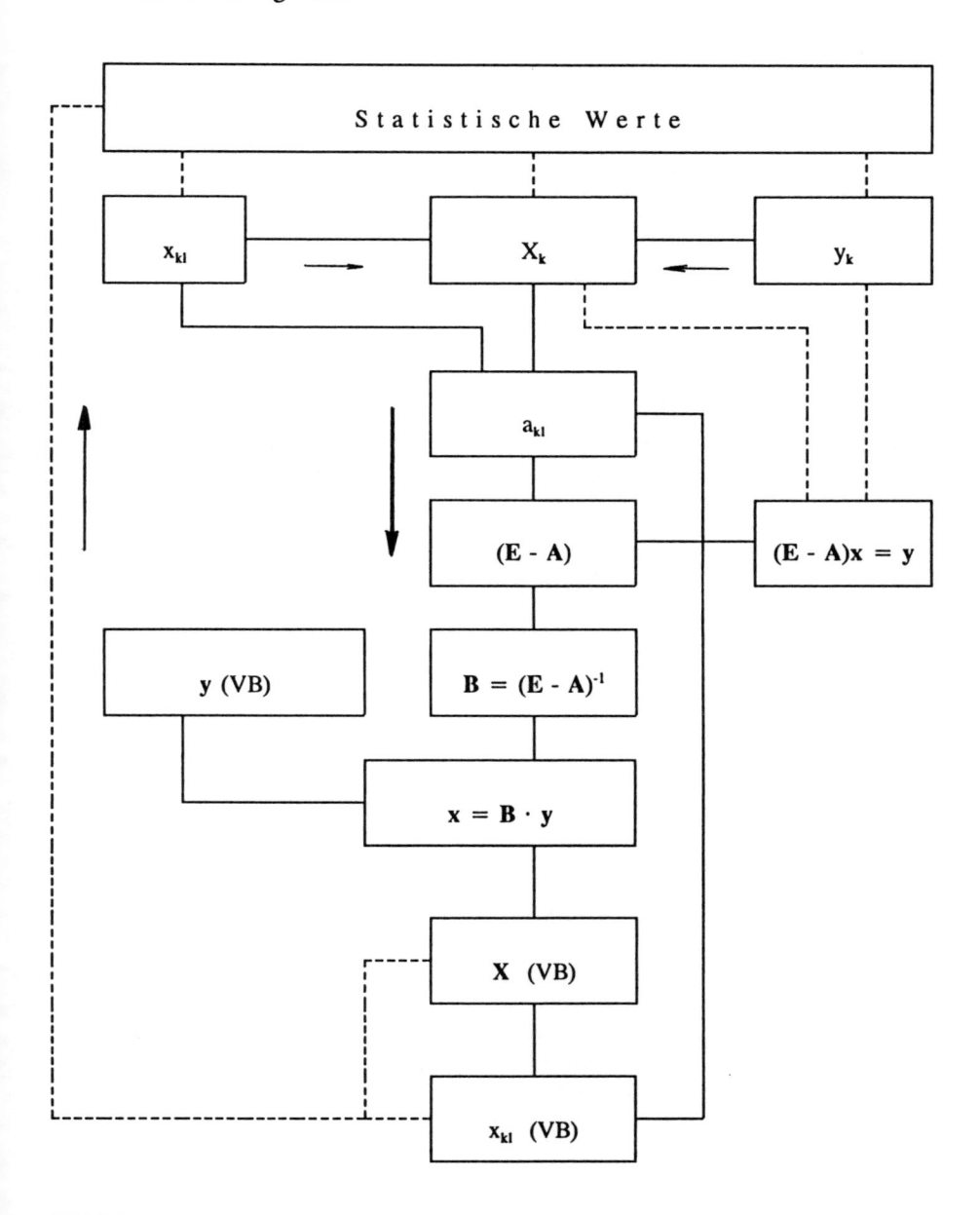

- x_{kl} → X_k ← y_k
- a_{kl}
- $(E - A)$ — $(E - A)x = y$
- $B = (E - A)^{-1}$
- y (VB) — $x = B \cdot y$
- X (VB)
- x_{kl} (VB)

Bild 5.5 Vorausberechnung

Eine sehr frühe deutschsprachige Einführung in die Input-Output-Theorie stammt von PLATT (1957). Umfassende Darstellungen mit vielen praktischen Hinweisen haben z.B. KOSSOW (1957) und HOLUB/SCHNABL (1985) gegeben.

5.2 Verkehrssektor im Verflechtungsmodell

Das Verkehrswesen ist innerhalb einer Volkswirtschaft sowohl liefernder als auch empfangender Bereich. Es muß demnach als Sektor im Verflechtungsmodell erfaßt werden. Entsprechende Ansätze gelten für das Nachrichtenwesen.

Der Sektor Verkehrswesen wird mit "v" bezeichnet. Er ist - wie jeder Sektor - durch zwei Vektoren mit den übrigen Sektoren der Volkswirtschaft verbunden. Der Liefervektor

$$(x_{v1}, x_{v2}, x_{v3}, \ldots x_{vv}, \ldots x_{vq}) \tag{5.15}$$

beinhaltet die Lieferungen des Sektors Verkehrswesen an die produzierenden Sektoren. Durch die Größe x_{vv} wird der Eigenverbrauch angegeben. Lieferungen an den Endverbrauchssektor sind nicht erfaßt.

Entsprechend gibt der Empfangs- oder Verbrauchsvektor

$$\begin{bmatrix} x_{1v} \\ x_{2v} \\ x_{3v} \\ \cdot \\ \cdot \\ \cdot \\ x_{vv} \\ \cdot \\ \cdot \\ \cdot \\ x_{qv} \end{bmatrix} \tag{5.16}$$

die Lieferungen aller produzierenden Sektoren an den Sektor Verkehrswesen an und vermittelt einen Überblick über die Verbrauchsstruktur in ihm (vgl. Bild 5.6).

In Verbindung mit den jeweiligen Gesamt-Ausstoßgrößen liefern die genannten beiden Vektoren schließlich diejenigen Koeffizienten des direkten Aufwands, die die strukturelle Einordnung des Verkehrswesens in die Gesamtheit der volkswirtschaftlichen Sektoren bestimmen. Es handelt sich um den Zeilenvektor

$$(a_{v1}\ a_{v2}\ a_{v3}\ \ldots\ a_{vq}) \tag{5.17}$$

der Koeffizienten

5. Verkehrsökonometrisches Verflechtungsmodell (Input-Output-Modell)

$$a_{vl} = \frac{x_{vl}}{X_l} \qquad (5.18)$$

und um den Spaltenvektor

$$\begin{bmatrix} a_{1v} \\ a_{2v} \\ a_{3v} \\ \cdot \\ \cdot \\ \cdot \\ a_{qv} \end{bmatrix} \qquad (5.19)$$

der Koeffizienten

$$a_{kv} = \frac{x_{kv}}{X_v} \qquad (5.20)$$

Um die Größenverhältnisse zu demonstrieren, werden nachfolgend Koeffizienten nach (5.18) und (5.20) aus einer früheren Verflechtungstabelle angegeben (vgl. RICHTER 1970). Diese Tabelle enthielt 27 produzierende Sektoren. Verkehrswesen und Nachrichtenwesen bildeten gemeinsam den Sektor 25 (s. Tabelle 5.3).

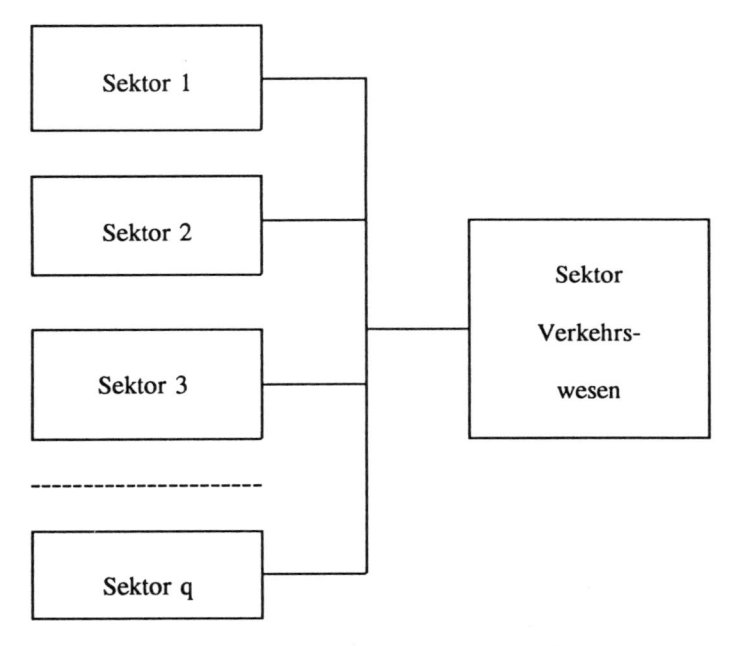

Bild 5.6   Beziehungen zwischen dem Verkehrswesen und den übrigen Sektoren

5. Verkehrsökonometrisches Verflechtungsmodell (Input-Output-Modell)

Tabelle 5.3   Index der Sektoren

Index	Erzeugnisgruppe (Ausgangssektor)	Volkswirtschaftlicher Bereich (Zielsektor)
1	Energie	Energiebetriebe
2	Bergbauerzeugnisse	Bergbau
3	Metallurgische Erzeugnisse	Metallurgie
4	Chemische Erzeugnisse	Chemische Industrie
5	Baumaterialien	Baumaterialindustrie
6	Schwermaschinenbauerzeugnisse	Schwermaschinenbau
7	Allgemeine Maschinenbauerzeugnisse	Allgemeiner Maschinenbau
8	Fahrzeugbauerzeugnisse	Fahrzeugbau
9	Schiffbauerzeugnisse	Schiffbau
10	Guß- und Schmiedestücke	Gießereien und Schmieden
11	Metallwaren	Metallwarenindustrie
12	Elektrotechnische Erzeugnisse	Elektrotechnische Industrie
13	Feinmechanische und optische Erzeugnisse	Feinmechanische und optische Industrie
14	Luftfahrzeugbauerzeugnisse	Luftfahrzeugbau
15	Holzerzeugnisse	Holz- und Kulturwarenindustrie
16	Textilien	Textilindustrie
17	Konfektions- und Näherzeugnisse	Bekleidungs- und Näherzeugnisindustrie
18	Leder-, Schuh- und Rauchwaren	Leder-, Schuh- und Rauchwarenindustrie
19	Zellstoff und Papier	Zellstoff- und Papierindustrie
20	Polygraphische Erzeugnisse	Polygraphische Industrie
21	Glas und keramische Erzeugnisse	Glas- und keramische Industrie
22	Erzeugnisse der Lebensmittelindustrie	Lebensmittelindustrie
23	Bauwirtschaft	Bauwirtschaft
24	Land- und forstwirtschaftliche Erzeugnisse	Land- und Forstwirtschaft
25	Verkehr	Verkehr
26	Handel	Handel
27	Sonstige volkswirtschaftliche Bereiche	Sonstige volkswirtschaftliche Bereiche

5. Verkehrsökonometrisches Verflechtungsmodell (Input-Output-Modell)

Die Koeffizienten lauten:

1. a_{vl}

$a_{25 \cdot 1}$	=	0,0543
$a_{25 \cdot 2}$	=	0,0141
$a_{25 \cdot 3}$	=	0,0428
$a_{25 \cdot 4}$	=	0,0202
$a_{25 \cdot 5}$	=	0,0372
$a_{25 \cdot 6}$	=	0,0085
$a_{25 \cdot 7}$	=	0,0093
$a_{25 \cdot 8}$	=	0,0078
$a_{25 \cdot 9}$	=	0,0127
$a_{25 \cdot 10}$	=	0,0162
$a_{25 \cdot 11}$	=	0,0072
$a_{25 \cdot 12}$	=	0,0117
$a_{25 \cdot 13}$	=	0,0088
$a_{25 \cdot 14}$	=	0,0060
$a_{25 \cdot 15}$	=	0,0172
$a_{25 \cdot 16}$	=	0,0071
$a_{25 \cdot 17}$	=	0,0096
$a_{25 \cdot 18}$	=	0,0047
$a_{25 \cdot 19}$	=	0,0192
$a_{25 \cdot 20}$	=	0,0007
$a_{25 \cdot 21}$	=	0,0175
$a_{25 \cdot 22}$	=	0,0039
$a_{25 \cdot 23}$	=	0,0427
$a_{25 \cdot 24}$	=	0,0116
$a_{25 \cdot 25}$	=	0,0083
$a_{25 \cdot 26}$	=	0,1983
$a_{25 \cdot 27}$	=	0,0124

2. a_{kv}

$a_{01 \cdot 25}$	=	0,0143
$a_{02 \cdot 25}$	=	0,0450
$a_{03 \cdot 25}$	=	0,0111
$a_{04 \cdot 25}$	=	0,0489
$a_{05 \cdot 25}$	=	0,0105
$a_{06 \cdot 25}$	=	0,0062
$a_{07 \cdot 25}$	=	0,0042
$a_{08 \cdot 25}$	=	0,0913
$a_{09 \cdot 25}$	=	0,0080
$a_{10 \cdot 25}$	=	0,0064
$a_{11 \cdot 25}$	=	0,0034
$a_{12 \cdot 25}$	=	0,0117
$a_{13 \cdot 25}$	=	0,0003
$a_{14 \cdot 25}$	=	0
$a_{15 \cdot 25}$	=	0,0079
$a_{16 \cdot 25}$	=	0,0035
$a_{17 \cdot 25}$	=	0,0042
$a_{18 \cdot 25}$	=	0,0015
$a_{19 \cdot 25}$	=	0,0006
$a_{20 \cdot 25}$	=	0,0004
$a_{21 \cdot 25}$	=	0,0004
$a_{22 \cdot 25}$	=	0,0001
$a_{23 \cdot 25}$	=	0,0046
$a_{24 \cdot 25}$	=	0,0006
$a_{25 \cdot 25}$	=	0,0083
$a_{26 \cdot 25}$	=	0,0100
$a_{27 \cdot 25}$	=	0,0037.

Die Intensität der Beziehungen des Verkehrswesens zu den übrigen volkswirtschaftlichen Sektoren läßt sich aus den beiden Gruppen von Koeffizienten des direkten Aufwands ableiten.

Unter Rückgriff auf Formel (5.3) kann man mit Hilfe der angegebenen Koeffizienten *Aufwandsfunktionen* bestimmen, die allgemein

$$x_{kl} = a_{kl} \cdot X_l \tag{5.21}$$

lauten. Sie beschreiben die Abhängigkeit des Verbrauchs an Gütern und Leistungen aus dem Liefersektor k vom geplanten beziehungsweise eingetretenen Ausstoß des Sektors l. Für den Sektor Verkehrswesen lauten die Aufwandsfunktionen

$$x_{kv} = a_{kv} \cdot X_v . \tag{5.22}$$

Zum Beispiel erhält man

- für den Verbrauch an Energie

$$x_{01 \cdot 25} = a_{01 \cdot 25} \cdot X_{25} = 0{,}0143 \cdot X_{25} ,$$

- für den Verbrauch an chemischen Erzeugnissen

$$x_{04 \cdot 25} = a_{04 \cdot 25} \cdot X_{25} = 0{,}0489 \cdot X_{25} ,$$

- für den Verbrauch an Fahrzeugbauerzeugnissen

$$x_{08 \cdot 25} = a_{08 \cdot 25} \cdot X_{25} = 0{,}0913 \cdot X_{25}$$

usw. Die Aufwandsfunktionen

$$x_{vl} = a_{vl} \cdot X_l \tag{5.23}$$

liefern eine Aussage über den Verbrauch an Ausstoß des Sektors Verkehrswesen im produzierenden Sektor l, wenn dort der Ausstoß X_l erzielt wird.

Ebenso wie die Aufwandsfunktionen aus dem allgemeinen Ansatz für die Koeffizienten des direkten Aufwand abgeleitet wurden, können auch *Produktionsfunktionen* daraus abgeleitet werden. Ausgehend von Formel (5.20), erhält man bei Freistellung von X_v die Produktionsfunktionen

$$X_v = a^{-1}_{kv} \cdot x_{kv} . \tag{5.24}$$

Sobald der Koeffizient a_{kv} angegeben ist, liefern die Funktionen nach Formel (5.24) denjenigen Ausstoß X_v, das heißt diejenige Leistung des Sektors Verkehrswesen, die möglich ist, wenn der Einsatz an Gütern und Leistungen aus dem Sektor k gerade x_{kv} beträgt. Für den Sektor Verkehrswesen gelten folgende Produktionsfunktionen:

$$\begin{aligned} X_v &= a^{-1}_{1v} \cdot x_{1v} \\ X_v &= a^{-1}_{2v} \cdot x_{2v} \\ \dots &\quad \dots \quad \dots \quad \dots \\ X_v &= a^{-1}_{qv} \cdot x_{qv} . \end{aligned} \tag{5.25}$$

Liegen die Größen x_{kv} und die Koeffizienten des direkten Aufwands vor, so läßt sich anhand der Produktionsfunktionen leicht feststellen, ob die Verbrauchs- beziehungsweise Einsatzgrößen aufeinander abgestimmt sind. Nur wenn das der Fall ist, werden

5. Verkehrsökonometrisches Verflechtungsmodell (Input-Output-Modell)

alle Produktionsfunktionen den gleichen Ausstoß X_v ergeben.

Ausgehend von Formel (5.18), erhält man weitere Produktionsfunktionen

$$X_l = a^{-1}_{vl} \cdot x_{vl} . \tag{5.26}$$

Durch sie wird der mögliche Produktionsausstoß der produzierenden Sektoren als Funktion der Lieferungen des Sektors Verkehrswesen an diese Sektoren angegeben.

Wie bereits festgestellt wurde, liefert die Inversion der Matrix $(E - A)$ eine neue Matrix B, deren Elemente die Koeffizienten des vollen Aufwands sind. Diese Matrix B enthält natürlich auch Elemente, die die Beziehungen des Sektors Verkehrswesen zu den übrigen Sektoren betreffen. Für die später zu behandelnde Ableitung des Gesamtausstoßes interessieren insbesondere die Koeffizienten des vollen Aufwands. Sie liegen für die erwähnte Verflechtungsbilanz vor. Die Koeffizienten b_{vl} lauten:

$b_{25 \cdot 1}$	=	0,0942	$b_{25 \cdot 15}$	=	0,0320
$b_{25 \cdot 2}$	=	0,0233	$b_{25 \cdot 16}$	=	0,0226
$b_{25 \cdot 3}$	=	0,0772	$b_{25 \cdot 17}$	=	0,0312
$b_{25 \cdot 4}$	=	0,0388	$b_{25 \cdot 18}$	=	0,0157
$b_{25 \cdot 5}$	=	0,0534	$b_{25 \cdot 19}$	=	0,0427
$b_{25 \cdot 6}$	=	0,0267	$b_{25 \cdot 20}$	=	0,0292
$b_{25 \cdot 7}$	=	0,0291	$b_{25 \cdot 21}$	=	0,0353
$b_{25 \cdot 8}$	=	0,0263	$b_{25 \cdot 22}$	=	0,0176
$b_{25 \cdot 9}$	=	0,0374	$b_{25 \cdot 23}$	=	0,0592
$b_{25 \cdot 10}$	=	0,0391	$b_{25 \cdot 24}$	=	0,0278
$b_{25 \cdot 11}$	=	0,0253	$b_{25 \cdot 25}$	=	1,0193
$b_{25 \cdot 12}$	=	0,0321	$b_{25 \cdot 26}$	=	0,2135
$b_{25 \cdot 13}$	=	0,0199	$b_{25 \cdot 27}$	=	0,0368 .
$b_{25 \cdot 14}$	=	0,0022			

Die Interpretation dieser Koeffizienten ist bekannt. Als Beispiel sei erwähnt, daß $b_{25 \cdot 5}$ diejenige Verkehrsleistung (Ausstoß aus dem Sektor Verkehrswesen) angibt, die erforderlich ist, damit der Sektor 5 (Baumaterialindustrie) eine Ausstoßeinheit liefern kann. Der Koeffizient $b_{25 \cdot 5} = 0,0534$ besitzt einen höheren Wert als $a_{25 \cdot 5}$, da in letzterem nur die direkten Lieferungen enthalten sind.

Generell gilt

$$a_{kl} \leq b_{kl}, \tag{5.27}$$

wobei im Regelfall die Kleiner-Relation auftritt.

162   5. Verkehrsökonometrisches Verflechtungsmodell (Input-Output-Modell)

Analoge Aussagen zu denen, die das Verkehrswesen insgesamt betreffen, sind auch für die einzelnen Verkehrszweige möglich. Erforderlich ist allerdings, daß die benötigten Ausgangsdaten verfügbar sind. An der Struktur der Gleichungen ändert sich nichts. Bild 5.7 zeigt das Tabellenschema für den Fall, daß der Verkehrssektor in p Untersektoren gegliedert wird, die mit v_1 bis v_p bezeichnet werden.

Liefernde Sektoren		Empfangende Sektoren				Endverbrauch	Gesamtausstoß
		1 ...	v		... q		
			v_1	... v_p			
1 . . .							
v	v_1						
	. . .						
	v_p						
. . . q							

Bild 5.7   Verflechtungstabelle mit Untersektoren für das Verkehrswesen

Die Untersektoren können bei Vorliegen der Ausgangsdaten zum Verkehrssektor aggregiert werden. Die Verflechtungsbilanz oder Input-Output-Tabelle liefert auch die Grundlage für die Berechnung des externen und des internen Verkehrsaufwands, die beide sowohl als direkter als auch als voller Aufwand bestimmt werden können. Der Unterschied ist systemtheoretisch bedingt und aus den verwendeten Koeffizienten erkennbar.

Demnach bedeutet *externer Verkehrsaufwand* den Verzehr von Verkehrsleistungen in anderen Sektoren. Die einzusetzenden Koeffizienten sind a_{vl} und b_{vl}, je nachdem, ob der direkte oder der volle externe Verkehrsaufwand bestimmt werden.

Interner Verkehrsaufwand bezeichnet den (verkehrs-)systeminternen Verzehr von Gütern und Leistungen anderer Sektoren im Verkehrssektor und wird durch die Koeffizienten a_{kv} und b_{kv} beschrieben.

In beiden Fällen können die Koeffizienten auch benutzt werden, um aggregierte Aufwandsgrößen zu bilden (vgl. RICHTER 1987).

5.3 Zwei-Sektoren-Modell

Ein *Zwei-Sektoren-Modell* wird benötigt, wenn die summarischen Beziehungen eines produzierenden Sektors (eines Subsystems) zu seiner ökonomischen Umwelt (der Gesamtheit aller übrigen Subsysteme) dargestellt werden sollen. An dieser Stelle interessiert, welche Verbindungen zwischen dem Verkehrswesen und der übrigen Volkswirtschaft bestehen. Demzufolge wird das entsprechende Zwei-Sektoren-Modell folgende Sektoren umfassen:

- Produzierender Sektor Volkswirtschaft (ohne Verkehrswesen) 1
- Produzierender Sektor Verkehrswesen 2
- Endverbrauchssektor 1 oder 2

Die Ausgangsgrößen dieses Zwei-Sektoren-Modells sind in der Matrix

$$\begin{bmatrix} x_{11} & x_{12} & y_1 & X_1 \\ x_{21} & x_{22} & y_2 & X_2 \end{bmatrix} \tag{5.28}$$

zusammengestellt. Sie bedeuten:

x_{11} Lieferungen des Sektors Volkswirtschaft an sich selbst (Eigenverbrauch im Produktionsprozeß)
x_{12} Lieferungen des Sektors Volkswirtschaft an den Sektor Verkehrswesen (produktiver Verbrauch von Gütern und Leistungen des Sektors Volkswirtschaft im Sektor Verkehrswesen)
x_{21} Lieferungen des Sektors Verkehrswesen an den Sektor Volkswirtschaft
x_{22} Eigenverbrauch des Sektors Verkehrswesen an Leistungen dieses Sektors
y_1 Lieferungen des Sektors Volkswirtschaft für den Endverbrauch
y_2 Lieferungen des Sektors Verkehrswesen für den Endverbrauch
X_1 Gesamtausstoß des Sektors Volkswirtschaft
X_2 Gesamtausstoß des Sektors Verkehrswesen.

Das Zwei-Sektoren-Modell entsteht aus dem allgemeinen q-Sektoren-Modell durch Aggregation. Der einfachste Fall wird in Bild 5.8 demonstriert: Die ersten (q - 1) Sektoren werden zu einem Sektor zusammengefaßt, während der ursprünglich q-te Sektor nunmehr der zweite Sektor ist.

164   5. Verkehrsökonometrisches Verflechtungsmodell (Input-Output-Modell)

	1 2 ... q - 1	q	E	G
1 2 . . . q - 1	x_{11}	x_{12}	y_1	X_1
q	x_{21}	x_{22}	y_2	X_2

Legende: 1 ... q   ursprüngliche liefernde und empfangende Sektoren
           E   Endverbrauch
           G   Gesamtausstoß

Bild 5.8   Schema der Ableitung des Zwei-Sektoren-Modells aus dem q-Sektoren-Modell (kursiv gesetzte Größen sind durch Summation entstanden)

Die Daten der bereits erwähnten Verflechtungsbilanz liefern für das Verkehrswesen folgende Ausgangsmatrix:

$$\begin{bmatrix} 50136 & 2127 & 80093 & 132356 \\ 3953 & 59 & 3106 & 7118 \end{bmatrix}$$

Daraus ergeben sich die Matrix der Koeffizienten des direkten Aufwands und die Matrix der Koeffizienten des vollen Aufwands. Die erstgenannte lautet

$$A = (a_{ij}) = \begin{bmatrix} 0{,}379 & 0{,}299 \\ 0{,}030 & 0{,}008 \end{bmatrix}.$$

Für die Koeffizienten des vollen Aufwands ergibt sich

$$B = (b_{ij}) = \begin{bmatrix} 1{,}634 & 0{,}492 \\ 0{,}049 & 1{,}002 \end{bmatrix}.$$

Aus diesen Angaben können für den Ausstoß X_2 des Sektors Verkehrswesen drei verschiedene Beziehungen hergeleitet werden. Sie lauten

a) $X_2 = 2{,}077\, X_1 - 3{,}344\, y_1$

b) $X_2 = 0{,}030\, X_1 + 1{,}008\, y_2$

c) $X_2 = 0{,}049\, y_1 + 1{,}002\, y_2$.

5. Verkehrsökonometrisches Verflechtungsmodell (Input-Output-Modell)

Im Falle a) wird der Ausstoß X_2 als Funktion des Ausstoßes der ökonomischen Umwelt (aller übrigen Sektoren außer dem Sektor Verkehrswesen) und der entsprechenden Lieferungen für den Endverbrauch dargestellt. Im Falle b) sind der Ausstoß aller übrigen Sektoren und der durch das Verkehrswesen zu befriedigende Endbedarf die Einflußgrößen. Der dritte Fall c) schließlich, der aus der Matrix **B** hergeleitet wurde, beschreibt die Abhängigkeit des Ausstoßes X_2 von den Lieferungen an den Endverbrauch, die durch alle übrigen Sektoren (y_1) und durch das Verkehrswesen (y_2) vorgenommen werden beziehungsweise vorgenommen werden sollen.

Die Reduzierung eines q-Sektoren-Modells auf ein Zwei-Sektoren-Modell bedeutet sowohl Informationsverlust als auch Konzentration der Aussage, auf die in (RICHTER 1970) hingewiesen wurde. Der höchste Konzentrationsgrad wird allerdings erst im *Ein-Sektor-Modell* erreicht. Mit den bereits eingeführten Bezeichnungen gelten folgende Beziehungen:

$$x + y = X \qquad (5.29)$$

$$a = \frac{x}{X} \qquad (5.30)$$

Daraus folgen nach wenigen Formeln die beiden Fundamentalgleichungen

$$y = (1-a) X \qquad (5.31)$$

und

$$X = \frac{1}{1-a} \cdot y \qquad (5.32)$$

mit

$$b = \frac{1}{1-a} \cdot \qquad (5.33)$$

Ein Vergleich des Ein-Sektor-Modells mit dem q-Sektoren-Modell ergibt, daß sich folgende Beziehungen entsprechen:

(5.29) und (5.1)
(5.30) und (5.2)
(5.31) und (5.9)

sowie

(5.32) und (5.12).

Schließlich entspricht (5.33) der allgemeinere Ansatz (5.13).

Das Einsektor-Modell mach deutlich, welche enorme Bedeutung dem Wert a, (im q-Sektoren-Modell der Matrix **A**) zukommt. Es handelt sich hier um den spezifischen internen Aufwand, der dem physikalischen Phänomen der Reibung entspricht. Je höher dieser Aufwand ist, desto geringer ist die effektive Leistung des Systems, die sich in y äußert.

5.4 Korrektur der Koeffizienten

Das Verflechtungsmodell wird für verschiedene ökonomische Berechnungen benutzt. Die Güte der dabei erzielten Ergebnisse hängt in erster Linie von der Konstanz der in diesem Modell enthaltenen Koeffizienten des direkten Aufwands ab, die ihrer Natur nach Durchschnittsgrößen sind. Sie geben das in einem bestimmten Erfassungszeitraum durchschnittlich gültige Verhältnis von Verbrauch zu Ausstoß an. In kürzeren Zeiträumen können mehr oder weniger starke Abweichungen von diesen Größen auftreten.

Aus der Erkenntnis der Veränderlichkeit der Koeffizienten des direkten Aufwands heraus hat bereits LEONTIEF Korrekturfaktoren vorgeschlagen. Demnach werden die Koeffizienten des direkten Aufwands durch zwei Faktoren korrigiert, die am Beispiel des Koeffizienten des direkten Aufwands demonstriert werden.

Die Korrekturfaktoren sind

1. der Produktionskoeffizient A, der mit dem Index der Arbeitsproduktivität identisch ist, und

2. der Koeffizient A', der den mehr oder weniger sparsamen Einsatz von Gütern und Leistungen in den produzierenden Sektoren zum Ausdruck bringt.

Der korrigierte Koeffizient des direkten Aufwands lautet dann

$$a_{kl} = \frac{x_{kl} \cdot A_k \cdot A_l'}{X_l} \quad (5.34)$$

Für die Aufwandsfunktion ergibt sich daraus

$$x_{kl} = \frac{a_{kl} \cdot X_l}{A_k \cdot A_l'} \quad (5.35)$$

Wenn die Daten, die zur Berechnung der Koeffizienten des direkten Aufwands benötigt werden, regelmäßig erfaßt werden, läßt sich eine Korrektur der Koeffizienten nach dem Prinzip der *statistischen Rückkopplung* durchführen. Dieses Prinzip wird in Bild 5.9 dargestellt.

Zum Basiszeitraum 0 ist die Matrix der Koeffizienten des direkten Aufwands $A^{(0)}$ und somit die Struktur der Volkswirtschaft gegeben. Bekannt sind weiterhin die für die kommenden Zeiträume (1,2,3,...) vorgesehenen Endverbrauchswerte in der erforderlichen Gliederung. Sie liegen in Form des Endverbrauchsvektors $y^{(1,2,3...)}$ vor. Diese verkürzte Schreibweise steht für die einzelnen Vektoren $y^{(1)}$, $y^{(2)}$ und folgende.

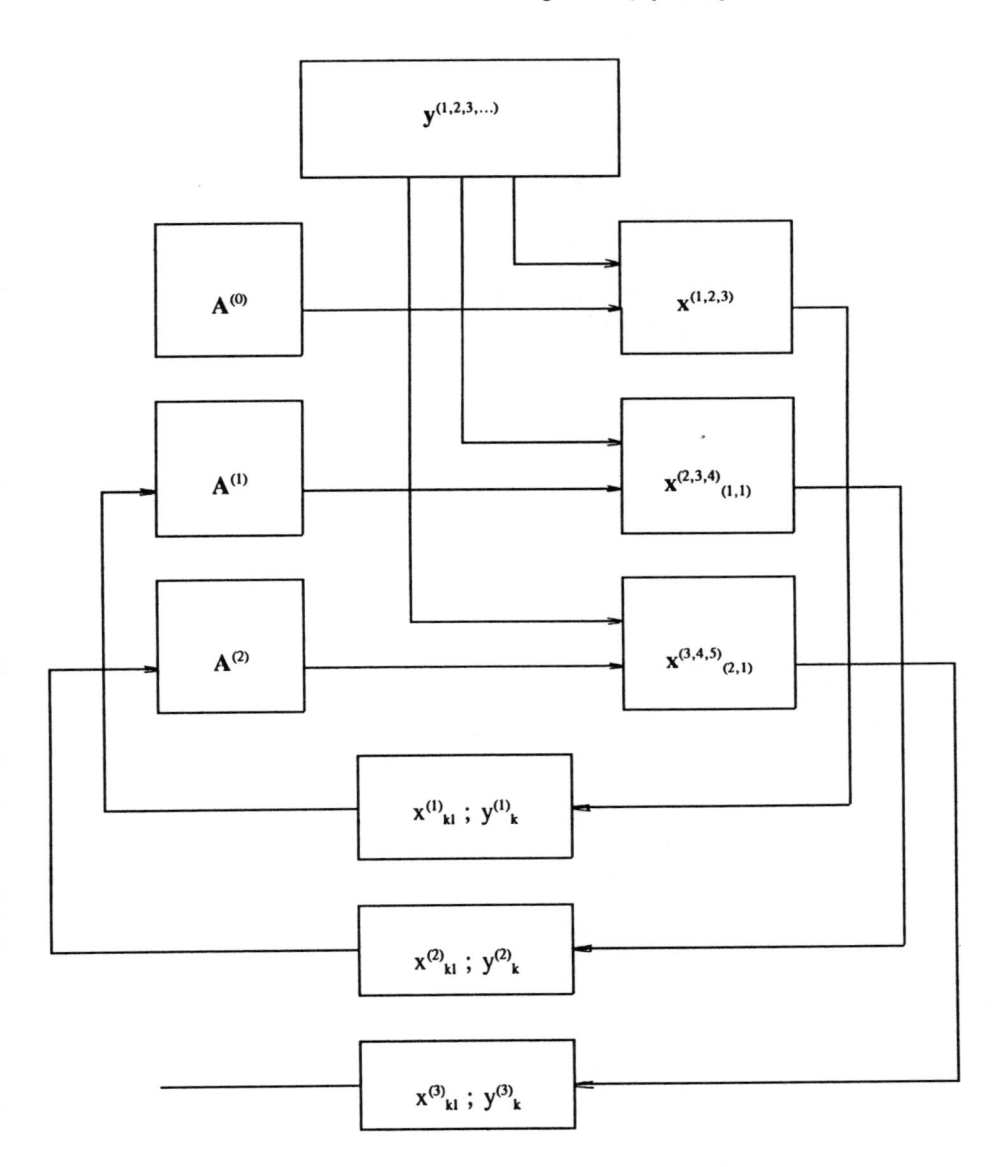

5. Verkehrsökonometrisches Verflechtungsmodell (Input-Output-Modell)

Bild 5.9 Prinzip der statistischen Rückkopplung

Die rechnerische Verbindung der Matrix der Koeffizienten mit den Endverbrauchsvektoren liefert die erforderlichen Ausstoßgrößen in Form der Ausstoßvektoren $x^{(1)}$, $x^{(2)}$ und folgende, die ebenfalls in verkürzter Darstellung angegeben sind. Man erhält

- aus $A^{(0)}$ und $y^{(1)}$ den Ausstoß $x^{(1)}$
- aus $A^{(0)}$ und $y^{(2)}$ den Ausstoß $x^{(2)}$

- aus $A^{(0)}$ und $y^{(3)}$ den Ausstoß $x^{(3)}$
- zusammengefaßt also den Ausstoß für die Zeiträume 1, 2 und 3 aus der Matrix $A^{(0)}$ und dem Endverbrauch $y^{(1,2,3)}$

Die errechneten Ausstoßwerte gelten alle für die wirtschaftliche Struktur, die im Zeitraum 0 bestanden hat und die durch die Matrix $A^{(0)}$ gegeben ist.

Nachdem der Zeitraum 1 abgelaufen ist, liegen darüber die statistischen Größen $x^{(1)}_{kl}$ und $y^{(1)}_k$ vor, aus denen auch die Werke $X^{(1)}_k$ berechnet werden können. Damit wird es möglich, durch die neuen Koeffizienten der Matrix $A^{(1)}$ die im Zzeitraum 1 tatsächlich vorhandene Wirtschaftsstruktur zu erfassen. Die Differenz der Matrizen

$$\Delta A^{(0,1)} = A^{(0)} - A^{(1)} \qquad (5.36)$$

gibt in der Form von

$$\Delta A^{(0,1)} = (\Delta a^{(0,1)}_{kl}) \qquad (5.37)$$

einen Überblick über die in den Beziehungen zwischen den Sektoren eingetretenen Veränderungen.

Die Verbindung von $A^{(1)}$ mit $y^{(2)}$ und $y^{(3)}$ liefert für die Zwischenräume 2 und 3 neue Werte für die Ausstoßvektoren. Der abgelaufene Zeitraum 1 wird nicht mehr betrachtet. Dafür wird ein neuer Zeitraum mit $y^{(4)}$ in die Berechnungen einbezogen. Man erhält

- aus $A^{(1)}$ und $y^{(2)}$ den Ausstoß $x^{(2)}_1$
- aus $A^{(1)}$ und $y^{(3)}$ den Ausstoß $x^{(3)}_1$
- aus $A^{(0)}$ und $y^{(4)}$ den Ausstoß $x^{(4)}$.

Die Größen $x^{(2)}_1$ und $x^{(3)}_1$ sind gegenüber den auf der Grundlage von $A^{(0)}$ bestimmten Vektoren $x^{(2)}$ und $x^{(3)}$ bereits einmal korrigiert. Das wird durch die tiefgesetzte Zahl gekennzeichnet. Die im zweiten Rechengang neu aufgenommene Größe $x^{(4)}$ ist noch nicht korrigiert.

Das geschilderte Verfahren wird nach Ablauf jedes Zeitraumes wiederholt.

Durch die statistische Rückkopplung wird eine gleitende und realitätsnahe Vorausberechnung ermöglicht.

Das Prinzip der statistischen Rückkopplung hat zum Ergebnis, daß die Vorausberechnung auf der Basis eines Verflechtungsmodells wie ein lernendes System funktioniert, das in der Lage ist, Erfahrungen aus der Vergangenheit zu verarbeiten.

5.5 Dynamische Modellansätze

Das dargestellte Verflechtungsmodell (Input-Output-Modell) ist ein *statisches* Modell. Damit ist sein Aussagewert eingeschränkt. Deshalb hat schon LEONTIEF einen Vorschlag zur *Dynamisierung* des Modells entwickelt, zu dem PLATT ausgeführt hat:

"Die Leontiefsche Input-Output-Analyse bezieht sich, soweit sie bisher dargestellt und diskutiert wurde, als statische Analyse mit statischen Systemen ausschließlich auf einen Zeitpunkt, genauer gesagt, auf eine Zeitperiode (ein Jahr). Eine statische Input-Output-Tabelle kann man dementsprechend als Niederschlag eines Querschnitts ansehen, der die Kreislaufstruktur in einem bestimmten Augenblick (einem bestimmten Jahr) festhält. Dadurch, daß Leontief derartige Querschnitte zu verschiedenen Zeiten (1919, 1929, 1939, 1947) durchführt und so einen zeitlichen Vergleich der 'Momentaufnahmen' ermöglicht, wird die statische Methode zur komparativen Statik erweitert.

In der dynamischen Input-Output-Theorie beschränkt sich Leontief nun nicht mehr auf derartige statische Querschnitte und ihre gegenseitigen Vergleiche, sondern er versucht, das System selbst in den Zeitablauf hineinzustellen und die Kreislaufgrößen und ihre Veränderungen wenigstens zu einem Teil als Funktion der Zeit aufzufassen.

Den Ansatzpunkt zu dieser dynamischen Erweiterung des statischen Systems bieten die Investitionsströme, die bisher aus dem Kreislaufzusammenhang der Inputströme herausgenommen und kumulativ im 'final demand' untergebracht waren. Nun unternimmt Leontief den Versuch, diese etwas gewaltsame Abtrennung wieder rückgängig zu machen und durch die Dynamisierung des Systems die Möglichkeit zu schaffen, die 'investment flows' den einzelnen Empfängersektoren zuzurechnen und in das System einzubeziehen. Dabei erhebt sich ebenso wie vorher bei den 'current flows' für ihn die grundsätzliche Frage, wovon der Umfang dieser Investitions-Inputströme abhängig ist, d.h. welcher Funktionalzusammenhang zwischen ihnen und den übrigen Kreislaufgrößen besteht" (PLATT 1957, S. 85 -86).

Die der Dynamisierung des Modells zugrunde liegende Hypothese besagt, daß die Kapitalausstattung eines produzierenden Sektors dem Ausstoß dieses Sektors direkt proportional ist. Sofern keine ungenutzten Kapitalreserven vorhanden sind und - im Sinne der Hypothese notwendigerweise - von Ausstoßerhöhungen als Ergebnis der besseren Ausnutzung der Anlagen abgesehen wird, ist eine Ausstoßerhöhung nur dann möglich, wenn eine Erhöhung der Kapitalausstattung vorgenommen wurde. In Anlehnung an die von PLATT verwendete Symbolik lautet die Hypothese

$$S_{kl} = b^*_{kl} \cdot X_l . \qquad (5.38)$$

Es bedeuten

S_{kl} die Gesamtheit des im produzierenden Sektor "l" eingesetzten Anlagekapitals
b^*_{kl} den Kapitalausstattungskoeffizienten (Anlagen aus dem Sektor "k" je Ausstoßeinheit des Sektors "l")

5. Verkehrsökonometrisches Verflechtungsmodell (Input-Output-Modell)

X_1 den Gesamtausstoß des Sektors "1".

Der Übergang vom statischen zum dynamischen Modell wird vollzogen, indem beide Seiten von Formel (5.38) nach der Zeit abgeleitet werden. Man erhält

$$\frac{d\,S_{kl}}{dt} = b^*{}_{kl} \cdot \frac{d\,X_1}{dt} \quad . \tag{5.39}$$

Die Ableitungen werden nachfolgend kürzer als S'_{kl} und X'_1 geschrieben. Das Gesamtmodell wird durch diesen Ansatz wesentlich erweitert. Im Endverbrauchsvektor sind die Investitionsströme nicht mehr enthalten. Er wird nunmehr als

$$y^+ = \begin{bmatrix} y^+_{1s} \\ y^+_{2s} \\ \cdot \\ \cdot \\ \cdot \\ y^+ \end{bmatrix} \tag{5.40}$$

geschrieben. Gemäß dem bereits früher verwendeten Ansatz für das allgemeine Modell ergibt sich

$$\sum_{1}^{q} (a_{kl} X_1 + b^*{}_{kl} X'_1) + y^+_k = X_k \tag{5.41}$$

$(k = 1, 2, ..., q)$.

In der übersichtlichen Matrixdarstellung ergibt sich für Formel (5.42) nach einer früher bereits mehrfach vorgenommenen Umstellung

$$(E - A) \cdot x - B^* \cdot x' = y^+ \tag{5.42}$$

Der Ansatz von LEONTIEF stellt die erste Form der Dynamisierung des Verflechtungsmodells dar. Weitere Ansätze werden nachstehend genannt.

Ausgangsbasis ist das statische Grundmodell

$$(E - A)\, x = y$$

entsprechend Gleichung (5.9). Der Zuwachs an Ausstoß des Sektors "k", X'_k ergibt sich als Summe der Zuwachsgrößen aller Ausstoßkomponenten von X_k, das heißt als

$$\sum_{1} x'_{kl} + Y'_k = X'_k \tag{5.43}$$

beziehungsweise als

5. Verkehrsökonometrisches Verflechtungsmodell (Input-Output-Modell)

$$\sum_l a_{kl} X'_l \ + \ y'_k \ = \ X'_k \quad \forall \ k \tag{5.44}$$

Dabei wird unterstellt, daß der Zuwachs an Lieferung von "k" nach "l" dem Zuwachs des Ausstoßes in "l" proportional ist. Proportionalitätsfaktor ist der Koeffizient des direkten Aufwandes a_{kl}. Das ist berechtigt, weil es sich bei den x_{kl}-Lieferungen um solche handelt, die in dem Produktionsprozeß von "l" verarbeitet werden. Für das Zwei-Sektoren-Modell gilt entsprechend (5.44)

$$- (a_{11} - 1) X'_1 - a_{12} X'_2 = y'_1$$

$$- a_{21} X'_1 - (a_{22} - 1) X'_2 = y'_2. \tag{5.45}$$

Sind **x'** und **y'** die Vektoren der Zuwachsgrößen, so kann für (5.44) auch

$$(\mathbf{E} - \mathbf{A}) \mathbf{x}' = \mathbf{y}' \tag{5.46}$$

geschrieben werden. Dieses Modell enthält ebenso wie das Zwei-Sektoren-Modell eine auf das Verkehrswesen (beziehungsweise einen Zweig des Verkehrswesens) bezogene Gleichung in ursprünglicher Gestalt nach (5.4) oder in umgeformter Darstellung nach (5.46). Der Gedanke, der dem dynamischen Modell nach LEONTIEF zugrunde liegt, kann auf den Ansatz nach (5.43 ... 5.46) übertragen werden. Wie bereits dargestellt, wird beim Ansatz nach LEONTIEF die Gesamtheit der Investitionslieferungen aus den Lieferungen für den Endverbrauch ausgegliedert und als dem Produktionsausstoßzuwachs in den einzelnen Sektoren proportional angesetzt. Der Endverbrauchsvektor enthält somit keine Investitionslieferungen mehr. Der Vektor **y** im statischen Grundmodell wird durch den Ausdruck $\mathbf{B}^*\mathbf{x}' + \mathbf{y}^+$ im dynamischen Modell ersetzt, wobei der erste Summand eben die Investitionslieferungen angibt. Führt man den erwähnten Ausdruck in (5.44) ein, nachdem er als $\sum_l b^*_{kl} X'_l + y^*_k$ geschrieben wurde, so folgt

$$\sum_l a_{kl} X'_l \ + \ \{\sum_l b^*_{kl} X'_l \ + \ y^+_k \} \ = \ X'_k \tag{5.47}$$

oder

$$\sum_l a_{kl} X'_l \ + \ \sum_l b^*_{kl} X''_l \ + \ y^+_k \ = \ X'_k \quad \forall \ k. \tag{5.48}$$

Für das Zwei-Sektoren-Modell ergibt sich

$$- (a_{11} - 1) X'_1 - b^*_{11} X''_1 - a_{12} X'_2 - b^*_{12} X''_2 = y'_1$$

$$- a_{21} X'_1 - b^*_{21} X''_1 - (a_{22} - 1) X'_2 - b^*_{22} X''_2 = y'_2.$$

Die allgemeine Darstellung von (5.48) lautet

$$(E - A) x' - B^* x'' = y', \qquad (5.49)$$

wobei die hochgesetzten Striche zeigen, daß es sich um Vektoren von Zuwachswerten handelt.

Einen weiteren Ansatz erhält man, indem die Lieferungen für den Endverbrauch aus den Betrachtungen ausgeschlossen werden. Dann ist zunächst

$$\sum_l a_{kl} X_l = X^{(P)}{}_k \qquad (5.50)$$

derjenige Ausstoß des Sektors "k", der in den verschiedenen Sektoren wieder in den Produktionsprozeß einfließt.

Sein Zuwachs ergibt sich analog zu den Gleichungen (5.43) und (5.44) als

$$\sum_l x'_{jk} = X^{(P)'}{}_k \qquad (5.51)$$

beziehungsweise als

$$\sum_l a_{kl} X'_l = X^{(P)'}{}_k \; . \qquad (5.52)$$

Für das Zwei-Sektoren-Modell folgt daraus

$$\begin{aligned} a_{11} X'_1 + a_{12} X'_2 &= X^{(p)'}{}_1 \\ a_{21} X'_1 + a_{22} X'_2 &= X^{(P)'}{}_2 \; , \end{aligned} \qquad (5.53)$$

und die allgemeine Darstellung lautet

$$A x' = x^{(P)'} \; . \qquad (5.54)$$

Sowohl das dynamische Modell nach LEONTIEF wie auch die drei danach skizzierten dynamischen Modellansätze stimmen in ihrem prinzipiellen Aufbau miteinander überein.

Sie können als Sonderfälle eines linearen dynamischen Systems mit q Freiheitsgraden aufgefaßt werden, das SOLODOWNIKOW (1963) in folgender Form beschreibt (Symbole leicht geändert):

5. Verkehrsökonometrisches Verflechtungsmodell (Input-Output-Modell)

$$a^*_{11}(p) x_1 + a^*_{12}(p) x_2 + \ldots + a^*_{1q}(p) x_q = f_1(t)$$

$$a^*_{21}(p) x_1 + a^*_{22}(p) x_2 + \ldots + a^*_{2q}(p) x_q = f_2(t)$$

$$\ldots\ldots\ldots\ldots\ldots\ldots\ldots\ldots\ldots\ldots\ldots\ldots\ldots\ldots\ldots\ldots\ldots\ldots\ldots\ldots\ldots\ldots\ldots\ldots\ldots\ldots$$

$$a^*_{q1}(p) x_1 + a^*_{q2}(p) x_2 + \ldots + a^*_{qq}(p) x_q = f_q(t) \,.$$

(5.55)

Dafür kann kürzer

$$\sum_l a^*_{kl}(p) x_l = f_k(t) \qquad (k = 1, 2, \ldots, q) \qquad (5.56)$$

geschrieben werden. Darin sind die x_l verallgemeinerten Koordinaten, die $f_k(t)$ Störfunktionen und die $a^*_{kl}(p)$ Differentialoperatoren der Form

$$a^*_{kl}(p) = \alpha_{kl} p^2 + \beta_{kl} p + \gamma_{kl} , \qquad (5.57)$$

wobei unter p die Abkürzung d/dt (Ableitung nach der Zeit) zu verstehen ist. Das entsprechende Modell für ein System mit zwei Freiheitsgraden (dem Zwei-Sektoren-Modell vergleichbar) lautet:

$$a^*_{11}(p) x_1 + a^*_{12}(p) x_2 = f_1(t)$$

$$a^*_{21}(p) x_1 + a^*_{22}(p) x_2 = f_2(t) \,.$$

(5.58)

Die verallgemeinerten Koordinaten in Gleichung (5.55) und (5.56) entsprechen in allen dynamischen Verflechtungsmodellen, die oben beschrieben wurden, den Ausstoßgrößen X_l (beziehungsweise X_k) der einzelnen Modellsektoren. Die Störfunktionen $f_k(t)$ werden unterschiedlich interpretiert. Ihnen entsprechen im Ansatz von LEONTIEF die Lieferungen y^+_k für den Endverbrauch, in denen die Investitionslieferungen nicht enthalten sind. Weiterhin stehen für die Störfunktionen oder "Erregungen des System"

- die Endverbrauchszuwachsrate y'_k in Gleichung (5.44)
- die Endverbrauchszuwachswerte $y^{+'}_k$ (ohne Inventionen) in Gleichung (5.48)
- die Zuwachswerte $X^{(P)'}$ des für den produktiven Verbrauch bestimmten Ausstoßes in Gleichung (5.52).

Unabhängig davon, welcher Ansatz gewählt wird, ist es notwendig, für die jeweilige Störfunktion eine spezielle Zeitfunktion anzusetzen, das heißt, y'_k, $y^{+'}_k$ und $X^{(P)'}$ als Funktionen der Zeit zu bestimmen.

Für die Differentialoperatoren $a^*_{kl}(p)$ ergeben sich in den einzelnen Modellen ebenfalls verschiedene Ansätze.

Sie lauten

$$a^*_{kl}(p) = \begin{cases} 0 \cdot p^2 - b^*_{kl} p - (a_{kl} - 1), & \text{wenn } k = 1 \\ 0 \cdot p^2 - b^*_{kl} p - a_{kl} & \text{wenn } k = 1 \end{cases} \quad (5.59)$$

für das Modell (5.43)

$$a^*_{kl}(p) = \begin{cases} 0 \cdot p^2 - (a_{kl} - 1) p + 0, & \text{wenn } k = 1 \\ 0 \cdot p^2 - a_{kl} p + 0, & \text{wenn } k = 1 \end{cases} \quad (5.60)$$

für das Modell (5.46)

$$a^*_{kl}(p) = \begin{cases} -b^*_{kl} p^2 - (a_{kl} - 1) p + 0, & \text{wenn } k = 1 \\ -b^*_{kl} p^2 - a_{kl} p + 0, & \text{wenn } k = 1 \end{cases} \quad (5.61)$$

für das Modell (5.49) und

$$a^*_{kl}(p) = 0 \cdot p^2 + a_{kl} p + 0 \quad (5.62)$$

für das Modell (5.54).

Lösungsmöglichkeiten für die angeführten dynamischen Modelle bieten sich auf der Grundlage der Eigenschaften linearer dynamischer Systeme an. Es ist möglich, ohne Einschränkung der Allgemeingültigkeit alle Störfunktionen bis auf eine gleich null zu setzen. Wenn weiterhin nur das Verhalten einer Variablen interessiert, können die übrigen Variablen eliminiert werden. Es bleibt dann eine Differentialgleichung übrig, die das zeitliche Verhalten der betrachteten Variablen beschreibt. Diese Variable kann selbstverständlich auch der Ausstoß des Sektors Verkehrswesen sein.

5.6 Verkehrsentwicklungsmodell

Die Entwicklung eines Verkehrssystems äußert sich durch die zeitabhängige Veränderung von charakteristischen Kenngrößen des Systems. Als Beispiel wird das Volumen der Verkehrsleistung (der Verkehrsarbeit oder der Verkehrskapazität) V(t) eingeführt. Diese Größe hängt entscheidend von zwei Faktoren ab, nämlich

a) von dem Umfang der Gesamtaufwendungen, über die das Verkehrssystem verfügt, sowie
b) von der Art und der Intensität, mit der diese Aufwendungen durch das System genutzt werden.

5. Verkehrsökonometrisches Verflechtungsmodell (Input-Output-Modell)

Somit wird V(t) durch einen systemexternen Faktor a) und durch einen systeminternen Faktor b) bzw. durch entsprechende Faktorengruppen beeinflußt.

Zur modellhaften Abbildung dieses Zusammenhangs wird auf die Theorie der dynamischen volkswirtschaftlichen Verflechtung zurückgegriffen (vgl. RICHTER 1970). Das Modell beruht auf folgenden Annahmen:

1. Die Gesamtaufwendungen G(t) des Verkehrssystems werden aufgegliedert in
   - die Aufwendungen für die Verkehrsdurchführung, das heißt für den Betrieb des Systems, M(t),
   - die Aufwendungen für den Ersatz der verbrauchten Produktionsmittel, das heißt der Fahrzeuge und Anlagen, F(t),
   - die Aufwendungen für die Erweiterung des Leistungsvolumens, das heißt für die Kapazitätserhöhung, R(t).

   Damit gilt

   $$G(t) = M(t) + F(t) + R(t). \qquad (5.63)$$

   Da es sich bei diesem Modell um die Grundbeziehung eines einsektoralen *einsatzorientierten* Verflechtungsmodells handelt, sind die Gesamtaufwendungen, die in der Regel im Wertausdruck angegeben werden, als Lieferungen der Systemumgebung an das untersuchte Verkehrssystem anzusehen.

2. Es werden folgende Proportionalitäten angenommen:
   - Die Aufwendungen M(t) sind dem Leistungsvolumen V(t) direkt proportional:

   $$M(t) = m \cdot V(t), \qquad (5.64)$$

   - Die Aufwendungen F(t) sind dem Leistungsvolumen V(t) direkt proportional:

   $$F(t) = f \cdot V(t), \qquad (5.65)$$

   - Die Aufwendungen R(t) sind dem Zuwachs des Leistungsvolumens direkt proportional:

   $$R(t) = r \cdot \frac{dV(t)}{dt} = r \cdot V'(t). \qquad (5.66)$$

3. Setzt man c = m + f, so folgt für die Gesamtaufwendungen die Differentialgleichung

   $$G(t) = c \cdot V(t) + r \cdot V'(t). \qquad (5.67)$$

   Die Größen m, f und r sind Proportionalitätsfaktoren, die die spezifischen

Aufwendungen für die einzelnen Aufwandsformen angeben, bezogen auf das Leistungsvolumen V(t) bzw. auf seinen Zuwachs. Mit (t) wird ausgedrückt, daß alle damit verbundenen Größen als Funktionen der Zeit, das heißt als dynamische Größen, verstanden werden.

4. Aus der Differentialgleichung (5.67) werden die Zeitfunktionen V(t) des Leistungsvolumens des Verkehrssystems bei vorgegebenen Zeitfunktionen G(t) für die verfügbaren Gesamtaufwendungen abgeleitet. Für den einfachen Fall der Konstanz, der in Bild 5.10 dargestellt ist,

$$G(t) = a = \text{konst.}, \tag{5.68}$$

folgt als Lösung die Funktion

$$V(t) = ac^{-1} - K\exp[-c^{-1}t]. \tag{5.69}$$

Bild 5.11 zeigt den Verlauf dieser Funktion für den Fall, daß die verfügbaren Gesamtaufwendungen nicht nur für die Verkehrsdurchführung und für den Ersatz der verbrauchten Fahrzeuge und Anlagen verwendet werden müssen.

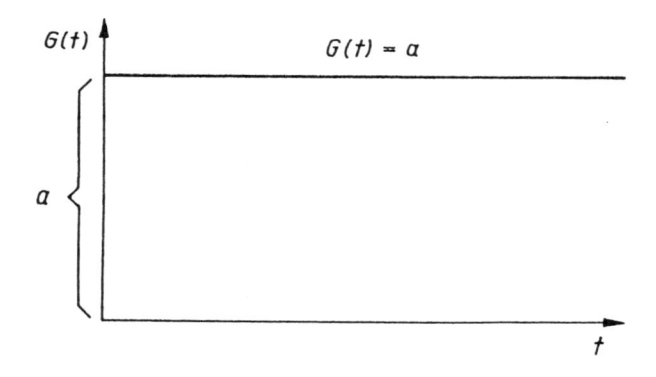

Bild 5.10   Konstante Lieferungen G(t)

Bild 5.11 verdeutlicht, wie sich das Leistungsvolumen V(t) einem Grenzwert nähert, der durch das Verhältnis der Gesamtaufwendungen G(t) = a zu den spezifischen Aufwendungen c definiert ist.

Das Problem ist auch durch diskrete Modellierung lösbar. Diese Methode entspricht der Tatsache, daß die Zeit in der Wirtschaftspraxis und -analyse als quasi-diskrete Variable benutzt wird. Unter der Bedingung

$$G(t) > c \cdot V(t) \tag{5.70}$$

zu Beginn des gesamten Zeitraums verbleiben Mittel in Höhe von $G(T) - cV(t) > 0$ für die Kapazitätserweiterung. Sind $V(t_0)$ das Leistungsvolumen am Beginn des ersten

5. Verkehrsökonometrisches Verflechtungsmodell (Input-Output-Modell)

und $V(t_1)$ das Leistungsvolumen am Ende des ersten bzw. am Beginn des zweiten diskreten Zeitabschnitts, so beträgt der Leistungszuwachs während des ersten Zeitabschnitts ΔV_1.

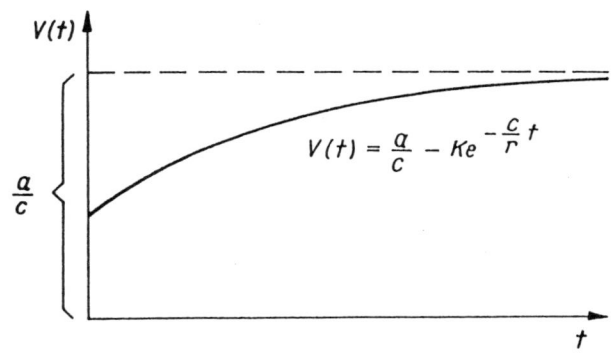

Bild 5.11 Verlauf von $V(t)$ für $G(t) = a$

Im Bild: $V(t) = \dfrac{a}{c} - Ke^{-\frac{c}{r}t}$

Es gelten folgende Beziehungen:

$$V(t_1) = V(t_0) + \Delta V_1, \quad (5.71)$$

$$\Delta V_1 = \frac{a - cV(t_0)}{r}. \quad (5.72)$$

Dabei wird die Konstanz der Gesamtaufwendungen, also $G(t) = a$, vorausgesetzt.

Im zweiten Zeitabschnitt werden mehr Mittel für die Betriebsdurchführung und den Ersatz der verschlissenen Grundfonds benötigt. Damit steht für die Erweiterung des Leistungsvolumens ein geringerer Teil der Gesamtaufwendungen als im ersten Zeitabschnitt zur Verfügung. Der Zuwachs an Leistungsvolumen verringert sich also. Diese Tendenz hält an, bis die obere Grenze ac^{-1} erreicht ist (vgl. Bild 5.12).

Für das Modell in diskreter Form gelten folgende Festlegungen:

1. Die Zeitwerte t_i bestimmen jeweils das Ende des Zeitabschnitts, das heißt, mit $V(t_i)$ wird das Leistungsvolumen (die Kapazität) am Ende des i-ten Zeitabschnitts bezeichnet.

2. Der zu Beginn des Gesamtzeitraums verfügbare Wert der Gesamtaufwendungen $G(t) = a$ für einen Zeitabschnitt muß größer sein als der für die Erzeugung von $V(t_0)$ benötigte Aufwand:

$$G(t) = a > c \cdot V(t_0). \quad (5.73)$$

3. Die Koeffizienten m, f, c und r sind konstant. Der spezifische Aufwand r je Einheit zusätzlichen Leistungsvolumens muß größer sein als der spezifische

Aufwand c für die Nutzung einer vorhandenen Kapazitätseinheit.

$$r > c. \qquad (5.74)$$

Würde diese Bedingung nicht eingehalten, so entstünden nicht ausgenutzte Kapazitäten.

4. Der Zuwachs an Leistungsvolumen (Kapazität) nimmt von Zeitabschnitt zu Zeitabschnitt ab. Diese Abnahme ist relativ konstant, sie erfolgt jeweils um $100\,cr^{-1}$ % bzw. auf $100(1 - cr^{-1})$ %.

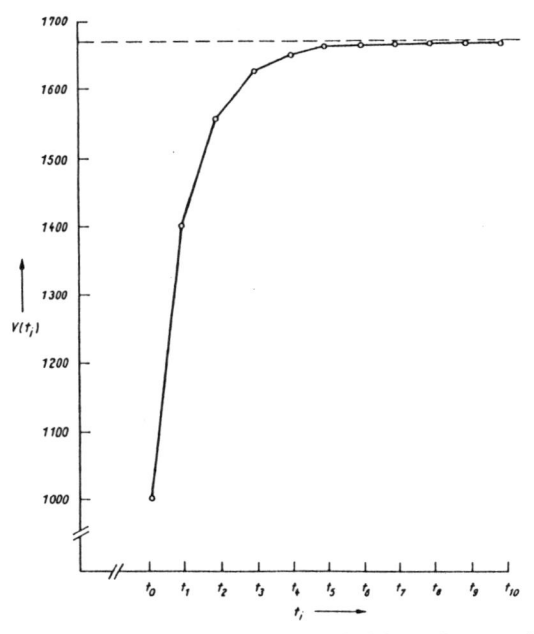

Bild 5.12   Verlauf von $V(t_i)$ nach einem Beispiel aus (RICHTER 1979)

Das Modell wird in folgenden Schritten entwickelt:

1. Schritt: Die Leistungsfähigkeit (das Leistungsvolumen) am Ende des Zeitabschnitts t_0 ist $V(t_0)$.
2. Schritt: Im Zeitabschnitt t_1 wird für die Betriebsdurchführung und den Kapitalersatz der Aufwand $cV(t_0)$ eingesetzt.
3. Schritt: Wegen $G(t) = a$ stehen im Zeitabschnitt t_1 Aufwendungen in Höhe von $a - cV(t_0) > 0$ für die Erhöhung des Leistungsvolumens zur Verfügung.
4. Schritt: Der Zuwachs an Leistungsvolumen im Zeitabschnitt t_1 wird nach (5.72) bestimmt. Am Ende des Zeitabschnitts t_1 beträgt das Leistungsvolumen

5. Verkehrsökonometrisches Verflechtungsmodell (Input-Output-Modell)

$$V(t_1) = V(t_0) + (a - cV(t_0)) r^{-1}. \tag{5.75}$$

5. Schritt: Das Berechnungsprinzip wird auf alle folgenden Zeitabschnitte angewandt. Nach Einführung von

$$q = 1 - cr^{-1} \tag{5.76}$$

folgt die allgemeine Modellgleichung

$$V(t_i) = q^i V(t_0) + ar^{-1} \sum_{j=1}^{i} q^{j-1}. \tag{5.77}$$

Auf Grund der bekannten Summenformel lautet diese Gleichung

$$V(t_i) = q^i V(t_0) + \frac{a}{r} \cdot \frac{1 - q^i}{1 - q}. \tag{5.78}$$

Der Grenzwert des Leistungsvolumens ergibt sich bei diesem Ansatz als

$$V_{max} = ac^{-1}. \tag{5.79}$$

Der Verlauf der Funktion V(t) ändert sich, wenn die Voraussetzung aufgegeben wird, daß die Gesamtaufwendungen G(t) = a und somit konstant sein sollen. Für eine lineare Funktion

$$G(t_i) = a + (i - 1)b \tag{5.80}$$

folgt die Analogie zu (5.77):

$$V(t_i) = q^i V(t_0) + ar^{-1} \sum_{j=1}^{i} q^{j-1} + br^{-1} \sum_{j=1}^{i} (j-1) q^{i-1} \tag{5.81}$$

Im Vergleich zu (5.77) ist in (5.l81) ein dritter Summand aufgetreten, der die Folge des linearen Wachstums der Gesamtaufwendungen ist. Ein Beispiel dazu ist in (RICHTER 1979) enthalten.

Aus den Berechnungen folgt:

1. Der Grenzwert des Anstiegs des Leistungsvolumens $V(t_i)$ beträgt

$$\Delta V_{konst.} = bc^{-1}. \tag{5.82}$$

2. Der erste Zunahmewert des Leistungsvolumens beträgt stets

$$\Delta V_1 = (a - cV(t_0))r^{-1}. \tag{5.83}$$

3. Mit zunehmender Anzahl der Zeitabschnitte geht $V(t_i)$ in einen linearen Verlauf über. Für die Anfangsphase gibt es drei verschiedene Verlaufsformen:

5. Verkehrsökonometrisches Verflechtungsmodell (Input-Output-Modell)

a) Gilt

$$\Delta V_{konst.} < \Delta V_1, \qquad (5.84)$$

so verläuft $V(t_i)$ zunächst degressiv steigend. Der Anstieg der Kurve verringert sich nach und nach auf den konstanten Wert bc^{-1}.

b) Gilt

$$\Delta V_{konst.} = \Delta V_1, \qquad (5.85)$$

so verläuft $V(t_i)$ von Anfang an linear. Das bedeutet, daß das Leistungsvolumen bei unbegrenzter Zeit unbeschränkt anwächst.

c) Gilt

$$\Delta V_{konst.} > \Delta V_1, \qquad (5.86)$$

so verläuft $V(t_i)$ zunächst progressiv steigend. Der Kurvenanstieg wächst nach und nach auf den Wert bc^{-1} an.

Diese drei Fälle werden durch Bild 5.13 veranschaulicht.

Die bisherigen Ergebnisse werden wie folgt zusammengefaßt:

- Konstante Gesamtaufwendungen für ein Verkehrssystem führen bei unverändertem internen Systemzustand nach einer gewissen Einlaufphase zu einem konstanten Leistungsvolumen (zu konstanter Kapazität).

- Linear steigende Gesamtaufwendungen für ein Verkehrssystem führen nach einer gewissen Einlaufphase, die auch linear sein kann, zu einem linear zunehmenden Leistungsvolumen (zu linear wachsender Kapazität) sofern wiederum die systeminternen Bedingungen nicht verändert werden.

Durch unterschiedliche Vorgaben für die Gesamtaufwendungen G(t) können die Zeitfunktionen des Leistungsvolumens V(t), das heißt die Leistungstrajektorien, simuliert werden. Dabei lassen sich auch sprunghafte Veränderungen der Aufwandsfunktion G(t) berücksichtigen. Die bereits erwähnte Unveränderlichkeit der systeminternen Verwertungsbedingungen der Aufwendungen, also des Systemzustands, wird dabei vorausgesetzt. Veränderungen dieses Systemzustands, insbesondere der systeminternen Bedingungen, die den Zusammenhang zwischen V(t) und G(t) betreffen, bedeuten Veränderungen der spezifischen Aufwendungen, die zusammengefaßt durch die Koeffizienten c und r ausgedrückt werden. Sowohl die spezifischen Aufwendungen für die Betriebsdurchführung und den Kapitalersatz, also c, als auch die spezifischen Aufwendungen für die Kapazitätserweiterungen, r, werden sich über längere Zeiträume verändern. Die Einbeziehung dieser Veränderungen in das Modell verbessert dessen Anpassung an die Realität.

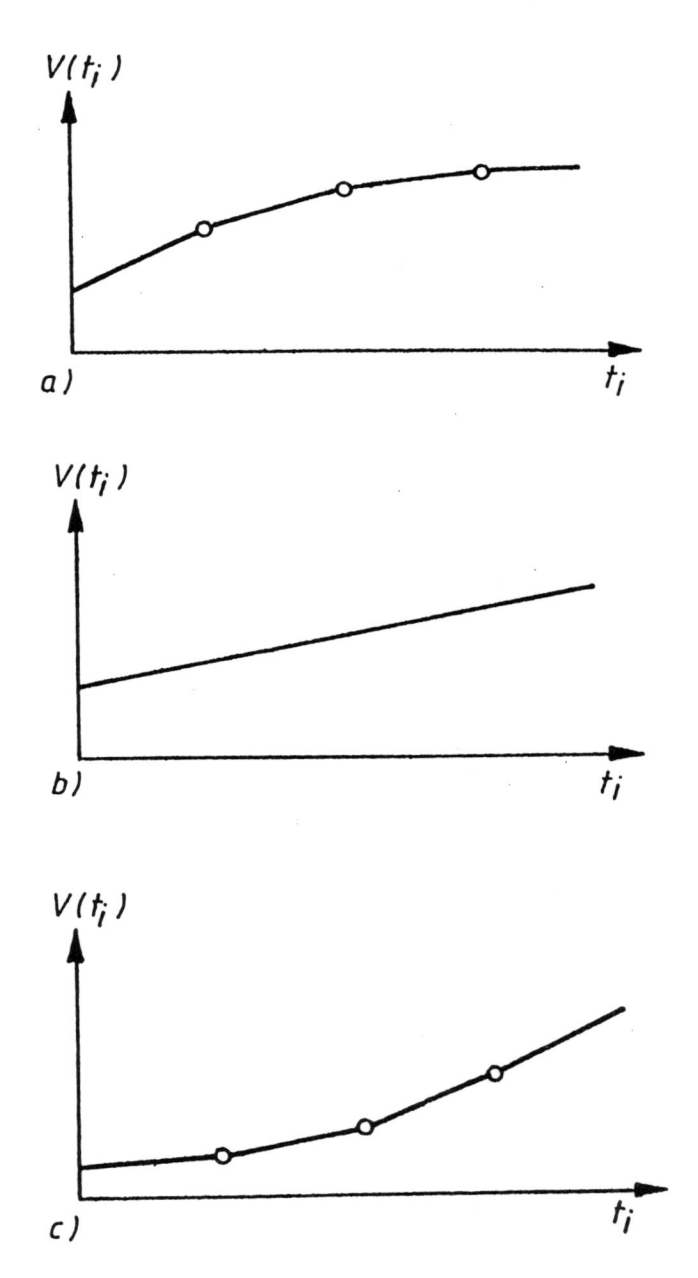

5. Verkehrsökonometrisches Verflechtungsmodell (Input-Output-Modell) 181

Bild 5.13 Verschiedene Verlaufsformen für $V(t_i)$ entsprechend (5.84) bis (5.86)

Um die Darstellung einfach zu halten, wird wieder von $G(t) = a$ ausgegangen. Angenommen wird, daß sich die spezifischen Aufwendungen c verändern. Sie sollen im Zeitabschnitt t_i

$$c_i = c p_c^{i-1} \qquad (5.87)$$

betragen, wobei

$$0 < p_c < 1 \qquad (5.88)$$

die Abnahme und

$$p_c > 1 \qquad (5.89)$$

die Zunahme der spezifischen Aufwendungen c bedeutet.

Analog dazu gilt für die spezifischen Aufwendungen r im Zeitabschnitt t_i

$$r_i = r \cdot p_r^{i-1} \qquad (5.90)$$

mit

$$0 < p_r < 1 \qquad (5.91)$$

für abnehmende und

$$p_r > 1 \qquad (5.92)$$

für zunehmende spezifische Aufwendungen.

Durchgeführte Proberechnungen haben bestätigt:

1. Für abnehmende spezifische Aufwendungen c entsprechend (5.88) wächst $V(t_i)$ an. An die Stelle des festen oberen Grenzwertes ac^{-1} bei konstantem c tritt jetzt der Wert

$$V_{max}(t_i) = a\,(c p_c^{i-1})^{-1}, \qquad (5.93)$$

und zwar wegen Beziehung (5.87). Beispiele für den Verlauf wurden in Bild 5.14 dargestellt.

2. Für steigende spezifische Aufwendungen c entsprechend (5.89) nimmt $V(t_i)$ nach mehr oder weniger kurzem Anstieg ab. Dieser Tendenz kann nur durch wachsende Gesamtaufwendungen begegnet werden (vgl. Bild 5.15).

Legt man in Bild 5.14 oder 5.15 parallel zur $V(t_i)$-Achse Geraden durch verschiedene Zeitwerte t_i, so liefern die Schnittpunkte dieser Geraden mit den Kurven $V(t_i)$ Werte, die zum jeweils gleichen zeitlichen Abstand vom Aus-

5. Verkehrsökonometrisches Verflechtungsmodell (Input-Output-Modell)

gangszeitpunkt gehören, jedoch für verschiedene p_c-Werte bestimmt wurden. Alle zum gleichen Zeitabstand gehörenden Werte ergeben eine Isochrone mit dem allgemeinen Ansatz

$$V(t_i)^+ = f(p_c/t = \ldots) \, . \tag{5.94}$$

Durch die Isochronendarstellung wird der Einfluß auf $V(t_i)$, der sich aus dem Systemzustand und seinen Veränderungen - insbesondere aus den Veränderungen der spezifischen Aufwendungen - ergibt, verdeutlicht. Die Reduzierung der spezifischen Aufwendungen c und/oder r bedeutet immer eine Intensivierung der im Verkehrssystem ablaufenden Prozesse.

3. Für abnehmende spezifische Aufwendungen r entsprechend (5.91) ändert sich bei konstanten Gesamtaufwendungen das Maximum ac^{-1} des Leistungsvolumens nicht, es wird jedoch in kürzerer Zeit als bei $p_r = 1$ erreicht (vgl. Bild 5.16).

4. Bei zunehmenden spezifischen Aufwendungen r entsprechend (5.92) bleibt der Grenzwert ac^{-1} ebenfalls erhalten, wird aber nach längerer Zeit als bei $p_r = 1$ erreicht (vgl. Bild 5.16).

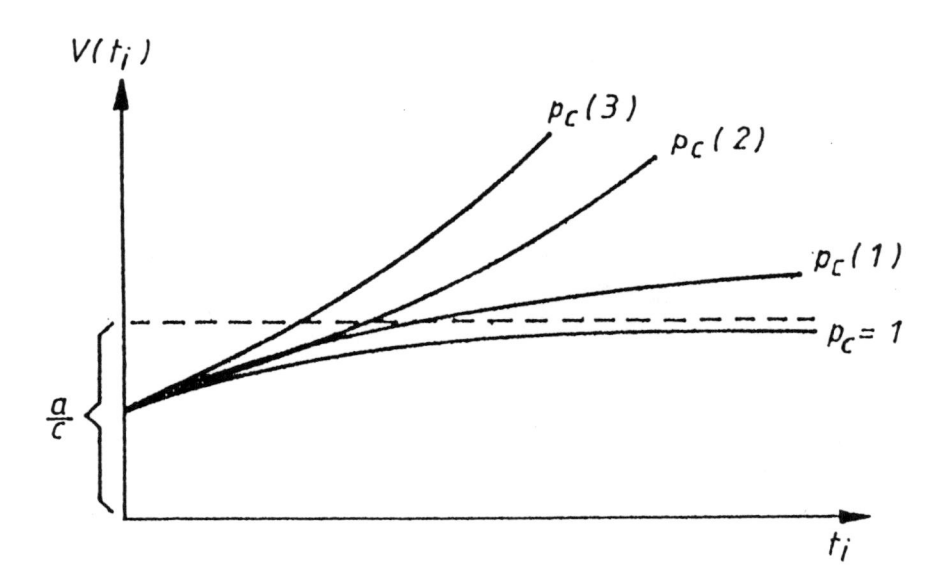

Bild 5.14   Verlauf von $V(t_i)$ für $p_c < 1$; $p_c(1) > p_c(2) > p_c(3)$

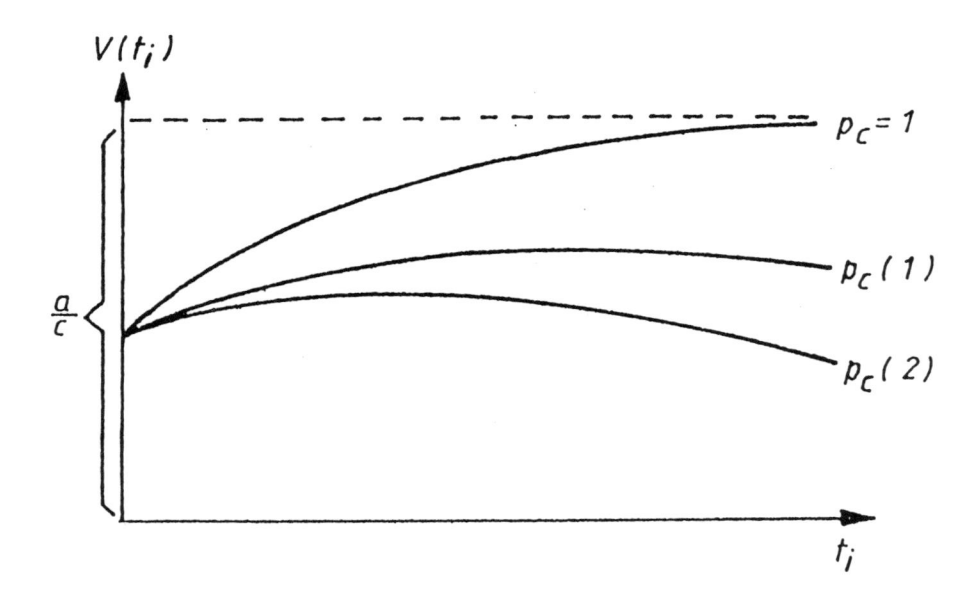

Bild 5.15   Verlauf von $V(t_i)$ für $p_c > 1$; $p_c(1) < p_c(2)$

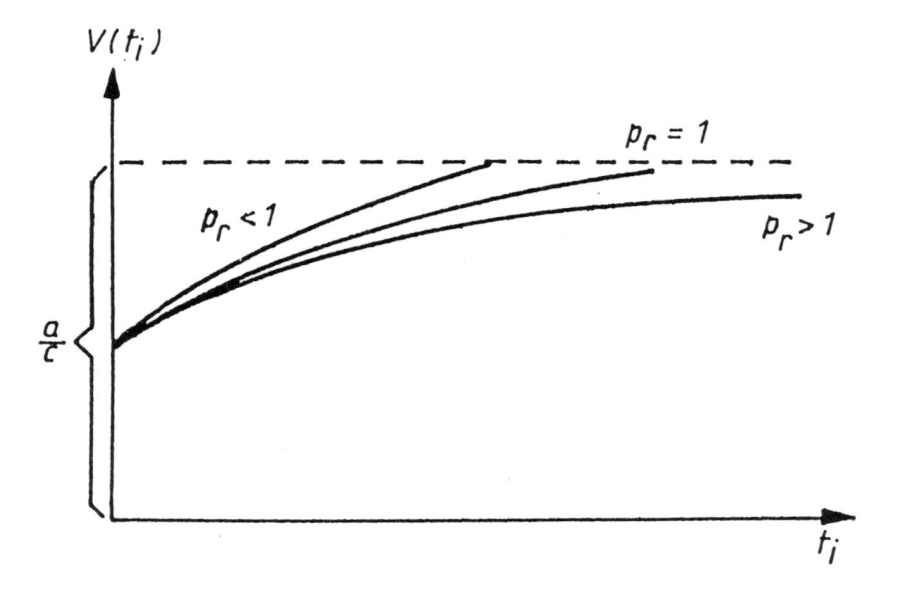

Bild 5.16   Verlauf von $V(t_i)$ für verschiedene Werte p_r

5. Verkehrsökonometrisches Verflechtungsmodell (Input-Output-Modell)

Die dargestellten Modelle lassen sich weiter entwickeln, wobei vor allem zwei Arbeitsrichtungen wesentlich sind, nämlich

a) die gleichzeitigen Veränderungen der spezifischen Aufwendungen c für die Betriebsdurchführung und den Kapitalersatz sowie r für die Erweiterung des Leistungsvolumens

b) die weitere Aufspaltung der Gesamtaufwendungen G(t) über M(t), F(t) und R(t) hinaus, durch die die betriebswirtschaftliche Aussage der Modelle vertieft und verfeinert wird.

Das Modell wird nunmehr durch Einbeziehung der Rückkopplung erweitert. Dazu ist die Beziehung (5.67), die die Verwendung der Gesamtaufwendungen G(t) betrifft, durch

$$G(t) = f\{V(t)\} \qquad (5.95)$$

zu ersetzen. Somit ist das Leistungsvolumen V(t) nicht mehr nur von den Gesamtaufwendungen G(t) abhängig, sondern es gilt auch der umgekehrte Ansatz. Im einfachsten Fall können G(t) und V(t) durch einen Proportionalitätsfaktor k verbunden sein:

$$G(t) = k \cdot V(t). \qquad (5.96)$$

Dieser Faktor vermittelt die Rückkopplung von V(t) auf G(t). Die Entwicklung des Verkehrssystems ist möglich für

$$k > c \text{ (Zunahme)} \qquad (5.97)$$

und

$$k < c \text{ (Abnahme)}, \qquad (5.98)$$

während

$$k = c \qquad (5.99)$$

die Konstanz von V(t) bewirkt. Nachfolgend wird der Fall (5.97) betrachtet.

Aus den Beziehungen (5.67) und (5.96) folgt

$$kV(t) = cV(t) + rV'(t) \qquad (5.100)$$

und weiter

$$(c - k)r^{-1} V(t) + V'(t) = 0. \qquad (5.101)$$

Daraus ergibt sich mit

$$(c - k)r^{-1} = k^+ \qquad (5.102)$$

186   5. Verkehrsökonometrisches Verflechtungsmodell (Input-Output-Modell)

schließlich

$$k^+ V(t) + V'(t) = 0. \tag{5.103}$$

Wegen (5.97) und $r > 0$ gilt $k^+ < 0$.

Die Differentialgleichung (5.103) ergibt die allgemeine Lösung

$$V(t) = K_1 \exp [-k^+ t + K_2]. \tag{5.104}$$

bzw.

$$V(t) = K_1 \exp [(k-c)r^{-1} t + K_2]. \tag{5.105}$$

Für die Diskussion der Lösung ist der Exponent $(k-c)r^{-1} t + K_2$ entscheidend. Für

$$K_2 \gg (k-c)r^{-1} t \tag{5.106}$$

verläuft $V(t)$ nur mit einem geringen Anstieg. Ist dagegen K_2 gegenüber $(k-c)r^{-1}t$ sehr klein oder verschwindet es völlig, so bestimmt allein die Differenz $(k-c)$ in ihrem Verhältnis zu r, also zu den spezifischen Aufwendungen für die Erhöhung des Leistungsvolumens, den Verlauf von $V(t)$. Setzt man $K_2 = 0$, so zeigt sich, daß durch die Festlegung von k, c und r die Größe

$$k^{++} = (k-c)r^{-1} = -k^+ \tag{5.107}$$

zur unmittelbaren Steuergröße für die Entwicklung des Leistungsvolumens $V(t)$ wird.

Die geschilderten Zusammenhänge lassen sich auch in diskreter Form darstellen. In Analogie zu (5.96) wird für den Zeitabschnitt t_i

$$G(t_i) = kV(t_i) \tag{5.108}$$

gesetzt. Weiterhin wird die Festlegung (5.97) beibehalten, so daß

$$kV(t_i) > cV(t_i) \tag{5.109}$$

gilt. Für den Basiszeitabschnitt t_0 lautet die mögliche Erhöhung des Leistungsvolumens

$$\Delta V_1 = (kV(t_0) - cV(t_0))r^{-1} = -k^+ V(t_0), \tag{5.110}$$

und für den Folgezeitraum t_1 beträgt das Leistungsvolumen

$$V(t_1) = V(t_0) + \Delta V_1. \tag{5.111}$$

Damit gilt auch

$$V(t_1) = V(t_0) + (k-c)r^{-1} V(t_0), \tag{5.112}$$

5. Verkehrsökonometrisches Verflechtungsmodell (Input-Output-Modell)

woraus nach einfacher Umformung

$$V(t_1) = (1 + (k - c)r^1) V(t_0) \qquad (5.113)$$

folgt. Durch die Fortführung dieses Ansatzes ergibt sich die allgemeine Beziehung

$$V(t_i) = (1 + (k - c)r^1)^i V(t_0), \qquad (5.114)$$

Die prinzipielle Übereinstimmung mit der Beziehung (5.105) für den stetigen Fall besteht darin, daß in beiden Formeln der Ausdruck $(k - c)r^1$ auftritt.

Mit Formel (5.108) und den durch die Verallgemeinerung von (5.110) und (5.111) gewonnenen Formeln

$$\Delta V_i = (k - c)r^1 V(t_{i-1}) \qquad (5.115)$$

für den Kapazitätszuwachs im Zeitabschnitt t_i sowie

$$V(t_i) = V(t_{i-1}) + \Delta V_i \qquad (5.116)$$

für das Leistungsvolumen im Zeitabschnitt t_i ist eine rekursive Berechnung der $V(t_i)$-Werte möglich, wie sie als Beispiel in Tabelle 5.4 vorgenommen wurde.

Tabelle 5.4 Berechnung der Werte $V(t_i)$

Ausgangswerte: $V(t_0) = 1000$, $k = 4$, $c = 3$, $r = 5$					
i	$V(t_i)$	$k \cdot V(t_i)$	$c \cdot V(t_i)$	$k \cdot V(t_i) - c \cdot V(t_i)$	ΔV_{i+1}
0	1000	4000	3000	1000	200
1	1200	4800	3600	1200	240
2	1440	5760	4320	1440	288
3	1728	6912	5184	1728	345,6
4	2073,6	8294,4	6220,8	2073,6	414,7
.	.	.	.	.	.
usw.	.	.	.	.	.

Die abgeleiteten Formeln gelten nur für den Fall, daß $k > c$ ist, weil dann dem Verkehrssystem mehr Einsatzressourcen zur Verfügung stehen, als es zur Durchführung des Verkehrsbetriebs und zum Ersatz der verschlissenen Anlagen und Fahrzeuge benötigt. Das ist die Voraussetzung dafür, die Leistungsfähigkeit des Systems bei konstanten internen Systemparametern zu steigern. Wenn k und c einander gleich sind, werden die Gesamtaufwendungen vollständig für die Betriebsdurchführung und für den Kapitalersatz eingesetzt. Eine Kapazitätserweiterung ist nicht möglich. Das

188   5. Verkehrsökonometrisches Verflechtungsmodell (Input-Output-Modell)

ergibt sich sowohl aus Formel (5.105), die für $k = c$

$$V(t) = K_1 \exp [K_2] \qquad (5.117)$$

und somit einen konstanten Wert liefert, als auch aus Formel (5.114), die sich zu

$$V(t_i) = V(t_0) \qquad (5.118)$$

vereinfacht. Damit wird gezeigt, daß sich das Niveau des Leistungsvolumens nicht verändert.

Das Verhalten und die Entwicklungsmöglichkeiten des Verkehrssystems lassen sich auch für den Fall $k < c$ untersuchen, doch sind dazu Änderungen in den Modellvoraussetzungen erforderlich. Für konstante systeminterne Parameter c und r wäre ein Verkehrssystem nicht in der Lage, die Aufwendungen für die Betriebsdurchführung und den Kapitalersatz zu decken. Werden aber diese Parameter c und r als Zeitfunktionen $c(t)$ und $r(t)$ angesehen, so sind ihre Entwicklungspfade so zu bestimmen, daß trotz der eingangs genannten Bedingung eine Systementwicklung möglich ist. Im Grenzfall gilt diese Aussage auch für $k = c$. Auf Grund der Komplexität der Beziehungen zwischen den Modellgrößen und der Existenz von Rückkopplung gehört dieses Problem zur systemdynamischen Modellierung (vgl. Kapitel 7.).

Wie bei den Modellen ohne Rückkopplung ist auch bei den rückgekoppelten Modellen eine Weiterentwicklung in verschiedenen Richtungen möglich. Das bedingt in erster Linie die Verfeinerung der Beziehung zwischen $G(t)$ und $V(t)$, also der Rückkopplungsbeziehung selbst. An Stelle von Beziehung (5.96) sind Ansätze wie z.B.

$$G(t) = kV(t) + K \qquad (5.119)$$

oder

$$G(t) = k_1 V(t) + k_2 V(t) \qquad (5.120)$$

möglich, durch die eine größere Zahl von Modellkoeffizienten und somit Eingriffsmöglichkeiten gegeben ist, vor allem dann, wenn die Koeffizienten dynamisiert sind.

Zur weiteren Modellentwicklung gehört die Dynamisierung der spezifischen Aufwendungen c und r, die sowohl Modellkonstanten als auch Systemparameter darstellen. Diese Dynamisierung ist für k-Werte, die kleiner als c sind, unerläßlich, um ein sinnvolles Modell entwickeln zu können. Sie führt aber auch zur Modellverbesserung, wenn $k > c$ ist.

Die Dynamisierung von c und r ist um so notwendiger, je länger der Gesamtzeitraum ist, über den sich die Berechnungen erstrecken sollen. Auch dabei gilt wieder, daß die Simulation eine nützliche Alternative zur analytischen Modellierung, vielleicht sogar ihre sinnvolle Fortsetzung ist. Sie stellt relativ geringe Anforderungen an den mathematischen Apparat und entspricht durch die Benutzung diskreter Zeit der bereits erwähnten quasi-diskreten Zeitvorstellung, wie sie in der Analyse und der Planung üblich ist (vgl. Kapitel 7.).

5.7 Qualitatives Verflechtungsmodell (Filterung II)

Bereits im Abschnitt 3.5 wurde der Begriff der *Filterung* benutzt, um unter Verwendung von *Bagatellwerten* BAG aus einer Verkehrsstrommatrix die *wesentlichen* Verkehrsströme herauszufiltern und die unwesentlichen Verkehrsströme zu annullieren. Die dazu erforderliche Formel ist (3.95). Diese Operation führt, wie dort dargestellt, zu einer Vereinfachung der Belegungsstruktur der Matrix und somit auch dazu, daß die bei Matrizenoperationen unvermeidlichen numerischen Fehler nach Anzahl und Ausmaß reduziert werden, weil die durch Filterung bereinigte Matrix wesentlich mehr Nullelemente als die Ausgangsmatrix enthält.

Für die bereits mehrfach erwähnte Verflechtungsmatrix (Input-Output-Matrix) mit 27 produzierenden Sektoren (vgl. RICHTER 1970), die $27^2 = 729$ Elemente, davon bereits ursprünglich 11 % Nullelemente enthält, wurde festgelegt, daß alle Elemente x_{kl}, die höchstens 1 % des jeweiligen Gesamtausstoßes X_k betragen, im Endverbrauchswert y_k erfaßt werden und die entsprechenden Matrixfelder unbesetzt sein sollen. Für die Elemente der neuen Matrix (x^*_{kl}) gilt also:

$$\begin{array}{lllll} x^*_{kl} & = & x_{kl} & \text{für} \quad x_{kl} > 0{,}01\, X_k \\ x^*_{kl} & = & 0 & \text{für} \quad x_{kl} \leq 0{,}01\, X_k. \end{array} \right\} \qquad (5.121)$$

Bereits dadurch wird erreicht, daß die neue Matrix (x^*_{kl}) rund 73 % Nullelemente enthält. Sie stellt damit die *Hauptströme* dar, während die vielen ursprünglichen *Splitterströme* im Endverbrauchswert erfaßt werden. Auf diese Weise kann eine Trennung in primäre und sekundäre volkswirtschaftliche Austauschbeziehungen vorgenommen werden.

Analog (5.121) gilt für die Koeffizienten des direkten Aufwandes:

$$\begin{array}{lllll} a^*_{kl} & = & a_{kl} & \text{für} \quad x_{kl} > 0{,}01\, X_k \\ a^*_{kl} & = & 0 & \text{für} \quad x_{kl} \leq 0{,}01\, X_k. \end{array} \right\} \qquad (5.122)$$

Die Abweichungen der Koeffizienten des vollen Aufwands b^*_{kl} von den Werten b_{kl} sind gering.

In generalisierter Weise und hinsichtlich des angestrebten Zieles weitergehend, wird dieser Ansatz benutzt, um die grundlegende Struktur der Austauschbeziehungen in ökonomischen Systemen aufzudecken (vgl. z.B. CZAYKA 1972, SCHNABL/HOLUB 1979 und HOLUB/SCHNABL/TAPPEINER 1985).

Aus der ursprünglichen Input-Output-Matrix wird die Grundform einer *qualitativen* Input-Output-Matrix abgeleitet, die ihrerseits die Basis für weitere Arten dieser Matrix ist.

Aus der Matrix $\mathbf{X} = (x_{kl})$ erhält man die Matrix

$$\mathbf{W}^1 = (w^1{}_{kl}) \qquad (5.123)$$

der *direkten Lieferbeziehungen* nach der Vorschrift

$$w^1{}_{kl} = \begin{cases} D(x_{kl} - \text{BAG}) & \text{für } k = 1 \\ 0 & \text{für } k = 1 \end{cases} \qquad (5.124)$$

mit

$$D(x) = \begin{cases} 1 & \text{für } x > 0 \\ 0, & \text{sonst} \end{cases} \qquad (5.125)$$

(vgl. SCHNABL/HOLUB 1979, S. 660).

Die Matrix $\mathbf{W}^1$ ist eine 0-1-Matrix. Der Wert eins zeigt eine *direkte* Beziehung zwischen dem Liefersektor S_k und dem Empfangssektor S_l an, deren Lieferumfang den Bagatellwert übersteigt.

Ausgehend von der Matrix (5.123), werden vielfältige Strukturuntersuchungen angestellt, von denen die wichtigste darin besteht, die dem Sektor S_k vorgelagerten Sektoren einzubeziehen, die bezüglich S_l *indirekte* Lieferungen, eben solche, die zunächst in S_k verarbeitet wurden, hervorbringen. Somit entstehen neben den direkten Lieferungen der *Weglänge* 1 weiterhin indirekte Lieferungen der Weglänge 2. Die Tabellen 5.5, 5.6 und 5.7 enthalten dazu ein Beispiel von CZAYKA, zitiert in (SCHNABL/HOLUB 1979).

Direkte Lieferverbindungen entsprechen den Elementen der Verkehrsnetzmatrix (vgl. Kapitel 3.). Für Lieferwege beliebiger Länge gilt offenbar - ebenfalls nach der genannten Quelle -

$$\mathbf{W}^m = \mathbf{W}^{m-1} \cdot \mathbf{W}^1 = \mathbf{W}^1 \cdot \mathbf{W}^{m-1}. \qquad (5.126)$$

Bei der Lieferwegeentwicklung können durch mehrfaches Einbeziehen von Sektoren oder von Lieferverbindungen Zyklen entstehen, die auf der Hauptdiagonalen durch positive Elemente angezeigt werden. Deshalb wird der zyklenfreie *Lieferpfad* als Weg *kürzester* Lieferverbindungen zwischen S_k und S_l definiert. Es entsteht die *Entfernungsmatrix*

$$\mathbf{E} = (e_{kl}) \qquad (5.127)$$

mit

$$e_{kl} = \begin{cases} \min(m \mid w^m{}_{kl} > 0; m = 1(1)q-1) \\ 0, \quad \text{sonst} \end{cases} \qquad (5.128)$$

für eine q-Sektoren Matrix.

Tabelle 5.5 Matrix der direkten Lieferwege

	S_1	S_2	S_3	S_4	S_5	S_6	S_7	S_8	S_9	S_{10}	S_{11}
S_1		1		1	1	1	1				
S_2	1		1	1							
S_3				1							
S_4					1						
S_5	1		1	1							
S_6							1			1	
S_7								1	1		
S_8							1		1		
S_9								1			
S_{10}											1
S_{11}									1		

Tabelle 5.6 Matrix der Lieferwege der Länge 2

	S_1	S_2	S_3	S_4	S_5	S_6	S_7	S_8	S_9	S_{10}	S_{11}
S_1	2	0	2	2	1	0	1	1	1	1	0
S_2	0	1	0	2	2	1	1	0	0	0	0
S_3	0	0	0	0	1	0	0	0	0	0	0
S_4	1	0	1	1	0	0	0	0	0	0	0
S_5	0	1	0	2	2	1	1	0	0	0	0
S_6	0	0	0	0	0	0	0	1	1	0	1
S_7	0	0	0	0	0	0	1	1	1	0	0
S_8	0	0	0	0	0	0	0	2	1	0	0
S_9	0	0	0	0	0	0	1	0	1	0	0
S_{10}	0	0	0	0	0	0	0	0	0	1	0
S_{11}	0	0	0	0	0	0	0	0	0	0	1

5. Verkehrsökonometrisches Verflechtungsmodell (Input-Output-Modell)

Schließlich wird die Entfernungsmatrix verwendet, um die *Dependenzmatrix*

mit
$$C = (c_{kl}) \tag{5.129}$$

$$c_{kl} = \begin{cases} 1, & \text{wenn } e_{kl} > 0 \\ 0, & \text{sonst} \end{cases} \tag{5.130}$$

zu definieren, die der Verkehrsrelationsmatrix entspricht (vgl. Kapitel 3.).

Von den in der genannten Quelle anschließenden Ausführungen wird noch auf die Klassifizierung der Zusammenhänge in

- *isoliert* mit

$$c_{kl} = c_{lk} = 0, \tag{5.131a}$$

- *schwach zusammenhängend* mit Existenz einer Verknüpfung, aber keines durchgehenden Pfades, also nach (5.131a)

- *unilateral zusammenhängend* mit

$$c_{kl} = 1 \text{ oder } c_{lk} = 1 \tag{5.131b}$$

und

- *bilateral (stark) zusammenhängend* mit

$$c_{kl} = c_{lk} = 1 \tag{5.131c}$$

hingewiesen. Sie gestattet es, die *Konnexitätsmatrix* **H** in der Form

$$H = (h_{kl}) \tag{5.132}$$

mit
$$h_{kl} = c_{kl} + c_{lk} + b_{kl} \tag{5.133}$$
und

$$b_{kl} = \begin{cases} 0, & \text{wenn } S_k \text{ und } S_l \text{ isoliert sind} \\ 1, & \text{sonst} \end{cases} \tag{5.134}$$

aufzustellen. Sie erzeugt für die genannten vier Zusammenhangsarten in der verwendeten Reihenfolge die Werte 0, 1, 2, 3 und ist für das bereits eingeführte Beispiel in Tabelle 5.7 angegeben.

5. Verkehrsökonometrisches Verflechtungsmodell (Input-Output-Modell) 193

Tabelle 5.7 Konnexitätsmatrix

	{S_1	S_2	S_3	S_4	S_5}	{S_6}	{S_7	S_8	S_9}	{S_{10}	S_{11}}
S_1		3	3	3	3	2	2	2	2	2	2
S_2	3		3	3	3	2	2	2	2	2	2
S_3	3	3		3	3	2	2	2	2	2	2
S_4	3	3	3		3	2	2	2	2	2	2
S_5	3	3	3	3		2	2	2	2	2	2
S_6	2	2	2	2	2		2	2	2	2	2
S_7	2	2	2	2	2	2		3	3	1	1
S_8	2	2	2	2	2	2	3		3	1	1
S_9	2	2	2	2	2	2	3	3		1	1
S_{10}	2	2	2	2	2	2	1	1	1		3
S_{11}	2	2	2	2	2	2	1	1	1	3	

Die dargestellte Methodik wurde hier aufgenommen, weil sie es gestattet, grundsätzliche wirtschaftliche Zusammenhänge aus systemtheoretischer Sicht aufzuhellen. Dazu gehört auch der Zusammenhang zwischen Verkehr (dem Verkehrssektor) und der Volkswirtschaft (den übrigen Sektoren des Modells).

Die Abstände zwischen den Sektoren werden durch die verschiedenen Matrizen auf eine Nominalskala (0,1) oder auf eine Ordinalskala (0, 1, 2, 3) abgebildet. Zur Abbildung auf eine kontinuierliche metrische Skala eignet sich die Differenz

$$d_{kl} = b_{kl} - a_{kl},\qquad(5.135)$$

die für alle Lieferbeziehungen berechnet werden kann. Sie benutzt als Abstandsmaß den Koeffizienten des *indirekten* Aufwands d_{kl}, der offenbar mit der Entfernung zwischen zwei Sektoren S_k und S_l oder mit dem Anteil von Lieferungen S_k, die über andere Sektoren, also indirekt in S_l eingesetzt werden, wächst. Damit liegt in der Matrix

$$\mathbf{D} = (d_{kl})\qquad(5.136)$$

ebenfalls die Grundlage für Entfernungsmessungen in Input-Output-Systemen vor.

5.8 Ökonomisch-regionales Modell

Im Input-Output-Modell werden die Lieferströme von Gütern und Leistungen als Ströme von Branche zu Branche oder von Wirtschaftszweig zu Wirtschaftszweig dargestellt. Es handelt sich um ein *ökonomisch* determiniertes Modell. Alle diese Ströme besitzen aber auch eine *regionale* bzw. territoriale Quelle und Senke oder besser gesagt mehrere derartige Quellen und Senken. Sie sind somit auch *regional* bzw. territorial bestimmt. Darin liegt der Ansatz für das *ökonomisch-regionale* Input-Output-Modell begründet, das nachfolgend dargestellt wird.

Die Güter- und Leistungsströme der Verflechtungsmatrix bzw. Input-Output-Matrix, x_{kl}, werden zusätzlich nach p Verkehrsbezirken unterteilt. Eine Trennung nach Güter- und Leistungskomponenten wird vorläufig unterlassen.

Grundgröße der so entstandenen neuen Verflechtungsmatrix ist der regional und sektoral bestimmte Güter- und Leistungsstrom $x_{ij \cdot kl}$. Er gibt den Umfang des Güter- und Leistungsstroms an, der vom Verkehrsbezirk i (Verkehrsquelle) zum Verkehrsbezirk j (Verkehrssenke) verläuft und gleichzeitig der Ausstoß aus dem Sektor k ist, der im Sektor l verbraucht wird. Der Ausstoß des Sektors k wird nun auf p Verkehrsbezirke aufgegliedert. Dabei kann der Ausstoß des Sektors k in einigen Verkehrsbezirken gleich null sein, wenn dieser Sektor in den betreffenden Verkehrsbezirken keine Produktionseinrichtungen unterhält.

Durch die Gliederung nach Verkehrsbezirken und ökonomischen Sektoren treten an die Stelle der ursprünglichen Größen x_{kl} des ökonomisch gegliederten Verflechtungsmodells die neuen, doppelt gegliederten Güter- und Leistungsstromgrößen $x_{ij \cdot kl}$. An die Stelle der Größen X_k treten die regional gegliederten Größen $X_{i,k}$. Sie stehen für den Ausstoß des Sektors k, der aus dem Verkehrsbezirk i (Verkehrsquelle) stammt.

In gleicher Weise werden die Lieferungen an den Endverbrauchssektor, y_k, nach Verkehrsquellen und Verkehrssenken gegliedert. An die Stelle der Werte y_k treten die Größen $y_{ij \cdot k}$. In Analogie zu dem ursprünglichen Gleichungssystem entsteht jetzt ein System folgender Form:

$$\sum_j \sum_l x_{ij \cdot kl} + \sum_j y_{ij \cdot k} = X_{i,k}, \quad i = 1(1)p \quad k = 1(1)q \qquad (5.137)$$

Auf diese Weise ergibt sich eine wesentlich kompliziertere Modellstruktur, wie Bild 5.17 ausschnittweise für die Gliederung der Sektoren in jeweils drei Verkehrsbezirke zeigt.

In Anlehnung an die eingeführten Koeffizienten des direkten Aufwands werden *ökonomisch-regionale Koeffizienten des direkten Aufwands*, kurz ökonomisch-regionale Koeffizienten, gebildet.

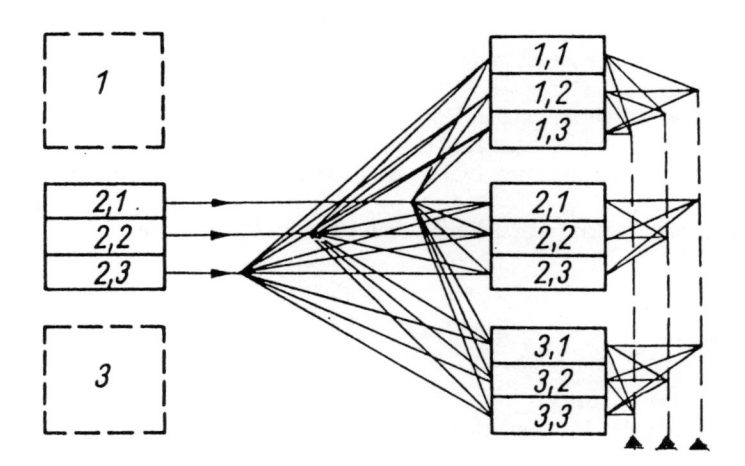

5. Verkehrsökonometrisches Verflechtungsmodell (Input-Output-Modell) 195

Bild 5.17 Erhöhung der Modellkomplexität (Prinzip)

Diese Koeffizienten sind definiert als

$$a_{ij.kl} = \frac{x_{ij.kl}}{X_{j.l}} \tag{5.138}$$

Sie sind der Anteil der Güter- und Leistungslieferungen des im Verkehrsbezirk i liegenden Teils des Sektors k, die im Verkehrsbezirk j liegenden Teil des Sektors l verbraucht werden, am Gesamtausstoß des im Verkehrsbezirk j liegenden Teil des Sektors l.

Aus der Beziehung (5.138) können analog zu früheren Überlegungen ökonomisch-regionale *Aufwands-* und *Produktionsfunktionen* abgeleitet werden.

Für die Aufwandsfunktionen ergibt sich der allgemeine Ansatz

$$x_{ij \cdot kl} = a_{ij \cdot kl} \cdot X_{j.l}, \tag{5.139}$$

und für die Produktionsfunktionen

$$X_{j.l} = a^{-1}{}_{ij \cdot kl} \cdot x_{ij \cdot kl}. \tag{5.140}$$

Mit Hilfe von (5.139) wird das Gleichungssystem (5.137) als

$$\sum_j \sum_l a_{ij.kl} \cdot X_{j.l} + \sum_j Y_{ij.k} = X_{i.k} \tag{5.141}$$

geschrieben. Es handelt sich hierbei um ein inhomogenes Gleichungssystem aus $p \cdot q$ Gleichungen mit $p \cdot q$ Unbekannten.

5. Verkehrsökonometrisches Verflechtungsmodell (Input-Output-Modell)

Bestandteile des Gleichungssystems sind:

1. die ökonomisch-regionalen Koeffizienten $a_{ij \cdot kl}$
2. die regional gegliederten Ausstoßgrößen der Sektoren $X_{i \cdot k}$
3. die regional gegliederten Lieferungen an den Endverbrauchssektor $y_{ij \cdot k}$.

In übersichtlicher Matrizendarstellung erhält das Modell die Form

$$(E - A^*) \cdot x^* = y^*. \tag{5.142}$$

Es bedeuten

E   die Einheitsmatrix
A^* die Matrix der ökonomisch-regionalen Koeffizienten, das heißt

$$A^* = (a_{ij \cdot kl}) \tag{5.143}$$

x^* den Spaltenvektor des auf die Verkehrsbezirke aufgegliederten Gesamtausstoßes der Sektoren, das heißt

$$x^* = (X_{i \cdot k}) \tag{5.144}$$

und
y^* den Spaltenvektor der summierten Lieferungen an den Endverbrauchssektor, das heißt

$$y^* = (\sum_j y_{ij \cdot k}) \tag{5.145}$$

Die angegebenen Zahl von $p \cdot q$ Gleichungen und $p \cdot q$ Unbekannten $X_{i \cdot k}$ stellt für den Fall, daß p Verkehrsbezirke und q Sektoren im Modell vorhanden sind, die theoretischen Höchstzahl dar. In der Praxis wird jedoch die Zahl der Gleichungen wie auch die der Unbekannten wesentlich niedriger liegen. Eine große Zahl von Sektoren tritt nicht in allen Verkehrsbezirken auf, so daß diese Verkehrsbezirke, in denen ein bestimmter Sektor nicht vorhanden ist, hinsichtlich dieses Sektors weder als Verkehrsquelle noch als Verkehrssenke erscheinen.

Entsprechend früheren Ausführungen entsteht aus dem Gleichungssystem (4.142) durch einfache Umformung

$$x^* = (E - A^*)^{-1} y^*. \tag{5.146}$$

Nachdem die Größen $X_{i \cdot k}$ aus der Beziehung (5.146) entsprechend einem vorgegebenen Endverbrauchsprogramm berechnet worden sind, ergeben sich die dazugehörigen Ströme an Gütern und Leistungen durch Einsetzen dieser Größen in Formel (5.139).

Es liegt auf der Hand, daß das ökonomisch-regionale Modell dem nur nach Sektoren gegliederten Modell *vom Prinzip her* überlegen ist. Allerdings sind bei ersterem auch die mit seiner Anwendung verbundenen Arbeiten größer. Der Vorteil, nicht nur die ökonomischen Verflechtungen, sondern gleichzeitig die regionale Struktur dieser Verflechtungen bestimmen zu können, zieht den Nachteil eines wesentlich höheren Organisations- und Rechenaufwands nach sich. Gleichzeitig entstehen neue Probleme, die mit der Bestimmbarkeit und der Stabilität der ökonomisch-regionalen Koeffizienten $a_{ij \cdot kl}$ zusammenhängen. Der genannte höhere Aufwand bleibt jedoch relativ gering, wenn lediglich das Zwei-Sektoren-Modell zusätzlich regional gegliedert wird.

Aus dem ökonomisch-regionalen Modell kann durch entsprechende Zusammenfassungen sowohl das bereits im Abschnitt 5.1 behandelte ökonomische Grundmodell als auch das regionale Modell hergeleitet werden. Damit erweist sich das ökonomisch-regionale Modell als das übergreifende Modell.

Alle für das ökonomische Modell erforderlichen Grundgrößen ergeben sich durch Addition der Grundgrößen des ökonomisch-regionalen Modells.

So gilt

1. für die zwischen den Sektoren ausgetauschten Güter- und Leistungsströme

$$x_{kl} = \sum_i \sum_j x_{ij \cdot kl} \; ; \tag{5.147}$$

2. für den Gesamtausstoß der Sektoren

$$X_k = \sum_i X_{l \cdot k} \; ; \tag{5.148}$$

3. für die Lieferungen des Sektors k an den Endverbrauchssektor

$$y_k = \sum_i \sum_j y_{ij \cdot k} \; . \tag{5.149}$$

Der Koeffizient des direkten Aufwands im ökonomischen Modell, a_{kl}, wird aus den Grundgrößen des ökonomisch-regionalen Modells als

$$a_{kl} = \frac{\sum_i \sum_j a_{ij \cdot kl} \cdot X_{j \cdot l}}{\sum_j X_{j \cdot l}} \tag{5.150}$$

dargestellt.

Wenn dieser Ausdruck in der Form

5. Verkehrsökonometrisches Verflechtungsmodell (Input-Output-Modell)

$$a_{kl} = \frac{\sum_j \{X_{j.l} \sum_i a_{ij.kl}\}}{\sum_j X_{j.l}} \qquad (5.151)$$

geschrieben wird, erkennt man, daß es sich beim Koeffizienten des direkten Aufwands um einen Durchschnittswert handelt. Gemittelt werden die über alle Verkehrsquellen (Ausgangsverkehrsbezirke) summierten ökonomisch-regionalen Koeffizienten. Die Summen werden mit den regional gegliederten Ausstoßwerten gewichtet.

Die Formel kann noch weiter vereinfacht werden. Die Summe der Werte $a_{ij.kl}$ beträgt

$$\sum_i a_{ij.kl} = \sum_i \frac{x_{ij.kl}}{X_{j.l}} \,. \qquad (5.152)$$

Dabei ist der Summationsindex i nur im Zähler des Quotienten enthalten. Man kann also schreiben:

$$\sum_i a_{ij.kl} = \frac{\sum_i x_{ij.kl}}{X_{j.l}} \qquad (5.153)$$

Der Zähler dieses Ausdrucks ist die Summe aller Güter- und Leistungslieferungen, die aus dem gesamten Sektor k (Summe über alle Verkehrsquellen) stammen und zu dem Teil des Sektors l laufen, der sich im Verkehrsbezirk j befindet. Für diese Summe kann man, da alle Ausgangsverkehrsbezirke einbezogen sind,

$$\sum_i x_{ij.kl} = x_{j.kl} \qquad (5.154)$$

setzen. Damit ergeben sich zwei Schreibweisen für den Koeffizienten des direkten Aufwands a_{kl}. Mit der zuletzt angegebenen Beziehung wird

$$\sum_i a_{ij.kl} = \frac{x_{j.kl}}{X_{j.l}} \qquad (5.155)$$

und somit (5.151) zu

$$a_{kl} = \frac{\sum_j X_{j.l} \frac{x_{j.kl}}{X_{j.l}}}{\sum_j X_{j.l}} \,,$$

das heißt

5. Verkehrsökonometrisches Verflechtungsmodell (Input-Output-Modell)

$$a_{kl} = \frac{\sum_j x_{j.kl}}{\sum_j X_{j.l}} \qquad (5.156)$$

Setzt man aber

$$\sum_i a_{ij.kl} = \frac{x_{j.kl}}{X_{j.l}} = a_{j.kl} , \qquad (5.157)$$

so erhält man

$$a_{kl} = \frac{\sum_j X_{j.l} \cdot a_{j.kl}}{\sum_j X_{j.l}} \qquad (5.158)$$

Formel (5.156) ergibt insofern eine neue Deutung des Koeffizienten des direkten Aufwands, als aus ihr ersichtlich wird, aus welchen regional gegliederten Summanden sich Zähler und Nenner dieses Koeffizienten zusammensetzen. Da die Durchführung der Summation im Zähler x_{kl} und im Nenner X_l liefert, ist die Übereinstimmung mit der früher gegebenen Definition des Koeffizienten des direkten Aufwands offenbar.

Formel (5.158) verdeutlicht dagegen den Durchschnittscharakter des Koeffizienten a_{kl} bezüglich der territorial gegliederten Koeffizienten. Auch $a_{j.kl}$ ist letztlich ein Koeffizient des direkten Aufwands, der sich jedoch nur auf den aus dem Verkehrsbezirk j stammenden Ausstoß des Sektors l bezieht.

Während demnach der Koeffizient a_{kl} für den gesamten Sektor l gilt, kommen durch $a_{j.kl}$ die Unterschiede zum Ausdruck, die durch die regionale Lage in den verschiedenen Verkehrsbezirken bedingt sind. Damit liefert die Abweichung zwischen a_{kl} und $a_{j.kl}$ ein Maß für die Schwankungen, denen der Koeffizient des direkten Aufwands infolge der Gliederung des Sektors l nach den verschiedenen Verkehrsbezirken unterliegt. Als zusammenfassendes Abweichungsmaß bietet sich hierbei die Varianz der Koeffizienten $a_{j.kl}$ zu ihrem Durchschnitt a_{kl} in der Form

$$s^2_{a_{kl}} = \frac{\sum_j (a_{j.kl} - a_{kl})^2 \cdot X_{j.l}}{\sum_j X_{j.l}} \qquad (5.159)$$

an. Als Gewichte werden dabei wieder die Größen $X_{j.l}$ verwendet, die bereits in den Durchschnittskoeffizienten a_{kl} eingegangen sind.

Wenn der Sektor l nur in einem Verkehrsbezirk besteht, dann stimmen a_{kl} und der Koeffizient $a_{j.kl}$ für diesen Verkehrsbezirk überein.

Für Analysen- und Planungsarbeiten ergeben sich natürlich wesentliche Vereinfachungen, wenn die Streuung sehr klein ist. Es ist zu prüfen, ob ein Höchstwert der Streuung vorgegeben werden kann, so daß immer dann, wenn die Streuung für eine bestimmte Beziehung (k - l) unter diesem Höchstwert liegt, die Abweichungen zwischen den Größen a_{kl} und $a_{j \cdot kl}$ vernachlässigt werden können. Kybernetisch gesehen ist ein solcher oberer Grenzwert als eine Art Störschwelle aufzufassen. Alle die Fälle, bei denen diese Störschwelle nicht überschritten wird, sind nach dem vereinfachten Durchschnitt a_{kl} zu behandeln, während beim Überschreiten der Höchststreuung die Einzelwerte $a_{j \cdot kl}$ anzusetzen sind. Nachdem die Grundgrößen des ökonomischen Modells aus denen des ökonomisch-regionalen Modells abgeleitet werden konnten, sind auch alle weiteren Berechnungen im Rahmen des Grundmodells möglich.

Ausgangsbasis für die Bildung des *regionalen* Input-Output-Modells sind die ökonomisch-regionalen Stromgrößen $x_{ij \cdot kl}$, Ausstoßgrößen $X_{i \cdot k}$ und Lieferungen an den Endverbrauchssektor $y_{ij \cdot k}$. Die Summierung dieser Größen über die Sektoren liefert die Größen des regionalen Grundmodells in Form von:

1. regionalen Güter- und Leistungsstromgrößen

$$x'_{ij} = \sum_k \sum_l x_{ij \cdot kl} \text{ ,} \qquad (5.160)$$

2. regionalen Güter- und Leistungsströmen der Lieferungen für den Endverbrauch

$$y_{ij} = \sum_k y_{ij \cdot k} \qquad (5.161)$$

3. Gesamtausstoßgrößen der Verkehrsbezirke,

$$X'_i = \sum_k X_{i \cdot k} \text{ .} \qquad (5.162)$$

Für die einzelnen Verkehrsbezirke setzt sich der Gesamtausstoß wie folgt zusammen:

$$\sum_j x'_{ij} + y_i = X'_i \text{ ;} \qquad i = 1(1)p. \qquad (5.163)$$

Dabei ist $y_i = \sum_j y_{ij}$. (5.164)

Der *regionale Koeffizient des direkten Aufwands*

$$a_{ij} = \frac{x'_{ij}}{X'_j} \qquad (5.165)$$

ist definiert als der Anteil der Güter- und Leistungsmenge, die aus dem Verkehrsbezirk i stammt und im Verkehrsbezirk j produktiv verbraucht wird, am Gesamtausstoß des Verkehrsbezirks j.

5. Verkehrsökonometrisches Verflechtungsmodell (Input-Output-Modell)

Man kann die Aussagen des Koeffizienten des direkten Aufwands a_{kl} wie folgt gegenüberstellen:

- Der Koeffizient des direkten Aufwands (im ökonomischen Modell) a_{kl} definiert eine eindeutige Beziehung zwischen zwei *ökonomischen* Sektoren, die durch viele regionale Verbindungen realisiert wird.

- Der regionale Koeffizient des direkten Aufwands a_{ij} definiert eine eindeutige Beziehung zwischen zwei Verkehrsbezirken, die eine Vielzahl von ökonomischen Verflechtungen umschließt.

Beide Koeffizienten beziehen sich auf die Lieferungen an Gütern und Leistungen für den produktiven Verbrauch.

Da die ökonomischen Verflechtungen, die die Folge und den Ausdruck der gesellschaftlichen Arbeitsteilung darstellen, primär sind und - als Ergebnis einer bestimmten Standortsituation - die regionalen Verflechtungen nach sich ziehen, besitzt der Koeffizient des direkten Aufwands a_{kl} ökonomisch gesehen eine unmittelbare, der regionale Koeffizient des direkten Aufwands a_{ij} dagegen eine abgeleitete Aussage. Das wirkt sich auch auf die Stabilität der Koeffizienten aus.

Aus Formel (5.165) ergibt sich eine regional bezogene *Aufwandsfunktion* in der Form

$$x'_{ij} = a_{ij} \cdot X'_j , \qquad (5.166)$$

der analog zu früheren darstellungen auch eine *Produktionsfunktion* gegenübergestellt werden kann.

Wird Formel (5.166) in das Gleichungssystem (5.163) eingeführt, so folgt

$$\sum_j a_{ij} \cdot X'_j + y_i = X'_i ; \quad i = 1(1)p. \qquad (5.167)$$

Die formale Übereinstimmung mit dem Gleichungssystem, das für das ökonomische Grundmodell aufgestellt wurde, ist offensichtlich. Wie dort ist es auch im regionalen Modell

$$(E - A^{**}) \cdot x^{**} = y^{**} \qquad (5.168)$$

möglich zu berechnen, welchen Anteil der Verkehrsbezirk i zum Endverbrauch beitragen kann, wenn die Ausstoßwerte X'_i der einzelnen Verkehrsbezirke vorgegeben sind und die Struktur der regionalen Verflechtungen durch die Koeffizienten a_{ij} bestimmt ist. In der Beziehung (5.168) sind enthalten:

1. die Einheitsmatrix E

2. die Matrix der regionalen Koeffizienten des direkten Aufwands

$$A^{**} = (a_{ij}) \tag{5.169}$$

3. der Vektor der Ausstoßgrößen der Verkehrsbezirke

$$x^{**} = (X'_i) \tag{5.170}$$

4. der Vektor der Lieferungen der Verkehrsbezirke für den Endverbrauch

$$y^{**} = (y_i). \tag{5.171}$$

Aus der Formel (5.168) folgt

$$x^{**} = (E - A^{**})^{-1} \cdot y^{**}, \tag{5.172}$$

wobei die Matrix $(E - A^{**})^{-1}$ regionale Koeffizienten des *vollen Aufwands* enthält. Sie werden wie die im Zusammenhang mit dem Grundmodell eingeführten Koeffizienten des vollen Aufwands interpretiert. Es ist lediglich zu beachten, daß sich die regionalen Koeffizienten des vollen Aufwands auf Verkehrsbezirke beziehen. Zu den Koeffizienten des vollen Aufwands im Grundmodell stehen sie etwa im gleichen Verhältnis wie die regionalen Koeffizienten des direkten Aufwands zu den Koeffizienten des direkten Aufwands im Grundmodell.

Für Zähler und Nenner der Formel (5.165) werden die Summen entsprechend Formeln (5.160) und (5.162) eingesetzt. Damit erhält man

$$a_{ij} = \frac{\sum_k \sum_l x_{ij \cdot kl}}{\sum_l X_{j \cdot l}}. \tag{5.173}$$

Durch Einführung der Aufwandsfunktion folgt

$$a_{ij} = \frac{\sum_k \sum_l a_{ij \cdot kl} \cdot X_{j \cdot l}}{\sum_l X_{j \cdot l}}. \tag{5.174}$$

Eine einfache Umstellung zeigt, daß auch der regionale Koeffizient des direkten Aufwands eine gewogene Durchschnittsgröße aus den Summen

$\sum_k a_{ij \cdot kl}$ ist.

Mit

$$\sum_k x_{ij \cdot kl} = x_{ij \cdot l} \tag{5.175}$$

5. Verkehrsökonometrisches Verflechtungsmodell (Input-Output-Modell)

ergibt sich

$$a_{ij} = \frac{\sum_l x_{ij.l}}{\sum_l X_{j.l}} \qquad (5.176)$$

Setzt man

$$\frac{x_{ij.l}}{X_{j.l}} = a_{ij.l} \qquad (5.177)$$

als für den Ausstoßsektor l gültigen regionalen Koeffizienten des direkten Aufwands, so gilt

$$a_{ij} = \frac{\sum_l X_{j.l} \cdot a_{ij.l}}{\sum_l X_{j.l}} \qquad (5.178)$$

in Analogie zum ökonomischen Grundmodell.

Der regionale Koeffizient des direkten Aufwands a_{ij} ist eine mit den regional und ökonomisch gegliederten Ausstoßgrößen $X_{i.l}$ gewogene Durchschnittsgröße aus den nach Ausstoßsektoren gegliederten entsprechenden Koeffizienten $a_{ij.l}$.

Wie bei Formel (5.159) kann auch für die Streuung der Koeffizienten $a_{ij.l}$ zu ihrem Durchschnitt a_{ij} die Standardabweichung berechnet werden.

Zwischen dem regionalen Modell und der Verkehrsstrommatrix bestehen gewisse Beziehungen. In der Verkehrsstrommatrix bilden die x_{ij}-Werte die Ausgangsgrößen. Ausgangsgrößen des regionalen Modells sind der produktiv verbrauchte Güter- und Leistungsstrom x'_{ij} und der für den Endverbrauch bestimmte Güter- und Leistungsstrom y_{ij}. Damit ergeben sich folgende Unterschiede:

1. Die Lieferungen für den produktiven Verbrauch und denjenigen für den Endverbrauch sind in der Verkehrsstrommatrix in einer Größe zusammengefaßt, während sie im regionalen Modell getrennt ausgewiesen werden. Eine entsprechende Aggregation im regionalen Modell ist nicht ratsam. Bei beiden Lieferungsarten handelt es sich um ökonomisch unterschiedliche Kategorien, deren Verbindung wesentliche Erkenntnisse über die aus dem regionalen Modell zu gewinnenden Aussagen verschließt. Eine Zusammenfassung am Ende der Berechnungen lediglich zu dem Zwecke, die insgesamt auftretenden Anforderungen an das Verkehrswesen zu bestimmen, ist dagegen sowohl möglich als auch erforderlich. Sie führt schließlich zur Verkehrsstrommatrix, die somit als eine sehr weitgehende Aggregation des regionalen Modells erscheint.

2. Die bloße Addition der Größen x'_{ij} und y_{ij} des regionalen Modells führt jedoch nicht zu den Stromgrößen x_{ij} der Verkehrsstrommatrix, weil in der Verkehrsstrommatrix nur die Güteraustauschmengen erfaßt werden, während die Ausgangsgrößen des territorialen Modells eine Güter- und eine Leistungskomponente enthalten.

Aus diesem Grunde ist es erforderlich, bei der Vereinigung der Größen x'_{ij} und y_{ij} zu den Ausgangsgrößen der Verkehrsstrommatrix Anteilskoeffizienten einzuführen. Es sind

k_{Gx} der Anteil der Güterkomponente an der Größe x'_{ij} und

k_{Gy} der Anteil der Güterkomponente an der Größe y_{ij},

wobei

$$k_{Gx} \leq 1; \; k_{Gy} \leq 1 \quad (5.179)$$

ist. Damit gilt für die Elemente x_{ij} der Verkehrsstrommatrix

$$x_{ij} = k_{Gx} \cdot x'_{ij} + k_{Gy} \cdot y_{ij}. \quad (5.180)$$

Für die Vereinfachung der Umrechnung wird es zweckmäßig sein, die Koeffizienten k_{Gx} und k_{Gy} als Gruppenwerte anzugeben, die jeweils mehrere Verbindungen (i - j) repräsentieren.

Die Verkehrsstrommatrix stellt sowohl hinsichtlich ihres Inhalts als auch hinsichtlich ihrer Gliederung gegenüber dem regionalen Modell eine Zusammenfassung dar.

Die in Kapitel 4. eingeführten Entropie- und Transinformationsgrößen lassen sich auch auf alle Arten des Input-Output-Modells anwenden. Erforderlich dazu ist lediglich, die statistischen Wahrscheinlichkeiten auf der Grundlage der in den Tabellen ausgewiesenen Absolutwerte zu berechnen.

Im regionalen Verflechtungsmodell werden die den Stromgrößen der Verkehrsstrommatrix entsprechenden Größen x'_{ij} über die regionale Aufwandsfunktion entsprechend Gleichung (5.166), also über die regionalen Koeffizienten des direkten Aufwands bestimmt. Da diese Größen und Koeffizienten durch Aggregation der entsprechenden Größen und Koeffizienten des ökonomisch-regionalen Modells gewonnen werden, sind sie aus der ökonomischen Verflechtung der Volkswirtschaft ableitbar.

Daneben gibt es Modelltypen, mit deren Hilfe die regionalen Ströme (Güterströme, Reisendenströme, Nachrichtenströme) direkt, das heißt auf der Basis statistischer Unterlagen über bisherige räumliche Verflechtungen, bestimmt und prognostiziert werden können. Dazu gehören z.B. die Steigerungsfaktorenmodelle.

5. Verkehrsökonometrisches Verflechtungsmodell (Input-Output-Modell)

Unter einem *Steigerungsfaktorenmodell* versteht man ein Modell, nach dem künftige Verkehrsströme auf der Grundlage von

a) statistisch ermittelten bisherigen Verkehrsströmen und

b) Steigerungsfaktoren

ermittelt werden. Wird ein allgemeiner Steigerungsfaktor F_{ij} für die regionale Relation (ij) eingeführt und wird der statistisch ermittelte Verkehrsstrom mit $x_{ij(S)}$ und der zu bestimmende Verkehrsstrom mit x_{ij} bezeichnet, so gilt:

$$x_{ij} = x_{ij(S)} \cdot F_{ij} . \tag{5.181}$$

Die verschiedenen Formen des Steigerungsfaktorenmodells ergeben sich durch die unterschiedliche Definition des Steigerungsfaktors F_{ij}. So gilt beispielsweise für das einfache *Durchschnittsfaktorenmodell*

$$F^{(D)}{}_{ij} = \frac{F_i + F_j}{2} \tag{5.182}$$

für das *Detroit*-Modell

$$F^{(De)}{}_{ij} = \frac{F_i \cdot F_j}{F_m} \tag{5.183}$$

für das *Fratar*-Modell

$$F^{(F)}{}_{ij} = F_i \cdot F_j \cdot \frac{L_i + L_j}{2} \tag{5.184}$$

Der Fall eines konstanten Steigerungsfaktors für alle regionalen Relationen (F_{ij} = konst. für alle Werte von i und j) wird hier nicht betrachtet.

Die in den Formeln (5.182) bis (5.184) enthaltenen Steigerungsfaktoren F_i, F_j, F_m und die Größen L_i uns L_j sind wie folgt definiert:

$$F_i = \frac{\sum_j x_{ij}}{\sum_j x_{ij(S)}} \tag{5.185}$$

$$F_j = \frac{\sum_i x_{ij}}{\sum_i x_{ij(s)}} \tag{5.186}$$

$$F_m = \frac{\sum_i \sum_j x_{ij}}{\sum_i \sum_j x_{ij(S)}} \qquad (5.187)$$

$$L_i = \frac{\sum_j x_{ij(S)}}{\sum_j x_{ij(S)} \cdot F_j} \qquad (5.188)$$

$$L_j = \frac{\sum_j x_{ij(S)}}{\sum_i x_{ij(S)} \cdot F_i} \qquad (5.189)$$

Der Steigerungsfaktor F_i ist ein Quotient aus dem zu bestimmenden und dem zurückliegenden (statistisch erfaßten) Verkehrsaufkommen im Verkehrsbezirk i. In analoger Weise ist F_j ein Quotient aus dem zu bestimmenden und zurückliegenden Umfang des Zuflusses zum Verkehrsbezirk (zur Senke) j. Schließlich stellt F_m den Steigerungsfaktor des Gesamtverkehrs dar. Da in allen drei Fällen nur die Nenner bekannt sind, müssen die Zähler auf geeignete Weise geschätzt werden. Oft begnügt man sich damit, die größen F_i, F_j und F_m unmittelbar zu schätzen.

Die Ortsfaktoren L_i und L_j (die *Lokationen*) werden berechnet, um die gegenseitige Anziehung der einzelnen Verkehrsbezirke darzustellen. Wenn es gelingt, die Zähler der Steigerungsfaktoren zu bestimmen oder diese Faktoren direkt zu schätzen, können mit Hilfe des Steigerungsfaktorenmodells künftige Verkehrsbeziehungen berechnet werden.

Wie in (RICHTER 1975) gezeigt wird, lassen sich die Steigerungsfaktoren für den Güterverkehr mittels der Verflechtungs- bzw. Input-Output-Matrizen abschätzen. So ergibt sich z.B. in Abänderung von (5.185)

$$F_i = \frac{X_i^{(G)*}}{\sum_j x_{ij(S)}} \qquad (5.190)$$

mit

$$X_i^{(G)*} = \sum_k n_k \cdot k_{G.k} \cdot v_{i.k} \cdot X_k + s_i. \qquad (5.191)$$

Die Symbole haben folgende Bedeutung:

$X^{(G)*}_i$ vorausberechneter Güterausstoß aus dem Verkehrsbezirk i

n_k Faktor zur Umrechnung des wertmäßigen Ausstoßes aus Sektor k in Naturaleinheiten

$k_{G.k}$ Anteil des Güterausstoßes am Gesamtumfang aus Sektor k

$v_{i.k}$ Element der Matrix

$$V = (v_{i.k}) ; \qquad (5.192)$$

Anteil der Kapazität des Sektors k im Verkehrsbezirk i

X_k Ausstoß aus dem Sektor k

s_i sonstiges Aufkommen im Verkehrsbezirk i.

In analoger Weise kann $F_{.j}$ bestimmt werden.

Regionale Input-Output-Modelle gehören schon lange zum festen Bestand der Regionalwissenschaften, wie aus (ISARD 1960, LEONTIEF 1963, OTT/SCHWARZ/WAGNER 1970, HEGGIE 1972, KLAASSEN/MOLLE/PAELINCK 1981, KLAASSEN/PAELINCK/WAGENAAR 1982, BRÖCKER 1984, ANSELIN 1988, GRIFFITH 1988 und MCGREGOR/SWALES 1994) beispielhaft zu entnehmen ist. Neuere Ansätze zielen darauf ab, auf dieser Grundlage raumwirtschaftliche Gleichgewichte zu bestimmen (SHEFFI 1985, BRÖCKER 1994). Für die Verkehrswirtschaft ist diese Entwicklung von großer Bedeutung, weil letzten Endes jeder Verkehr aus der Existenz räumlicher Potentialdifferenzen entsteht.

5.9 Zusammenfassung

Das aus der Kreislauftheorie abgeleitete Verflechtungsmodell bzw. Input-Output-Modell (IOM) stellt in seiner ausstoßorientierten Variante die Grundlage für verschiedene verkehrsökonometrische Modelle dar. Wichtige Beziehungen und Größen sind die sektoralen Ausstoßgleichungen, die Koeffizienten des direkten Aufwands und die Koeffizienten des vollen Aufwands, aus denen zusammen schließlich die Koeffizienten des indirekten Aufwands folgen.

Die originären Koeffizienten des direkten Aufwands definieren ein konstantes Verhältnis zwischen Sektor-Input und Sektor-Output und dadurch insgesamt lineare Beziehungen, also auch ein lineares Modell.

Das IOM ist geeignet, die Beziehungen zwischen dem Verkehrswesen einerseits und den übrigen volkswirtschaftlichen Sektoren andererseits zu modellieren. Bei höchster Aggregation entsteht ein Zwei-Sektoren-Modell als Ausdruck einer System-Umwelt-Beziehung.

Doch ist es auch möglich, den Verkehrssektor in Untersektoren zu gliedern und diese

5. Verkehrsökonometrisches Verflechtungsmodell (Input-Output-Modell)

Gliederung im Modell zu berücksichtigen.

Die Korrektur der Koeffizienten und die Dynamisierung des Modells dienen dem Zweck, die Modellkoeffizienten und das Modell den sich in der Zeit vollziehenden Veränderungen anzupassen. Gleichfalls dynamisch ist das Verkehrsentwicklungsmodell, das jedoch von einer einsatzorientierten Modellvariante ausgeht. Dieses Modell erweist sich in stetiger und in diskreter Form als sehr flexiblel. Es reicht bis zur Einbeziehung des Rückkopplungsprinzips.

Durch Filterung wird ein qualitatives IOM entwickelt, dessen Aussage in letzter Konsequenz nur noch die Existenz oder Nichtexistenz von Lieferbeziehungen zwischen Sektoren betrifft. Aber gerade dieser Ansatz erweist sich als Basis für weitreichende Strukturuntersuchungen.

Das ökonomisch-regionale Modell (auch: Multiregionales Input-Output-Modell) ist zugleich sektoral und regional gegliedert. Es besitzt somit die tiefste Struktur, zugleich aber die größte Dimension und die numerisch am wenigsten gesicherten Koeffizienten. Sein heuristischer Wert ist unbestritten. Aus dem ökonomisch-regionalen Modell gehen durch Aggregation sowohl das ökonomische (sektoral gegliederte) als auch das regionale Input-Output-Modell hervor.

6. Verkehrsnachfragemodelle

6.1 Kenngrößen des Verkehrsprozesses

Verkehrsnachfragemodelle werden aufgestellt und benutzt, um die nachgefragte Verkehrsarbeit und Verkehrsleistung aus ihren verursachenden wirtschaftlichen Größen zu erklären (analytischer Aspekt) und um sie vorauszuberechnen (prognostischer Aspekt).

Da *Verkehrsgrößen* in diese Modelle einfließen, ist auf eine möglichst präzise und einheitliche Bestimmung und Verwendung dieser Größen zu achten. Elementare Kenngrößen sind

- die Verkehrsmenge
- die Verkehrsweite (Transportweite) und
- die Verkehrsarbeit,

die nachfolgend erklärt werden.

1. *Verkehrsmenge*:
   Gesamtheit der Verkehrsobjekte, die in einer definierten Menge von einzelnen Verkehrsvorgängen örtlich verändert, also transportiert werden. Die jeweilige Dimension richtet sich nach der Art der Verkehrsobjekte (Tonnen, Personen, Sendungen).

2. *Verkehrsweite* (auch Transportweite):
   Entfernung, über die ein Verkehrsobjekt (oder eine definierte Menge bzw. Einheit von Verkehrsobjekten) örtlich verändert, also transportiert wird. Als Dimension wird im allgemeinen das Kilometer benutzt. Bei Transporten in örtlich sehr begrenzten Systemen, beispielsweise im innerbetrieblichen Transport, kann das Meter benutzt werden.

3. *Mittlere Verkehrsweite*:
   Im allgemeinen gewogenes arithmetisches Mittel einer definierten Menge von Verkehrsweiten, wobei als Gewichte die Verkehrsmengen benutzt werden. Die mittlere Verkehrsweite wird gewöhnlich für ein bestimmtes Verkehrsnetz oder für bestimmte Arten von Verkehrsobjekten berechnet (z.B. als mittlere Güterverkehrsweite oder als mittlere Personenverkehrsweite). Sie besitzt die gleiche Dimension wie die Verkehrsweite.

4. *Verkehrsarbeit*:
   Ausdruck der Produktionsresultate von Verkehrssystemen, in dem die Verkehrsmenge und die Verkehrsweite gemeinsam enthalten sind. Die Verkehrsarbeit wird im allgemeinen für den Güterverkehr in der Dimension Tonnenkilometer und für den Personenverkehr in der Dimension Personenkilometer angegeben; eine Zusammenfassung zu einer einheitlichen Dimension ist über entsprechende Koeffizienten möglich, aber wenig aussagefähig. Für postalische

Verkehrsprozesse wird die Verkehrsarbeit als wirtschaftsstatistische Kenngröße nicht ausgewiesen; lediglich die Verkehrsmenge wird angegeben. Wird die Verkehrsarbeit auf eine bestimmte Zeiteinheit bezogen, so ergibt sich die Verkehrsleistung.

Weitere kenngrößen zur Charakterisierung des Verkehrsprozesses sind

- die *Verkehrszeit* T
- die *Verkehrsleistung* L
- die *Verkehrsstromstärke* S
- die *Verkehrsquellstärke* oder -quellintensität J_Q
- die *Verkehrssenkstärke* oder -senkintensität J_S
- der *Verkehrsdurchsatz* D
- die *Verkehrsgeschwindigkeit* V.

Als Verkehrszeit T wird die Zeitdauer bezeichnet, die für einen definierten Verkehrsvorgang oder eine definierte Menge von Verkehrsvorgängen benötigt wird. Es gilt also

Verkehrszeit: T /Tag, Stunde, .../.

Die Verkehrszeit ist ebenso wie die Verkehrsweite und wie die Verkehrskosten Ausdruck für den Verkehrswiderstand.

Durch die Beziehung

$$L = \frac{A}{T} = \frac{M \cdot W}{T} \qquad (6.1)$$

in Tonnenkilometer pro Zeiteinheit oder Personenkilometer pro Zeiteinheit wird die Verkehrsleistung als Verkehrsarbeit pro Zeiteinheit erklärt. Kenngrößen in der Form von (6.1) sind stets mit der Vorstellung verbunden, daß es sich um mittlere Größen handelt. Diese Vorstellung wird durch die Angabe der Verkehrsarbeit für ein Jahr nicht erfüllt. Dagegen kann aus einer Verkehrsarbeit von beispielsweise $2,4 \cdot 10^6$ tkm in einem bestimmten Jahr eine (mittlere) monatliche Verkehrsleistung von

$$L = \frac{2,4 \cdot 10^6}{12} = 2 \cdot 10^5 \; tkm/Monat$$

errechnet werden. Durch den Übergang auf eine kleinere Zeiteinheit entsteht eine Aussage mit Mittelwertcharakter.

Die Verkehrsstromstärke S, die Verkehrsquellstärke J_Q und die Verkehrssenkstärke J_S werden jeweils als Quotient aus einer Verkehrsmenge M und einer Zeitdauer T gebildet. Weiterhin werden

M_{QS} als die Menge der bewegten Verkehrsobjekte

6. Verkehrsnachfragemodelle

M_Q als die Quellmenge der Verkehrsobjekte
M_S als die Senk- oder Zuflußmenge der Verkehrsobjekte

eingeführt.

Dann gilt für
- die Verkehrsstromstärke (Flußintensität)

$$S = \frac{M_{QS}}{T}, \qquad (6.2)$$

- die Verkehrsquellstärke (Abflußintensität)

$$J_Q = \frac{M_Q}{T}, \qquad (6.3)$$

- Die Verkehrssenkstärke (Zuflußintensität)

$$J_S = \frac{M_S}{T}, \qquad (6.4)$$

jeweils als Tonnen oder Personen oder Sendungen je Zeiteinheit.

Die Kenngröße S kann als gerichtete Größe (im Sinne der Gerichtetheit des Verkehrsstroms) und als ungerichtete Größe (im Sinne einer allgemeinen Belegungsgröße) verstanden werden. In jedem Falle ist es notwendig, die Elemente des Verkehrssystems genau anzugeben, auf die sich S, J_Q und J_S beziehen. Außerdem können J_Q und J_S benutzt werden, um die Funktion der Orte O_i der Ortemenge M_O zu charakterisieren sowie, ähnlich der Konstruktion von Schwerkraftmodellen, ein Verkehrspotential zu definieren.

Die Kenngrößen S, J_Q und J_S sind in diskreter Form angegeben. Damit entsprechen sie gleichzeitig dem Verkehrsdurchsatz D.

Die Verkehrsgeschwindigkeit ist das Verhältnis zwischen Verkehrsweite und Verkehrszeit:

$$V = \frac{W}{T} \quad /Kilometer\ pro\ Zeiteinheit/ \qquad (6.5)$$

Sie wird im allgemeinen nicht summarisch, sondern für wohldefinierte Verkehrsvorgänge angegeben.

In Tabelle 6.1 sind alle genannten Kenngrößen zusammengestellt.

Tabelle 6.1 Kenngrößen des Verkehrsprozesses

Bezeichnung	Symbol	Bestimmung	Maßeinheit
Verkehrsmenge	M	-	Tonnen (t) Personen (P) Sendungen (S)
Verkehrsweite	W	-	Kilometer (km) Meter (m)
Verkehrszeit	T	-	Jahr (a) Tag (d) Stunde (h) ...
Verkehrsarbeit	A	M · W	im allgemeinen tkm
Verkehrsleistung	L	A/T	z.B. $tkmh^{-1}$, $tkma^{-1}$
Verkehrsstromstärke	S	M/T	z.B. th^{-1}
Verkehrsquellstärke	J_Q	M/T	z.B. th^{-1}
Verkehrssenkstärke	J_S	M/T	z.B. th^{-1}
Verkehrsdurchsatz	D	siehe Verkehrsstromstärke	
Verkehrsgeschwindigkeit	V	W/T	z.B. kmh^{-1}

In der Symbolik der Verkehrsstrommatrix (vgl. Kapitel 3.) lauten die Kenngrößen wie folgt:

- Verkehrsmenge

$$M = \sum_{i \in I} \sum_{j \in J} x_{ij} \, , \tag{6.6}$$

in Tonnen, Personen, Sendungen

- mittlere Verkehrsweite

$$\overline{W} = \frac{\sum_i \sum_j c_{ij} x_{ij}}{\sum_i \sum_j x_{ij}} , \qquad (6.7)$$

z.B. in km,

- mittlere Zeitdauer

$$T = \frac{\sum_i \sum_j t_{ij} x_{ij}}{\sum_i \sum_j x_{ij}} , \qquad (6.8)$$

in Zeiteinheiten,

- Verkehrsarbeit

$$A = \sum_i \sum_j c_{ij} \cdot x_{ij} , \qquad (6.9)$$

in Tonnenkilometer, Personenkilometer,

- Verkehrsleistung

$$L = \frac{1}{T} \sum_i \sum_j c_{ij} \cdot x_{ij} \qquad (6.10)$$

in Tonnenkilometer bzw. Personenkilometer je Zeiteinheit

- Verkehrsstromstärke

$$S_{ij} = \frac{1}{T} \cdot x_{ij} \qquad (6.11)$$

(Einheiten wie (6.2)),

- Verkehrsquellstärke

$$J_{Qi} = \frac{1}{T} \sum_j x_{ij} \qquad (6.12)$$

(Einheiten wie (6.3)),

- Verkehrssenkstärke

$$J_{Sj} = \frac{1}{T} \sum_i x_{ij} \qquad (6.13)$$

(Einheiten wie (6.4))

- Verkehrsdurchsatz: siehe Verkehrsstromstärke

- Verkehrsgeschwindigkeit

$$V = \frac{\sum_i \sum_j c_{ij} x_{ij}}{\sum_i \sum_j t_{ij} \cdot x_{ij}} \qquad (6.14)$$

Formel (6.14) stimmt insofern nicht mit Formel (6.5) überein, als im Zähler von (6.14) nicht W (sondern A, worin die x_{ij} als Gewichte fungieren) und im Nenner nicht T steht. Formel (6.14) gestattet es aber, eine spezielle Geschwindigkeit V zu bestimmen.

Durch die angeführten Kenngrößen wird der Verkehrsprozeß als sozial-ökonomischer Grundprozeß beschrieben. Dieser Darstellung sind noch drei Bemerkungen anzuschließen:

1. Die angeführten Kenngrößen sind für einen allgemeinen Verkehrsprozeß definiert. In der Praxis tritt dieser Prozeß in verschiedenen konkreten Formen auf, beispielsweise als Verkehrsprozeß der Eisenbahn, des Straßenverkehrs usw. Damit haben sich auch verschiedene Varianten der genannten Kenngrößen entwickelt. Beispielsweise wird die Verkehrsarbeit mit der Eisenbahn zum einen auf der Grundlage der tatsächlichen Gütermenge und der tatsächlichen Entfernung, zum anderen unter Einschluß der Fahrzeugmasse sowie schließlich auf der Grundlage der Tarifmenge und der Tarifentfernung bestimmt. In jedem Fall handelt es sich um eine Verkehrsarbeit nach Formel (6.9). In ähnlicher Weise wird im Straßenverkehr neben der tatsächlichen Verkehrsarbeit auch die angebotene Verkehrsarbeit errechnet, indem die tatsächliche Verkehrsmenge durch die gemäß der Tragfähigkeit der Fahrzeuge mögliche Verkehrsmenge ersetzt wird.

2. Um ein verkehrsstatistisches bzw. verkehrsökonomisches Maßsystem zu erhalten, durch das der Verkehrsprozeß als Grundprozeß widergespiegelt wird, sind weitere Kenngrößen hinzuzufügen, beispielsweise jene, die vom Wert oder vom Preis ableitbar sind, wie Aufwands-, Finanz- und Kapazitätsgrößen. Außerdem ist es notwendig, zwischen Ist-, Plan- und Prognosegrößen zu unterscheiden.

Diese Kenngrößen lassen sich vergleichsweise leicht bestimmen, wenn die prozeßtypischen Kenngrößen bekannt sind.

3. Offenkundig besteht im Hinblick auf die prozeßtypischen Kenngrößen kein wesentlicher Unterschied zwischen dem verkehrs*technologischen* und dem verkehrs*ökonomischen* Maßsystem. Beide Maßsysteme verfügen über eine gemeinsame Kenngrößengruppe. Unterschiede ergeben sich erst bei Einführung weiterer, eben technologischer oder ökonomischer Bezugsgrößen.

6.2 Aggregierter Modellansatz

Aggregierte verkehrsökonometrische Modelle sind solche Modelle, in denen summarische, eben aggregierte wirtschaftliche und insbesondere verkehrswirtschaftliche Größen (sog. Aggregate) miteinander verbunden werden. Größen dieser Art sind beispielsweise

- das Bruttosozialprodukt eines Landes
- die gesamte Industrieproduktion eines Landes
- das Güterverkehrsaufkommen über alle Gutarten und Verkehrszweige
- die gesamte Verkehrsleistung im Güterverkehr und
- das gesamte Personenverkehrsaufkommen.

Im Vergleich zu den Ausführungen in den Kapiteln 3. und 5. ist festzustellen, daß aggregierte Modelle in der Regel nicht für regional strukturierte Verkehrssysteme aufgestellt werden. Allerdings besteht die Möglichkeit, derartige Modelle für einzelne Relationen in der Verkehrsmatrix oder für einzelne intersektorale Beziehungen in der Input-Output-Tabelle zu formulieren.

Aggregierte verkehrsökonometrische Modelle sind in großer Vielfalt entwickelt worden, und zwar sowohl hinsichtlich der benutzten mathematischen Struktur als auch bezüglich der modellierten Sachverhalte. Deshalb wird nachfolgend versucht, eine einfache Klassifizierung vorzunehmen.

Neben die aggregierten Modelle, die in diesem Buch behandelt werden, sind in der jüngeren Vergangenheit auch Modelle getreten, die der Auswertung von *Individualdaten* angemessen sind. Es ist eine mikroökonomisch orientierte Entwicklungslinie oder Ökonometrie entstanden, die auch starke Bezüge zur Entscheidungstheorie besitzt und von dieser nicht in allen Fällen leicht zu unterscheiden ist (vgl. DINKELBACH 1982, MAIER/WEISS 1990, RONNING 1991, SCHNEEWEISS 1991, 1992, BLUM 1992). Grundgedanke ist die Modellierung des auf *Nutzenmaximierung* gerichteten Handelns des Individuums. In diese Klasse gehört z.B. das in der Verkehrsplanung genutzte LOGIT-Modell, das insbesondere herangezogen wird, um die Verkehrsmittelwahl des Einzelnen zu modellieren. Dabei wird von ziemlich restriktiven Ausnahmen ausgegangen, die in weiteren Modellansätzen wie dem PROBIT-Modell, dem DOGIT-Modell und dem TOBIT-Modell zum Teil wieder aufgehoben werden. Annahmen über die Verteilungsgesetze sind jedoch unverzichtbar. Um Aussagen über das Verhalten von Gesamtheiten zu gewinnen, sind Hochrechnungen von verhaltenstypischen Gruppen erforderlich.

Modelle dieser Art werden im Unterschied zu den *aggregierten* Modellen auch als *disaggregierte* Modelle bezeichnet. Sie charakterisieren einen ökonometrischen Ansatz, der sich von der klassischen statistischen Basis der Ökonometrie und der darin ausgedrückten Auffassung löst, daß sich das Verhalten vieler Individuen als Verhalten der *Gesamtheit* dieser Individuen (resultierendes Verhalten) auf eine spezifische Weise, das heißt durch aggregierte Modelle und ohne Rückgriff auf das Individualverhalten beschreiben läßt.

Obgleich die Verkehrsplanung wesentliche Impulse für die Entwicklung disaggregierter Modelle gegeben hat, werden derartige Modelle in diesem Buch nicht behandelt, um nicht zwei grundsätzliche Vorgehensweisen miteinander zu vermischen. Auch scheinen die Möglichkeiten des aggregierten Ansatzes der Verkehrsökonometrie bislang weder völlig ausgenutzt noch erschöpft.

Der allgemeine aggregierte Modellansatz lautet in Erweiterung von Kapitel 1.

$$Y = f(\{X\}, \{X_D\}, U | \{\epsilon\}, \{\tau\}) \qquad (6.15)$$

Es enthält

Y als *endogene* Variable
$\{X\}$ als Menge der *exogenen* Variablen
$\{X_D\}$ als Menge der *Dummy*-Variablen bzw. (0,1)-Variablen, die ihrer Stellung im Modell nach ebenfalls exogene Variablen sind
U als *latente* Variable bzw. Störvariable
$\{\epsilon\}$ als Menge der *Elastizitäts*koeffizienten, die im Kapitel 1. allgemein als Intensitätskoeffizienten eingeführt wurden, und
$\{\tau\}$ als Menge der time-lag-Werte.

Die Darstellung (6.15) entspricht der überwiegend anzutreffenden Vorgehensweise, wonach eine endogene Variable, hier eine verkehrswirtschaftliche Variable, durch eine mehr oder weniger große Zahl von exogenen Variablen erklärt wird bzw. erklärt werden soll. (Zur Vielfalt der ökonometrischen Funktionsformen vgl. z.B. (LAU 1984)).

Alle "normalen" exogenen Variablen sind in der Menge $\{X\}$ zusammengefaßt. Enthält diese Menge nur eine Variable und existieren keine Dummy-Variablen, so heißt das Modell *einfach*. Von *mehrfachen* oder *multiplen* Modellen spricht man, wenn mindestens zwei exogene Variablen vorhanden sind, wobei eine der beiden eine Dummy-Variable sein kann.

Die in der Menge $\{X_D\}$ vereinigten Dummy- oder (0,1)-Variablen können jeweils nur die Werte null oder eins annehmen. Man benutzt sie, um die Phänomene, die sich nur in zwei diskreten Zuständen äußern können, im Modell zu berücksichtigen. Die beiden Zustände sind beispielsweise die Verfügbarkeit und die Nichtverfügbarkeit eines bestimmten Verkehrsweges, der alternativ zu einem untersuchten Verkehrsweg, dessen

Belegung modelliert wird, eingerichtet oder gesperrt wird. Auch das Wirksamwerden neuer tariflicher oder verkehrsrechtlicher Bestimmungen ist durch Dummy-Variablen erfaßbar, indem der alte Zustand mit dem Dummy-Wert null und der neue Zustand mit dem Dummy-Wert eins besetzt wird.

Die latente Variable (Störvariable) wurde bereits im Kapitel 1. eingeführt.

Die Menge $\{\epsilon\}$ enthält die Elastizitätskoeffizienten. Jeder exogenen Variablen aus der Menge $\{X\}$ ist ein solcher Koeffizient zugeordnet. Er ist als das Verhältnis der *relativen* Veränderung der endogenen Variablen (Wirkung) zur *relativen* Veränderung der exogenen Variablen (Ursache) definiert und lautet im Falle des einfachen Modellansatzes (vgl. auch (1.11))

$$Y = f(X) \tag{6.16}$$

in diskreter Form

$$\epsilon = \frac{\frac{\Delta Y}{Y}}{\frac{\Delta X}{X}} . \tag{6.17}$$

Formt man (6.17) um und vollzieht den Grenzübergang ($\Delta X \to 0$), so ergibt sich

$$\epsilon = \frac{dY}{dX} \cdot \frac{X}{Y} \tag{6.18}$$

oder

$$\epsilon = f'(X) \cdot \frac{X}{f(X)} . \tag{6.19}$$

Liegt an Stelle von (6.16) ein multiples Modell

$$Y = f(X_1, X_2, ..., X_i, ...) \tag{6.20}$$

vor, so existiert für jede exogene Variable bezüglich der endogenen Variablen ein *partieller* Elastizitätskoeffizient

$$\epsilon_i = \frac{\delta Y}{\delta X_i} \cdot \frac{X_i}{Y} , \tag{6.21}$$

der die partielle Ableitung von Y nach X_i enthält.

Eine anschauliche Interpretation von ϵ besagt, daß dieser Koeffizient die prozentuale Veränderung der endogenen Variablen für den Fall angibt, daß die exogene Veränderliche um 1 Prozent verändert wurde. Somit ist am Elastizitätskoeffizienten die Intensität erkennbar, mit der die jeweilige exogene Variable auf die endogene Variable einwirkt. Je größer der Wert von ϵ ist, desto stärker reagiert die endogene Variable auf eine Veränderung der exogenen Variablen. Bereits im Vorfeld der Modellierung, bei der Analyse der statistischen Daten, sollte deshalb dieser Koeffizient nach (6.17) bestimmt werden, um die potentiellen exogenen Veränderlichen nach ihrer Wirkungsintensität zu klassifizieren und zu ordnen.

Von besonderer Bedeutung ist der Fall konstanter Elastizität, der die Grundlage einer ganzen Modellklasse bildet. Hierzu gehört die CES-Funktion (CES = constant elasticity of substitution) als Form der Produktionsfunktion.

Schließlich enthält die Menge $\{\tau\}$ alle time-lag-Werte, von denen im Prinzip so viele existieren, wie es exogene (oder exogene und verzögerte endogene, zusammen also prädeterminierte) Variablen gibt. Im einfachsten Falle können alle τ-Werte gleich null sein; die Modellbeziehung existiert auf einem einheitlichen Zeitniveau.

Abgesehen von der generellen Unterscheidung in *einfache* Modelle und *multiple* Modelle, die sich nach der Zahl der exogenen Variablen richtet, können die aggregierten verkehrsökonometrischen Modelle ihrer mathematischen Struktur nach grob in

a) Modelle vom Typ der *ganzen rationalen Funktion*

b) *Elastizitäts*modelle und

c) sonstige Modellformen

gegliedert werden.

Die Modelle vom *Typ a)* werden vorwiegend benutzt, wenn *eine* exogene Variable vorliegt (einfache Modelle). Dann lautet der Ansatz für eine Funktion n-ten Grades und ohne die latente Variable:

$$Y = a_0 + a_1 x + a_2 x^2 + \ldots + a_n x^n \qquad (6.22)$$

Dieser Modelltyp ist äußerst anpassungsfähig, indem die Funktion mit Erhöhung des Funktionsgrades beliebig gut an eine Meßwertfolge angenähert werden kann. Nachteilig ist allerdings, daß sich die Koeffizienten der höheren Modellglieder (ab a_2) schwer oder überhaupt nicht sachlich interpretieren lassen. Existieren mehrere exogene Variablen, so nimmt das entsprechende Modell schnell eine unübersichtliche Gestalt an.

Modelle vom *Typ b)* werden als

$$Y = c \cdot x_1^{\epsilon_1} \cdot x_2^{\epsilon_2} \cdot \ldots \cdot x_n^{\epsilon_n} \qquad (6.23)$$

oder
$$Y = c \cdot \prod_{i=1}^{n} x_i^{c_i} \tag{6.24}$$

geschrieben. Sie sind im Normalfall multiple Potenzfunktionen, in denen die Elastizitätskoeffizienten als Exponenten auftreten. Im Gegensatz zu den multiplen Modellen vom Typ a), bei denen z.B. eine exogene Variable den Wert null annehmen kann, ohne daß auch die endogene Variable diesen Wert erhält, ist bei den Modellen des Typs b) die endogene Variable immer gleich null, sobald eine exogene Variable diesen Wert hat. Das ist eine Folge der *multiplikativen* Verknüpfung der exogenen Variablen bei Modellen vom Typ b) im Gegensatz zur *additiven* Verknüpfung bei Modellen vom Typ a).

Die sonstigen Modellformen nach c) enthalten eine Vielzahl von allerdings selten gebrauchten Funktionstypen. Bild 6.1 vermittelt dazu einen Überblick.

Von Interesse sind die letzten Funktionen in Bild 6.1. Sie beschreiben *Sättigungsprozesse*, die sich wegen ihrer spezifischen Form sehr gut für eine *stückweise Linearisierung* eignen (vgl. Bild 6.2) und damit zum Problemkreis der *Mehrphasenregression* gehören (vgl. SCHULZE 1987).

Die linearisierte Darstellung gestattet es, die drei typischen Phasen eines Sättigungsprozesses (z.B. bei der individuellen Motorisierung oder bei der Ausstattung der Haushalte mit Fernsprechhauptanschlüssen) durch die unterschiedlichen Anstiegswinkel α_I, α_{II} und α_{III} deutlich zu unterscheiden. Benutzt man drei Koordinatensysteme mit den Ursprüngen O_I, O_{II} und O_{III}, so lassen sich drei homogene lineare Gleichungen aufstellen. Die Transformationsbeziehungen zwischen den Koordinatensystemen sind zu beachten.

Um mit den Modellen numerische Berechnungen anstellen zu können, ist es erforderlich, die in diesen Modellen enthaltenen Parameter zu bestimmen. Dazu wird eine statistische Datenbasis benötigt, die durch Zeitreihen oder in Form von Querschnittsdaten gegeben ist. Aus diesen statistischen Daten werden die Parameter *geschätzt* (vgl. Anhang). Übliche Schätzmethode ist die *Methode der kleinsten Quadratsumme*, die oft fälschlicherweise als Methode der kleinsten Quadrate bezeichnet wird.

Bezeichnet man mit y_i die Meßwerte und mit Y_i die zugehörigen Funktionswerte der endogenen Variablen, so lautet die Schätzbedingung:

$$Q = \sum_i (y_i - Y_i)^2 \rightarrow Min. \tag{6.25}$$

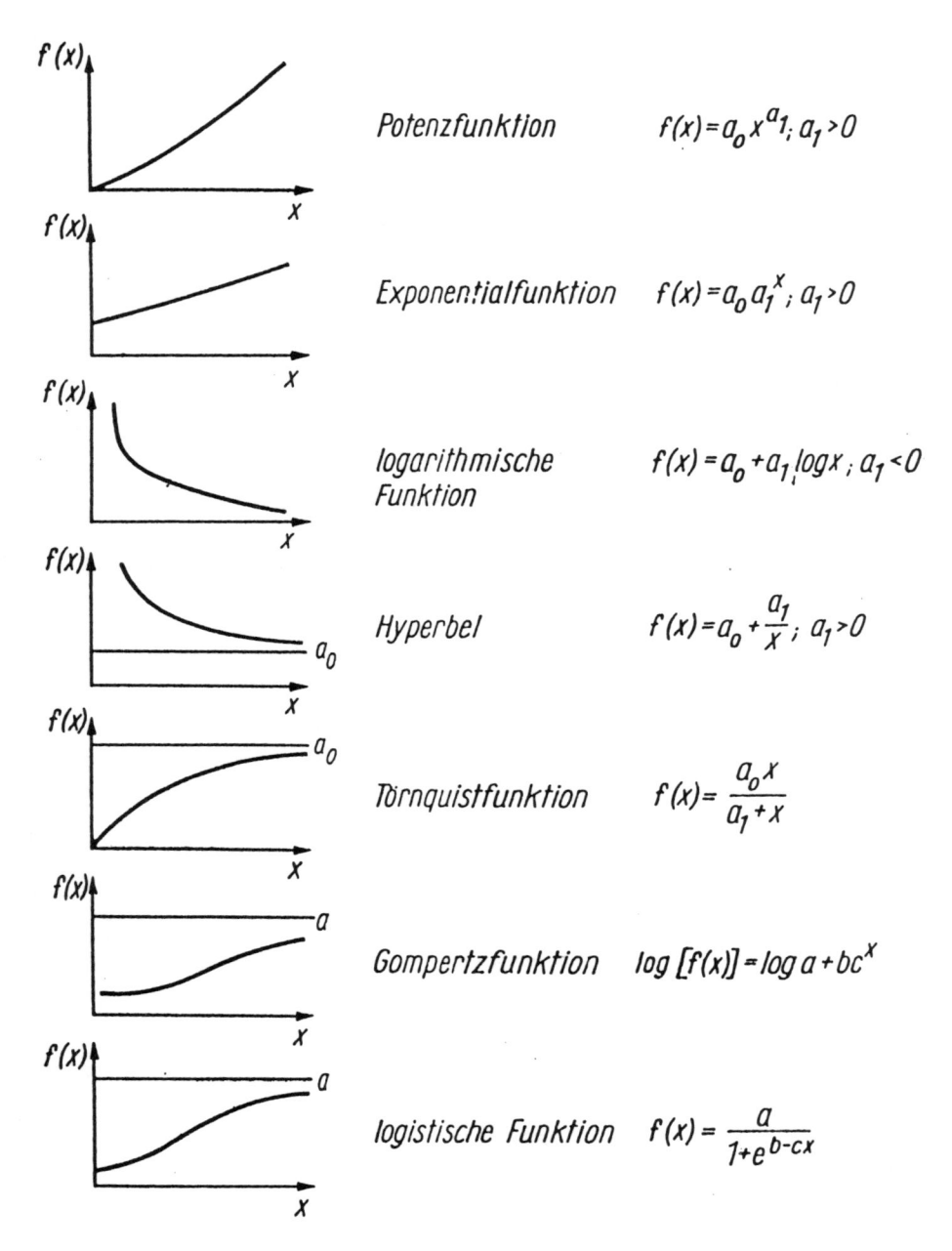

Potenzfunktion	$f(x) = a_0 x^{a_1}$;	$a_1 > 0$
Exponentialfunktion	$f(x) = a_0 a_1^x$;	$a_1 > 0$
logarithmische Funktion	$f(x) = a_0 + a_1 \log x$;	$a_1 < 0$
Hyperbel	$f(x) = a_0 + \dfrac{a_1}{x}$;	$a_1 > 0$
Törnquistfunktion	$f(x) = \dfrac{a_0 x}{a_1 + x}$	
Gompertzfunktion	$\log[f(x)] = \log a + bc^x$	
logistische Funktion	$f(x) = \dfrac{a}{1 + e^{b-cx}}$	

Bild 6.1   Funktionstypen für sonstige Modellformen (aus RICHTER 1975, S. 86)

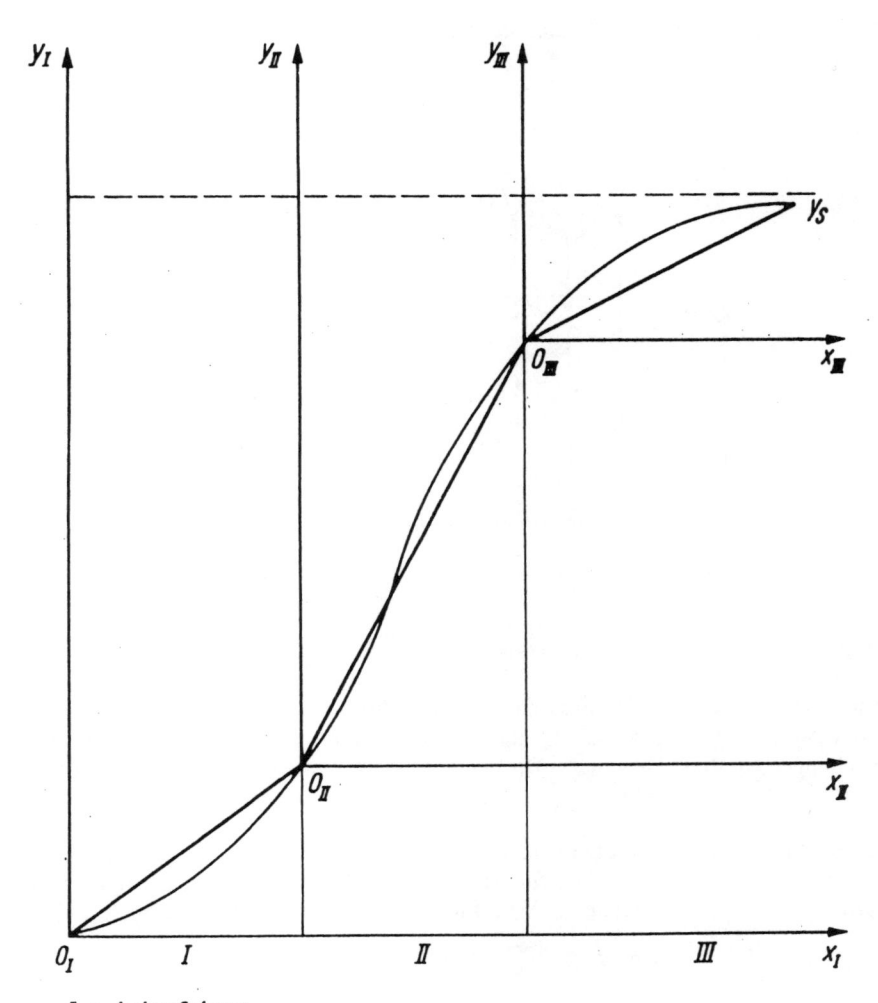

I : *Anlaufphase*
II : *Anstiegsphase*
III : *Ausklingungsphase*
y_S : *Sättigungswert*

Bild 6.2   Stückweise Linearisierung einer Sättigungsfunktion (aus RICHTER 1975, S, 103)

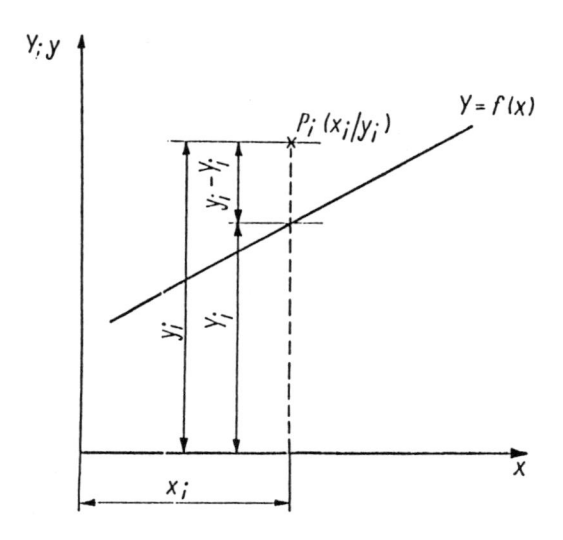

Bild 6.3 zeigt das Prinzip für eine lineare Funktion $Y = f(x)$.

Bild 6.3   Erklärungsskizze zur Methode der kleinsten Quadratsumme

Man ersetzt Y_i in (6.25) durch die jeweilige Funktion, z.B. nach (6.22), und erhält durch partielle Ableitung von Q nach allen Funktionsparametern die Bestimmungsgleichungen für diese Parameter. Diese Gleichungen enthalten die gesamte Information der statistischen Datenbasis.

Das Verfahren funktioniert bei ganzen rationalen Funktionen beliebigen Grades. Liegt das Modell aber z.B. als (6.24) vor, so muß diese Gleichung zunächst logarithmisiert werden, bevor die Forderung (6.25) erfüllt werden kann. Man bildet zu (6.24)

$$\log Y = \log c + \sum_i \epsilon_i \log x_i \qquad (6.26)$$

und ermittelt dann die notwendigen Bestimmungsgleichungen aus:

$$Q^* = \sum_i (\log y_i - \log Y_i)^2 \rightarrow Min. \qquad (6.27)$$

Bei Funktionen, zu denen auch Logarithmieren nicht zu einem Ansatz für die Methode der kleinsten Quadratsumme führt, sind Näherungsverfahren und iterative Vorgehensweisen erforderlich, um die Parameter zu bestimmen.

Verkehrsnachfragemodelle gehören zur Klasse der *Nachfragemodelle*, die in der

6. Verkehrsnachfragemodelle

Wirtschaftsforschung wie in der Wirtschaftspraxis bedeutungsvoll sind.

Nachfragemodelle sollen die Höhe der Nachfrage nach einem bestimmten Gut oder einer bestimmten Leistung und für einen definierten Zeitraum aus den dafür verantwortlichen Einflußfaktoren erklären. Als allgemeiner Ansatz kann somit

$$N = f(E_1, E_2, \ldots, E_i, \ldots E_m) \quad (6.28)$$

mit
N Nachfragevolumen und
$E_1 \ldots E_m$ Einflußfaktoren
gelten.

Im Verkehrsbereich wird die Nachfrage nach Verkehrsleistungen modelliert, die wesentlich durch die Komponenten Verkehrsweg, Entfernung und Zeit bestimmt sind. Übliche Abgrenzungsmerkmale sind neben der Zeit vor allem

- die Leistungsart und die *Region*, für die die Nachfrage summarisch bestimmt wird, oder
- die Leistungsart und die *Relation* $O_i \, O_j$.

Geht man von der klassischen, statistisch orientierten Vorgehensweise der Ökonometrie aus, so sind folgende Modelltypen zur Modellierung der Verkehrsnachfrage geeignet:

1. Zeitreihenmodelle, insbesondere Trendfunktionen
2. Regressionsmodelle auf der Grundlage ganzer rationaler Funktionen
3. Elastizitätsmodelle als spezielle Regressionsmodelle.

Hinzu kommen, wenn auch aus einem anderen Ansatz,

4. Matrixmodelle auf der Grundlage der Input-Output-Theorie und der Verkehrsstrommatrix.

Die beiden ersten Modellgruppen werden in der statistischen und in der ökonometrischen Literatur ausführlich beschrieben. Sie sind für verkehrsökonometrische Nachfragemodellierungen geeignet, ohne dabei gegenüber der allgemeinen Methodik wesentliche Unterschiede aufzuweisen. *Trendfunktionen* extrapolieren beobachtete Tendenzen in kommende Zeiträume und ermöglichen auf diese Weise eine Modellierung der Nachfrageentwicklung bei *Konstanz* der Nachfragebedingungen, die explizit nicht genannt werden. *Regressionsmodelle* stellen eine Verbindung zwischen dem Nachfrageumfang und den Nachfragedeterminanten her. Bereits in Kapitel 2 wurde auf die Notwendigkeit hingewiesen, bei multiplen Modellansätzen die Korrelationsmatrix **R** zu bestimmen und damit die Korrelation zwischen allen einbezogenen Variablen zu analysieren. Zur Veranschaulichung werden zwei Korrelationsmatrizen angeführt, die für Variablen aufgestellt wurden, denen bei der Modellierung verkehrswirtschaftlicher Zusammenhänge in Form aggregierter Modelle große Bedeutung zukommt. Die Ausgangsdaten wurden den statistischen Jahrbüchern der BRD und der DDR jeweils für die Jahre 1980 bis 1989 entnommen. Die Variablen sind

V_1 mittlere Bevölkerung in Tsd.
V_2 Bruttosozialprodukt (BRD) bzw. Gesellschaftliches Gesamtprodukt (DDR) in Mrd. DM bzw. Mark
V_3 Personenbeförderungsleistung in Mill. Pkm
V_4 Gütertransportleistung in Mill. Tkm (ohne Schiffahrt)
V_5 Bestand an zugelassenen Pkw in Tsd.

Für die BRD ergab sich **R** nach Tabelle 6.2, für die DDR nach Tabelle 6.3.

Tabelle 6.2 Korrelationsmatrix I (BRD)

	V_1	V_2	V_3	V_4	V_5
V_1	1,000	0,172	0,656	0,216	0,086
V_2		1,000	-0,441	0,977	0,981
V_3			1,000	-0,389	-0,475
V_4				1,000	0,922
V_5					1,000

Tabelle 6.3 Korrelationsmatrix II (DDR)

	V_1	V_2	V_3	V_4	V_5
V_1	1,000	-0,873	-0,720	-0,001	-0,885
V_2		1,000	0,930	0,340	0,990
V_3			1,000	0,565	0,915
V_4				1,000	0,251
V_5					1,000

Beide Tabellen lassen erkennen, daß einerseits erwartete Korrelationen bestätigt werden, andererseits aber auch unerwartete Werte auftreten. Damit können sich für beide Korrelationsmatrizen unterschiedliche Modellansätze ergeben.

Multiple Verkehrsnachfragemodelle können auf quasi-einfache Modelle reduziert werden, wenn man die verschiedenen exogenen Variablen gewichtet und nach dem Prinzip der Datenaggregation zu einem Aggregat zusammenfaßt (vgl. Kapitel 2.). Die Gewichte sind allerdings bereits in der Phase der Schätzung der Modellkoeffizienten einzuführen und dann beizubehalten.

6.3 Elastizitätsmodell der Verkehrsnachfrage

Eine spezielle Gruppe der aggregierten ökonometrischen Modelle sind die Elastizitätsmodelle, die auf dem Begriff der Elastizität einer Funktion beruhen. Solche Modelle eignen sich ebenfalls für zusammenfassende und prognostische Berechnungen. Ihr Aufbau gestattet es, in einem Modell mehrere Einflußfaktoren zu erfassen.

Elastizitätsmodelle werden vor allem verwendet, um Nachfrage- und Verbrauchsprognosen zu stellen. Von Bedeutung sind weiterhin Untersuchungen über die Kostenelastizität, das heißt die relative Veränderung der Kosten, bezogen auf die relative Veränderung der kostenverursachenden Faktoren.

Um den zukünftigen Umfang der Verkehrsleistung zu ermitteln, ist "die Kenntnis aller derjenigen Momente und Äußerungen der gesellschaftlich-ökonomischen Vorgänge unerläßlich, die die Verkehrsbedürfnisse im wesentlichen bestimmen" (vgl. KÁDAS 1963).

Diese Festlegung von KÁDAS entspricht der Tatsache, daß die erforderlichen Verkehrsleistungen eine notwendige Folge der arbeitsteiligen Volkswirtschaft und der gegebenen Standortverhältnisse sind. Für Zwecke der Prognose hat KÁDAS ein Elastizitätsmodell entwickelt, das es ermöglicht, den Einfluß verschiedener Faktoren auf die Reisenachfrage darzustellen. Aus der Art des Aufbaus des Modells ist ersichtlich, daß es auch auf die Nachfrage nach Güterverkehrsleistung angewendet werden kann.

In der allgemeinen Form dieses Modells ergibt sich für den Umfang der Verkehrsnachfrage folgende Faktorengleichung:

$$N = c \cdot E_1^{e_1} \cdot E_2^{e_2} \ldots E_m^{e_m} \tag{6.29}$$

bzw.

$$N = c \cdot \prod_{i=1}^{m} E_i^{e_i} \tag{6.30}$$

Darin bedeuten

N den Umfang der Verkehrsnachfrage

$\left.\begin{array}{l} E_1 \\ \cdot \\ \cdot \\ \cdot \\ E_m \end{array}\right\}$ die die Verkehrsnachfrage beeinflussenden Faktoren

$\left.\begin{array}{c}\epsilon_1\\ \cdot\\ \cdot\\ \cdot\\ \epsilon_m\end{array}\right\}$ die Elastizitätskoeffizienten.

Die Elastizitätskoeffizienten ϵ_i definieren für jeden Einflußfaktor das Verhältnis der relativen Veränderung der Verkehrsnachfrage zur relativen Veränderung des Einflußfaktors, also:

$$\epsilon_i = \frac{\frac{\delta N}{N}}{\frac{\delta E_i}{E_i}} \qquad (6.31)$$

Elastizitätsmodelle mit konstanten Elastizitäten gestatten es, in einfacher Weise eine mehr oder weniger große Zahl von Einflußgrößen in ihrer Beziehung zum Umfang der Verkehrsnachfrage zu erfassen. In gewissem Maße besteht auch die Möglichkeit, Strukturmerkmale der Nachfrage auszudrücken. Voraussetzung ist natürlich das Vorhandensein all jener Ausgangsdaten, die zum einen zur Bestimmung der Elastizitätskoeffizienten erforderlich sind und zum anderen die jeweilige Größe der Einflußfaktoren determinieren. Modelle dieser Art können in unterschiedlicher Differenzierung für das gesamte Verkehrswesen, einzelne Verkehrszweige und natürlich getrennt für den Gütertransport, für die Personenbeförderung und für den Nachrichtenverkehr aufgestellt werden. Werden sie für dieselbe Sache und verschiedene Zeiträume aufgestellt, so läßt sich eine Indexreihe

$$I_{j-1,j} = \frac{N^{(j)}}{N^{(j-1)}} \cdot 100 \; /\%/ \qquad (6.32)$$

bilden, deren Werte sich durch die Veränderungen der einzelnen Einflußfaktoren ergeben.

Obwohl es möglich ist, die Einflußfaktoren weitgehend zu untergliedern, erlauben Elastizitätsmodelle für die Verkehrsnachfrage nur aggregierte Aussagen.

Bestimmt man nach (6.30) die Nachfrage N_p nach der p-ten Verkehrsleistungsart, so ergibt sich die Gesamtnachfrage als

$$N = \sum_p N_p \, , \qquad (6.33)$$

wobei für alle N_p

$$N_p = f_p(E_1, E_2, ..., E_i, ..., E_m) \qquad (6.34)$$

in der Form von (6.30) gilt. Das bedeutet, daß für jede Leistungsart die gleichen Einflußfaktoren, jedoch unterschiedliche Elastizitätskoeffizienten gelten.

Zur Aufstellung von Elastizitätsmodellen müssen geeignete statistische Ausgangsdaten zur Verfügung stehen. Da angestrebt wird, daß die aus dem Modell abgeleitete Größe N möglichst weitgehend mit den entsprechenden Meßwerten übereinstimmt, liegt wieder ein Regressionsproblem vor. So kann aus Formel (6.30) durch Logarithmieren

$$\log N = \log c + \epsilon_1 \log E_1 + \epsilon_2 \log E_2 + \ldots + \epsilon_n \log E_m \quad (6.35)$$

bestimmt werden. Setzt man

$$\begin{aligned}
\log N &= N^* \\
\log c &= a \\
\epsilon_1 \ldots \epsilon_m &= b_1 \ldots b_m \\
\log E_1 \ldots \log E_m &= E^*_1 \ldots E^*_m
\end{aligned} \quad (6.36)$$

und schließlich für die gemessenen Nachfragewerte ebenfalls den Logarithmus, so stehen auf der rechten Seite die Ausgangsgrößen für eine multiple Regressionsanalyse, durch die die Größen $b_1 \ldots b_n$ und somit die Elastizitätskoeffizienten $\epsilon_1 \ldots \epsilon_n$ nach der Methode der kleinsten Quadratsumme bestimmt werden können.

Im Gegensatz zur Definition nach (6.19) wird die Elastizität auch als

$$E = y' \cdot \frac{\overline{x}}{\overline{y}} \quad (6.37)$$

angegeben. Damit wird eine mittlere Elastizität definiert, die innerhalb des betrachteten Wertebereichs nur noch von y' abhängt.

Die Elastizität kann als Maß der Empfindlichkeit der endogenen Variablen gegenüber der (oder einer) exogenen Variablen aufgefaßt werden. Hängt eine endogene Größe von mehreren exogenen Einflußgrößen mit unterschiedlichen Elastizität ab, so kann man diejenige suchen, auf die die abhängige Größe am stärksten reagiert, die also für eine bestimmte relative Veränderung die stärkste relative Veränderung der endogenen Größe nach sich zieht. Auf diese Weise findet man die Einflußgröße (den Einflußfaktor), durch die die endogene Größe am stärksten beeinflußt wird. Dieser Sachverhalt läßt sich wie folgt formulieren:

Der Elastizitätskoeffizient ϵ bedeutet

a) für $/\epsilon/ < 1$, daß die Veränderung der Einflußgröße nur gedämpft auf die endogene Größe übertragen wird (Dämpfung)

b) für $/\epsilon/ = 1$, daß die Veränderung der Einflußgröße direkt auf die endogene Größe übertragen wird

c) für $|\epsilon| > 1$, daß die Veränderung der Einflußgröße verstärkt auf die endogene Größe übertragen wird (Verstärkung).

Damit bildet die ϵ_i gleichzeitig Wichtungsfaktoren der Einflußgrößen. In diesem Sinne wurden die Elastizitätskoeffizienten w.o. als Intensitätskoeffizienten eingeführt. Ein ausführliches Nachfragemodell für die Benzinnachfrage wurde in (BLUM/FOOS/GAUDRY 1988) vorgestellt. Es enthält auch eine Übersicht über vorher entwickelte und publizierte Modelle zum gleichen Sachverhalt sowie Angaben zur Qualität der Modelle (vgl. Anhang).

6.4 Ableitung der Verkehrsnachfrage aus dem Verflechtungsmodell (Input-Output-Modell)

Bereits das ökonomische Verflechtungsmodell (Grundmodell) erlaubt die aggregierte Analyse und Prognose der Verkehrsleistungen, die sich aus der allgemeinen volkswirtschaftliche Verflechtung ergeben.

Aus der ökonomischen Verflechtungsbilanz kann zunächst die prozentuale Verteilung der Lieferungen des Verkehrswesens an die Sektoren einschließlich des Endverbrauchssektors bestimmt werden. Dafür gilt

$$p_{vl} = \frac{x_{vl}}{X_v} \cdot 100 \quad /\%/ \qquad (6.38a)$$

für die produzierenden Sektoren und

$$p_v = \frac{y_v}{X_v} \cdot 100 \quad /\%/ \qquad (6.38b)$$

für den Endverbrauchssektor. Tabelle 6.4 enthält beispielshalber die entsprechenden Werte zu der bereits eingeführten Input-Output-Tabelle (vgl. RICHTER 1975).

Bei Verwendung der Koeffizienten des direkten Aufwands ergibt sich die Summe

$$\sum_{l=1}^{q} a_{vl} \cdot X_l + y_v = X_v \qquad (6.39)$$

für den Gesamtausstoß des Sektors Verkehrswesen. Daraus folgt

$$X_v = \frac{\sum_l a_{vl} \cdot X_l + y_v}{1 - a_{vv}} \qquad (6.40)$$

(l = 1, 2, ..., v - 1, v + 1, ..., q).

6. Verkehrsnachfragemodelle

Dadurch wird der Gesamtausstoß des Sektors Verkehrswesen aus den Gesamtausstoßwerten der übrigen produzierenden Sektoren und den vorgesehenen Lieferungen für den Endverbrauch abgeleitet. Die der Formel (6.40) entsprechende Beziehung für das gesamte Verkehrswesen lautet für die insgesamt 27 produzierenden Sektoren

Tabelle 6.4   Prozentuale Aufteilung des Ausstoßes aus dem Verkehrssektor

Nr.	Verwendungssektor	Prozent
1	Energiebetriebe	1,73
2	Bergbau	0,63
3	Metallurgie	2,50
4	Chemische Industrie	2,87
5	Baustoffindustrie	0,80
6	Schwermaschinenbau	0,56
7	Allgemeiner Maschinenbau	0,53
8	Fahrzeugbau	0,65
9	Schiffbau	0,20
10	Gießereien und Schmieden	0,25
11	Metallwarenindustrie	0,27
12	Elektrotechnische Industrie	1,03
13	Feinmechanische und optische Industrie	0,22
14	Luftfahrzeugbau	0,03
15	Holz- und Kulturwarenindustrie	0,98
16	Textilindustrie	0,89
17	Bekleidungs- und Näherzeugnisindustrie	0,49
18	Leder-, Schuh-, und Rauchwarenindustrie	0,15
19	Zellstoff- und Papierindustrie	0,38
20	Polygraphische Industrie	0,10
21	Glas- und keramische Industrie	0,21
22	Lebensmittelindustrie	1,67
23	Bauwirtschaft	4,90
24	Land- und Forstwirtschaft	1,66
25	Verkehr	0,83
26	Handel	31,68
27	Sonstige volkswirtschaftliche Bereiche	0,15
Σ		56,36
Endverwendung		43,64
Σ		100,00

$$\begin{aligned}X_v = (0{,}9917)^{-1} \{ \ & 0{,}0543\,X_1 & + \ & 0{,}0162\,X_{10} & + \ & 0{,}0192\,X_{19} & \\ + \ & 0{,}0141\,X_2 & + \ & 0{,}0072\,X_{11} & + \ & 0{,}0007\,X_{20} & \\ + \ & 0{,}0428\,X_3 & + \ & 0{,}0117\,X_{12} & + \ & 0{,}0175\,X_{21} & \\ + \ & 0{,}0202\,X_4 & + \ & 0{,}0088\,X_{13} & + \ & 0{,}0039\,X_{22} & \\ + \ & 0{,}0372\,X_5 & + \ & 0{,}0060\,X_{14} & + \ & 0{,}0427\,X_{23} & (6.41) \\ + \ & 0{,}0085\,X_6 & + \ & 0{,}0172\,X_{15} & + \ & 0{,}0116\,X_{24} & \\ + \ & 0{,}0093\,X_7 & + \ & 0{,}0071\,X_{16} & + \ & 0{,}1983\,X_{26} & \\ + \ & 0{,}0078\,X_8 & + \ & 0{,}0096\,X_{17} & + \ & 0{,}0124\,X_{27} & \\ + \ & 0{,}0127\,X_9 & + \ & 0{,}0047\,X_{18} & + \ & y_{25} \ \}. & \end{aligned}$$

Durch diese Beziehung wird der Gesamtausstoß bestimmt, der jedoch gleichzeitig nach den verschiedenen Empfangssektoren gegliedert ist. Formel (6.40) kann verwendet werden, um den Einfluß der Veränderung einzelner Ausstoßwerte, die bereits als Ausdruck struktureller Veränderungen aufgefaßt werden kann, auf die vom Verkehrswesen geforderten Ausstoßleistungen zu ermitteln.

Für die Vorherbestimmung des Gesamtausstoßes X_t eignet sich das Gleichungssystem auf der Grundlage der Koeffizienten des vollen Aufwands besser. Dieses System enthält für die Größe X_v die Gleichung

$$X_v = \sum_{l=1}^{q} b_{vl} \cdot y_l . \tag{6.42}$$

Die Beziehungen (6.40) und (6.42) führen zum gleichen qualitativen Resultat. Sie erklären dieses Resultat jedoch aus unterschiedlichen Ursachen. Daraus ergibt sich, daß beide Beziehungen bei analytischen Untersuchungen unterschiedliche Aufgaben erfüllen können. Formel (6.42) ermöglicht es, die Veränderungen im Ausstoß des Sektors Verkehrswesen abzuschätzen, die als Folge einer Erweiterung oder Verringerung der Lieferung irgendeines Sektors für den Endverbrauch erwartet werden müssen.

Auf der Grundlage der genannten Verflechtungstabelle kann wiederum nur eine zusammenfassende Angabe für den Sektor Verkehr erfolgen.

$$\begin{aligned}X_v = \ & 0{,}0942\,y_1 & + \ & 0{,}0391\,y_{10} & + \ & 0{,}0427\,y_{19} & \\ + \ & 0{,}0233\,y_2 & + \ & 0{,}0253\,y_{11} & + \ & 0{,}0292\,y_{20} & \\ + \ & 0{,}0772\,y_3 & + \ & 0{,}0321\,y_{12} & + \ & 0{,}0353\,y_{21} & \\ + \ & 0{,}0388\,y_4 & + \ & 0{,}0199\,y_{13} & + \ & 0{,}0176\,y_{22} & \\ + \ & 0{,}0534\,y_5 & + \ & 0{,}0022\,y_{14} & + \ & 0{,}0592\,y_{23} & (6.43) \\ + \ & 0{,}0267\,y_6 & + \ & 0{,}0320\,y_{15} & + \ & 0{,}0278\,y_{24} & \\ + \ & 0{,}0291\,y_7 & + \ & 0{,}0226\,y_{16} & + \ & 1{,}0193\,y_{25} & \\ + \ & 0{,}0263\,y_8 & + \ & 0{,}0213\,y_{17} & + \ & 0{,}2135\,y_{26} & \\ + \ & 0{,}0374\,y_9 & + \ & 0{,}0157\,y_{18} & + \ & 0{,}0368\,y_{27} & \end{aligned}$$

Die bisher für den gesamten Sektor Verkehrswesen angeführten Ansätze lassen sich auch für die einzelnen Verkehrszweige wiederholen. Anschließende Aggregation zum Gesamtsektor ist möglich. An Stelle des Gesamtausstoßes X_v des Sektors Verkehrswesen werden jetzt die Ausstoßwerte X_{vr} für die Zweige r des Sektors Verkehrswesen, das heißt für die Untersektoren, berechnet. Der Gesamtausstoß X_v kann dann auch aus den Ausstoßwerten X_{vr} zusammengesetzt werden. Es gilt somit

$$X_v = \sum_r X_{vr} , \qquad (6.44)$$

wobei die X_{vr} entweder aus den Ausstoßwerten der übrigen Sektoren, eingeschlossen diejenigen der anderen Untersektoren des Verkehrswesens, und den Lieferungen für den Endverbrauch, also als

$$X_{vr} = f(X_1, X_2, \ldots, X_q; y_{vr}) , \qquad (6.45)$$

oder aus allen Endverbrauchswerten und somit als

$$X_{vr} = f(y_1, y_2, \ldots, y_q) \qquad (6.46)$$

bestimmt werden (vgl. (6.40) und (6.42)). Die Aufgliederung in Untersektoren läßt eine genauere Berechnung zu, sofern sich der Modal Split nicht wesentlich ändert.

Der Ausstoß für die produzierenden Sektoren und der Ausstoß für den Endverbrauch sind in der Größe X_v vereinigt. Hierbei ist eine Aufteilung leicht möglich, weil der Ausstoß für den Endverbrauch stets vorgegeben werden muß, und zwar unabhängig davon, ob die Ausstoßwerte über die Koeffizienten des direkten oder über die Koeffizienten des vollen Aufwands berechnet werden.

Weiterhin vereinen die Ausstoßwerte den Ausstoß an Gütertransportleistung und den Ausstoß an Personenbeförderungsleistung. Für die hier vorgenommene summarische Berechnung der Ausstoßgrößen genügt es, die Gesamtgröße durch die Anwendung von statistisch bestimmten Anteilskoeffizienten, die laufend korrigiert werden können, in die Gütertransport- und in die Personenbeförderungsleistung zu gliedern. Eine derartige Gliederung ist nur für die Lieferungen an den Endverbrauchssektor erforderlich.

Die Lieferungen des Verkehrswesens an die produzierenden Sektoren der Volkswirtschaft werden im allgemeinen als Gütertransportleistungen angesetzt. Die sonstigen Leistungen des Verkehrswesens sind dabei nicht besonders berücksichtigt. Sollten sie aber einen Umfang annehmen, der nicht vernachlässigt werden kann, so ist der Gesamtausstoß in drei Teile zu gliedern: Gütertransportleistung, Personenbeförderungsleistung, sonstiger Ausstoß. Für die Bestimmung dieser Anteilskoeffizienten und die genaue Abgrenzung der einzelnen Teile sind statistische Untersuchungen erforderlich, die sich auch auf die Entwicklung der benötigten Kenngrößen beziehen. Zunächst werden die Ausstoßgrößen im Wert- bzw. Preisausdruck vorliegen. Es ist zweckmäßig, sie in die Naturalgröße der Transport- und Beförderungsleistungen umzurechnen. Dabei wird sich zeigen, daß eine Gliederung nach Verkehrszweigen für die genaue Bestimmung der Ausstoßwerte Vorteile besitzt. Die Umrechnungskoeffizienten aus den Wert- bzw. Preisgrößen in die Naturalgrößen (z.B. Tonnenkilometer und Personenkilometer), die ihrem Wesen nach Durchschnittswerte sein müssen, werden um so aussagekräftiger sein, je enger abgegrenzt der Bereich wird, für den die Koeffizienten gelten sollen. Gleichzeitig erweist es sich als Vorteil, wenn vor der Umrechnung in Naturalkennziffern eine Trennung in Gütertransportleistung, Personenbeförderungsleistung und gegebenenfalls sonstige Leistungen erfolgt ist.

Im ökonomisch-regionalen Modell sind die Güter- und Leistungsstromgrößen sowohl nach ökonomischen Sektoren als auch nach regionalen Verkehrsbezirken gegliedert. Aus der regionalen Gliederung werden die Anforderungen an den Sektor Verkehrswesen auf dem Gebiet des Gütertransports abgeleitet.

Die perspektivische Berechnung des Güterverkehrs beruht auf der Prognose der Güterströme.

Die grundlegenden Beziehungen für die Analyse und Prognose der Güterverkehrsleistungen sind in den Kapiteln 3. und 5. dargestellt worden. So ergibt sich die gesamte, vom Verkehrsbezirk i zum Verkehrsbezirk j strömende Güter- und Leistungsmenge als:

$$\sum_k \sum_l x_{ij.kl} + \sum_k y_{ij.k} \, . \tag{6.47}$$

Von den beiden Bestandteilen in Formel (6.47) wird der erste bei Vorhandensein der Koeffizienten auf der Grundlage der ökonomisch-regionalen Verflechtungen der Volkswirtschaft berechnet und der zweite als Grundlage dieser Berechnungen vorgegeben.

Indem schließlich berücksichtigt wird, daß die Summe (6.47) sowohl Güter- als auch Leistungsmengen enthält und mit Hilfe geeigneter Anteilswerte eine Trennung vorgenommen wird, ergibt sich die von dem Verkehrsbezirk i nach dem Verkehrsbezirk j zu transportierende Gütermenge als:

$$x_{ij} = k_{Gx'} \cdot x'_{ij} + k_{Gy} \cdot y_{ij} \, . \tag{6.48}$$

Dabei sind $k_{Gx'}$ und k_{Gy} die Anteilskoeffizienten der Güterkomponente. Die Größe x_{ij} liegt zunächst meist als Wert- oder Preisgröße vor und muß noch in eine Naturalgröße umgerechnet werden.

Durch Bewertung der gewonnenen und in Naturaleinheiten vorliegenden Verkehrsstrommatrix (x_{ij}) mit einer Aufwandsmatrix (c_{ij}), die hierbei zweckmäßigerweise die Entfernungen zwischen den Mittel- oder Schwerpunkten der Verkehrsbezirke enthält, ergibt sich schließlich die gesamte Güterverkehrsleistung als

6. Verkehrsnachfragemodelle 233

$$Z = \sum_i \sum_j c_{ij} \cdot x_{ij} \quad /km/ \, , \qquad (6.49)$$

Die Berechnung verläuft in folgenden Schritten:

1. Ausgangsbasis ist das ökonomisch-regionale Verflechtungsmodell.

2. Auf der Grundlage statistischer Größen werden die ökonomisch-regionalen Koeffizienten des direkten Aufwands berechnet.

3. Durch Vorgabe der ökonomisch und regional gegliederten Endverbrauchsgröße werden die gleichfalls ökonomisch und regional gegliederten Ausstoßwerte der einzelnen Sektoren bestimmt, das heißt, die Größen $X_{i \cdot k}$ werden berechnet.

4. Mittels des Ansatzes der Aufwandsfunktion findet man die durch den produktiven Verbrauch bestimmten Güter- und Leistungsstromgrößen $x_{ij \cdot kl}$.

5. Die Summierung der Größen $x_{ij \cdot kl}$ und der Endverbrauchsgrößen über alle Sektoren liefert die Austauschgrößen zwischen den Verkehrsbezirken, die Güter- und Leistungslieferungen umschließen.

6. Durch statistisch bestimmte Anteilskoeffizienten werden die Leistungslieferungen ausgeschieden und die Elemente x_{ij} der Verkehrsstrommatrix gefunden, die in Naturalgrößen umzurechnen sind.

7. Die Bewertung der x_{ij} mit der Aufwandsmatrix (c_{ij}), die die Entfernungen zwischen den Mittel- oder Schwerpunkten enthält, ergibt die gesamte Güterverkehrsleistung, die aus dem ökonomisch-regionalen Modell ermittelt werden kann.

Es ist ersichtlich, daß die Güterströme auf die geschilderte Weise unmittelbar aus der ökonomischen Verflechtung der Volkswirtschaft abgeleitet und auf eine regionale Verflechtung zurückgeführt werden.

Die Güterverkehrsleistung nach Formel (6.49) umfaßt alle im ökonomisch-regionalen Modell enthaltenen Güterlieferungen. Güterlieferungen, die z.B. durch Importe entstehen, wie auch Verkehrsleistungen aus Transitverkehr sind in Z nicht enthalten. Sie sind auf geeignete Weise abzuschätzen und der Größe Z zuzuschlagen, um die Gesamtverkehrsleistung zu ermitteln.

An Stelle einer einzigen Güter- bzw. Verkehrsstrommatrix x_{ij} können mehrere Matrizen aufgestellt werden, um eine Gliederung nach verschiedenen Gutarten zu ermöglichen. Dabei werden die Größen $x_{ij \cdot kl}$ und $y_{ij \cdot k}$ nicht über alle Sektoren gleichzeitig summiert. In einer Summe werden immer nur diejenigen Sektoren erfaßt, deren Güterausstoß der gleichen Gutart zugeordnet werden kann. Eine solche gruppenweise Summierung führt zu einer sehr klaren Abgrenzung der einzelnen Gruppen bzw.

Güterstrommatrizen, wenn die Untergliederung der ökonomisch-regionalen Matrix nach ökonomischen Sektoren entsprechend fein ist. Das Kriterium dafür ist die Anzahl der verwendeten Sektoren. Liegt eine weitgehend untergliederte Tabelle vor, so sind Zusammenfassungen möglich, um Gruppen zu bilden, die den Gutarten im Verkehrswesen entsprechen.

Die für die Zwecke der Güterstromprognose erforderliche Aggregation der ursprünglichen Tabelle muß demnach also Prinzipien folgen, die möglicherweise von denen abweichen, die bei anderen Zusammenfassungen gelten.

Eine ökonomisch fein gegliederte Tabelle eignet sich auch für die Belange der Güterstromprognose sehr gut, weil sie Zusammenfassungen der Gutarten erlaubt. Es bleibt die Frage offen, bis zu welchem Grade die regionale Untergliederung vorgenommen werden soll. Hierfür gibt es keine eindeutige und keine allgemeine Lösung. Für analytische Untersuchungen der ökonomisch-regionalen Verflechtung ist eine weitgehende regionale Gliederung zweckmäßig, die ihre Grenzen jedoch dort findet, wo die benötigten Koeffizienten des direkten Auwands nicht mehr bestimmt werden können.

Sollen Prognoseberechnungen angestellt werden, so ist schon des zu erwartenden Rechenumfangs wegen eine Reduzierung auf möglichst wenige Gebiete oder Verkehrsbezirke empfehlenswert. Auch spricht dafür, daß die Zuverlässigkeit der Prognose bei wenigen und somit größeren Verkehrsbezirken durch die ausgleichende Wirkung der Summen größer ist als bei vielen Verkehrsbezirken mit geringer Ausdehnung.

Wenn beispielsweise mit 20 Sektoren entsprechend 20 Gutarten und 15 Verkehrsbezirken gerechnet wird, so ergeben sich 300 Quellen und 300 Senken für die Güter- und Leistungsströme. Bei 300 Quellen und 300 Senken gibt es also ein Gleichungssystem mit maximal 90 000 ökonomisch-regionalen Koeffizienten des direkten Aufwands. Diese Zahl bildet jedoch eine obere Grenze, die kaum annähernd erreicht werden dürfte. Eine große Zahl der Sektoren ist nicht in allen Verkehrsbezirken angesiedelt, so daß nicht auf jeden Sektor 15 Verkehrsbezirke entfallen. Angenommen, ein ökonomischer Sektor tritt durchschnittlich nur in zehn Verkehrsbezirken auf, so gibt es bei 20 Sektoren eben nur 200 Quellen und 200 Senken der Güter- und Leistungsströme. Dann besitzt das Gleichungssystem nur 40 000 Koeffizienten, gegenüber 90 000 also weniger als die Hälfte. Man erkennt daran die Verringerung des Problemumfangs, der eintritt, wenn durch eine geschickte Abgrenzung der Verkehrsbezirke erreicht werden kann, daß die Sektoren nur auf wenige Verkehrsbezirke verteilt sind.

Die praktische Anwendung des skizzierten Prognosemodells erfordert umfangreiche Vorarbeiten. Sie betreffen die Abgrenzung und die Zahl der Verkehrsbezirke ebenso wie die Zusammenfassung der Sektoren zu Gruppen, die die wesentlichen Merkmale des Güterverkehrs zweckmäßig widerspiegeln. Umfangreich sind diese Vorarbeiten auch im Hinblick auf die große Menge der benötigten statistischen Ausgangsdaten. Es zeigt sich aber, daß die Anzahl der Ausgangsgrößen wächst, wenn die Kompliziertheit der Prognose zunimmt. Mit anderen Worten: Für eine komplizierte Prognose müssen mehr *Erfahrungen* vorliegen als für eine einfache Vorhersage. Diese Erfahrungen können sich auch darauf beziehen, daß eine große Zahl von Koeffizienten auf Grund ihrer Ähnlichkeit gleichgesetzt und dadurch das Gleichungssystem vereinfacht werden kann.

Die Vorausberechnung der Güterströme als Folge der ökonomischen Verflechtung ist eine komplizierte Aufgabe. Um sie lösen zu können, müssen umfangreiche statistische Unterlagen vorliegen. Die notwendigen Arbeiten erstrecken sich insbesondere auf die Güterstrom- und die Lieferstatistik, die den Anforderungen der Verflechtungsmodellierung angepaßt werden müssen.

Mit der Übernahme der ökonomisch-regionalen Koeffizienten des direkten Aufwands aus dem Erfassungs- in den Vorausberechnungszeitraum wird die Struktur des Güter- und Leistungsaustauschs mit übernommen. Veränderungen, die z.B. durch die Optimierung von Lieferbeziehungen eintreten können, werden dabei nur statistisch, also nachträglich, erfaßt und auf den kommenden Zeitraum übertragen. Die Korrektur der Koeffizienten erfolgt mit einer zeitlichen Verzögerung (time-lag), die jedoch angesichts der relativ hohen Stabilität der regionalen Struktur vertretbar ist.

Die Volkswirtschaft besitzt eine dynamische Struktur, die sich im Laufe der Zeit ändert und dabei Konsequenzen für den Güteraustausch und den Güterverkehr nach sich zieht. Die beschriebenen Matrixansätze und -modelle können dazu beitragen, solche Veränderungen erkennbar zu machen. Entscheidend sind dabei die Koeffizienten des direkten Aufwands.

Die Beziehungen zwischen den Sektoren werden durch die Koeffizienten des direkten Aufwands bzw. die daraus berechneten Koeffizienten des vollen Aufwands ausgedrückt. Für die regionale Gliederung werden entsprechende Aussagen durch die regionalen Koeffizienten des direkten Aufwands geliefert. Das Bindeglied zwischen den beiden Gruppen von Strukturkoeffizienten bilden die ökonomisch-regionalen Koeffizienten des direkten Aufwands, in denen ökonomische und regionale Gliederungsmerkmale kombiniert auftreten. Alle drei Arten von Koeffizienten sind im Zusammenhang mit der Darlegung des ökonomisch-regionalen, des ökonomischen und des regionalen Modells ausführlich behandelt worden.
Die Verbindung zwischen diesen drei Koeffizientenarten wird durch die Beziehungen

$$a_{kl} = \frac{\sum_j \{X_{j.l} \sum_i a_{ij.kl}\}}{\sum_j X_{j.l}}$$

(vgl. (5.151)) und

$$a_{ij} = \frac{\sum_l \{X_{j.l} \sum_k a_{ij.kl}\}}{\sum_l X_{j.l}}$$

(vgl. (5.174) hergestellt. Alle volkswirtschaftlichen Strukturveränderungen werden durch die ökonomisch-regionalen Koeffizienten des direkten Aufwands $a_{ij \cdot kl}$ widergespiegelt. Solange kein dynamisches Modell des Gesamtproblems vorliegt, werden diese Veränderungen durch das beschriebene statistische Rückkopplungssystem erfaßt. Damit gehen sie mit einer zeitlichen Verzögerung, die durch den Erfassungsrhythmus bestimmt wird, auch in die Berechnung der ökonomischen und regionalen Koeffizienten des direkten Aufwands ein. Da die zuletzt genannten Koeffizienten, aus denen schließlich wieder die zu erwartenden Güterströme berechnet werden können, die regionale Gliederung und damit ein wichtiges Merkmal der Struktur des Güteraustauschs bestimmen, besteht eine unmittelbare Beziehung zwischen der ökonomisch-regionalen Struktur der Volkswirtschaft und der Struktur des Güteraustauschs. Durch entsprechende Gruppenbildung bei den ökonomischen Sektoren, das heißt durch Bilden von für den Gütertransport typischen Gruppen, lassen sich weitere Strukturmerkmale des Güteraustauschs bestimmen.

In analoger Weise können auch die Auswirkungen der ökonomisch-regionalen Strukturveränderungen auf die sektoralen Beziehungen erfaßt werden. Das wird durch die Beziehung (5.151) zwischen den Koeffizienten $a_{ij \cdot kl}$ und a_{kl} deutlich. Ein Vergleich der Veränderungen, die die Koeffizienten a_{kl} (sektorale Gliederung) und a_{ij} (regionale Gliederung) als Folge veränderter Koeffizienten $a_{ij \cdot kl}$ erfahren, gestattet es schließlich, im Verlaufe längerer Beobachtungen zu direkten Beziehungen zwischen den ökonomischen und den regionalen Koeffizienten und somit zwischen der ökonomischen und der regionalen Gliederung und Struktur des Güteraustauschs zu gelangen. Es handelt sich dabei eigentlich um das Sammeln von Erfahrungen, die in den Zeitreihen der drei Arten der Koeffizienten gespeichert werden.

Natürlich wird man derartige vergleichende Betrachtungen nicht auf die Gesamtheit der Koeffizienten ausdehnen, sondern - insbesondere hinsichtlich der einzubeziehenden Gutarten und möglicherweise auch der zu betrachtenden Verkehrsbezirke - eine gewisse repräsentative Auswahl treffen. Die Stichprobentheorie vermag hier zu einer wesentlichen Verringerung des statistischen Aufwands beizutragen. Die zeitliche Verzögerung, die eintritt, bevor die Auswirkungen ökonomisch-regionaler Strukturveränderungen in den zusammengefaßten Koeffizienten a_{kl} (Sektoren) und a_{ij} (Verkehrsbezirke) rechnerisch berücksichtigt werden können, hat natürlich einen in Grenzen kalkulierbaren Fehler der Prognoseberechnungen zur Folge. Die Größe dieses Fehlers wird in starkem Maße davon abhängen, mit welcher Intensität sich die Strukturveränderungen der Volkswirtschaft vollziehen. Ein permanentes Kontrollsystem schafft hierbei die Möglichkeit, durch kurzfristige Korrekturen der Koeffizienten die Zeitverzögerung so gering wie möglich zu halten und den genannten Fehler zu reduzieren. Dadurch können positive Auswirkungen auf die ökonometrische Modellbildung und -korrektur erzielt werden.

Die ökonomisch-regionalen Koeffizienten des direkten Aufwands $a_{ij \cdot kl}$ stellen eine direkte Verbindung zwischen ökonomisch-regionaler und regionaler Struktur (Struktur des Güteraustauschs) her. Liegen nur die Koeffizienten a_{kl} vor, so sind unmittelbare Schlüsse auf die Koeffizienten a_{ij} und die durch sie repräsentierte Struktur des Güteraustauschs nicht möglich.

Interessante Informationen ergeben sich aus dem Vergleich des direkten Verbrauchs mit dem vollen Verbrauch. Sie lassen erkennen, in welchem Umfange in den einzelnen Wirtschaftszweigen und -bereichen Verkehrsleistungen direkt, das heißt im eigenen Zweig, und indirekt, das heißt über Zulieferungen anderer Zweige an den eigenen Zweig, verbraucht werden.

Im Sektor Energiebetriebe beispielsweise betrug in der erwähnten Bilanz der Koeffizient des direkten Aufwands an Leistungen des Verkehrswesens 0,0543. Der zugehörige Koeffizient des vollen Aufwands betrug jedoch 0,0942, also beinahe das Doppelte. Der Gesamtverbrauch an Ausstoß des Sektors Verkehrswesen je Erzeugniseinheit des Sektors Energiebetriebe entstand also beinahe zur Hälfte als indirekter Verbrauch, nämlich über die Lieferungen, die der Sektor Energiebetriebe aus anderen Sektoren erhielt.

Ähnlich verhält es sich mit dem Sektor Bergbau, für den die entsprechenden Werte 0,0141 (direkter Aufwand) und 0,0233 (voller Aufwand) betragen. Im Sektor Metallurgie lauten sie 0,0428 und 0,0772.

Durch die Koeffizienten des vollen Aufwands ergibt sich damit eine weitere Möglichkeit, die Beziehungen zwischen der allgemeinen wirtschaftlichen Struktur und der Struktur des Ausstoßes des Verkehrswesens zu untersuchen. In der zuerst dargestellten Form wird dabei nur die regionale Gliederung des Ausstoßes des Sektors Verkehrswesens erfaßt, da eine Gliederung nach direktem und in direktem Verbrauch an Verkehrsleistung nicht möglich ist. Der Vergleich zwischen den Koeffizienten des direkten und den Koeffizienten des vollen Aufwands dagegen beantwortet die Frage nach dem Umfang des direkten und des indirekten Verbrauchs an Verkehrsleistung in den einzelnen Sektoren.

Das Input-Output-Modell eignet sich wohl für die aggregierte Modellierung der Nachfrage an *Güterverkehrsleistung*, nicht aber für analoge Aussagen zum *Personenverkehr*. Personenverkehrsleistung ist überwiegend Lieferung für den Endverbrauch und wird nicht zum Ausstoß anderer Sektoren in Beziehung gesetzt. Geeignete Nachfragemodelle werden deshalb besser in Form der aggregierten Modelle (vgl. Abschnitte 6.2 und 6.3) oder auf der Grundlage der Verkehrsstrommatrix (vgl. folgenden Abschnitt 6.5) entwickelt.

6.5 Ableitung der Verkehrsnachfrage aus der Verkehrsstrommatrix

In der Verkehrsstrommatrix zeigt sich die Verkehrsnachfrage in Form von Verkehrsströmen.

Die Bestimmung von künftigen Verkehrsströmen gehört zu den Hauptaufgaben der Verkehrsplanung. Besonders im Bereich städtischer Verkehrsplanung und -prognose wurden entsprechende mathematische Ansätze entwickelt, getestet und angewendet, die inzwischen für Verkehrssysteme beliebiger Dimension genutzt werden. Auch für diese Systeme liefert die Kenntnis der zu erwartenden Verkehrsströme wertvolle Planungs- und Dispositionsunterlagen.

Künftige Verkehrsströme werden

1. auf der Grundlage der Kenntnis bisheriger Verkehrsströme und

2. ohne Bezug auf bisherige Verkehrsströme ermittelt.

Diese Ermittlung bedeutet die Berechnung einer Verkehrsstrommatrix für künftige Zeiträume. Im allgemeinen werden die Verkehrsströme dabei relationsbezogen bestimmt (Verkehrsbeziehungen); die Verteilung auf das Netz erfolgt danach. Sie ist eher eine verkehrsplanerische als eine verkehrswirtschaftliche Aufgabe. Sache der Verkehrswirtschaft ist es vielmehr, solche tatsächlichen Verkehrsverbindungen anzubieten, die es ermöglichen, die vorausbestimmten Verkehrsströme mit hohem wirtschaftlichen Ertrag zu realisieren.

Bestimmend für die anzuwendende Berechnungsmethode auf der *Grundlage bisheriger Verkehrsströme* sind unter anderem

- die Art, die Gesamtmenge und - sofern bekannt - die bisherige Struktur der Verkehrsströme (z.B. beurteilt durch das Maß der Organsiertheit, ΔH_r)
- die Struktur und die Dynamik des Verkehrsnetzes (z.B. der Anteil der neuen Wege im Netz)
- der Zeithorizont für die Vorausberechnung.

Umfaßte das Verkehrssystem bisher Ströme mit sehr unterschiedlicher Belegungsstärke und ist zu erwarten, daß dieser Zustand anhält, so genügt es, die wichtigsten Stromgrößen einzeln zu prognostizieren und für den Rest einen konstanten Aufschlag anzusetzen. Für die Prognose der wichtigsten Stromgrößen bieten sich die folgenden Methoden an.

Wenn eine Stromstruktur zur Gleichverteilung tendiert und keine entgegenstehenden Gründe vorliegen, reicht es aus, die Plan- oder Prognosewerte $x_{ij(P)}$ der Verkehrsstrommatrix nach dem Ansatz

$$x_{ij(P)} = x_{ij(S)} \cdot F, \qquad (6.50)$$

also mit einem konstanten Steigerungsfaktor F, zu bestimmen. Mit $x_{ij(S)}$ werden die (statistisch ermittelten) bisherigen Stromwerte bezeichnet. Weiter ist F ein einheitlicher Steigerungsfaktor. Bei diesem Ansatz folgt

$$X_{i(P)} = X_{i(S)} \cdot F ; \quad i = 1(1)p \qquad (6.51)$$

für die Quellmengen und

$$X_{.j(P)} = X_{.j(S)} \cdot F ; \quad j = 1(1)p \qquad (6.52)$$

für die Senkmengen.

Das Bestimmungsverfahren wird den tatsächlichen Verhältnissen besser angepaßt, wenn je Quellort ein Steigerungsfaktor F_i bestimmt wird, der auch für alle von diesem Quellort ausgehenden Relationen gültig ist. Der Berechnungsweise liegt die Hypothese zugrunde, daß sich die Zunahme oder die Abnahme der Quellintensität eines Ortes in gleicher Weise auf die von diesem Ort ausgehenden Relationen überträgt. Die Veränderung der Senkintensität resultiert aus dem gemeinsamen und durch die Stromwerte gewichteten Wirken der Faktoren F_i (Durchschnittsbildung, vgl. (6.54)). Die Tabellen 6.5 und 6.6 enthalten ein Beispiel.

Tabelle 6.5   Verkehrsstrommatrix - Ausgangswerte -

von \ an	O_1	O_2	O_3	O_4	Σ
O_1	50	30	0	20	100
O_2	20	80	50	10	160
O_3	0	20	40	20	80
O_4	80	30	50	0	160
Σ	150	160	140	50	500

Die vorgegebenen Steigerungsfaktoren für die Verkehrsquellen O_1 bis O_4 sind

$$\begin{aligned}F_1 &= 1{,}2\\ F_2 &= 0{,}9\\ F_3 &= 1{,}4\\ F_4 &= 1{,}0.\end{aligned}$$

Tabelle 6.6   Verkehrsstrommatrix - Vorausberechnungswerte -

von \ an	O_1	O_2	O_3	O_4	Σ
O_1	60	36	0	24	120
O_2	18	72	45	9	144
O_3	0	28	56	28	112
O_4	80	30	50	0	160
Σ	158	166	151	61	536

Die abgeleiteten Steigerungsfaktoren der Verkehrssenken betragen

$$F_{.1} = 1{,}05$$
$$F_{.2} = 1{,}04$$
$$F_{.3} = 1{,}08$$
$$F_{.4} = 1{,}22.$$

Für das gesamte Verkehrsvolumen ergibt sich der Steigerungsfaktor

$$F_G = 1{,}07.$$

Bei vorgegebenen Steigerungsfaktoren für die Verkehrsquellen ergeben sich diejenigen für die Verkehrsströme, für die Verkehrssenken und für die Gesamtmenge der Verkehrsobjekte entsprechend den folgenden Formeln:

1. für die Steigerungsfaktoren F_{ij} der Verkehrsströme

$$F_{ij} = F_i \, ; \quad i = 1(1)p \qquad j = 1(1)p \tag{6.53}$$

2. für die Steigerungsfaktoren $F_{.j}$ der Zuflußmengen

$$F_j = \frac{\sum_i x_{ij(s)} F_i}{\sum_i x_{ij(s)}} \, ; \quad j = 1(1)p \tag{6.54}$$

3. für die Steigerung der Gesamtmenge der Verkehrsobjekte

$$F_G = \frac{\sum_i \sum_j x_{ij(s)} F_i}{\sum_i \sum_j x_{ij(S)}}. \tag{6.55}$$

Die einzelne Stromgröße wird analog zu (6.50) als

$$x_{ij(P)} = x_{ij(S)} \cdot F_i \tag{6.56}$$

berechnet.

Muß angenommen werden, daß der Einfluß der Verkehrssenken auf die Verkehrsströme stärker ist als der der Verkehrsquellen, kann die Berechnung in Analogie zu (6.53) bis (6.56) durchgeführt werden. Festzulegen sind dann die Steigerungsfaktoren $F_{.j}$.

Es gilt weiter:

6. Verkehrsnachfragemodelle

$$F_{ij} = F_{\cdot j} \; ; \; i = 1(1)p \qquad j = 1(1)p \; . \qquad (6.57)$$

An die Stelle von (6.56) tritt

$$x_{ij(P)} = x_{ij(S)} \cdot F_{\cdot j} \; . \qquad (6.58)$$

Bei den bisherigen Berechnungsweisen treten keine Bilanzprobleme auf. Das gilt auch dann, wenn der Berechnung das Verkehrsstrom-Verflechtungsmodell bzw. regionale Verflechtungsmodell zugrunde gelegt wird. Die Berechnung erfolgt dann nach der Beziehung (5.166):

$$x'_{ij} = a_{ij} \cdot X'_{j} \; .$$

Nimmt man zumindest für kürzere Vorausberechnungszeiträume - Konstanz der Koeffizienten a_{ij} an, so werden die $x_{ij(P)}$ bei Vorgabe der Steigerungsfaktoren F_i für die Quellorte als

$$x_{ij(P)} = a_{ij} X_{j(S)} F_i \qquad (6.59)$$

berechnet. Die bisherigen Stromwerte $x_{ij(S)}$ werden durch die Koeffizienten a_{ij} repräsentiert.

Durch Formel (6.59) lassen sich auch strukturelle Veränderungen der Verkehrsströme erfassen und berücksichtigen. Zu diesem Zweck werden die Koeffizienten a_{ij} als zeitabhängig aufgefaßt:

$$a_{ij} = a_{ij}(t) \; . \qquad (6.60)$$

Für die Berechnung der künftigen Stromwerte $x_{ij(P)}$ ist es nun erforderlich, die Entwicklung der $a_{ij}(t)$ zu schätzen.

Wenn der Einfluß der Veränderungen der Quellintensität (Steigerungsfaktoren F_i) und der der Senkintensität (Steigerungsfaktoren $F_{\cdot j}$) gleichzeitig berücksichtigt werden sollen, sind Berechnungsansätze der Form

$$x_{ij(P)} = x_{ij(S)} F_{ij} \qquad (6.61)$$

anzuwenden. Sie werden zusammenfassend als Steigerungsfaktorenmodelle bezeichnet, zu denen aber auch die vorher erörterten Modelle zu rechnen sind.

Für die Festlegung der Steigerungsfaktoren F_{ij} bestehen verschiedene Möglichkeiten, die bereits in Abschnitt 5.8 (Formeln (5.181) bis (5.189)) beschrieben wurden.

Werden die Steigerungsfaktoren F_{ij} sowohl aus den Faktoren F_i als auch aus den Faktoren $F_{\cdot j}$ hergeleitet, so erfüllen die derart berechneten Werte $x_{ij(P)}$ im allgemeinen nicht die Summenbedingungen (Zeilensummen und Spaltensummen) bzw. Bilanzgleichungen der Verkehrsstrommatrix. Das zeigt sich deutlich an Hand der Tabellen 6.7 bis 6.11.

Im Ergebnis der Berechnungen genügen die Werte aus dem *Detroit-Modell* den Summenbedingungen etwas weniger schlecht als die Werte aus dem *Durchschnittsfaktoren-Modell*. Trotzdem gilt generell, daß die Summenbedingungen - zumindest nach dem ersten Rechengang - nicht erfüllt werden. Der Grad der Nichterfüllung der Summenbedingungen kann

- durch iterative Korrekturrechnungen
- durch Verkleinerung des Zeithorizonts der Vorausberechnung
- durch Zerlegung des Vorausberechnungszeitraums in mehrere Teilabschnitte und entsprechende Aufteilung der Steigerungsfaktoren in mehrere kleine Werte
- durch Verbesserung der Modellkonstruktion

reduziert werden.

Tabelle 6.7 Ausgangswerte $x_{ij(S)}$, $X_{i(S)}$, $X_{.j(S)}$ und Steigerungsfaktoren (F_i, $F_{.j}$)

von \ an	O_1	O_2	O_3	O_4	Σ	F_i
O_1	10	90	50	50	200	1,10
O_2	0	20	150	30	200	1,25
O_3	20	10	0	10	40	1,60
O_4	0	50	0	10	60	1,10
Σ	30	170	200	100	500	-
$F_{.j}$	2,00	1,00	1,10	1,50	-	1,20

In Tabelle 6.12 sind die behandelten Steigerungsfaktorenmodelle zusammengestellt worden.

Tabelle 6.8 Steigerungsfaktoren $F^{(D)}_{ij}$, F_i und $F_{.j}$

von \ an	O_1	O_2	O_3	O_4	Quellmenge
O_1	1,550	1,050	1,100	1,300	1,100
O_2	1,620	1,125	1,175	1,375	1,250
O_3	1,800	1,300	1,350	1,550	1,600
O_4	1,550	1,050	1,100	1,300	1,100
Senkmenge	2,000	1,000	1,100	1,500	1,200

Tabelle 6.9 Errechnete Werte $x_{ij(P)}$, $X_{i(P)}$ und $X_{.j(P)}$ gemäß Tabelle 6.8 sowie Vorgabewerte gemäß Tabelle 6.7

von \ an	O_1	O_2	O_3	O_4	Σ	Σ_v
O_1	15,5	94,5	55	65	230	220
O_2	0	22,5	176,3	41,3	240,1	250
O_3	36	13	0	15,5	64,5	64
O_4	0	52,5	0	13	65,5	66
Σ	51,5	182.5	231,3	134,8	600,1	-
Σ_v	60	170	220	150	-	600

Tabelle 6.10 Steigerungsfaktoren $F^{(De)}_{ij}$, F_i und $F_{.j}$

von \ an	O_1	O_2	O_3	O_4	Quellmenge
O_1	1,826	0,913	1	1,370	1,100
O_2	2,083	1,041	1,145	1,562	1,250
O_3	2,666	1,333	1,466	1,999	1,600
O_4	1,826	0,913	1	1,370	1,100
Senkmenge	2,000	1,000	1,100	1,500	1,200

Tabelle 6.11 Errechnete werte $x_{ij(P)}$, $X_{i(P)}$ und $X_{.j(P)}$ gemäß Tabelle 6.10 und Vorgabewerte gemäß Tabelle 6.7

von \ an	O_1	O_2	O_3	O_4	Σ	Σ_v
O_1	18	82	50	68,5	218,5	220
O_2	0	21	172	47	240	250
O_3	53,5	13,5	0	20	87	64
O_4	0	45,5	0	13,5	59	66
Σ	71,5	162	222	149	604,5	-
Σ_v	60	170	220	150	-	600

Die Treffsicherheit bei der Bestimmung der Steigerungsfaktoren F_i, $F_{.j}$ und F_G entscheidet in hohem Maße darüber, ob die ermittelten Werte $x_{ij(P)}$ die künftigen Verkehrsströme richtig angeben oder nicht. Für die Belange der Güterstromprognose ist es möglich, zur Bestimmung der Steigerungsfaktoren auf Angaben des ökonomischen Verflechtungsmodelle zurückzugreifen. Die Steigerungsfaktorenmodelle gestatten es jedoch nicht, die künftigen Verkehrsströme unmittelbar aus den gesellschaftlichen und ökonomischen Bestimmungsgrößen herzuleiten.

Tabelle 6.12 Übersicht über Steigerungsfaktorenmodelle

Bildungsprinzip der Faktoren F_{ij}	berücksichtigt werden die Steigerungsfaktoren	Summenbedingungen	vorzugebende Werte
individuelle Prognose einzelner Stromgrößen	-	erfüllt	Istwerte, Steigerungsfaktoren einzelner Stromgrößen
konstanter Steigerungsfaktor $F_{ij} = F$	-	erfüllt	Istwerte, konstanter Steigerungsfaktor
zeilenweise oder spaltenweise konstante Steigerungsfaktoren $F_{ij} = F_i$ oder $F_{ij} = F_j$	der Quellorte *oder* der Senkorte	erfüllt	Istwerte, Faktoren F_i oder F_j oder entsprechende Absolutwerte
wie vorstehend	wie vorstehend, zusätzlich Veränderung der Koeffizienten a_{ij}	erfüllt	wie vorstehend, zusätzlich Koeffizienten a_{ij}
$F^{(D)} = \dfrac{F_i + F_j}{2}$	der Quellorte *und* der Senkorte	nicht erfüllt	Istwerte, Faktoren F_i und F_j oder entsprechender Absolutwert
$F^{(De)}{}_{ij} = \dfrac{F_i \cdot F_j}{F_G}$	der Quellorte *und* der Senkorte *und* der Gesamtmenge der Transportobjekte	nicht erfüllt	wie vorstehend, zusätzlich F_G oder entsprechender Absolutwert
$F^{(F)}{}_{ij} = F_i \cdot F_j \cdot \dfrac{L_i + L_j}{2}$	der Quellorte *und* der Senkorte	nicht erfüllt	Istwerte, Faktoren F_i und F_j oder entsprechende Absolutwerte

6. Verkehrsnachfragemodelle

Kann oder will man nicht auf Daten über bisherige Verkehrsströme zurückgreifen, so berechnet man die künftigen Ströme auf der Grundlage des *Gravitations*prinzips.

Der Ansatz der *Schwerkraft-* oder *Gravitationsmodelle* besteht darin, die zu erwartenden Verkehrsströme unmittelbar aus ihren gesellschaftlichen und ökonomischen Bestimmungsfaktoren herzuleiten. POTTHOFF stellte dazu fest:

"Beobachtet man beispielsweise die Verkehrbeziehungen zwischen zwei Punkten i und j, so hängt die Stärke des Verkehrsflusses x_{ij} von der Bedeutung der beiden Punkte ab, die durch die Stärke der Bevölkerung, die Anzahl der dort stationierten Fahrzeuge, die Produktionsmenge oder eine andere größenmäßig bestimmbare Menge, kurz durch m_i und m_j erfaßt werden kann. Der Verkehrsfluß steht weiterhin im umgekehrten Verhältnis zum Aufwand an Zeit oder Kosten, der häufig der Entfernung r_{ij} beider Punkte proportional ist; es ist aber offen, ob in einem linearen oder einem anderen Verhältnis. Man kann daher die Stromstärke als $x_{ij} = a m_i m_j / r_{ij}$ ansetzen. Dabei ist a eine Maßstabskonstante, und b ist ein vorerst unbekannter Parameter. Liegen genügend Beobachtungen über x_{ij}, m_i, m_j und r_{ij} vor, kann man die Gleichung logarithmieren, eine lineare Ausgleichung nach den Regeln der Korrelationsrechnung vornehmen, und man findet b als Regressionskoeffizienten." (POTTHOFF 1972, S. 709).

In Anlehnung an die in diesem Buch benutzte Symbolik wird die künftige Verkehrsstromgröße $x_{ij(P)}$ nach dem Schwerkraftmodell als

$$x_{ij(P)} = a \cdot \frac{M_i \cdot M_j}{c_{ij}^b} \qquad (6.62)$$

berechnet. Es bedeuten

a, b   Konstanten

M_i, M_j Bedeutungsgrößen für den Quellort O_i und den Senkort O_j (beide Orte als Verkehrsmassenpunkte verstanden), z.B. die Zahl der Einwohner, Produktionsvolumen, Anzahl und Kapazität kultureller Einrichtungen usw.

c_{ij} Aufwandsgröße für die Relation $O_i O_j$ als Ausdruck des zwischen beiden bestehenden *Verkehrswiderstandes*.

Die Urform des Gravitationsmodells in der Verkehrstheorie ist das LILLsche Reisegesetz von 1891, das in der Form

$$R = \frac{Q \cdot Z}{D^2} \qquad (6.63)$$

R, die Anzahl der Reisenden je Zeiteinheit, mit

Q, dem Reisewert des Quellortes,

Z, dem Anziehungswert des Zielortes und

D, der Distanz,

verknüpft.

Aus dem Bemühen heraus, das Schwerkraftmodell den Bedürfnissen der Verkehrsplanung optimal anzupassen, sind viele Modifikationen zu (6.62) entstanden. Sie betreffen in erster Linie die Widerstandsfunktion c^b_{ij}, speziell den Exponenten. Beispielsweise werden variable Exponenten

$$b_{ij} = \varphi(c_{ij}) \tag{6.64}$$

in Betracht gezogen.

Unter Berücksichtigung dessen, daß sich die Bedeutungsgrößen M_i und M_j in der Zeit ändern, können Zeitfunktionen

$$M_i = M_i(t) \tag{6.65}$$

und

$$M_j = M_j(t) \tag{6.66}$$

angesetzt und statistisch bestimmt werden. Daraus folgt für die Verkehrsstromstärke

$$x_{ij(P)}(t) = a \cdot \frac{M_i(t) \cdot M_j(t)}{c^b_{ij}} \tag{6.67}$$

eine Funktion der Zeit. Wenn man beispielsweise mit zwei linearen Trendfunktionen

$$M_i(t) = a_i + b_i t \quad \text{für } M_i \tag{6.68}$$

und

$$M_j(t) = a_j + b_j t \quad \text{für } M_j \tag{6.69}$$

rechnet, folgt für $x_{ij(P)}(t)$ der in t quadratische Ansatz

$$x_{ij(P)}(t) = \frac{a_i \cdot a_j + (a_i b_j + a_j \cdot b_i) t + b_i \cdot b_j \cdot t^2}{c^b_{ij}} \tag{6.70}$$

Liegen statt der linearen Entwicklungsfunktionen Potenzfunktionen der Form

$$M_i(t) = a_i q^t_i \quad \text{für } M_i \tag{6.71}$$

und

6. Verkehrsnachfragemodelle

$$M_{.j}(t) = a_{.j} q^t_{.j} \quad \text{für } M_{.j} \tag{6.72}$$

vor, dann ergibt sich für den Verkehrsstrom

$$x_{ij(P)}(t) = \frac{a_i q_i^t \cdot a_j q_j^t}{c_{ij}^b}. \tag{6.73}$$

Dabei können q_i und $q_{.j}$ als Steigerungsfaktoren der Massen M_i und $M_{.f}$ betrachtet werden. Handelt es sich um die Größen des wirtschaftlichen Wachstums und kann für alle Verkehrsbezirke ein einheitlicher Wert q angesetzt werden, so gilt statt Formel (6.73)

$$x_{ij(P)}(t) \quad a \cdot \frac{a_i \cdot a_j \cdot q^{2t}}{c_{ij}^b}. \tag{6.74}$$

Als Beispiel für eine lineare Entwicklung der Massen M_i und $M_{.j}$ wird angenommen:

$$\begin{aligned} M_i(t) &= 25 + 2{,}5\,t \\ M_{.j}(t) &= 15 + 2{,}0\,t \\ a &= 10 \\ c_{ij} &= 20 \\ b &= 2\,. \end{aligned}$$

Die erforderlichen Berechnungen werden in Tabelle 6.13 vorgenommen.

Tabelle 6.13 Wertetafel für $M_i(t)$, $M_{.j}(t)$ und $x_{ij}(t)$

tt	$M_i(t) =$ $25 + 1{,}5\,t$	$M_{.j}(t) =$ $15 + 2{,}0\,t$	$x_{ij(P)}(t) = 10 \cdot \dfrac{375 + 72{,}5\,t + 3\,t^2}{20^2}$
0	25	15	9,375
2	28	19	13,300
4	31	23	17,825
6	34	27	22,950
8	37	31	28,675
10	40	35	35,000

Bild 6.4 zeigt den Verlauf der Funktionen $M_i(t)$, $M_{.j}(t)$ und $x_{ij}(t)$.

Verwendet man Trendfunktionen zur Vorausberechnung der Einflußgrößen, so sind die Grenzen der Trendberechnung zu beachten. Muß angenommen werden, daß sich im Verlaufe des Vorausberechnungszeitraums andere Bedingungen als jene ergeben, die während der Aufstellung der Trendfunktionen gelten, so sind die Trendfunktionen für Vorausberechnungen nicht oder nur bedingt verwendbar.

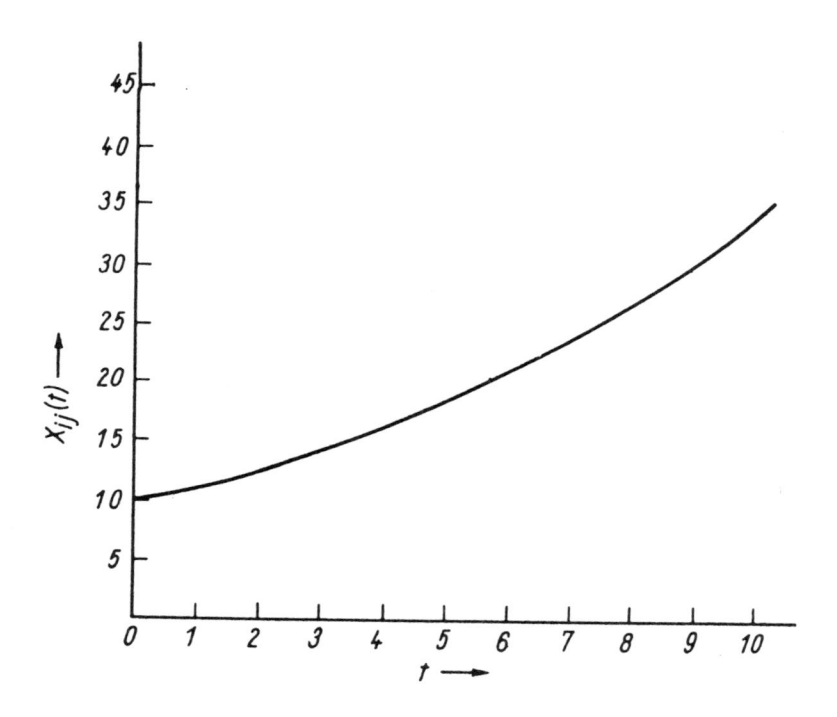

Bild 6.4   Funktion $x_{ij(P)}(t)$ nach Tabelle 6.3

Für Vorausberechnungen der künftigen Ströme in der Personenbeförderung ist das Schwerkraftmodell wenig geeignet, wenn sich die bestimmenden Massen, z.B. die Einwohnerzahlen, kaum verändern. Da bekannt ist, daß die Zahl der Reisen dennoch ansteigt, liegt hierbei offenbar ein Mobilitätswachstum vor. Für dieses Mobilitätswachstum kann ein allgemeiner Trend

$$f(t)_{Mob} = f(t|\Delta_i) \; ; \; 1 = 1, 2, \ldots \tag{6.75}$$

mit den Koeffizienten Δ_i angesetzt werden. Damit entsteht das modifizierte Schwerkraftmodell:

$$x_{ij(P)}(t) = a \cdot \frac{M_i(t) \cdot M_j(t)}{c_{ij}^{b}} \cdot f(t)_{Mob} \cdot \tag{6.76}$$

Es kann nach entsprechender statistischer Prüfung benutzt werden, um Abschätzungen künftiger Verkehrsströme vorzunehmen. Sofern es erforderlich ist, wird die Funktion f(t)$_{Mob}$ nach Relationen ij differenziert.

Die Beziehung (6.76) läßt sich ausbauen, indem

- für die Wirksamkeit der Bedeutungsgrößen M$_i$ und M$_j$ Koeffizienten c und d eingeführt
- die Überschätzung der unteren Entfernungen und die Unterschätzung der weiten Entfernungen durch Einführung eines Korrekturfaktors beseitigt

werden.

Es entsteht der Modellansatz

$$x^{*}_{ij(P)}(t) = x_{ij(P)}(t) \cdot K, \tag{6.77}$$

worin x$_{ij(P)}$(t) durch (6.76) und der Korrekturfaktor K als

mit
$$K = c_{ij}^{K^{*}} \tag{6.78}$$

$$K^{*} = \frac{\log(\frac{c_{ij}}{m})}{n} \tag{6.79}$$

ausgedrückt ist (nach einer Mitteilung von R.J.WOLFE 1971). Es ist n ein Kalibrierungsparameter. Wichtig ist m, indem für c$_{ij}$ < m die hemmende Wirkung des Verkehrswiderstandes verstärkt und für c$_{ij}$ > m abgeschwächt wird. Für c$_{ij}$ = m wird K = 1, und der Korrekturfaktor K verschwindet.

Der Ansatz (6.77) wird als *Trägheitsmodell* bezeichnet.

Das Gravitationsmodell ist immer wieder Gegenstand von Untersuchungen, die auf seine zunehmend bessere Anpassung an die praktischen Verhältnisse gerichtet sind. Dazu gehören Untersuchungen zum Verkehrswiderstand (vgl. WALTHER 1992) und zur Kombination verschiedener regionaler Modellansätze (vgl. KÁDAS/LOHSE 1979) sowie zur Schätzung der Modellparameter des Gravitationsmodells (vgl. KÁDAS/KLAFSZKY 1976). In der zuletzt zitierten Arbeit besteht der Problemzugang im Entropieansatz

$$I(t,x) = \sum_{i,j} t_{ij} \log \frac{t_{ij}}{x_{ij}} ,$$ (6.80)

worin

t_{ij} die Elemente einer beobachteten Verkehrsstrommatrix (Fahrtenmatrix) und

x_{ij} die Elemente einer nach dem Gravitationsmodell berechneten Verkehrsstrommatrix

sind. Die Koeffizienten werden mittels geometrischer Optimierung bestimmt.

Der Entropieansatz (vgl. KULLBACK 1959 und JAGLOM/JAGLOM 1967) wird schon lange bei der Modellierung von Verkehrsströmen genutzt, wobei städtische und regionale Reisendenströme im Vordergrund stehen (vgl. z.B. WILSON 1974, BRAILOWSKI/GRANOWSKI 1981, POPKOW et al. 1983 und JÖRNSTEN/LUDGREN 1989). Die Lösungen bestätigen die Zweckmäßigkeit des Gravitationsansatzes.

Ähnlichkeit zum Gravitationsmodell besitzt auch das *Gelegenheitsmodell* bzw. Wahrscheinlichkeitsmodell (vgl. SCHNABEL/LOHSE 1980). Es beruht auf der Annahme, daß für die Stärke des Verkehrsstroms

- die Quellstärke in der Verkehrsquelle O_i und
- die Wahrscheinlichkeit, daß die im Zielort O_j vorhandenen Gelegenheiten Fahrten anziehen,

maßgebend sind. Dann gilt

$$X_{ij(P)} = X_{i(P)} \cdot p(G_j)$$ (6.81)

mit

$X_{ij(P)}$ Verkehrsstromstärke
$X_{i(P)}$ Quellstärke in O_i
$p(G_j)$ Wahrscheinlichkeit, daß die in O_j vorhandenen Gelegenheiten Fahrten anziehen.

Bei der Bestimmung dieser und anderer Ausgangsgrößen sollen möglichst viele statistische "Erfahrungen" genutzt werden (vgl. z.B. LOHSE 1994).

Die Größe $X_{i.(P)}$ kann deshalb als

$$X_{i(P)} = X_{i(s)} \cdot F_i$$ (6.82)

und die Wahrscheinlichkeit $p(G_j)$ als

6. Verkehrsnachfragemodelle

$$p(G_j) = \frac{X_{j(S)}}{\sum_j X_{j(S)}} \qquad (6.83)$$

mit

$$X_{j(S)} = \sum_i x_{ij(S)} \qquad (6.84)$$

berechnet werden. Dann ist p(G$_j$) eine aus Messungen gewonnene statistische Wahrscheinlichkeit. Wegen (6.83) ist weiter

$$\sum_j p(G_j) = 1, \qquad (6.85)$$

wodurch für alle Ziele O$_j$ ein einheitliches Anziehungsmuster bezüglich der Quellen O$_i$ definiert wird (vgl. z.B. SCHNABEL/LOHSE 1980).

Die Berechnungen sind für die einzelnen Arten von Verkehrsobjekten, das heißt für die verschiedenen Verkehrsarten, getrennt vorzunehmen und die Resultate am Ende zu aggregieren. Das bedeutet auch, daß die Wahrscheinlichkeiten p(G$_j$) entsprechend zu definieren sind.

Wenn die aggregierten Werte x$_{ij(P)}$ vorliegen, kann der mit diesem Verkehrsprogramm verbundene Gesamtaufwand als

$$Z_{(P)} = \sum_{i,j} c_{ij} x_{ij(P)} \qquad (6.86)$$

abgeschätzt werden. Der Ausdruck (6.86) entspricht der Zielfunktion der linearen Transportoptimierung. Bezieht man die Aufwendungen in den Quellen und in den Senken ein, so folgt für die Gesamtaufwendungen:

$$Z^*_{(P)} = \sum_{i,j} c_{ij} x_{ij(P)} + \sum_i C_i X_{i(P)} + \sum_j C_j X_{j(P)} \qquad (6.87)$$

Darin sind c$_{ij}$, C$_i$ und C$_j$ spezifische Aufwendungen.

Aus raumwirtschaftlicher Sicht ist es erforderlich, die Bedingungen und die Formen des wirtschaftlichen Gleichgewichts im Raum zu bestimmen (vgl. BRÖCKER 1994). Aus den raumwirtschaftlichen Beziehungen ergeben sich schließlich die in Netzen realisierten Verkehrsströme, deren Gleichgewichtszustand ebenfalls definiert wird (vgl. FLORIAN 1992).

6.6 Probleme der Nachfrageprognose

Die in Abschnitt 6.2 genannten Ansätze für Nachfragemodelle lassen sich sich zwei Klassen einteilen, nämlich in

a) die Klasse der Modelle, die auf der Zeitreihenanalyse und der Zeitreihenextrapolation beruhen,

und

b) die Klasse der Modelle, die von einem gewissen Zusammenhang zwischen der Nachfrage und bestimmten Faktoren, die die Nachfrage beeinflussen, ausgehen.

Bei dieser sehr groben Klassifikation wurden wesentliche Gesichtspunkte nicht beachtet, die zum Beispiel in der Art der Verkehrsobjekte oder in der Unterscheidung in Netzmodelle und in relationale Modelle bestehen.

Modelle für die Schätzung der Nachfrage, die auf der Zeitreihenanalyse und der Zeitreihenextrapolation beruhen, sind monovariate Modelle vom Typ

$$Y = f(T) \qquad (6.88)$$

worin Y die Nachfrage, total oder in einer speziellen Art bzw. auf einer speziellen Relation ist. Weiter steht T für die Zeit. Man bestimmt die Funktion als Schätzung für den zurückliegenden Zeitraum $t(1) \ldots t(n)$ und berechnet die geschätzten Prognosewerte für einen künftigen Zeitraum $t(n + 1) \ldots t(n + k)$. Im allgemeinen soll k nicht größer als $n/2$ sein. Wesentlich für die Länge des Prognosezeitraums sind

- die Streuung der Meßwerte um die Trendfunktion
- der Funktionstyp und
- die Sicherheit oder Unsicherheit im Hinblick auf das Fortbestehen der Bedingungen, unter denen die Trendfunktion bestimmt wurde.

Im Falle der Funktion $Y = f(T)$ steht die Zeit T für das gesamte Ensemble der Ursachen, die im Beobachtungszeitraum auf die Nachfrage gewirkt haben. Somit wird Y external determiniert. Im Unterschied dazu erklärt PESCHEL die Zeitreihenprognose als Entwicklungsgesetz eines autonomen und diskontinuierlichen Automaten mit der Gedächtnistiefe k (vgl. PESCHEL 1977). Somit folgt der *autokorrelative* Ansatz

$$y(t) = G(y(t-1), y(t-2), \ldots, y(t-k)) \qquad (6.89)$$

für den aktuellen Wert $y(t)$, der ausschließlich aus den vorhergehenden Werten $y(t-1), y(t-2), \ldots$ erklärt wird. Mit anderen Worten wird der prognostizierte oder geschätzte Verkehrsbedarf aus den vorgegangenen Werten dieses Verkehrsbedarfs erklärt. Das System besitzt Eigendynamik.

6. Verkehrsnachfragemodelle

Modelle, die von einem Zusammenhang zwischen der Nachfrage und bestimmten Faktoren, die die Nachfrage beeinflussen, ausgehen, besitzen die allgemeine Struktur

$$Y = f(F_1, F_2, \ldots, F_m; U) \tag{6.90}$$

mit m Einflußfaktoren F_1 bis F_m als exogenen Variablen, der latenten Variablen (Störvariablen) U und der endogenen Variablen Y. Hierzu zählen neben den Regressionsmodellen auch solche Modelle, die aus dem Matrixschema abgeleitet sind.

Die Modelle der beiden Klassen sind an Voraussetzungen gebunden, die sich nicht wesentlich voneinander unterscheiden. Sie bestehen in einer relativen Konstanz von Fakten und Strukturen sowie in der Möglichkeit, Bestimmungsfaktoren für die Zukunft genügend genau ermitteln zu können.

Bei Modellen $Y = f(T)$ in Form der Zeitreihenanalyse und der Zeitreihenextrapolation werden die höchsten Forderungen an diese Konstanz gerichtet. Allgemein sagt man, daß der funktionale Zusammenhang, der im Beobachtungszeitraum festgestellt wurde, auch im Prognosezeitraum gelten soll. Das bedeutet aber nicht nur die Konstanz der Gültigkeit einer mathematischen Funktion. Es bedeutet auch, daß alle Faktoren, die die Nachfrage im Beobachtungszeitraum bestimmt haben, ihn im Prognosezeitraum ebenfalls bestimmen (*qualitative Konstanz*). Das Faktorenensemble muß unverändert die gleichen Elemente beinhalten. Angenommen wird aber außerdem, daß die Wirkungsintensität dieser Faktoren auf die Höhe und auf die Struktur der Nachfrage unverändert bleibt (*quantitative Konstanz*).

Eine ähnliche Situation gilt bei den Modellen der Form (6.90), bei denen die endogene Variable Y aus m exogenen Variablen F_1 bis F_m sowie aus der latenten Variablen U erklärt wird, und zwar unabhängig vom Funktionstyp.

Wenn jetzt von der Konstanz der Funktion Y gesprochen wird, so meint man nicht, daß ein Entwicklungsgesetz weiter wirkt, sondern daß die Wirkungsstruktur, nämlich Art und Stärke des Einflusses der F(.) auf Y, sich nicht ändert (diese Annahme wurde beim Typ $Y = f(T)$ implizit getroffen). Es kommt aber hinzu, daß die künftigen Werte dieser Faktoren bestimmbar sein müssen. Das bedeutet, daß alle Faktoren $F_1 \ldots F_m$ als Funktionen der Zeit gelten:

$$\begin{aligned} F_1 &= f_1(T) \\ &\ldots \\ &\ldots \\ &\ldots \\ F_m &= f_m(T) \end{aligned} \tag{6.91}$$

Aus (6.90) wird mit (6.91) und unter Vernachlässigung von U

$$Y = f\{f_1(T), f_2(T), \ldots, f_m(T)\}, \tag{6.92}$$

also wieder eine Funktion der Zeit:

$$Y = f^*(T) \qquad (6.93)$$

Eine ähnliche Situation tritt ein, wenn die Größen des Input-Output-Modells dynamisiert werden.

Man kann von den verschiedenen mathematischen Funktionen auch abstrahieren. Trotzdem bleibt die Tatsache bestehen, daß die Abschätzung der Verkehrsnachfrage in der Zukunft, also die Prognose der Verkehrsnachfrage, ohne Informationen über diese Zukunft nicht möglich ist. Diese Informationen sind exogene Informationen für jedes Modell, schließlich für jede Berechnung, woraus sich die Prognosewerte als endogene Informationen ergeben.

Die bestehenden Schwierigkeiten können weniger durch immer weiter entwickelte und verfeinerte Modelle als vielmehr durch eine *Metamethode* der Nachfrageprognose überwunden werden, zu der nachfolgend drei Aspekte genannt werden.

Der *erste Aspekt* besteht darin, daß die Prognose nach einer *top-down-Strategie* durchgeführt werden muß. Dieser Begriff bezieht sich auf verschiedene Seiten der Prognose, vor allem aber auf

- die räumliche Grundstruktur
- die zeitlichen Horizonte und
- die sachliche Struktur der Prognose

für die Verkehrsnachfrage.

Top-down-Strategie bedeutet, daß mit einer sehr groben Prognosestruktur in räumlicher, zeitlicher und sachlicher Hinsicht begonnen wird, die im Laufe der Zeit immer mehr verfeinert werden kann. Natürlich ist die Szenario-Technik unverzichtbar, jedoch können die ersten Szenarios ebenfalls sehr grob sein. Damit wird das Fehlerausgleichsgesetz ausgenutzt, weil die starke Aggregation der Daten einen weitgehend internen Ausgleich von Fehlern an Einzelgrößen garantiert. Das bezieht sich natürlich nur auf zufällige und nicht auf systematische Fehler.

Die schrittweise Verfeinerung der anfänglich sehr groben Prognosestruktur entspricht dem Prinzip der divisiven Clusterung. Das Prognoseobjekt ist am Anfang ein Cluster und wird nach und nach räumlich, zeitlich und sachlich unterteilt. Damit entstehen Prognosecluster geringerer Dimension und höherer Zuverlässigkeit der Aussagen.

Im Hinblick auf die regionale Struktur bedeutet die top-down-Strategie, daß am Anfang sehr große räumliche Einheiten gebildet werden. Administrative und wirtschaftliche Agglomerationen sind dabei zu beachten. Die jeweiligen Umgebungen dieser Agglomerationen bilden mit diesen die Verkehrsbezirke. Die Agglomerationen sind die wirtschaftlichen Schwerpunkte dieser Bezirke.

6. Verkehrsnachfragemodelle

Die Anwendung der top-down-Strategie auf die zeitliche Unterteilung des Prognosehorizontes heißt wiederum, daß von einer anfänglich sehr groben zeitlichen Gliederung schrittweise dazu übergegangen werden kann, diese Gliederung zu verfeinern. Somit könnte z.B. zunächst mit Prognosehorizonten von 10 und 20 Jahren gearbeitet werden, die nachfolgend durch 5 und 15 Jahre ergänzt und weiter unterteilt werden können, wenn das erforderlich ist. Dabei gilt das Prinzip, die Unterteilung in dem Maße zu verfeinern, wie der ursprüngliche Prognosezeitpunkt aktuell wird.

Geht man nach diesem Prinzip vor, so wären die Zeitpunkte, für die prognostische Aussagen gemacht werden,

10, 15, 16, 17, 18, 19 und 20,

wenn zum Zeitpunkt 0 die erste Prognose aufgestellt würde. Dabei würden zum Zeitpunkt 0 nur Aussagen für die Horizonte 10 und 20 gemacht, während zum Zeitpunkt 15 weitere Aussagen für die Zeitpunkte 16, 17, 18 und 19 eingeführt würden.

Eine prinzipiell gleiche Methode wäre für die sachliche Unterteilung der Bedarfsprognose anzuwenden. Zumindest ist von Anfang an in Güter- und Personenverkehr zu unterscheiden. Diese Komplexe können im Fortgang der Prognose weiter unterteilt werden. Zu diesem Zweck werden die bereits genannten Modelle simultan genutzt, oder in diese Modelle werden Splittungsalgorithmen einbezogen. Die Unterteilung wird mit der Annäherung an den Endpunkt der Prognose verfeinert.

Die Anwendung der top-down-Strategie bedeutet auch, daß anfänglich sehr grobe Szenarios als Grundlage der Prognose aufgestellt werden. Auch die Aufstellung eines Szenarios bedeutet die zeitliche Vorwegnahme eines künftigen Zustandes von Rahmenbedingungen, die die Höhe des Verkehrsbedarfs bestimmen. Derartige Bedingungen können für Zeiträume, die weit in der Zukunft liegen, nur in groben Zügen formuliert werden. Entsprechend grob ist die Prognose selbst. Mit dem zeitlichen Fortschreiten werden jedoch Informationen gewonnen, die eine präzisere Beschreibung des Szenarios gestatten und somit zu genaueren Prognosen führen.

Ein *zweiter Aspekt* hängt mit der Möglichkeit zusammen, die Prognose der Verkehrsnachfrage in drei Aggregationsstufen durchzuführen. Diese Stufen sind:

1. Stufe: Prognose der aggregierten Verkehrsnachfrage (aggregiert nach räumlichen und nach sachlichen Merkmalen)
2. Stufe: Prognose der Verkehrsnachfrage nach Relationen (relationale Prognose; aggregiert nach sachlichen Merkmalen)
3. Stufe: Prognose der Verkehrsnachfrage in Netzen (aggregiert nach sachlichen Merkmalen).

Die auf Stufe 1 bestehende Aggregation nach räumlichen und nach sachlichen Merkmalen wird schrittweise aufgehoben, indem zur nächsten Stufe übergegangen wird. Die sachliche Aggregation bleibt zunächst erhalten. Sie kann jedoch auch aufgehoben werden, wodurch so viele Teilprognosen entstehen, wie sachlich definierte Prognoseprojekte definiert werden. Analoges gilt in räumlicher Hinsicht für den Übergang von Stufe 1 zu den folgenden Stufen.

Die Vorgehensweise von Stufe 1 zu Stufe 3 entspricht wieder einer divisiven Clusterung und somit der top-down-Strategie. Sofern eine Netzprognose (Stufe 3) vorhanden ist, kann durch Aggregation zu den Stufen 2 und 1 übergegangen werden. Auch dabei wird geclustert, jedoch in Form der agglomerativen Clusterung. Sie kann im Sinne der multivariaten Statistik sowohl nur räumlich oder nur sachlich als auch räumlich und sachlich (multivariat) erfolgen.

Die einzelnen Stufen erfordern auch die Nutzung unterschiedlicher Modelltypen. Auf Stufe 1 können konzentrierte Input-Output-Modelle oder allgemeine Funktionsansätze vom Typ $Y = f(F., F., ..., F.)$ verwendet werden. Solche Ansätze sind auch für Stufe 2 geeignet, wenn sie jeweils auf eine Relation angewendet werden. Hier eignen sich aber auch Gravitationsmodelle. Auf der Ebene der Netzprognose wird man vor allem Modellansätze benutzen, die auf dem Prinzip der Verkehrsmatrix beruhen. Sowohl bei Input-Output-Modellen als auch bei Verkehrsmatrizen wird eine wirkungsvolle Filterung empfohlen, bevor sie zu Prognosezwecken genutzt werden (vgl. Kapitel 3. und 5.).

Überträgt man diese Überlegungen und Sachverhalte auf die großräumige Verkehrsprognose, so zeigt sich bald, daß die relationale Prognose zu bevorzugen ist. Durch sie läßt sich die Forderung, zunächst nur wichtige Beziehungen in ihrer wahrscheinlichen Entwicklung zu erfassen, am besten befriedigen. Verbunden werden kann diese Vorgehensweise mit einer sehr groben Gliederung der Verkehrsobjekte, um dem Prinzip des top-down zu entsprechen. Die Erweiterung zur Netzprognose und zu entsprechenden Modellen ist immer möglich. Ohnehin liefert jede relationale Prognose ein Element einer Prognose-Verkehrsmatrix.

Der *dritte Aspekt* kann am besten als *permanente* Prognose bezeichnet werden. Darunter wird eine Prognosetechnik verstanden, bei der immer dann, wenn der erste Zeitabschnitt eines Prognosehorizonts verstrichen ist, die nachfolgende Prognose beginnt. Das Prinzip zeigt sich in Bild 6.5.

Das Bild 6.5 geht davon aus, daß sich eine Prognose über 5 Zeitabschnitte erstreckt; der Zeithorizont ist 5, könnte aber allgemein auch n Zeitabschnitte umfassen. Die dann erforderlichen 5 (allgemein n) aufeinanderfolgenden Prognosen stehen in Bild 6.5 jedoch nicht einfach untereinander. Im Gegenteil: Sobald der erste Zeitabschnitt verstrichen ist, wird P(1) durch P(2) ersetzt usw. Damit erhält man für den zweiten bis fünften Zeitabschnitt von P(1) neue Werte, während P(6) hinzukommt. Im Bezugssystem von P(2) handelt es sich aber wieder um den ersten bis fünften Zeitabschnitt. Dieser Zyklus vollzieht sich so lange, bis der letzte (5.) Zeitabschnitt von P(1) der erste von P(5) ist.

6. Verkehrsnachfragemodelle

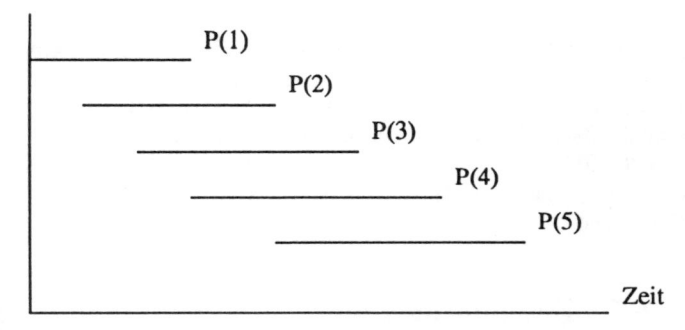

```
|_____ P(1)
     _____ P(2)
         _____ P(3)
             _____ P(4)
                 _____ P(5)
|_____ Zeit
```

Bild 6.5 Prinzip der permanenten Prognose

Der Vorgang führt aber auch dazu, daß jede gegenüber P(i) spätere Prognose P(i+1) schon auf besseren Informationen aufgebaut werden kann, weil über den gegenüber P(i) verstrichenen Zeitraum statistische Informationen vorliegen, die in P(i+1) mit verarbeitet werden können. Das wiederum bewirkt, daß die Prognoseaussagen über einen Zeitabschnitt mit dem Fortgang von P(i) zu P(i+1) immer genauer werden, die Trefferwahrscheinlichkeit also zunimmt. Die genauesten Aussagen erhält man, wenn der betreffende Zeitabschnitt am Anfang eines Prognosezeitraums steht. Tabelle 6.14 verdeutlicht das Prinzip.

Tabelle 6.14 Prinzip der permanenten Prognose für drei Prognosezeiteinheiten

Prognose-Nummer	Datenzeit-räume	Prognosezeiträume		
1	0 und früher	P_1 P_2 P_3		
2	1 und früher	P_2 P_3 P_4		
3	2 und früher	P_3 P_4 P_5		
4	3 und früher	P_4 P_5 P_6		
.	.	.		
.	.	.		
.	.	.		

Im *eingeschwungenen* Zustand, wenn der Zeitraum des Prognosehorizonts einmal durchlaufen ist, wird jede Prognosezeiteinheit so oft und mit wachsender Genauigkeit prognostiziert, wie der Prognosehorizont Zeiteinheiten umfaßt.

Tabelle 6.14 verdeutlicht, daß

a) das Prognosesystem auf die geschilderte Weise zum *lernenden System* mit statistischer Rückkopplung wird, dieser Effekt aber nur eintritt, wenn

b) die Prognose permanent betrieben wird.

Die verschiedenen Modelltypen für Prognoseberechnungen lassen sich in dieses System ohne Schwierigkeiten einführen, sofern die benötigten Daten auf dem Wege der statistischen Rückkopplung bereitgestellt werden. Doch gibt es auch hier immer wieder Vorschläge zur Erweiterung des Modellkonzepts, beispielsweise durch den Raum-Zeit-Ansatz (vgl. RÜSCH/SAMMER 1981), der allerdings auch schon lange diskutiert wird (vgl. PIRATH 1947). Einen völlig neuen Problemzugang unterbreitet KILL (1991) auf evolutionstheoretischer Grundlage.

6.7 Zusammenfassung

Verkehrsnachfragemodelle werden verwendet, um die künftige Nachfrage nach Verkehrsleistungen aus den bestimmenden Nachfragefaktoren abzuleiten.

Aggregierte Verkehrsnachfragemodelle sind Eingleichungsmodelle, die in der einfachsten Form als Trendfunktionen und in anspruchsvoller Form als Regressionsmodelle bekannt sind. Regressionsmodelle werden als ganze rationale Funktionen, als Elastizitätsmodelle und als sonstige Modelltypen benutzt. Besondere Erwähnung verdienen noch die Sättigungsmodelle, bei denen die Nachfrage gegen einen Grenzwert verläuft.

Die Koeffizienten der aggregierten Modelle werden aus den statistischen Ausgangsdaten nach der Methode der kleinsten Quadratsumme geschätzt oder - in Ausnahmefällen - iterativ bestimmt.

Das Verflechtungsmodell (Input-Output-Modell) erlaubt ebenfalls eine Abschätzung der Verkehrsnachfrage, die nunmehr als Ausstoß des Verkehrssektors oder seiner Untersektoren definiert wird. Dieser Ausstoß kann einerseits aus dem Ausstoß aller übrigen Sektoren und andererseits aus dem gesamten Ensemble der Lieferungen für den Endverbrauch bestimmt werden.

Schließlich läßt sich die Verkehrsnachfrage mittels der Verkehrsmatrix, insbesondere der Verkehrsstrommatrix ermitteln, wobei über das ökonomisch-regionale Modell Querverbindungen zum Input-Output-Modell genutzt werden können. Grundlegende Ansätze bestehen jetzt im Steigerungsfaktorenmodell und im Gravitationsmodell sowie in den Modifikationen und verwandten Modellen.

Das generelle Problem der Vorausberechnungsmodelle, wonach jede derartige Berechnung bestimmte Informationen über die Zukunft verlangt, um daraus andere Zukunftsinformationen abzuleiten, ist durch diese Modelle nicht aufgehoben. Das Prinzip der permanenten Prognose bietet jedoch eine Möglichkeit, dieses Problem partiell zu lösen. Es sollte außerdem mit einer starken Konzentration auf Hauptrelationen verknüpft werden, wie sie durch Filterung der Verkehrsstrommatrix gelingt.

7. Simulationsmodelle verkehrswirtschaftlicher Prozesse

7.1 Simulationsprinzip

Simulation stellt eine leistungsfähige computergestützte Modelltechnik dar, der sich die Verkehrsökonometrie nicht verschließen kann. Insbesondere komplizierte Strukturen lassen sich durch Simulation gut nachbilden.

Im Unterschied zur *analytischen* Modellierung, die auf Beschreibung und auf die Abbildung von Entscheidungssituationen zielt, ist *Simulation* das geeignete Instrument für die *Prozeß*modellierung. Bild 7.1 gibt einen Überblick über die Modellarten, in den auch die aus analytischen Komponenten und aus Simulationskomponenten bestehenden *gemischten* bzw. *hybriden* Modelle aufgenommen sind. Sie werden wahrscheinlich die Hauptform der Modelle in Zukunft ausmachen.

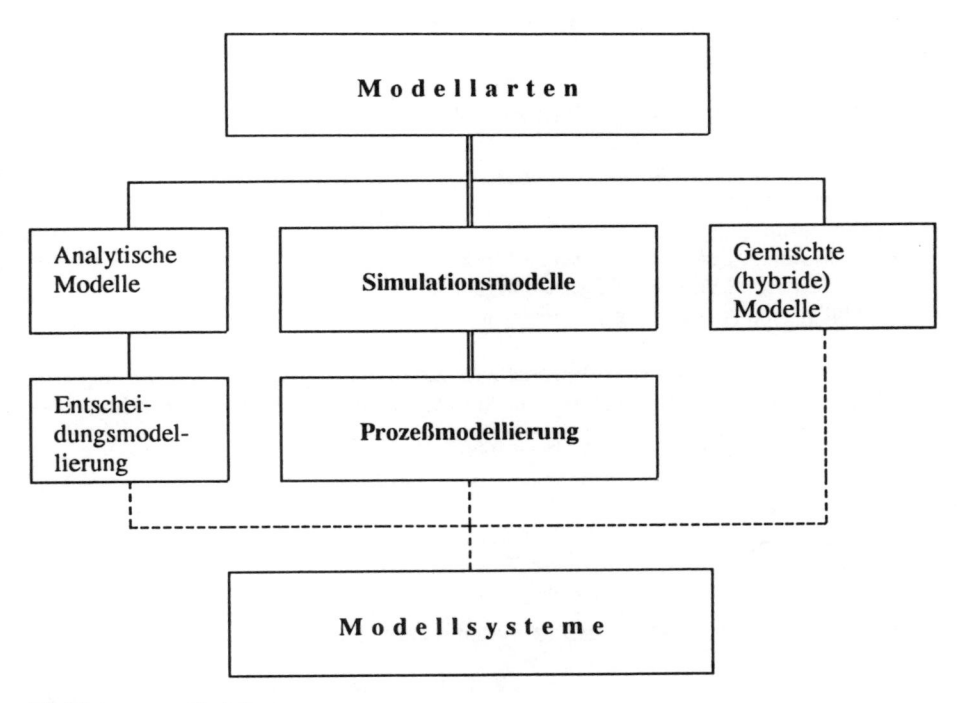

Bild 7.1 Modellarten

In die in Bild 7.2 gegebene Aufstellung der Simulationstypen oder -arten ist auch die analytische Simulation aufgenommen worden. Gemeint ist damit die auf analytische Modelle gegründete Variantenrechnung, die als Vorläufer der eigentlichen Simulation eingeordnet ist.

7. Simulationsmodelle verkehrswirtschaftlicher Prozesse

```
                    Simulation
        ┌───────────────┼───────────────┐
      Typ 1           Typ 2           Typ 3

   analytische       Normaltyp      systemdynami-
   Simulation                       sche Simulation

     Dynamik         Dynamik          Dynamik
                     Stochastik       Stochastik
                                      Rückkopplung
```

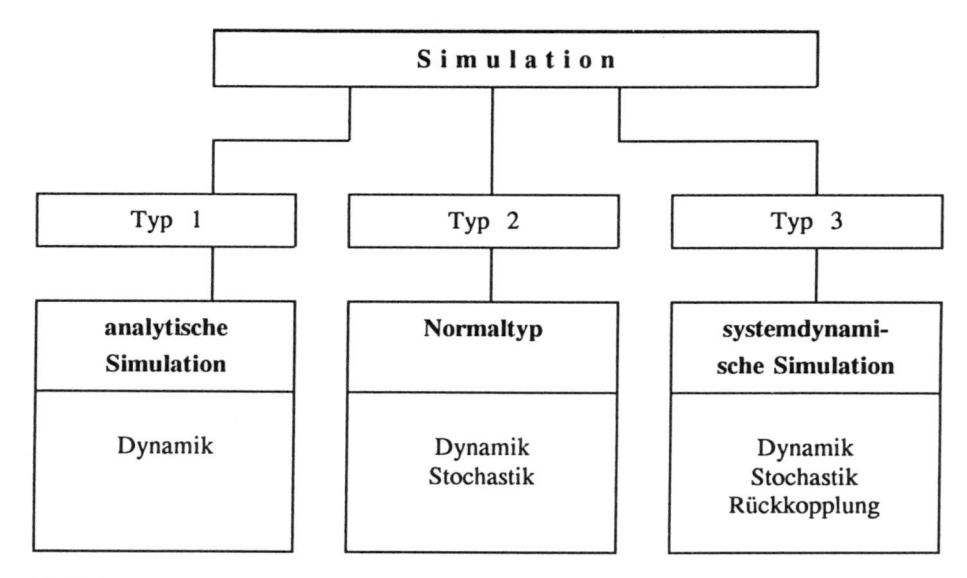

Bild 7.2   Simulationstypen

Wesentliche Kennzeichen der Simulation sind

- Problemkomplexität
- Stochastik
- Dynamik
- Einfachheit der mathematischen Strukturen
- hohe Anzahl von Simulationsabläufen
- statistische Auswertung der Ergebnisse.

Zeitgerafftes Nachspielen realer Prozesse oder die Erzeugung und die Auswertung von künstlichen Statistiken kennzeichnen die Simulation, die als Modellentwicklung und Modellexperiment für

- die Analyse
- die Synthese
- den Entwurf
- den Ersatz

realer und hypothetischer dynamischer Systeme bezeichnet werden kann.

Um Systeme und Prozesse zu simulieren und die dazu erforderlichen Modelle aufzustellen und zu nutzen, empfiehlt sich die Einhaltung einer Schrittfolge, wie sie beispielsweise in Tabelle 7.1 angeführt ist.

Tabelle 7.1   Schritte der Simulation

Schritte	Inhalt
1.	Systemanalyse
2.	Parameterauswahl und Intervallbestimmung
3.	Aufstellung der Simulationsalgorithmen
4.	Aufstellung der Simulationsprogramme
5.	Simulationsläufe
6.	Statistische Auswertung der Simulationsergebnisse
7.	Systemgestaltung

Die einzelnen Schritte sind leicht verständlich. Am Anfang steht die *Systemanalyse*, durch die das zu lösende Problem beschrieben wird und alle Ausgangsdaten bereitgestellt werden (vgl. zu den generellen Fragen der Verkehrssystemanalyse (RICHTER/ WIERZBICKI 1987) und (RICHTER 1987)). Durch die *Parameterauswahl* werden jene Größen bestimmt, die im Verlaufe der Simulation mit einer vorgegebenen Schrittweite systematisch variiert werden. Im Ergebnis der *Intervallbestimmung* liegen der Planungszeitraum, über den sich ein Simulationslauf erstreckt, und die Zeitabschnitte, in die der Planungszeitraum unterteilt wird, fest. Die notwendigen Indizes sind:

j Nummer (Index) des Planungszeitraums $j = 1(1)k$
k Anzahl der Planungszeiträume im Kalenderjahr
i Nummer (Index) des Zeitabschnitts im Planungszeitraum
m Anzahl der Zeitabschnitte im Planungszeitraum.

Beispiele zu diesen Zeiteinheiten sind:

Planungszeitraum	Planungszeitabschnitt
Quartal $k = 4$	Woche $m = 13$
Quartal $k = 4$	Tag $m = 91$

Die Schritte 3. bis 5. nach Tabelle 7.1 bedürfen keiner besonderen Erläuterung, Der 6. Schritt, die *statistische Auswertung*, unterstreicht, daß Simulation auch als Erzeugung und Auswertung künstlicher Statistiken verstanden werden kann.

Bild 7.3 enthält die Grundstruktur eines einfachen Beispiels aus der Lagerwirtschaft, die sich aber problemlos auf ein Verkehrssystem oder auf das Element eines Verkehrssystems übertragen läßt. Im Beispiel geht es darum, den *optimalen Anfangsbestand* eines Lagers zu ermitteln. Der Anfangsbestand ist einziger Simulationsparameter. Er ist dann optimal festgelegt, wenn die *Gesamtkosten* als Summe von *Lagerkosten* und *Defizitkosten* (Fehlmengenkosten) minimal sind.

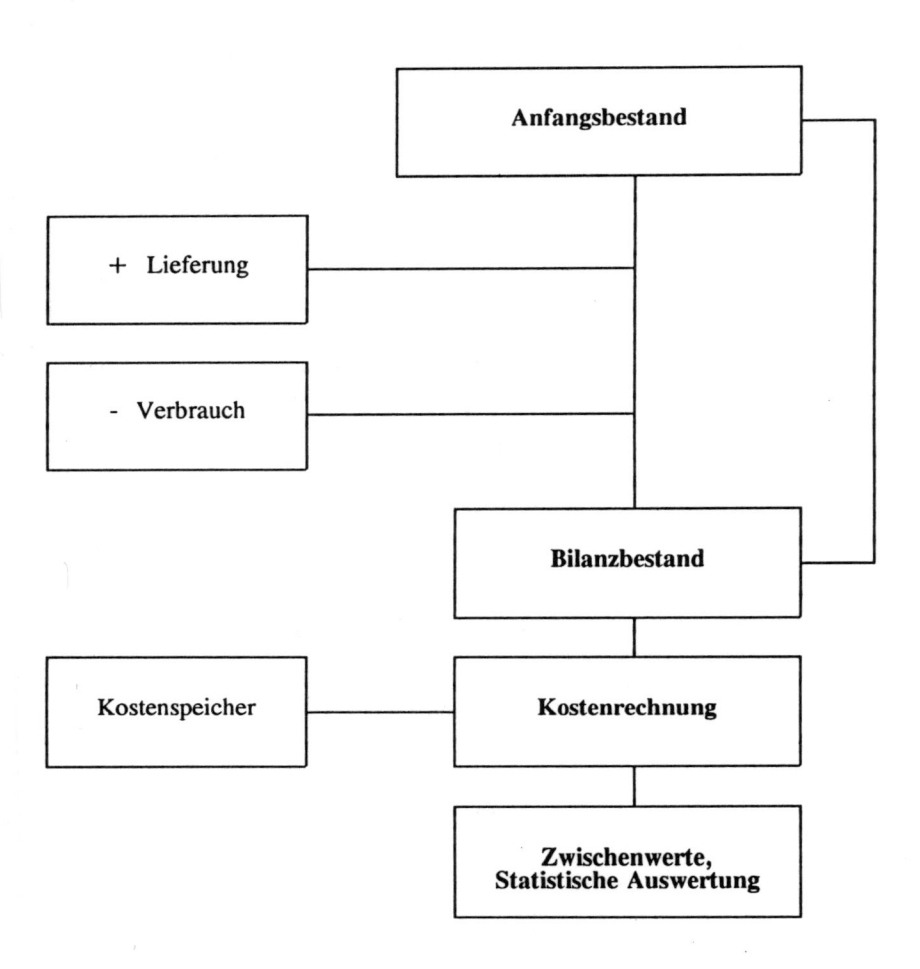

Bild 7.3   Struktur des Simulationsproblems (Beispiel)

Folgende Formeln beschreiben den Simulationsprozeß:

$$q(ij)sim = F(j)\{E(Q(ij)) + us(q)(ij)\} \tag{7.1}$$

7. Simulationsmodelle verkehrswirtschaftlicher Prozesse

$$z(ij)sim = F^*(j)x(ij)\{E(Z(ij)) + us(z)(ij)\}/m(J) \qquad (7.2)$$

$$\text{mit} \quad x(ij) = 0;1$$

$$b(ij)sim = a(ij)sim + z(ij)sim - q(ij)sim \qquad (7.3)$$

$$a(ij)sim = b(i-1 \cdot j)sim \qquad (7.4)$$

Es sind

- Formel (7.1) die Simulationsformel für den Verbrauch ab Lager
- Formel (7.2) die Simulationsformel für die Lieferungen an Lager
- Formel (7.3) die Bilanzgleichung und
- Formel (7.4) eine Rekursionsformel.

Die Symbole bedeuten

$q(ij)sim$	simulierter Verbrauch für den i-ten Zeitabschnitt des j-ten Planungszeitraums
$F(j)$	Tendenzfaktor für den Verbrauch im j-ten Planungszeitraum ($F(j) < 1$ bedeutet Abnahme, $F(j) = 1$ Konstanz und $F(j) > 1$ Zunahme des Verbrauchs)
$E(Q(ij))$	mittlerer Verbrauch im i-ten Zeitabschnitt des j-ten Planungszeitraums (i.a. statistischer Erfahrungswert)
u	standardisierte normalverteilte Variable
$s(q)(ij)$	Standardabweichung zu $E(Q(ij))$
$z(ij)sim$	simulierte Lieferung im i-ten Zeitabschnitt des j-ten Planungszeitraums
$F^*(j)$	Tendenzfaktor für Lieferungen analog $F(j)$
$x(ij)$	(0,1)-Zufallsvariable mit der Bedeutung: 0 keine Lieferung im i-ten Zeitabschnitt des j-ten Planungszeitraums; 1 Lieferung
$E(Z(ij))$	mittlere Liefermenge im i-ten Zeitabschnitt des j-ten Planungszeitraums
$s(z)(ij)$	Standardabweichung zu $E(Z(ij))$
$m(j)$	Anzahl der Zeitabschnitte, in denen im j-ten Planungszeitraum geliefert werden soll
$a(ij)sim$	simulierter Anfangsbestand im i-ten Zeitabschnitt des j-ten Planungs-

zeitraums

b(ij)sim   simulierter Endbestand im i-ten Zeitabschnitt des j-ten Planungszeitraums.

Die *Zielfunktion* setzt sich aus Lagerkosten und aus Defizitkosten zusammen:

- Lagerkosten:
 C(L.ij)   =   0,5 C(L) b(ij)sim

 bei b(ij)sim $\geq$ 0 (7.5)

- Defizitkosten:
 C(D.ij)   =   0,5 C(D) |b(ij)sim|

 bei b(ij)sim < 0 (7.6)

- Gesamtkosten im j-ten Planungszeitraum:
 C(G.j)   = $\sum_i$ (C(L.ij) + C(D.ij)) (7.7)

 mit C(L): Lagerkosten je Einheit und Zeitabschnitt
 C(D): Defizitkosten je Einheit und Zeitabschnitt

Zu beachten ist, daß in (7.7) für gegebenes i und j nur C(L.ij) *oder* C(D.ij) auftreten kann.

Die benötigten Simulationsformeln enthalten Koeffizienten, die aus einem hinreichend umfangreichen statistischen Datenbestand zu gewinnen und somit zuverlässig sind. Dabei ist auch zu prüfen, ob eventuell *Autokorrelation* in den Ausgangsdaten vorliegt, so daß keine stochastische Unabhängigkeit zwischen den Meßdaten besteht.

Der Zufallscharakter der Simulation wird durch die standardisierte normalverteilte Variable U gesichert. In Tabelle 7.2 wird gezeigt, wie man mit tausend gleichverteilten Zufallswerten (000 ... 999) eine hinreichend genaue Umrechnung in die normalverteilten u-Werte vornehmen kann.

Durch die Simulationsläufe wird eine Menge von Wertepaaren erzeugt, bei denen jeweils einem Anfangsbestand A ein Gesamtkostenwert C zugeordnet wird. Diese Wertepaare bilden in der A-C-Ebene eine Punktfolge, zu der mittels der Methode der kleinsten Quadratsumme eine ausgleichende Funktion

$$C = f(A) \qquad (7.8)$$

gefunden wird. Diese Funktion wird benutzt, um den Wert A* zu bestimmen, der die Kosten minimiert.

7. Simulationsmodelle verkehrswirtschaftlicher Prozesse

Tabelle 7.2 Diskrete Integraltafel der normierten Gauß-Verteilung zwischen -3 und +3
($\triangle$ Gesamtfläche)

$u_i^{(u)}$ ... $u_i^{(o)}$	$\bar{u}_i$	‰	entspricht
- 3,0 ... - 2,6	- 2,8	3	000 ... 002
- 2,6 ... - 2,2	- 2,4	9	003 ... 011
- 2,2 ... - 1,8	- 2,0	22	012 ... 033
- 1,8 ... - 1,4	- 1,6	46	034 ... 079
- 1,4 ... - 1,0	- 1,2	78	080 ... 157
- 1,0 ... - 0,6	- 0,8	115	158 ... 272
- 0,6 ... - 0,2	- 0,4	147	273 ... 419
- 0,2 ... + 0,2	0	160	420 ... 579
+ 0,2 ... + 0,6	+ 0,4	147	580 ... 726
+ 0,6 ... + 1,0	+ 0,8	115	727 ... 841
+ 1,0 ... + 1,4	+ 1,2	78	842 ... 919
+ 1,4 ... + 1,8	+ 1,6	46	920 ... 965
+ 1,8 ... + 2,2	+ 2,0	22	966 ... 987
+ 2,2 ... + 2,6	+ 2,4	9	988 ... 996
+ 2,6 ... + 3,0	+ 2,8	3	997 ... 999

Tabelle 7.3 Werte eines Simulationslaufs (A = 50)

i	+ z(i)sim	- q(i)sim	= b(i)sim	c(i)
1	0	102,1	- 52,1	156,3
2	0	103,0	- 155,1	465,3
3	234,8	66,6	+ 13,1	13,1
4	0	107,9	- 94,8	289,4
5	321,8	197,1	+ 29,9	29,9
6	343,5	92,8	+ 280,6	280,6
7	0	99,9	+ 180,7	180,7
8	321,8	84,4	+ 418,1	418,1
9	0	88,8	+ 329,3	329,3
10	0	95,9	+ 233,4	233,4
11	0	115,9	+ 117,5	117,5
12	278,1	153,2	+ 242,4	242,4
13	0	192,4	+ 50,0	50,0
	1 500,0	1 500,0	-	2 801,0

C(L) : C(D) = 1 : 3

Tabelle 7.3 enthält die Ergebnisse eines Simulationslaufs über 13 Wochen eines Quartals und mit dem Anfangsbestand 50. Bild 7.4 zeigt den typischen Verlauf zweier solcher Punktfolgen, die zu einer konvexen Ausgleichsfunktion führten.

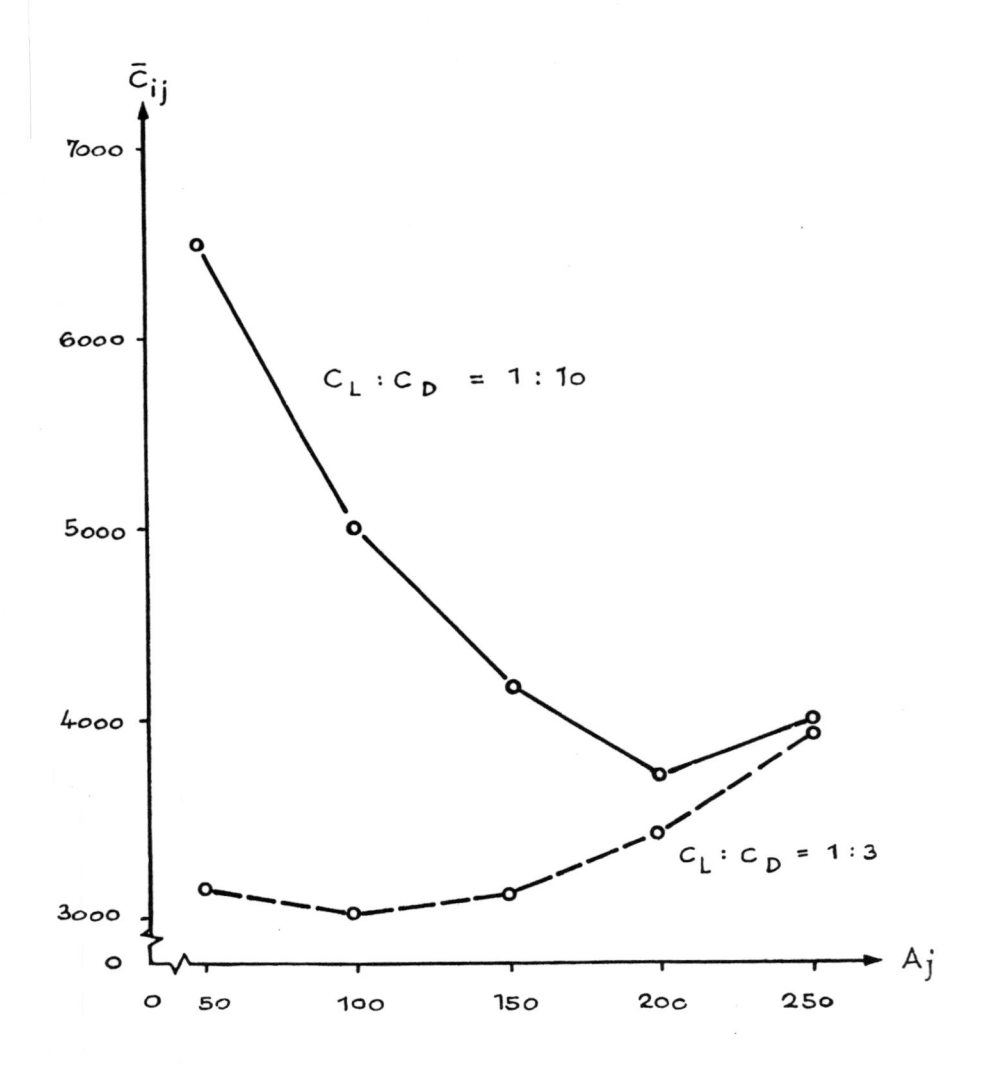

Bild 7.4   Verlauf der Punktfolgen

7.2 Elemente der systemdynamischen Simulation

Die *systemdynamische Simulation* ist eine sehr leistungsfähige Simulationstechnik. Ihre Anfänge und Grundlagen gehen auf systemtheoretische Arbeiten zurück (vgl. z.B. BERTALANFFY 1953, FORRESTER 1968 und 1971, MEADOWS 1972).

Die systemdynamische Simulation benötigt lediglich vier Grundelemente, nämlich

- Zustandsgrößen (Levels) und Zustandsgleichungen

- Fluß- bzw. Fließgrößen (Rates) und Ratengleichungen

- Rückkopplungsschleifen (Loops) und

- Hilfsvariablen und Hilfsgleichungen.

Die *Zustandsgrößen* werden benutzt, um zeitbezogene Zustände im System zu beschreiben. Ein Zustand kann beispielsweise durch die Belegungsmenge einer Verkehrsverbindung gegeben sein. Der jeweilige Systemzustand ist somit die Gesamtheit der Zustandsgrößen.

Damit sich Zustandsgrößen und infolge dessen Zustände verändern können, werden *Fluß- bzw. Fließgrößen* benötigt. Sie können im Falle der erwähnten Verkehrsverbindung beispielsweise in der Fahrzeugmenge bestehen, die in die Verbindung eintritt (Zufluß) oder diese verläßt (Abfluß).

Rückkopplungsschleifen bilden den Einfluß von Systemzuständen auf vorgelagerte Zustände ab, und *Hilfsvariablen*, die den Charakter von Parametern haben, benutzt man zur Quantifizierung von Systembeziehungen.

Es ist eine wichtige Konsequenz der Modellphilosophie, daß immer nur die Folge

... LEVEL ... RATE ... LEVEL ... RATE ...

möglich ist.

In (BINIEK/RICHTER 1987) wird besonders betont, daß der Festlegung der Systemgrenzen große Bedeutung zukommt. Diese Grenzen sollen folgende Bedingungen erfüllen:

1. Sie sollen so eng wie möglich gezogen sein, damit nur die entscheidenden Interdependenzen und Interaktionen erfaßt und verdeutlicht werden, und

2. sie dürfen nicht so eng gezogen werden, daß dadurch wesentliche Zusammenhänge ausgeschlossen werden.

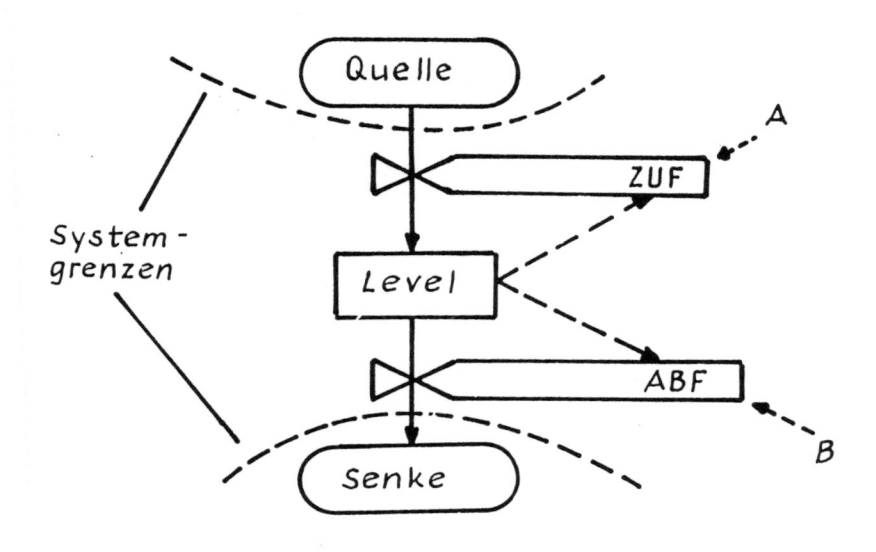

7. Simulationsmodelle verkehrswirtschaftlicher Prozesse

Bild 7.5   Ein-Level-Programm

Bild 7.5 enthält als einfachsten Fall die Struktur eines Ein-Level-Programms, das aus den nachfolgenden Beziehungen besteht:

$$L \quad LEV.K = LEV.J + DT^* (ZUF.JK - ABF.JK) \quad (7.9)$$
$$J < K$$

$$R \quad ZUF.JK = A \cdot LEV.J \quad (7.10)$$

$$R \quad ABF.JK = B \cdot LEV.J \quad (7.11)$$

$$C \quad A, B \quad (7.12)$$

Die Symbole bedeuten:

L   Levelgleichung (Bezeichnung)
R   Rategleichung (Bezeichnung)
C   Konstante (Bezeichnung)
LEV   Level
ZUF   Zufluß
ABF   Abfluß
K, J   Zeiteinheiten (Zeitpunkte)
DT*   Zeitraum zwischen zwei Zeitpunkten
A, B   Proportionalitätsfaktoren zur Bemessung von Zufluß und Abfluß.

Je nach dem Verhältnis von Zufluß und Abfluß zueinander unterscheidet man die drei Fälle des abnehmenden Levels (a)), des konstanten Levels (b)) und des zunehmenden Levels (c)):

a) $\quad$ ZUF.JK $\quad <\quad$ ABF.JK $\hfill (7.13)$
$\quad\quad$ LEV.K $\quad <\quad$ LEV.J $\hfill (7.14)$

b) $\quad$ ZUF.JK $\quad =\quad$ ABF.JK $\hfill (7.15)$
$\quad\quad$ LEV.K $\quad =\quad$ LEV.J $\hfill (7.16)$

c) $\quad$ ZUF.JK $\quad >\quad$ ABF.JK $\hfill (7.17)$
$\quad\quad$ LEV.K $\quad >\quad$ LEV.J $\hfill (7.18)$

Ein schon etwas komplizierterer Fall ist in Bild 7.6 dargestellt, in dem zwei Produktionssysteme P_1 und P_2 über ein Lager L miteinander verknüpft sind.

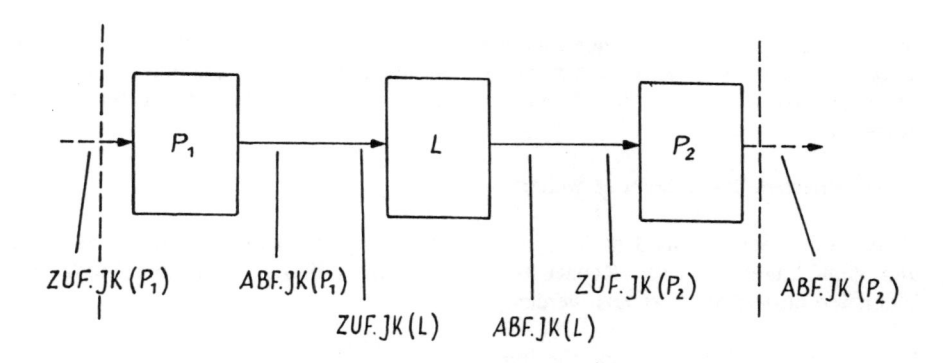

Bild 7.6 $\quad$ Beispielfall

Die dazugehörigen Gleichungen werden nachfolgend angegeben:

P_1 : $\quad$ LEV.K(P_1) $\quad =\quad$ LEV.J(P_1) + DT* (ZUF.JK(P_1) - ABF.JK(P_1)) $\hfill (7.19)$

$\quad\quad$ ZUF.JK($_1$) $\quad =\quad$ A_1 · LEV.J(P_1) $\hfill (7.20)$

$\quad\quad$ ABF.JK(P_1) $\quad =\quad$ B_1 · LEV.J(P_1) $\hfill (7.21)$

L : $\quad$ LEV.K(L) $\quad =\quad$ LEV.J(L) + DT*(ZUF.JK(L) - ABF.JK(L)) $\hfill (7.22)$

$\quad\quad$ ZUF.JK(L) $\quad =\quad$ A_L · LEV.J(L) $\hfill (7.23)$

$\quad\quad$ ABF.JK.(L) $\quad =\quad$ B_L · LEV.J(L) $\hfill (7.24)$

P_2 :
$$LEV.K(P_2) = LEV.J(P_2) + DT^\bullet(ZUF.JK(P_2) - ABF.JK(P_2)) \qquad (7.25)$$

$$ZUF.JK(P_2) = A_2 \cdot LEV.J(P_2) \qquad (7.26)$$

$$ABF.JK(P_2) = B_2 \cdot LEV.J(P_2) \qquad (7.27)$$

Systemdynamische Simulationsprogramme können in verschiedenen Programmiersprachen geschrieben werden, doch ist DYNAMO dafür besonders geeignet (vgl. PUGH 1974).

7.3 Modellstrukturen

Einige Modellstrukturen zu verkehrswirtschaftlichen Probleme werden nachfolgend skizziert, um die Leistungsfähigkeit der systemdynamischen Simulation zu demonstrieren.

Bild 7.7 gibt die Struktur eines Modells an, in dem die Beziehungen zwischen der Volkswirtschaft und dem Verkehrswesen systemdynamisch abgebildet sind (vgl. BINIEK/RICHTER 1987). Die Bezeichnungen wurden gegenüber der Quelle nicht geändert.

In der zitierten Quelle heißt es weiter:

"Das Modell besteht aus dem Bedarfs- bzw. Nachfragesektor, dem Investitionssektor und dem Angebots- bzw. Kapazitätssektor. Es kann durch die Einbeziehung des Finanzierungssektors erweitert werden.

Die Nachfrage nach Transportleistungen wird aus volkswirtschaftlichen Größen hergeleitet, der entsprechende Zusammenhang wird durch die Nachfragefunktion ausgedrückt. Damit zeigt sich, daß in einem systemdynamischen Modell auch einfache Elemente, wie z.B. Regressionsfunktionen, Trendfunktionen und Verflechtungsmodelle, enthalten sind. Durch den Ansatz

$$ZUWTL = \frac{NAFUNK - TL}{ZVER} \qquad (7.28)$$

gelingt es, den Anpassungsvorgang der Transportleistung an den Transportbedarf über eine negative Rückkopplungsschleife zu steuern.

Der Investitionssektor umfaßt Investitionen für die Erweiterung der Transportkapazität und der Kapazität der Infrastruktur, wobei die zweite Größe als exogen betrachtet wird."

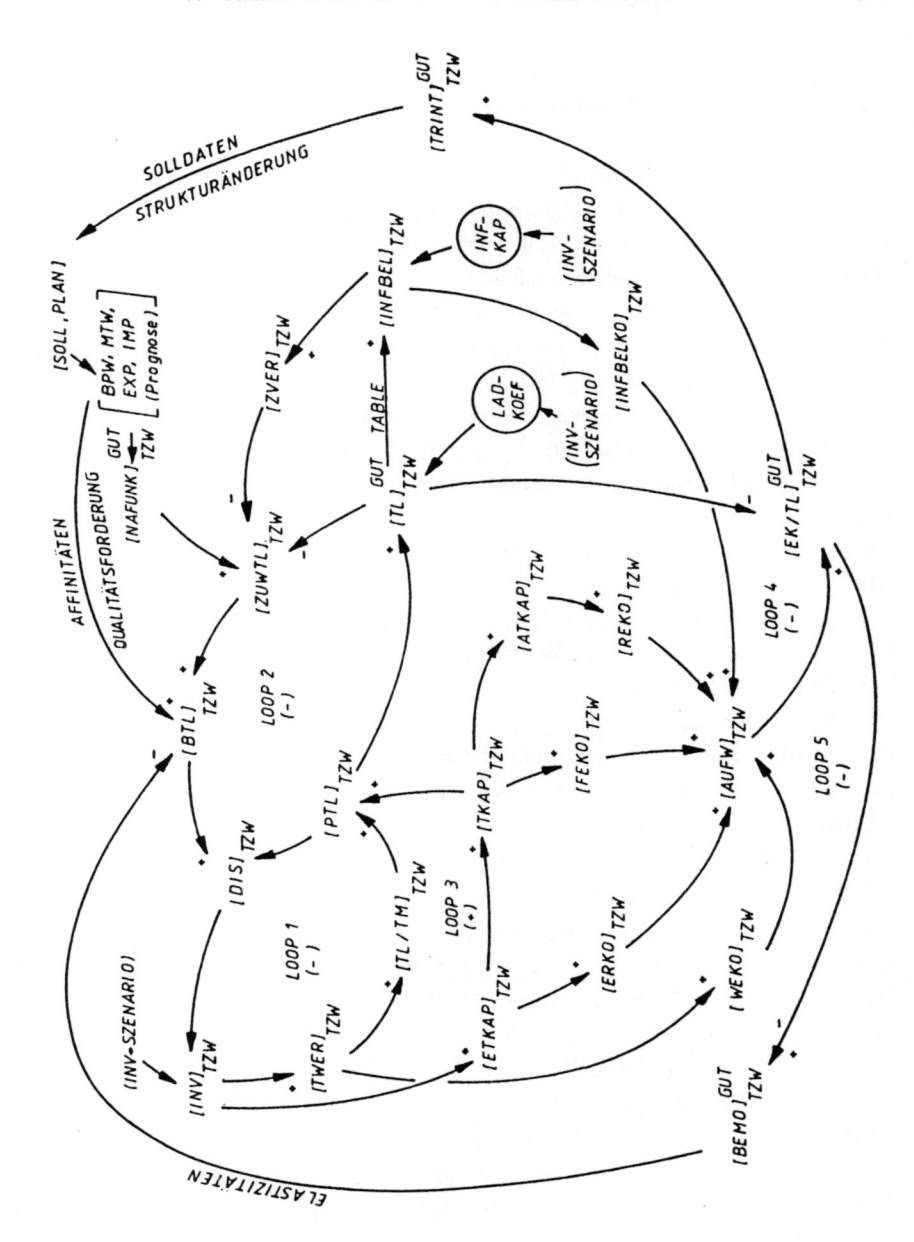

7. Simulationsmodelle verkehrswirtschaftlicher Prozesse

Bild 7.7 Modellstruktur Volkswirtschaft - Verkehrswesen (aus BINIEK/RICHTER 1987, S. 41)

Die Symbole in Bild 7.7 bedeuten:

AUFW	Aufwendungen zur Gewährleistung einer bestimmten Transportkapazität
ATKAP	Rückgang der Transportkapazität
BEMO	Bewertungsmodell des Transportsystems
BPW	Wert der Bruttoproduktion
BTL	Bedarf an Transportleistung
DIS	Diskrepanz zwischen dem Bedarf an Transportleistungen und der potentiellen Transportleistung
EK/TL	Kosten je Einheit der Transportleistung
ERKO	Kosten für die Erweiterung der Transportkapazität
ETKAP	Erweiterung der Transportkapazität
EXP	Export
FEKO	feste (fixe) Kosten der Transportkapazität
GUT	Transportgut
IMP	Import
INV	Investitionen im Wertausdruck
INVSZEN	Investitionsszenario (exogene Parameter)
INFBEL	Infrastrukturbelastung
INFBELKO	Kosten der Infrastrukturbelastung
INFKAP	Kapazität der Infrastruktur (exogener Parameter)
LADKOEF	Ladungskoeffizient
MTW	mittlere Transportweite
NAFUNK	Nachfragefunktion
PTL	potentielle Transportleistung
REKO	Kosten für den Rückgang der Transportkapazität
TL	reale Transportleistung
TL/TM	Transportleistung je Transportmittel
TKAP	Transportkapazität
TRINT	Transportintensität
TWER	Transportwertigkeit (oft auch als Verkehrswertigkeit bezeichnet)
ZUWTL	Zuwachs an Transportleistung
ZVER	zeitliche Verzögerung zwischen dem Angebot und der Nachfrage nach Transportleistung
TZW	Transportzweig
WEKO	Transportwertigkeit (Erweiterungskosten)

7. Simulationsmodelle verkehrswirtschaftlicher Prozesse

Im Zitat heißt es weiter:

"Durch die Trennung in potentielle Transportleistung und reale Transportleistung können unterschiedliche Investitionsstrategien simuliert werden. Schließlich ergibt sich die Zeitverzögerung zwischen Angebot an und der Nachfrage nach Transportleistungen aus der Belastung der Infrastruktur. Wird die Kapazität der Infrastruktur überlastet, so erhöht sich die zeitliche Verzögerung zwischen dem Angebot an und der Nachfrage nach Transportleistung, während der Zuwachs an Transportleistung abnimmt. Auch dieser Zusammenhang wird durch eine Rückkopplungsschleife dargestellt.

Das Bewertungsmodell bewirkt die Aufgliederung der Transportleistung auf die Transportzweige, und zwar durch die Kostenminimierung auf der Basis der Kosten je Einheit der Transportleistung. Diese Werte können auch durch andere Aufwandsgrößen, z.B. solche des Energieverbrauchs, ersetzt werden. Entscheidend für die Aufgliederung sind die Elastizität der Transportkosten

$$E_k = (dEK/EK)(dBTL/BTL)^{-1} \qquad (7.29)$$

und die qualitativen Anforderungen hinsichtlich der Transportleistung, die durch eine 0,1-Skala ausgedrückt werden können.

Schließlich wird der Wert der Investitionen aus der Diskrepanz zwischen dem Bedarf an Transportleistung und der potentiellen Transportleistung hergeleitet und mit verschiedenen Investitionsszenarien konfrontiert, durch deren Vergleich die geeignete Variante gefunden wird. Um die strukturellen Veränderungen in der Volkswirtschaft, die sich auf die Transportanforderungen auswirken, zu berücksichtigen, ist die Transportintensität eingeführt worden" (aus BINIEK/RICHTER 1987, S. 42/43).

Die Modellstruktur in Bild 7.8 betrifft einen betriebswirtschaftlichen Zusammenhang im Verkehrswesen, nämlich den Ersatzteilbezug in Abhängigkeit vom Fahrzeugbestand, von erforderlichen Reparaturen und von durchgeführten Reparaturen (vgl. BINIEK/RICHTER 1987, S. 44).

Ein systemdynamisches Modell zur Simulation des alpenquerenden Güterverkehrs hat BINIEK (1987) entwickelt und veröffentlicht, dessen Basis ein Konzept der Transportsystemanalyse nach Bild 7.9 ist.

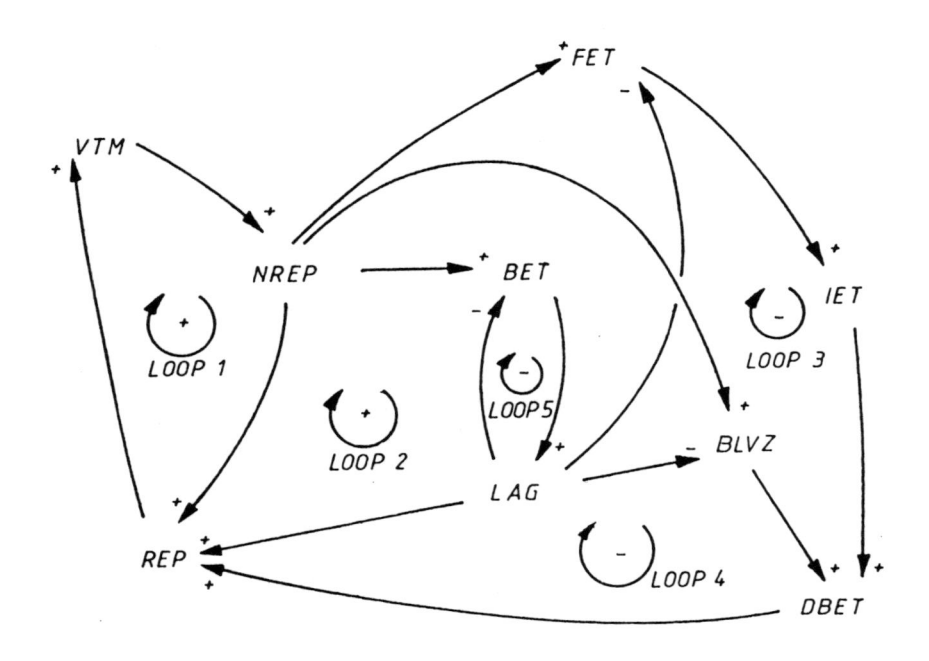

274   7. Simulationsmodelle verkehrswirtschaftlicher Prozesse

Bild 7.8   Modellstruktur Fahrzeuginstandsetzung

Die Symbole in Bild 7.8 bedeuten:

BET	bestellte Ersatzteile
BLVZ	Lieferzeit für bestellte Ersatzteile
DBET	Direktbezug von Ersatzteilen
FET	Fehlende Ersatzteile
JET	Information über fehlende Ersatzteile
LAG	Lagerbestand an Ersatzteilen
NREP	notwendige Reparaturen
REP	erledigte Reparaturaufträge
VTM	Anzahl an Transportmitteln.

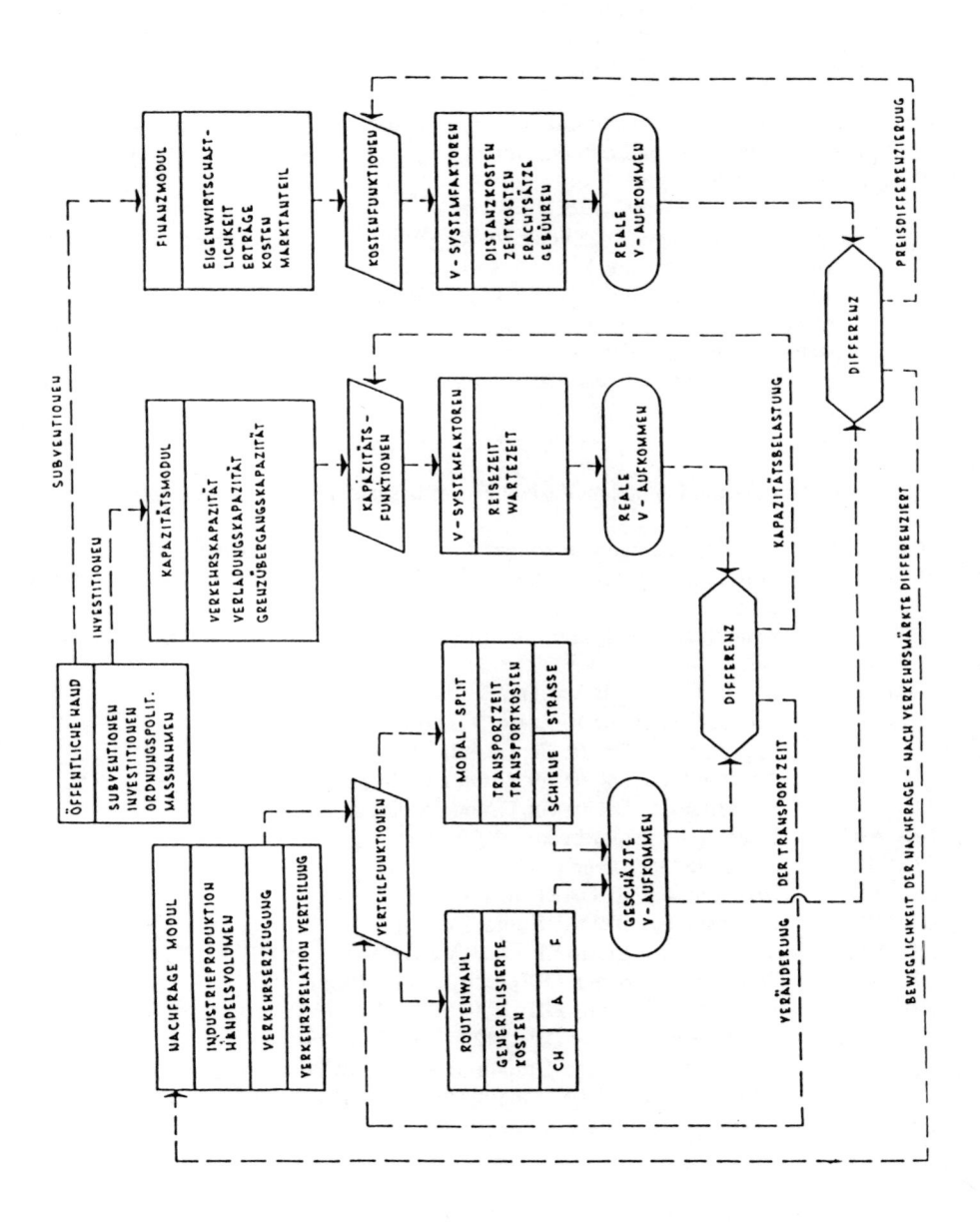

Bild 7.9 Konzept der Transportsystemanalyse als Basis des Modells für den alpenquerenden Güterverkehr (aus BINIEK 1987, S. 3)

Die systemdynamische Computersimulation bildet hier einen sehr weitgefaßten Rahmen, der auch zeitreihenanalytische und LOGIT-Ansätze umfaßt (vgl. SCHLITTGEN/ STREITBERG 1984, SOBEL 1980).

Die systemdynamische Simulation wurde auch genutzt, um Entwicklungsstrategien der Eisenbahn zu entwickeln und miteinander zu vergleichen (vgl. LANGE/RICHTER 1988). Die Strategievarianten waren

- keine Veränderungen, das heißt Verlängerung der realen Entwicklung bis 1999 (Basislauf) als Variante 1
- vorsorgliche Bereitstellung von kapazitätserhöhenden Investitionen, um eine Unterdeckung des durch die Eisenbahn zu befriedigenden Transportbedarfs auszuschließen, als Variante 2 und
- Bereitstellung von Investitionen erst zum Zeitpunkt der Unterdeckung als Variante 3.

Die für die Simulation benutzten Variablen werden nachfragend aufgelistet:

EINKOM	gesamtes Nationaleinkommen der DDR-Volkswirtschaft (Mark)
WERT	durchschnittlicher Wert, den eine Tonne Transportgut verkörpert (Mark)
WEITE	mittlere Transportweite der DR (km)
BM	gesamter Grundmittel- und Infrastrukturbestand der DR von Variante 1 (Mark)
BM1	wie BM, aber für Variante 2 (Mark)
BM2	wie BM, aber für Variante 3 (Mark)
TV	Kapazität der DR (t) für Grundmittelbestand BM
TV1	Kapazität der DR (t) für Grundmittelbestand BM1
TV2	Kapazität der DR (t) für Grundmittelbestand BM2
BEDARF	Eisenbahntransportbedarf der Volkswirtschaft der DDR (t)
TRB2DR	wie BEDARF, aber (tkm)
DIFDR	Differenz aus BEDARF und TV (t)
DIFDR1	Differenz aus BEDARF und TV1 (t)
DIFDR2	Differenz aus BEDARF und TV2 (t)
DIFTKM	Transportbedarf aus DIFDR * WEITE (tkm)
DIFTKM1	Transportbedarf aus DIFDR1 * WEITE (tkm)
DIFTKM2	Transportbedarf aus DIFDR2 * WEITE (tkm)
UM	zusätzlich gebundene Umlaufmittel bei DIFDR (Mark)
UM1	zusätzlich gebundene Umlaufmittel bei DIFDR1 (Mark)
UM2	zusätzlich gebundene Umlaufmittel bei DIFDR2 (Mark)

Die folgenden Bilder 7.10 bis 7.14 zeigen einige Ergebnisse dieser Simulation in Form von Plots.

7. Simulationsmodelle verkehrswirtschaftlicher Prozesse   277

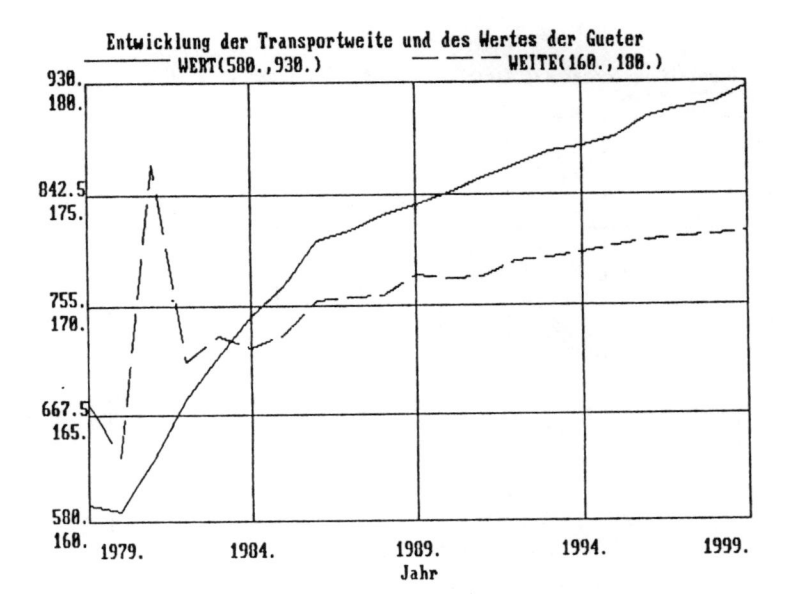

Bild 7.10   Plot 1

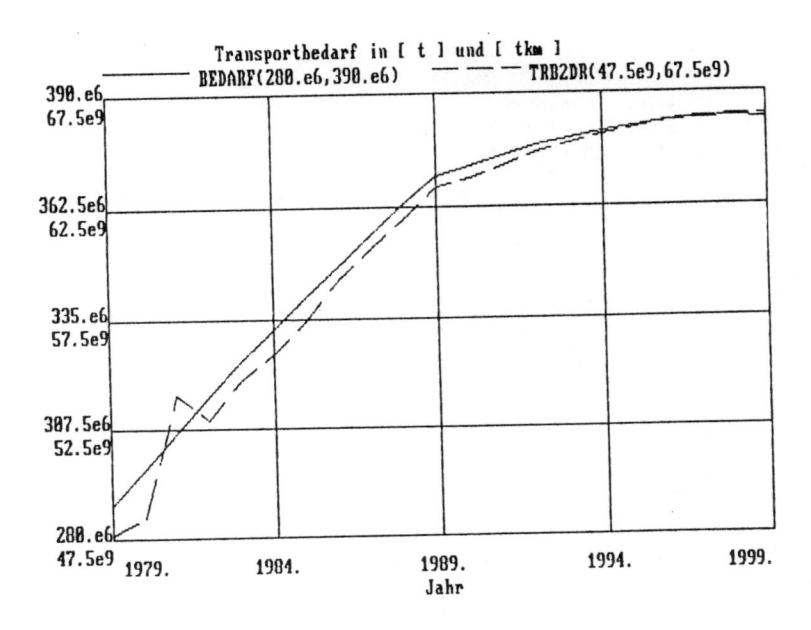

Bild 7.11   Plot 2

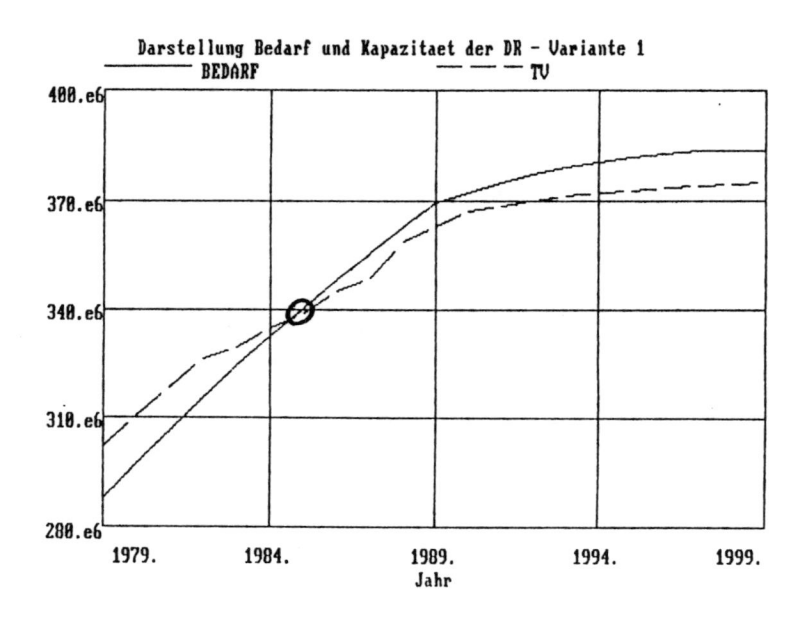

278   7. Simulationsmodelle verkehrswirtschaftlicher Prozesse

Bild 7.12   Plot 3

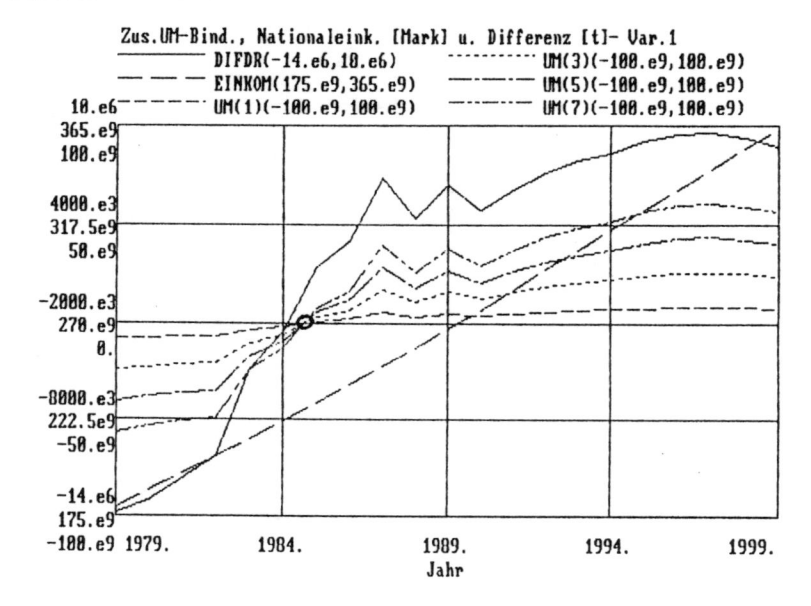

Bild 7.13   Plot 4

7. Simulationsmodelle verkehrswirtschaftlicher Prozesse

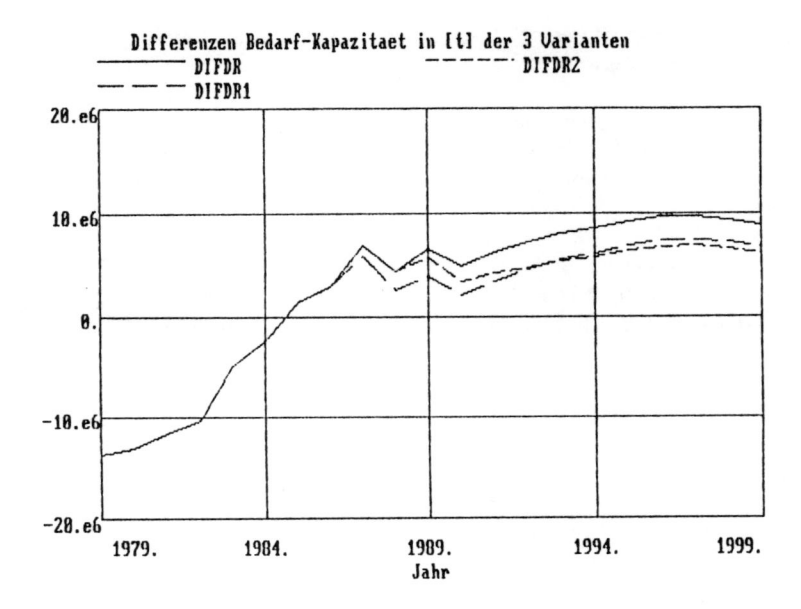

Bild 7.14   Plot 5

Die Simulationstechnik ist äußerst flexibel und deshalb auch in der Verkehrsökonometrie universell einsetzbar. Gerade die Verkehrsmatrix bietet einen Rahmen, der von der Simulation von Zusammenhängen aggregierter Größen bis zur Simulation der Belegung einzelner Verbindungen und Knoten reicht. Eine ausführliche Untersuchung, in der verschiedene ökonometrische Ansätze auf die Simulation des Güterverkehrs angewandt werden, liegt in jüngster Zeit von PICARD/GAUDRY (1993) und von PICARD/NGUYEN/ GAUDRY (1993) vor.

7.4 Zusammenfassung

Im Unterschied zu den analytischen Modellen, durch die vor allem Entscheidungssituationen abgebildet werden, stellt die Simulation das geeignete Instrument zur Prozeßmodellierung dar. Sie ist eine computergestützte Modelltechnik.

Wesentliche Schritte zur Aufstellung und zur Anwendung von Simulationsmodellen sind die Systemanalyse, die Parameterauswahl, die Aufstellung der Simulationsalgorithmen und -programme, die Simulationsläufe, die statistische Auswertung der Simulationsergebnisse und die Systemgestaltung.

Von großer Universalität ist die systemdynamische Simulation, die mit den vier

Elementen Zustandsgrößen (Levels), Flußgrößen (Rates), Rückkopplungsschleifen (Loops) und Konstanten auskommt.

Ausgewählte Beispiele belegen die mögliche Anwendungsbreite der systemdynamischen Simulation, so das Modell "Volkswirtschaft - Verkehrswesen", das Modell des alpenquerenden Güterverkehrs und die Simulation von Entwicklungsstrategien der Eisenbahn.

Da die Simulationsmethode Raum für die Einbeziehung von analytischen Modellen, beispielsweise von Input-Output-Modellen, bietet, stellt sie weniger einen zweiten Weg neben der analytischen Modellierung als vielmehr das allgemeinste Modellkonzept überhaupt dar.

ANHANG: Ökonometrische Schätzmethoden

A 1 Einfaches lineares Modell

Nachfolgend werden die in den Modellen auftretenden Variablen mit großen lateinischen Buchstaben bezeichnet. Meßwerte oder durch ein Modell berechnete Werte werden mit kleinen lateinischen Buchstaben geschrieben, die in der Regel noch Indizes erhalten, um notwendige Unterscheidungen vornehmen zu können.

Der einfachste Fall eines ökonometrischen Modells wird in der Form

$$Y = f(X) + U \qquad (A\ 1)$$

beschrieben und bedeutet, daß

- eine *endogene* Variable Y, also eine zu erklärende Variable, von

- einer *exogenen* Variablen, also einer erklärenden Variablen X abhängt und daß diese Abhängigkeit von

- einer *latenten* Variablen U gestört wird, weshalb man U auch als Störvariable bezeichnet.

Die latente Variable U ist eine zufällige Variable, woraus wegen (A 1) folgt, daß bei gegebenem X auch Y eine zufällige Variable ist. Die Einführung von U hat zur Konsequenz, daß der Variablen Y bei gegebenem Wert der Variablen X eine Wahrscheinlichkeitsverteilung zugeordnet wird. Y hat nur dann den Wert f(X); wenn U den Wert null hat. Anders kann man formulieren, daß Y den Mittelwert f(X) besitzt, wenn U den Mittelwert null hat. Daß die zuletzt genannte Bedingung erfüllt ist, wird im allgemeinen angenommen.

Es ist nicht zwingend erforderlich, auch X als eine zufällige Variable anzunehmen, obgleich dieser Fall nicht ausgeschlossen werden muß.

Ein spezieller Typ des Modells (A 1) entsteht für die Festlegung, daß X die Zeitvariable sei. In diesem Falle

$$X = T \qquad (A\ 2)$$

entsteht aus (A 1) das Modell einer Trendfunktion, deren Untersuchung in den Bereich der Zeitreihenanalyse gehört, die nicht Gegenstand dieses Anhangs ist.

Dennoch spielt die Zeit in der ökonometrischen Analyse und Modellbildung eine wichtige Rolle. Erinnert man sich an die ursprüngliche Absicht, die mit ökonometrischen Untersuchungen verfolgt wurde, aus der Menge statistischer Daten mittels mathematischer Ansätze ökonomische Gesetzmäßigkeiten herzuleiten, so wird die

Bedeutung der statistischen Datenbasis unvermittelt klar. Wirtschaftsstatistische Daten liegen auf unterschiedliche Weise vor. Deutlich unterscheidbar sind

a) *Querschnittsdaten*, die an die gleiche Zeiteinheit gebunden sind, für eine mehr oder weniger große Zahl von Untersuchungsobjekten, und

b) *Zeitreihendaten*, die an den gleichen Gegenstand, jedoch an unterschiedliche Zeiteinheiten gebunden sind.

Daten der Art a) findet man vorwiegend im betriebswirtschaftlichen und im mikroökonomischen Bereich, während Zeitreihendaten nach b) vorwiegend im makroökonomischen Bereich, der auch das erste Untersuchungsfeld der Ökonometrie war, anzutreffen sind. Eine Kombination von a) und b) entsteht durch die *Panelstatistik*, bei der eine bestimmte Gruppe gleichbleibender Objekte wie Unternehmen oder Haushalte in gleichen zeitlichen Abständen immer wieder nach den gleichen Merkmalen erhoben und analysiert wird. Somit kann die Gruppe

c) *Paneldaten*

hinzugefügt werden.

Durch die Existenz von Zeitreihendaten sind die Variablen in (A 1) zeitlich determiniert; es kann also auch

$$Y_t = f(X_t) + U_t \qquad (A\ 3)$$

gesetzt werden.

Die Modelle (A 1) und (A 3) heißen einfach, weil in ihnen nur eine exogene Variable auftritt. Modelle mit mehr als einer exogenen Variablen werden somit später als multiple Modelle (Mehrfachmodelle) bezeichnet werden.

Damit (A 1) bzw. (A 3) zugleich ein lineares Modell ist, muß eine entsprechende Festlegung über f(X) erfolgen. Sie lautet bei zeitlicher Bestimmtheit der Werte, von der nunmehr als dem allgemeinen Fall immer ausgegangen werden soll,

$$f(X_t) = a + bx_t \qquad (A\ 4)$$

und hat die Form einer inhomogenen linearen Funktion. Das gesamte - einfache und lineare - Modell ist somit

$$\tilde{y}_t = a + bx_t. \qquad (A\ 5)$$

In Gleichung (A 5) wird unterstellt, daß a und b die wahren Werte der Regressionsparameter sind, von denen b *Regressionskoeffizient* heißt. Praktisch sind aber diese

Parameter nicht immer bekannt. Diesbezüglich sind zumindest zwei Fälle zu unterscheiden.

Der erste Fall besteht darin, daß es Definitions- und Bildungsvorschriften für die Parameter gibt, durch die deren Zahlenwerte sofort festgelegt werden. Diese Situation ist bei der Aufwandsfunktion

$$x_{kl} = a_{kl}X_l$$

im Input-Output-Modell gegeben (vgl. Kapitel 5.). Hier bestimmt sich a_{kl} als Quotient aus zwei makroökonomischen Größen. Es sei aber darauf hingewiesen, daß diese Aufwandsfunktion insofern vom Typ (A 4) abweicht, als es sich bei ihr um eine homogene lineare Funktion handelt. Wenn Parameter in der geschilderten Weise bestimmt werden, spricht man von apriori-Informationen, die zur Modellaufstellung benutzt werden.

Der zweite Fall ist der eigentlich klassische ökonometrische Fall. Er besteht darin, daß - beim einfachen Modell - lediglich eine Folge von Meßdaten über die beiden Variablen X und Y vorliegt, aus der die Regressionsparameter hergeleitet werden müssen. Da diese Meßwertefolge grundsätzlich beschränkt ist, kann nicht erwartet werden, daß die gesuchten Parameter in Form ihrer wahren Werte bestimmt werden können. Möglich ist es allerdings, Werte zu bestimmen, die nach einem vorgegebenen Gütekriterium möglichst nahe bei den wahren Werten liegen. Diese Werte heißen *Schätzungen* der Parameter.

Zur Fortführung dieser Überlegungen werden nunmehr weitere Bezeichnungen eingeführt.

Die Parameter sind

a und b , wenn es sich um die *wahren* Werte, und
â und b̂ , wenn es sich um die *Schätzungen* der Parameter handelt.

Für die Werte der Variablen Y bezeichnet

$\tilde{y}_t$ die wahren Werte (vgl. (A 5)),
$\hat{y}_t$ die Schätzwerte und
y_t die Meßwerte.

Die Werte der Variablen X sind x_t.
Die Variablenwerte $\tilde{y}_t$, x_t und u_t sind durch das Modell

$$y_t = a + bx_t + u_t \quad \text{(A 6)}$$

oder

$$y_t = \tilde{y}_t + u_t \quad \text{(A 7)}$$

miteinander verknüpft, in dem a und b die wahren Parameterwerte sind. Insbesondere (A 7) drückt aus, daß der (wahre) Funktionswert $\tilde{y}_t$ und der Wert y_t der Variablen Y apriori nicht übereinstimmen. Der zwischen ihnen bestehende Unterschied beträgt u_t als Wert der latenten Variablen U.

Über diese Variable werden verschiedene Annahmen getroffen, die hier nur verbal genannt werden. Die wichtigsten dieser Annahmen betreffen den Durchschnitt bzw. Erwartungswert von U, der zu null angenommen wird, die Kovarianz E(ux), die ebenfalls zu null angenommen wird (die exogene Variable X und die latente Variable U sind unkorreliert, was gegenüber der stochastischen Unabhängigkeit eine schwächere Eigenschaft ist) und die Unkorreliertheit der latenten Variablen.

Da die wahren Werte a und b nicht bestimmbar sind und deshalb durch die Schätzungen $\hat{a}$ und $\hat{b}$ ersetzt werden, tritt an die Stelle von (A 6) die Beziehung

$$y_t = \hat{a} + \hat{b}x_t + \hat{u}_t, \qquad (A\ 8)$$

die wegen

$$\hat{y}_t = \hat{a} + \hat{b}x_t \qquad (A\ 9)$$

auch als

$$y_t = \hat{y}_t + \hat{u}_t \qquad (A\ 10)$$

geschrieben werden kann. Dieser Übergang ist derjenige vom ökonometrischen Modell zur ökonometrischen Struktur (vgl. Kapitel 1.), weil es sich bei den Schätzungen $\hat{a}$ und $\hat{b}$ um numerisch bestimmte Parameterwerte handelt.

Die Schätzungen $\hat{a}$ und $\hat{b}$ werden nach der Methode der kleinsten Quadratsumme (OLS-Methode oder Ordinary-Least-Squares-Method) bestimmt:

$$Q = \sum_t \hat{u}_t^2 \rightarrow Min. \qquad (A\ 11)$$

Es wird also die Summe der Quadrate der Werte $\hat{u}_t$, somit der Schätzwerte der latenten Variablen, minimiert (vgl. Bild 6.3).

Mit den *Residuen*

$$\hat{u}_t = y_t - \hat{y}_t \qquad (A\ 12)$$

aus (A 10) und (A 9) wird Q eine Funktion der Schätzungen $\hat{a}$ und $\hat{b}$, also

$$Q = Q(\hat{a}, \hat{b}). \qquad (A\ 13)$$

Leitet man Q nacheinander partiell nach $\hat{a}$ und $\hat{b}$ ab, so erhält man zwei in $\hat{a}$ und $\hat{b}$

lineare Bestimmungsgleichungen (Normalgleichungen) für die Schätzungen. Ihre Auflösung ergibt:

$$\hat{b} = \frac{cov(x,y)}{s^2(x)} \qquad (A\ 14)$$

$$\hat{a} = \bar{y} - \hat{b}\bar{x} \qquad (A\ 15)$$

Somit ist der Regressionskoeffizient $\hat{b}$ das Verhältnis der Kovarianz der Variablen X und Y und der Varianz der Variablen X. Im Falle der Unabhängigkeit beider Variablen liefert die Kovarianz den Wert null.

Aus den Normalgleichungen ergeben sich einige Konsequenzen, die ohne Beweis angegeben werden:

$$\sum_t \hat{u}_t = 0 \qquad (A\ 16)$$

$$\sum_t \hat{u}_t x_t = 0 \qquad (A\ 17)$$

$$\sum_t \hat{u}_t \hat{y}_t = 0 \qquad (A\ 18)$$

und

$$\sum_t \hat{y}_t = \sum_t y_t, \qquad (A\ 19)$$

woraus auch

$$\bar{\hat{y}} = \bar{y} \qquad (A\ 20)$$

folgt.

Einen anderen und sehr allgemeinen Ansatz zur Schätzung der Modellparameter bietet die Maximum-Likelihood-Methode (ML-Methode). Nach dieser Methode wird die Umkehrwahrscheinlichkeit (die Likelihood) maximiert. Es ist die Wahrscheinlichkeit dafür, daß ein Parameter (oder ein Parameterensemble) einer gefundenen Folge von Beobachungswerten entspricht.

An dieser Stelle genügt die Feststellung, daß die Schätzungen der Modellparameter nach der Methode der kleinsten Quadratsumme (vgl. (A 14) und (A 15)) bei normal verteilten Residuen den ML-Schätzungen entsprechen. Außerdem liefert die ML-Schätzung für das einfache lineare Modell

$$\hat{\sigma}^2 = \frac{1}{T} \sum_t \hat{u}_t^2 = s^2(\hat{u}) \tag{A 21}$$

als Residualvarianz.

Da die Werte $\hat{a}$ und $\hat{b}$ Schätzungen der wahren Werte a und b sind, sind sie mit Schätzfehlern verbunden. Man muß die Größe dieser Fehler kennen, um die Qualität der Schätzungen beurteilen zu können. Außerdem ist es möglich, mittels der Schätzfehler für die Parameter *Konfidenzintervalle* zu bestimmen.

In vereinfachter Darstellung lauten die Schätzfehler für den Parameter a

$$d_a = k \cdot \sigma(\hat{a}) \tag{A 22}$$

und für den Parameter b

$$d_b = k \cdot \sigma(\hat{b}). \tag{A 23}$$

Die erforderlichen Streuungen werden als

$$\sigma(\hat{a}) = \frac{\sqrt{x^2}}{\sqrt{T} \, s(x)} \cdot \sigma \tag{A 24}$$

und als

$$\sigma(\hat{b}) = \frac{1}{\sqrt{T} \, s(x)} \cdot \sigma \tag{A 25}$$

bestimmt.
Für praktische Berechnungen wird σ durch $\hat{\sigma}$ nach (A 21) ersetzt.

Logischerweise muß auch ein Schätzfehler für die Regressionsfunktion existieren. Er beträgt nach (FISCHER/RICHTER/SCHNEIDER 1974):

$$d_{y_t} = t_s \cdot \hat{\sigma} \cdot \sqrt{\frac{1}{T} + \frac{(x_t - \bar{x})^2}{(T-1) \cdot s_x^2}} \tag{A 26}$$

Die Auswirkungen zeigen Tabelle A 1 und Bild A 1. Es ist insbesondere für Prognoserechnungen wichtig zu wissen, daß das Ausmaß der dabei auftretenden Fehler im Schwerpunkt der Datenmasse am geringsten ist und mit Entfernung von diesem Schwerpunkt nach beiden Seiten anwächst.

Tabelle A 1 95 %-Konfidenzintervall zu $\hat{y} = 8{,}6 + 0{,}015\,x$

x_t	$\hat{y}_t = 8{,}6 + 0{,}015\,x_t$	$d_{y,t}$	$\hat{y}_t - d_{y,t}$	$\hat{y}_t + d_{y,t}$
400	14,60	0,66	13,94	15,24
425	14,98	0,51	14,47	15,49
450	15,35	0,37	14,98	15,72
475	15,73	0,28	15,45	16,01
500	16,10	0,27	15,83	16,37
525	16,48	0,35	16,13	16,83
550	16,85	0,48	16,37	17,33
575	17,23	0,63	16,60	17,86

Bei Prognoserechnungen ist weiter zu beachten, daß bereits zur Funktion $\tilde{y}$, der wahren Funktion, ein Residualfehler besteht. Wird an Stelle von $\tilde{y}$ die geschätzte Funktion $\hat{y}$ benutzt, so tritt ein Schätzfehler hinzu. Beide Fehler zusammen ergeben den Prognosefehler im Falle einer geschätzten Modellfunktion $\hat{y}$.

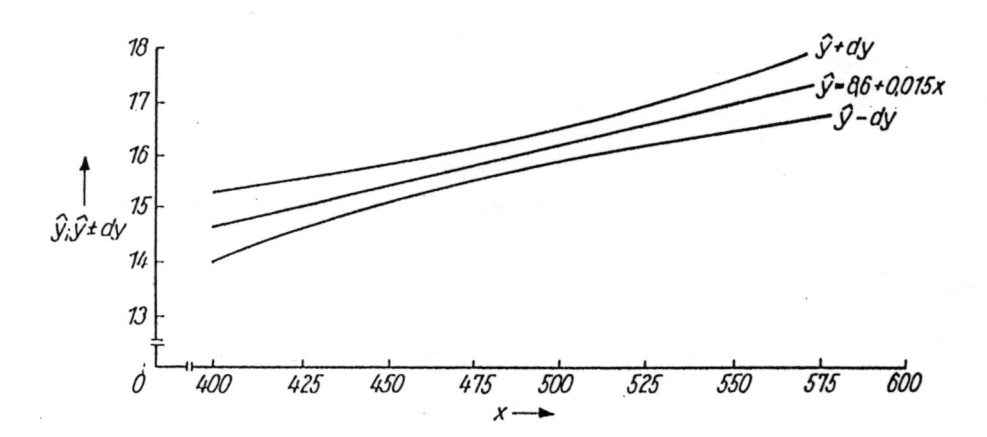

Bild A 1 Funktionsverlauf und Schätzfehler zu Tabelle A 1

In den Beziehungen für die verschiedenen Schätzfehler treten Sicherheitskoeffizienten bzw. Genauigkeitsfaktoren k oder t bzw. t_s auf, die in direkter Beziehung zur statistischen Sicherheit der jeweiligen Schätzung stehen. Die statistische Sicherheit ist die Wahrscheinlichkeit dafür, daß das angegebene Konfidenzintervall den wahren Wert enthält. Sie wird mit S bezeichnet und bei praktischen Schätzungen kaum unter 0,95 (entspricht 95 %) gewählt. Bei ausreichend großen Datenmengen (i.a. mehr als 30 Werten oder Wertepaaren) ergibt sich k aus dem Integral der normierten Gaußschen Verteilung. Die beiden wichtigsten Daten sind

und
$$k = 2 \quad \text{für} \quad S = 0{,}95545$$
$$k = 3 \quad \text{für} \quad S = 0{,}9973 \ .$$

Unter bestimmten Bedingungen, insbesondere wenn die Varianz der Störvariablen durch die Residualvarianz ersetzt wird, weil die zuerst genannte Größe nicht bekannt ist, werden die Sicherheitskoeffizienten der Integraltafel der t-Verteilung (Student-Verteilung) entnommen (vgl. (A 26)).

Die Schätzungen für die Parameter des einfachen linearen ökonometrischen Modells erfüllen die Anforderungen an gute Schätzungen. Sie sind

- *konsistent* (passend), indem sie mit wachsender Datenmenge (wachsendem Stichprobenumfang) gegen den wahren Wert konvergieren,

- *erwartungstreu*, indem der Erwartungswert der Schätzung gleich dem wahren Wert des Parameters ist, und

- *effizient* (voll wirksam), indem sie die kleinste Varianz unter allen in Betracht kommenden Schätzungen für den wahren Wert besitzen.

A 2 Multiples lineares Modell

Der Ansatz (A 1) wird jetzt dahingehend erweitert, daß mehrere exogene Variablen

$$X_1, X_2, X_3, \ldots , X_n$$

zugelassen werden. Die endogene Variable Y wird somit durch insgesamt n exogene Variablen und durch die latente Variable U erklärt bzw. dargestellt:

$$Y = f(X_1, X_2, X_3, \ldots , X_n) + U \qquad (A\ 27)$$

Für n = 1 geht (A 27) in (A 1) über.

Da es sich nach wie vor um ein lineares Modell handelt, wird zu jeder exogenen Variablen ein Regressionskoeffizient b_i (i = 1(1)n) benötigt, der je nach Betrachtungsweise als *multipler* oder als *partieller* Regressionskoeffizient auftritt. Im Interesse einer einheitlichen Darstellung wird außerdem a = b_0 gesetzt.

Nunmehr ergibt sich für den wahren Wert der Ansatz

$$\tilde{y}_t = b_0 + b_1 x_{1t} + b_2 x_{2t} + \ldots + b_n x_{nt} \qquad (A\ 28)$$

oder kürzer

$$\tilde{y}_t = b_0 + \sum_i b_i x_{it} . \qquad (A\ 29)$$

Die Verbindung zwischen $\tilde{y}_t$ und dem Meßwert y_t für die t-te Zeiteinheit ergibt sich durch den Wert u_t der Störvariablen U:

$$y_t = \tilde{y}_t + u_t \qquad (A\ 30)$$

oder in ausgeschriebener Form

$$y_t = b_0 + \sum_i b_i x_{it} + u_t . \qquad (A\ 31)$$

Durch (A 28) oder (A 29) ist das multiple lineare ökonometrische Modell definiert; (A 30) und (A 31) stellen die Beziehung zur gemessenen Wirklichkeit her.

Über die latente Variable (Störvariable) U werden wiederum Annahmen formuliert, von denen die wichtigsten

$$E(u_t) = 0 \qquad (A\ 32)$$

$$Var(u_t) = \sigma^2 \qquad (A\ 33)$$

und

$$E(u_t u_{t'}) = 0 , \qquad (A\ 34)$$

jeweils unter der Bedingung eines beobachteten Datensatzes der exogenen Variablen, lauten. Insbesondere ist zu beachten, daß der Erwartungswert der Störvariablen wiederum null ist (vgl. (A 32)) und daß die Werte der Störvariablen untereinander unkorreliert sind (vgl. (A 34)).

Führt man die Scheinvariable

$$x_{0t} = 1 \ \forall\ t \qquad (A\ 35)$$

ein, dann läßt sich (A 31) einfacher als

$$y_t = \sum_{i=0}^{n} b_i x_{it} + u_t \tag{A 36}$$

schreiben.

Nunmehr werden die Vektoren und Matrizen

$$\mathbf{y} = \begin{bmatrix} y_1 \\ y_2 \\ . \\ . \\ . \\ y_T \end{bmatrix} \tag{A 37}$$

für die y_t-Werte,

$$\mathbf{X} = \begin{bmatrix} x_{01} & x_{11} & x_{21} & \ldots & x_{n1} \\ x_{02} & x_{12} & x_{22} & \ldots & x_{n2} \\ \ldots & \ldots & \ldots & \ldots & \ldots \\ \ldots & \ldots & \ldots & \ldots & \ldots \\ \ldots & \ldots & \ldots & \ldots & \ldots \\ x_{0T} & x_{1T} & x_{2T} & \ldots & x_{nt} \end{bmatrix} \tag{A 38}$$

für die x_{it}-Werte,

$$\mathbf{u} = \begin{bmatrix} u_1 \\ u_2 \\ . \\ . \\ . \\ u_T \end{bmatrix} \tag{A 39}$$

für die u_t-Werte der Störvariablen und

$$\mathbf{b} = \begin{bmatrix} b_0 \\ b_1 \\ b_2 \\ . \\ . \\ . \\ b_n \end{bmatrix} \tag{A 40}$$

für die Regressionskoeffizienten eingeführt. Somit ergibt sich die Beziehung zwischen allen Meßwerten und den Werten der latenten Variablen (Störvariablen) in der Form

$$\mathbf{y} = \mathbf{X} \cdot \mathbf{b} + \mathbf{u} . \tag{A 41}$$

Über die Matrix **X** werden zwei Annahmen formuliert:

1. Das Matrixprodukt

    X' · **X**

    ist regulär, und

2. der Grenzwert

    $$\lim_{T \to \infty} (1/T)\, \mathbf{X'} \cdot \mathbf{X},$$

    der Momentenmatrix $(1/T)\, \mathbf{X'X}$ existiert und ist regulär.

Durch die weitere Annahme (vgl. auch (A 33))

$$\mathbf{u} \cdot \mathbf{u'} = \begin{bmatrix} \sigma^2 & 0 & 0 & \cdots & 0 \\ 0 & \sigma^2 & 0 & \cdots & 0 \\ 0 & 0 & \sigma^2 & \cdots & 0 \\ \cdots & \cdots & \cdots & \cdots & \cdots \\ \cdots & \cdots & \cdots & \cdots & \cdots \\ \cdots & \cdots & \cdots & \cdots & \cdots \\ 0 & 0 & 0 & \cdots & \sigma^2 \end{bmatrix} \quad (A\ 42)$$

wird wiederum *Homoskedastizität* unterstellt, also angenommen, daß u_t eine endliche Varianz besitzt, die von den x_{it}-Werten und von der Periode t unabhängig ist. Wird diese Annahme aufgegeben, so tritt der Fall der *Heteroskedastizität* ein.

Das Produkt **X'X** ergibt unter Beachtung von (A 35) die folgende Matrix:

$$\mathbf{X'X} = \begin{bmatrix} T & \sum_t x_{1t} & \sum_t x_{2t} & \cdots & \sum_t x_{nt} \\ \sum_t x_{1t} & \sum_t x^2_{1t} & \sum_t x_{1t}x_{2t} & \cdots & \sum_t x_{1t}x_{nt} \\ \cdots & \cdots & \cdots & \cdots & \cdots \\ \cdots & \cdots & \cdots & \cdots & \cdots \\ \cdots & \cdots & \cdots & \cdots & \cdots \\ \sum_t x_{nt} & \sum_t x_{nt}x_{1t} & \sum_t x_{nt}x_{2t} & \cdots & \sum_t x^2_{nt} \end{bmatrix} \quad (A\ 43)$$

Sie wird bei der Schätzung der Modellparameter benötigt.

Wie bereits beim einfachen linearen Modell ist es auch beim multiplen Modell nicht möglich, die wahren Parameterwerte aus der natürlich beschränkten Datenmasse zu bestimmen. Es gelingt lediglich, an Stelle der wahren Werte b_0 bis b_n die entsprechenden Schätzungen bzw. Schätzwerte $\hat{b}_0$ bis $\hat{b}_n$ zu gewinnen. Dazu wird wiederum die Methode der kleinsten Quadratsumme eingesetzt.

Zunächst wird (A 36) durch (A 44) ersetzt:

$$y_t = \sum_i \hat{b}_i x_{it} + \hat{u}_t \qquad \text{(A 44)}$$

Der Summationsindex i läuft wieder von 0 bis n.
Die Beziehung (A 44) wird nach $\hat{u}_t$ aufgelöst und liefert in Matrizenschreibweise

$$\hat{u} = y - \hat{y} . \qquad \text{(A 45)}$$

In dieser Darstellung lautet die Ausgleichsbedingung, auf der die Parameterschätzung beruht,

$$\hat{u}' \cdot \hat{u} \to Min. \qquad \text{(A 46)}$$

Sie ergibt nach Durchführung von (n + 1) partiellen Ableitungen

$$\frac{d(\hat{u}' \cdot \hat{u})}{d\hat{b}} = 0 \qquad \text{(A 47)}$$

schließlich (n + 1) Normalgleichungen der Form

$$X' \cdot X \cdot \hat{b} = X' \cdot y . \qquad \text{(A 48)}$$

Die Niederschrift der Normalgleichungen (A 48) in der Summenschreibweise ist außerordentlich umständlich. Das diesen Gleichungen innewohnende Bildungsprinzip läßt sich auch schon für den Fall mit zwei exogenen Variablen (n = 2) erkennen. Die entsprechenden Gleichungen lauten:

$$T\hat{b}_0 + \hat{b}_1 \sum_t x_{1t} + \hat{b}_2 \sum_t x_{2t} = \sum_t y_t$$

$$\hat{b}_0 \sum_t x_{1t} + \hat{b}_1 \sum_t x_{1t}^2 + \hat{b}_2 \sum_t x_{1t} x_{2t} = \sum_t y_t x_{1t} \qquad \text{(A 49)}$$

$$\hat{b}_0 \sum_t x_{2t} + \hat{b}_1 \sum_t x_{1t} x_{2t} + \hat{b}_2 \sum_t x_{2t}^2 = \sum_t y_t x_{2t}$$

Aus der ersten Normalgleichung in (A 49) kann sofort

$$\hat{b}_0 = \bar{y} - \hat{b}_1 \bar{x_1} - \hat{b}_2 \bar{x_2} \qquad \text{(A 50)}$$

hergeleitet werden. Setzt man die rechte Seite von (A 50) in die zweite und die dritte Gleichung in (A 49) ein, so erhält man zwei lineare Bestimmungsgleichungen für die

Regressionskoeffizienten, aus denen die entsprechenden Schätzwerte bestimmt werden. Setzt man diese Schätzwerte wiederum in (A 50) ein, so erhält man schließlich den Zahlenwert für das absolute Glied.

Für die geschätzte Varianz ergibt sich

$$\hat{\sigma}^2 = \frac{1}{T - n - 1} \hat{u}' \hat{u} \qquad (A\ 51)$$

oder in anderer Form

$$\hat{\sigma}^2 = \frac{1}{T - n - 1} \sum_t \hat{u}_t^2 \ . \qquad (A\ 52)$$

Die Formeln (A 51) und (A 52) zeigen auch, daß zwischen der Anzahl der erfaßten Wertegruppen (der verfügbaren Beobachtungszeiträume) und der Anzahl der verfügbaren exogenen Variablen eine nicht zu verletzende Größenrelation besteht:

$$T > (n + 1) \qquad (A\ 53)$$

Damit die Varianzen nach (A 51) oder (A 52) nicht zu groß und somit die Schätzungen sehr ungenau werden, sollte der Wert T mehrfach größer als n sein. Beispielsweise kann man bei T = 10 Zeiteinheiten bestenfalls drei exogene Variablen in die Funktion einbeziehen.

Da folgende Beispiel ist bezüglich de Ausgangsdaten und der Schätzwerte für die Parameter (SCHNEEWEISS 1974, S. 95) entnommen und gegenüber der Quelle erweitert worden.

Ausgangswerte:

y_t	2	2	3	5	4	3	5	5	4	6
x_{1t}	10	9	15	21	18	18	22	23	20	25
x_{2t}	7	6	8	3	5	9	4	4	7	3

Es ist also n = 2 und T = 10.

Die Normalgleichungen ergeben sich zu

$$10\ \hat{b}_0 + 181\ \hat{b}_1 + 56\ \hat{b}_2 = 39$$

$$181\ \hat{b}_0 + 3533\ \hat{b}_1 + 954\ \hat{b}_2 = 769$$

$$56\ \hat{b}_0 + 954\ \hat{b}_1 + 354\ \hat{b}_2 = 198\ .$$

Daraus folgen die Parameterschätzungen:

$\hat{b}_0 = 1{,}579$

$\hat{b}_1 = 0{,}195$

$\hat{b}_2 = -0{,}217$

und $\hat{\sigma}^2 = 0{,}022$.

Tabelle A 2   Berechnung der Schätzwerte der Störvariablen

t	y_t	x_{1t}	x_{2t}	$0{,}195 \cdot x_{1t}$	$-0{,}217 \cdot x_{2t}$	$\hat{y}_t = 1{,}579 + 0{,}195 x_{1t} - 0{,}217 x_{2t}$	$\hat{u}_t = y_t - \hat{y}_t$
1	2	10	7	1,95	- 1,52	2,01	- 0,01
2	2	9	6	1,76	- 1,30	2,04	- 0,04
3	3	15	8	2,92	- 1.74	2,76	+0,24
4	5	21	3	4,10	- 0,65	5,03	- 0,03
5	4	18	5	3,51	- 1,09	4,00	0
6	3	18	9	3,51	- 1,95	3,14	- 0,14
7	5	22	4	4,29	- 0,87	5,00	0
8	5	23	4	4,48	- 0,87	5,19	- 0,19
9	4	20	7	3,90	- 1,52	3,96	+0,04
10	6	25	3	4,88	- 0,65	5,81	+0,19
Σ	39	181	56	-	-	38,94	+0,07

Für die Modellgleichung ergibt sich

ANHANG: Ökonometrische Schätzmethoden

$$\hat{y} = 1{,}579 + 0{,}195\, x_{1t} - 0{,}217\, x_{2t}\;.$$

In Tabelle A 2 werden die Schätzungen der Störvariablen berechnet, während die Bilder A 2 und A 3 das Beispiel erläutern.

Wichtige Ergebnisse sind:

$$\sum_t \hat{u}_t^2 = 0{,}1536\;;\; \hat{\sigma}^2 = 0{,}0219\;;\; \hat{\sigma} = 0{,}1480$$

Die Abweichung der Störvariablensumme von null in Tabelle A 2 ist eine Folge der Rundungen bei den numerischen Rechnungen.

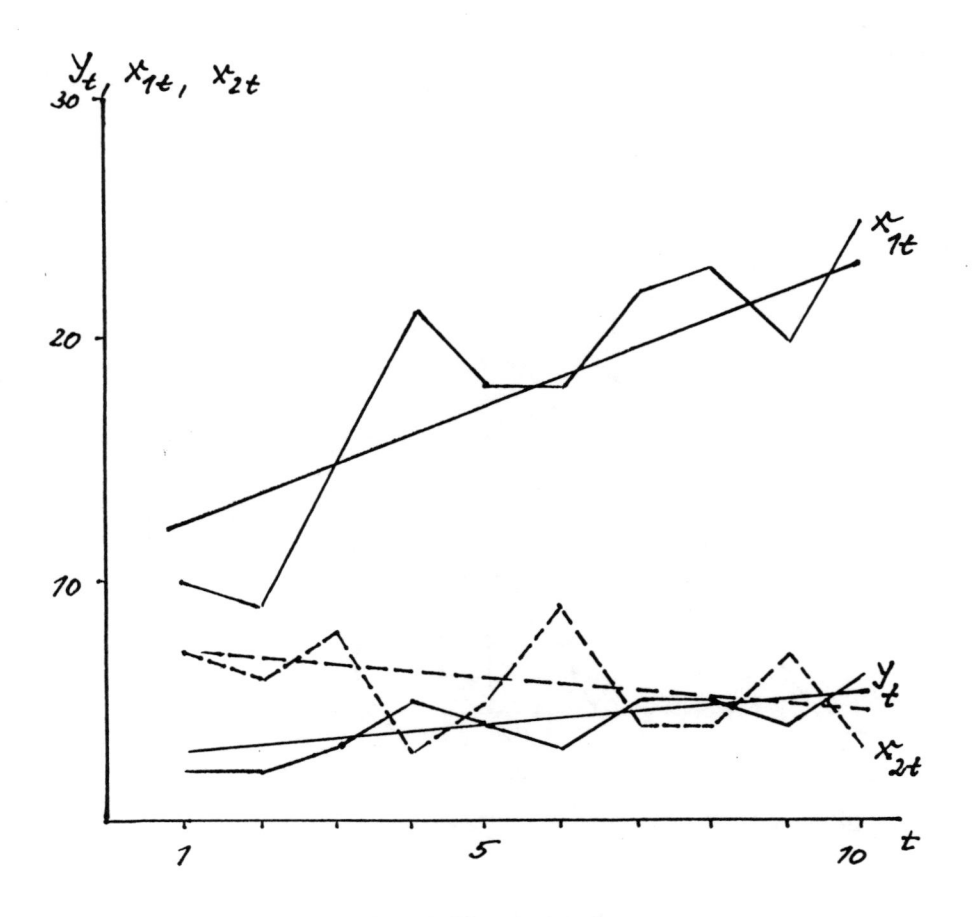

Bild A 2   Verlauf der Werte y_t, x_{1t} und x_{2t} über der Zeit

Die Bilder A 2 und A 3 wie auch die Korrelationsmatrix in Tabelle A 3 liefern die gleiche Aussage, wonach y_t und x_{1t} positiv und y_t und x_{2t} negativ korrelieren. Damit korrelieren auch x_{1t} und x_{2t} negativ.

Tabelle A 3   Korrelationsmatrix zum Beispiel

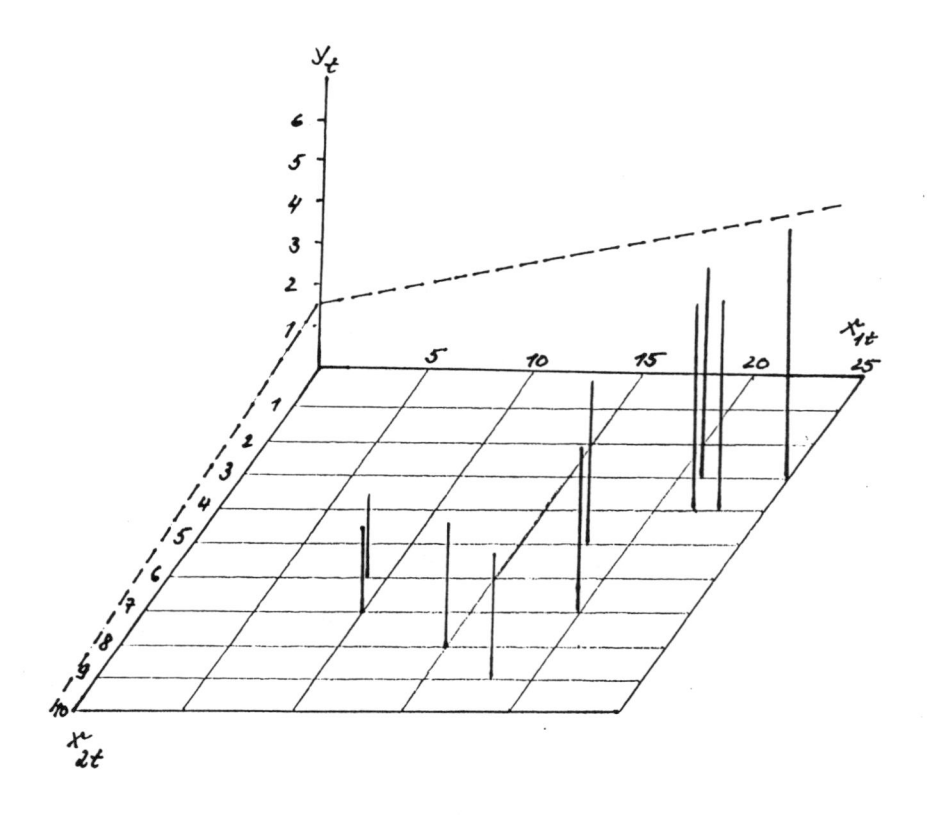

	y_t	x_{1t}	x_{2t}
y_t	1	0,961	- 0,78
x_{1t}		1	- 0,58
x_{2t}			1

Bild A 3   Dreidimensionale Darstellung der zehn Wertetripel

Wie für die Schätzungen der Parameter im einfachen linearen Modell existieren auch für diejenigen des multiplen linearen Modells Schätzfehler und Konfidenzintervalle.

Die Schätzfehler werden für die Modellkoeffizienten als

$$d_{b,i} = t_s \, \hat{\sigma} \, (\hat{b}_i) \tag{A 54}$$

berechnet. Die dazu erforderlichen Schätzungen der Standardabweichung stehen als Quadrate in der Hauptdiagonalen der Varianz-Kovarianz-Matrix S, deren Schätzung

$$\hat{S} = \hat{\sigma}^2 \, (X' \cdot X)^{-1} \tag{A 55}$$

ist.

Die Schätzungen erfüllen die üblichen Qualitätsbedingungen.

In multiplen linearen Strukturen kann das Phänomen der *Kollinearität* auftreten. Man versteht darunter Korrelation zwischen exogenen Variablen, wie sie in Tabelle A 3 durch den Wert $r_{23} = -0{,}58$ auch angezeigt ist. Kollinearität (auch Multikollinearität) tritt

a)   als strenge Kollinearität und
b)   als stochastische Kollinearität

auf. Sie kann die Schätzung von Parametern völlig ausschließen, zumindest aber erschweren. Beispielsweise kann zu

$$y_t = b_0 + b_1 x_{1t} + b_2 x_{2t} + u_t \tag{A 56}$$

die Beziehung einer strengen Kollinearität

$$x_{1t} = c \cdot x_{2t} \tag{A 57}$$

treten. Dann vereinfacht sich die erste Gleichung zu

$$y_t = b_0 + (b_1 \cdot c + b_2) x_{2t} + u_t \, . \tag{A 58}$$

Damit sind die Parameter b_1 und b_2 nicht mehr einzeln und eindeutig schätzbar. Die Parameter können nicht identifiziert werden. Man kann allerdings einwenden, daß das bei Gültigkeit von (A 57) auch gar nicht notwendig ist, da der Sache nach ein einfaches Modell mit schätzbaren zwei Parametern vorliegt.

Bei stochastischer Kollinearität ist die Matrix $X' \cdot X$ fast singulär, ihre Determinante somit nahe null. Dadurch entstehen erhebliche numerische Probleme. Es ist deshalb notwendig, Kollinearität aufzuspüren und auszuschließen. Dabei ist die beste Methode noch immer die, Kollinearität gar nicht erst zuzulassen. Man benötigt dazu bei Existenz einer endogenen Variablen und von n exogenen Variablen die Korrelationsmatrix

$$R = \begin{bmatrix} 1 & r_{y1} & r_{y2} & \cdots & r_{yn} \\ & 1 & r_{12} & \cdots & r_{1n} \\ & & 1 & \cdots & r_{2n} \\ & & & \cdots & \cdots \\ & & & & 1 \end{bmatrix} \quad (A\ 59)$$

Die hohen Werte in dieser Matrix zeigen Abhängigkeiten an, auf die zu achten ist. Hohe Werte in der ersten Zeile beziehen sich auf die Zusammenhänge zwischen der endogenen Variablen und den exogenen Variablen. Sie sind erwünscht. Hohe Werte in allen übrigen Zeilen zeigen aber immer Kollinearität an. Stellt man die Korrelationsmatrix *vor* der endgültigen Modellformulierung auf, dann können interkorrelative Zusammenhänge zwischen exogenen Variablen schon früh erkannt und von Anfang an ausgeschlossen werden.

Stößt man im Nachhinein auf Kollinearität, so läßt sich Verschiedenes zu deren Überwindung probieren. Für keine Methode kann Erfolg garantiert werden.

Bei hoher Korrelation zwischen zwei exogenen Variablen kann eine dieser beiden Variablen aus der Menge der exogenen Variablen ausgeschlossen werden. Das führt immer zu einer Modellvereinfachung oder Simplifizierung. Äußerstenfalls führt diese *Variablenunterdrückung* am Ende auf ein einfaches Modell mit *einer* exogenen Variablen und ohne Kollinearität.

Auch *Variablentransformation* kann zur Ausschaltung von Kollinearität führen. Sie besteht beispielsweise in der Bildung von Differenzen zwischen korrelierenden Variablen oder darin, daß an Stelle der ursprünglichen exogenen Variablen deren Differenzen zu den jeweiligen Vorwerten verwendet werden, um eine Modell zu konstruieren. In der Regel verhalten sich eben diese Differenzen, in denen zufällige Einflüsse viel stärker als in den Ursprungswerten zum Ausdruck kommen, anders als die Ursprungswerte.

Eine weitere Möglichkeit zur Vermeidung oder Reduzierung von Kollinearität existiert in Form der *Variablenbereinigung*. Man findet nicht selten, daß zeitabhängige Größen stark korrelieren. In solchen Fällen kann eine sogenannte *Trendbereinigung*, die darin besteht, daß alle exogenen Variablen von der Trendkomponente befreit werden, zur Verbesserung der Situation führen. Die Trendbereinigung kann auch auf eine Variablentransformation führen.

Eingangs dieses Anhangs wurde im Zusammenhang mit dem einfachen linearen Modell nach (A 1) darauf hingewiesen, daß die exogene Variable auch die Zeitvariable T sein kann (vgl. (A 2)). Eben diese Zeitvariable läßt sich jedoch auch als zusätzliche exogene Variable in ein Modell einfügen. Das führt zum *erweiterten einfachen* Modell der Form

$$Y = f(X; T) + U \qquad (A\ 60)$$

in Erweiterung von (A 1) und zum *erweiterten multiplen* Modell

$$Y = f(X_1, X_2, \ldots, X_n; T) + U \qquad (A\ 61)$$

in Erweiterung von (A 27).

Die Eigenschaft der Linearität ist hier zunächst nicht erwähnt worden. Tatsächlich ist es nicht zwingend, auch die Zeitvariable in ein lineares Beziehungsgefüge zur endogenen Variablen zu setzen. Gibt man die Bedingung der Linearität auf, so eröffnet sich die Möglichkeit, auf eine Fülle von *nichtlinearen* Modellansätzen zurückzugreifen, die in vielen Fällen die abgebildete ökonomische Wirklichkeit besser als lineare Modelle repräsentieren. Sie bereiten jedoch hinsichtlich der Bestimmung der Modellparameter durch Schätzung größere Schwierigkeiten als die linearen Modelle. Der Gewinn einer besseren qualitativen Anpassung zieht Verluste bei einer quantitativen (numerischen) Modellbestimmung nach sich.

A 3   Lineares Gleichungssystem

Die bisherige Vorstellung von der Realwelt, auf der die Modellbildung basiert, wird erneut erweitert. Nachdem anfänglich eine endogene und eine exogene Variable und anschließend eine endogene und mehrere exogenen Variable bzw. Variablen existierten, sollen jetzt mehrere endogene und mehrere exogenen Variablen zugelassen sein. Diese Situation tritt ein, wenn im Ergebnis einer Systemanalyse mehrere Größen bestimmt wurden, deren Erklärung durch andere Größen angestrebt wird.

Definiert wird

- die Menge der endogenen Variablen

$$M(Y) = \{Y_1, Y_2, \ldots, Y_m\} \qquad (A\ 62)$$

  mit der Mächtigkeit m und

- die Menge der exogenen Variablen

$$M(X) = \{X_1, X_2, \ldots, X_n\} \qquad (A\ 63)$$

  mit der Mächtigkeit n.

Wenn zugelassen wird, daß jede endogene Variable durch jeweils alle exogenen Variablen erklärt werden kann, ergibt sich ein Strukturschema nach Bild A 4.

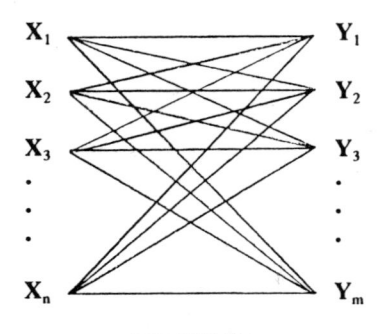

Bild A 4   Struturschema bei m endogenen und n exogenen Variablen

Nachfolgend wird die Zeitbezogenheit der Variablenwerte nicht angegeben; der Zeiger t entfällt aus Gründen einer einfacheren Schreibweise. In Umsetzung von Bild A 4 ergeben sich die nachstehenden Gleichungen:

$$y_1 = b_{10} + b_{11}x_1 + b_{12}x_2 + \ldots + b_{1n}x_n + u_1$$

$$y_2 = b_{20} + b_{21}x_1 + b_{22}x_2 + \ldots + b_{2n}x_n + u_2$$

$$\ldots \ldots \ldots \ldots \ldots \ldots \ldots \ldots \ldots \ldots \ldots \ldots \ldots \ldots \ldots \ldots \ldots \ldots \quad (A\ 64)$$

$$y_m = b_{m0} + b_{m1}x_1 + b_{m2}x_2 + \ldots + b_{mn}x_n + u_m$$

Um von diesem Modell zu einer anwendbaren Struktur zu gelangen, muß die Matrix

$$\hat{B} = (\hat{b}_{ij}) \qquad (A\ 65)$$

der Schätzungen der Modellkoeffizienten bestimmt werden. Zunächst reduziert sich im allgemeinen das Problem durch die Existenz von apriori-Informationen. Diese Informationen können in verschiedener Art auftreten:

1.   Einzelne Koeffizienten der Matrix (A 65) sind gleich null, weil homogene Gleichungen bzw. Gleichungskomponenten auftreten oder weil nicht alle exogenen Variablen herangezogen werden, um die endogenen Variablen zu

erklären. Beispielsweise gilt in dem System

$$\tilde{y}_1 = b_{11}x_1 + b_{12}x_2$$

$$\tilde{y}_2 = b_{20} + b_{22}x_2 \quad (A\ 66)$$

$$b_{10} = 0$$

und

$$b_{21} = 0.$$

Bei größeren Anzahlen m der endogenen Variablen und n der exogenen Variablen ist es sinnvoll, zunächst eine $(0,1)$-Matrix der Beziehungen zwischen den Variablen aufzustellen, um Nullkoeffizienten zu identifizieren. Die Scheinvariable X_0 muß in das Schema aufgenommen werden.

2. Gewisse Koeffizienten können durch Zahlenwerte fest vorgegeben sein, wie das an anderer Stelle am Beispiel der Koeffizienten des Input-Output-Modells bereits erwähnt wurde. Dadurch wird der Schätzaufwand reduziert. Die fest vorgegebenen Koeffizienten nehmen aber Einfluß auf die Schätzresultate, da sie als Konstanten im Modellansatz enthalten sind. Allerdings kann für die fest vorgegebenen Werte kein Fehlerbereich angegeben werden.

3. Gewisse Koeffizienten besitzen ein konstantes Zahlenverhältnis zueinander, das heißt, zwischen ihnen besteht eine lineare homogene Relation. Sofern diese Koeffizienten in der gleichen Gleichung stehen, läßt sich das Problem durch Substitution lösen.

Wenn die einzelnen endogenen Variablen untereinander unabhängig sind und lediglich allesamt durch die gleichen exogenen Variablen erklärt werden, erweist sich die Schätzung der Modellparameter als eine Aufgabe, die durch mehrfache Anwendung der Schätzung im multiplen linearen Modell gelöst werden kann. Eine zusammengefaßte Darstellung wird übersichtlich, wenn wieder auf die Matrixschreibweise zurückgegriffen wird. Einzuführen sind

$$Y = \begin{bmatrix} y_{11} & y_{21} & \cdots & y_{m1} \\ y_{12} & y_{22} & \cdots & y_{m2} \\ \cdots & \cdots & \cdots & \cdots \\ \cdots & \cdots & \cdots & \cdots \\ \cdots & \cdots & \cdots & \cdots \\ y_{1T} & y_{2T} & \cdots & y_{mT} \end{bmatrix} \quad (A\ 67)$$

- die Matrix der Störvariablen

$$U = (u_{ij}) \qquad (A\ 68)$$

mit einer Struktur wie **Y**,

- die Matrix der exogenen Variablen nach (A 38) und

- die Matrix der Koeffizienten

$$B = \begin{bmatrix} b_{10} & b_{20} & \ldots & b_{m0} \\ b_{11} & b_{21} & \ldots & b_{m1} \\ \ldots & \ldots & \ldots & \ldots \\ \ldots & \ldots & \ldots & \ldots \\ \ldots & \ldots & \ldots & \ldots \\ b_{1n} & b_{2n} & \ldots & b_{mn} \end{bmatrix} \qquad (A\ 69)$$

Alle Regressionsgleichungen zusammen können nunmehr in der Form

$$Y = X \cdot B + U \qquad (A\ 70)$$

geschrieben werden.

Für die Störvariablen werden wiederum der Durchschnitt bzw. der Erwartungswert null und die Unkorreliertheit angenommen.

Die Schätzung der Modellparameter nach der Methode der kleinsten Quadratsumme - zugleich ML-Schätzung - mit den Eigenschaften der Erwartungstreue und der Konsistenz, ergibt

$$\hat{B} = (X'X)^{-1} X'Y \qquad (A\ 71)$$

Der angenommene Fall, wonach die endogenen Variablen untereinander und somit auch die Modellgleichungen in (A 64) voneinander unabhängig sind, ist der allereinfachste Fall eines Systems linearer Modellgleichungen. Er ist, wie bereits betont wurde, eigentlich der mehrfache Fall eines multiplen linearen Modells.

Anspruchsvollere Aufgaben, deren Lösung jedoch in diesem Anhang nicht besprochen werden (vgl. die Hinweise im Literaturverzeichnis), treten beispielsweise bei *Autokorrelation* und bei *Heteroskedastizität* auf. Autokorrelation zwischen den Störvariablen hat zur Folge, daß die u_t-Werte einen *stochastischen Prozeß* bilden. Auch hierbei kann es sich als nützlich erweisen, von den ursprünglichen Variablen auf transformierte Variablen, beispielsweise in Form der Differenzen benachbarter Variablenwerte, überzugehen.

Kompliziertere Modellformen entstehen vor allem durch zwei Festsetzungen. Die erste Festsetzung besteht darin, daß im Modell *Autokorrelation* der endogenen Variablen zugelassen wird. Das hat zur Folge, daß aktuelle Werte einer endogenen Variablen durch die gleichen Werte aus früheren Zeitperioden beeinflußt werden, die als *verzögerte endogene* Variablen bezeichnet werden. Ein genereller Ansatz dazu lautet etwa

$$y_t = f(y_{t-1}, y_{t-2}, \ldots; x_{1t}, x_{2t}, \ldots, x_{nt}) . \tag{A 72}$$

Die verzögerten endogenen Variablen y_{t-1} usw. und die exogenen Variablen x_{1t} usw. heißen dann zusammen *prädeterminierte* Variablen.

Die zweite Festsetzung bedeutet im Grunde eine Aufhebung des gesamten bisherigen Ansatzes, indem sie in Zweifel zieht, daß exogene und endogene Variablen überhaupt streng getrennt werden können und immer präzise unterscheidbar sind. Es entsteht der Ansatz des *interdependenten linearen Systems* und schließlich des *vollständigen ökonometrischen Modells*.

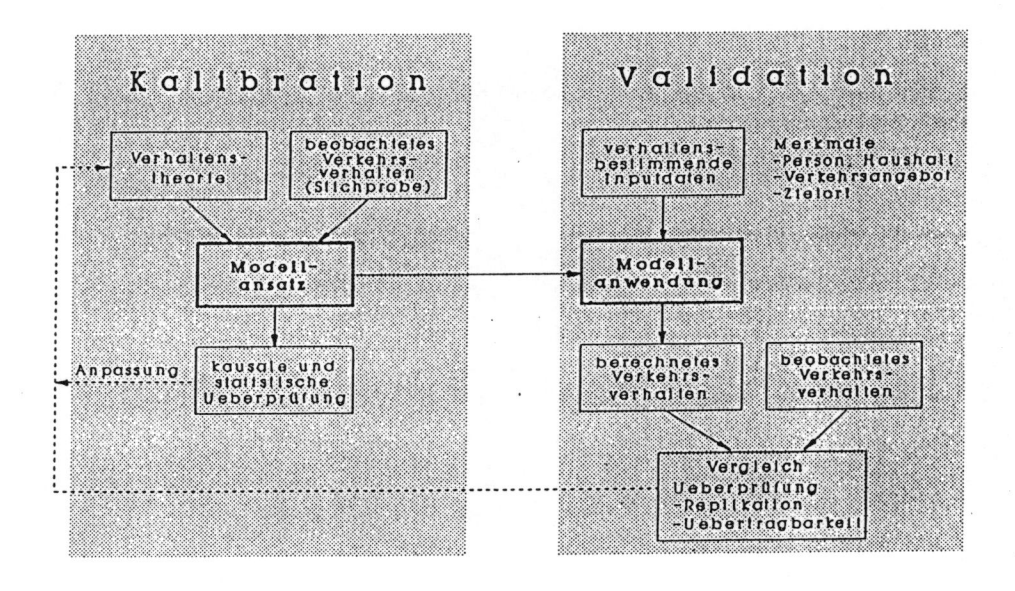

Bild A 5 Kalibration und Validation am Beispiel der Bestimmung von Wunschlinien des Verkehrs (vgl. GOTTHARDI 1992)

Kompliziertere ökonometrische Modellstrukturen können nicht mehr mit der einfachen Methode der kleinsten Quadratsumme geschätzt werden. Zur Verfügung steht die verallgemeinerte Methode der kleinsten Quadratsumme (General-Least-Squares-Method).

Alle ökonometrischen Modelle bedürfen vor ihrer praktischen Anwendung einer zweifachen Überprüfung, die in die Stufen

- Kalibration (Kalibrierung) und
- Validation (Validierung)

unterteilt wird.

Bei der *Kalibration* oder Eichung geht es darum, die Modellergebnisse auf das richtige Maß zu bringen. Es wird überprüft, ob die zugrunde gelegte Theorie und die eingesetzten exogenen Variablen imstande sind, die beobachtete endogene Variable sowohl kausal als auch statistisch hinreichend zu erklären.

Gegenstand der *Validation* ist die Prüfung, ob das Modell in der Lage ist, die beobachteten Verhältnisse zu reproduzieren. Am einfachsten gelingt diese Prüfung, indem die Modellwerte für diejenigen Ausgangsbedingungen berechnet werden, für die bereits statistische Daten vorliegen. Der Grad der Übereinstimmung zwischen den empirischen Werten und den Modellwerten ist ein Gradmesser für die Leistungsfähigkeit des Modells.

Bild A 5 zeigt den Zusammenhang zwischen Kalibration und Validation unter Berufung auf (GOTTHARDI 1992).

Literaturverzeichnis

ANSELIN, L.: Spatial Econometrics: Methods and Models. Dordrecht 1988
ASSENMACHER, W.: Einführung in die Ökonometrie. 4., durchges. Auflage. München 1991

BACKHAUS, K. et al.: Multivariate Analysemethoden. Eine anwendungsorientierte Einführung. Berlin, Heidelberg 1989
BAMBERG, G.; BAUR, F.: Statistik. 6. Auflage. München, Wien 1989
BERTALANFFY, L. v.: Biophysik des Fließgleichgewichts. Braunschweig 1953
BINIEK, Z.: Ein systemdynamisches Simulationsmodell des alpenquerenden Güterverkehrs. IVT-Bericht. Zürich (April) 1987
BINIEK, Z.; RICHTER, K.-J.: Systemdynamisches Konzept der Beziehungen zwischen Volkswirtschaft und Transportwesen. In: RICHTER, K.-J. ; WIERZBICKI, T.: Transportsystemanalyse. 2., unveränd. Auflage. Berlin 1987, S. 34 - 45
BLEYMÜLLER, J.: Multivariate Analyse für Wirtschaftswissenschaftler. Münster (Westf.) 1989
BLUM, U.: Volkswirtschaftslehre. Studienhandbuch. München, Wien 1992
BLUM, U.; FOOS, G.; GAUDRY, M.: Aggregate Time Series Gasoline Demand Models: Revies of the Literature and new Evidence for West Germany. In: Transportation Research (A) 22A (1988)2, S. 78 - 88
BRAILOWSKI, N. O.; GRANOWSKI, B. I.: Modellierung von Transportsystemen. Berlin 1981
BRÖCKER, J.: Interregionaler Handel und ökonomische Integration: Empirische Modelle für westeuropäische Länder und Regionen. München 1984
BRÖCKER, J.: Spatial Price Equilibrium and Convex Duality. In: Ann Reg Sci (1994)28, S.153 - 175
BUSLENKO, N. P.: Modellierung komplizierter Systeme. Berlin 1972

CERNJAK, J. I.: Analyse und Synthese von Systemen in der Ökonomie. Berlin 1972
CERWENKA, P.: Siedlungsentwicklung und Verkehrssystemplanung. In: Österr. Ztschr.f.Verk. wiss. 37(1991)1/2, S. 5 - 18
CHATFIELD, C.: Analyse von Zeitreihen. Leipzig 1982
CZAYKA, L.: Qualitative Input-Output-Analyse. Schriften zur wirtschaftswissenschaftlichen Forschung. Bd. 42. Meisenheim am Glan 1972

DINKELBACH, W.: Entscheidungsmodelle. Berlin 1982

ECKES, T.; ROSSBACH, H.: Clusteranalysen. Stuttgart 1980
EIPOS (Hsg.): Verkehrsentwicklung im Umbruch - Fakten und Visionen. Schriftenreihe zur wissenschaftlichen Weiterbildung, Nr. 17. Dresden 1994
ESTER, J.: Systemanalyse und mehrkriterielle Entscheidung. Berlin 1987

FAHRMEIR, L.; HAMERLE, A. (Hsg.): Multivariate statistische Verfahren. Berlin 1984
FISCHER, K.; HERTEL, G.: Bedienungsprozesse im Transportwesen - Grundlagen und Anwendungen der Bedienungstheorie. Berlin 1990
FISCHER, P.; RICHTER, K.-J.; SCHNEIDER, H.: Statistische Methoden für Verkehrsuntersuchungen. Berlin 1974

FLORIAN, M.: The Network Equilibrium Model - Theory and applications. In: IVT-Schriftenreihe, Nr. 91, Zürich 1992, S. 37 - 63
FORRESTER, J. W.: Principles of Systems. Cambridge Mass. 1968
FORRESTER, J. W.: World Dynamics. Cambridge Mass. 1971
FOSSATTI, E.: Die Bedeutung der ökonometrischen Forschung. In: Ztschr.f.d.ges.Staatswiss. 116(1960)2, s. 193 - 199

GOTTHARDI, G.: Kalibration und Validation von Wunschlinien in Verkehrsmodellen. In: IVT-Schriftenreihe, Nr. 91, Zürich 1992, S. 81 - 91
GRANGER, C.W.J.; TERÄSVIRTA, T.: Modelling Nonlinear Economic Relationships. New York 1993
GRIFFITH, D.A.: Advanced Spatial Statistics. Dordrecht 1988
GÜNTHER, J.: Transportstatistik. Dritte, überarb. Auflage. Berlin 1970

HARTUNG, J.; ELPELT, B.: Multivariate Statistik. Lehr- und Handbuch der angewandten Statistik. München, Wien 1989
HEGGIE, I. G.: Transport Engineering Economics. London 1972
HEIDEMANN, C.: Die Verwendung des Entropiebegriffs zur Beschreibung räumlicher Strukturen. In: Raumforschung und Raumordnung 23(1965)2, S. 101
HELLMANN, L.; RICHTER K.-J.: Produktions-Transport-Optimierung. Berlin 1988
HERTEL, G.: Verkehrssystemtheorie. In: EIPOS (Hsg.): Verkehrsentwicklung und Verkehrssystemtechnik. Dresden 1994, Abschn. 3.1.
HOCHSTÄDTER, D.: Einführung in die statistische Methodenlehre. 5. Aufl., Thun, Frankfurt 1987
HOLUB, H.-W.; SCHNABL, H.: Input-Output-Rechnung: Input-Output-Tabellen. 2. Auflage. München, Wien 1985
HOLUB, H.-W.; SCHNABL, H.; TAPPEINER, G.: Qualitative Input-Output-Analysis with Variable Filter. In: Ztschr.f.d.ges.Staatswiss. 141(1985)6, S. 282 - 300
HÜBLER, O.: Ökonometrie. Stuttgart 1989
HÜRLIMANN, W.: Elemente zur Transporttheorie. In: Industrielle Organisation 32(1963)9, S. 301 - 304

ISARD, W.: Methods of Regional Analysis; An Introduction to Regional Sciense. Cambridge Mass. 1960

JAGLOM, A. M.; JAGLOM, I. M.: Wahrscheinlichkeit und Information. 3., bericht. Auflage. Berlin 1967
JAHRBUCH für Regionalwissenschaft. 12./13. Jg. 1991/1992. Göttingen 1993
JÖRNSTEN, K. O.; LUNDGREN, J. T.: An Entropy-based Modal Split Model. In: Transportation Research 23B(1989), S. 345 - 359

KÁDAS K.: Mathematische Modelle zur wissenschaftlich-statistischen Untersuchung der perspektivischen Entwicklung der Verkehrsleistungen. In: Wiss.Schriftenreihe d. Techn. Universität f. Bau- u. Verkehrswesen Budapest IX(1963)3, S. 401 - 414 (ung.)

KÁDAS, K.: Die Aufgaben, methodologischen Probleme und Ergebnisse der Verkehrsökonometrie. Bau- und Verkehrswissenschaftliche Mitteilungen. Budapest (1966)3, S. 381 - 391; Sonderdruck 1967 (ung.)

KÁDAS, S.: Anwendung der Clusteranalyse zur Untersuchung regionaler Unterschiede der Industriestruktur und des sektoralen Strukturwandels in der Bundesrepublik Deutschland. Arbeitspapier Nr. 33 der Universität Münster, 1981

KÁDAS, S.; KLAFSZKY, E.: Estimation of the Parameters in the Gravity Model for Trip Distribution. In: Regional Science and Urban Economics 6(1976), S. 439 - 457

KÁDAS, S.; LOHSE, D.: Die Kombination des Steigerungsfaktorenmodells mit dem Gravitationsmodell für die Durchführung der Verkehrsverteilung im Personenverkehr. In: Die Straße 19(1979)11, S. 344 - 347

KILL, H. H.: Erfolgsstrategien von Verkehrssystemen. Eine evolutionstheoretische Analyse der europäischen Verkehrsentwicklung. Berlin 1991

KLAASSEN, L. H.; MOLLE, W. T. M.; PAELINCK, J. H. P.: Dynamics of Urban Development. Aldershot 1981

KLAASSEN, L. H.; PAELINCK, J. H. P.; WAGENAAR, S.: Spatial Systems. A General Introduction. Aldershot 1982

KLAUS, G.: Kybernetik und Gesellschaft. 1. Auflage. Berlin 1964. 3., bearb.u.erw. Auflage. Berlin 1973

KLAUS, G.: Vorwort zu O. LANGE: Ganzheit und Entwicklung in kybernetischer Sicht. Berlin 1966

KLAUS, G. (Hsg.): Wörterbuch der Kybernetik. Berlin 1967

KORNAI, J.: Mathematische Methoden bei der Planung der ökonomischen Struktur. Berlin 1967

KORTUM, H.: Über eine allgemeine Theorie des Transports als elementare Grundlage der Automatisierungstechnik. In: Die Technik 20(1965)2, S. 92 - 95

KOSSOW, W. W.: Verflechtungsbilanzierung. Theorie und praktische Anwendung. Berlin 1975

KULLBACK, S.: Information Theory and Statistics. New York 1959

LANGE, I.; RICHTER, K.-J.: Ökonomische Bewertung der Leistungsfähigkeit des Eisenbahnwesens der DDR im volkswirtschaftliche Reproduktionsprozeß. Studie 1988, unveröff.

LANGE, O.: Ganzheit und Entwicklung in kybernetischer Sicht. Berlin 1966

LANGE, O.: Einführung in die Ökonometrie. Berlin 1968

LAU, L.: Functional Forms in Econometric Model Building. In: GRILICHES, Z.; INTRILIGATOR, M. D. (Hsg.):Handbook of Econometrics Vol. II. Amsterdam 1984, pages 1515 - 1566

LEONTIEF, W. W.: Die multiregionale Input-Output-Analyse. H. 123 der Arbeitsgemeinschaft für Forschung des Landes Nordrhein-Westfalen. Köln, Opladen 1963

LEONTIEF, W. W.: Input-Output-Economics. New York 1966

LESERER, M.: Grundlagen der Ökonometrie. Göttingen 1980

LEUTHARDT, H.; GÜNTHER, R.: Mit dem PC auf der Spur von Schwachstellen im Verkehrsbetrieb. In: Der Nahverkehr 7(1983)3, S. 8 - 12

LOHSE, D.: Verkehrsplanerische Berechnungsverfahren. In: EIPOS (Hsg.): Verkehrsentwicklung und Verkehrssystemtechnik. Dresden 1994, Abschn. 2.1.2.

LÜTKEPOHL, H.: Introduction to Multiple Time Series Analysis. Berlin, Heidelberg, New York 1991

MAIER, G.; WEISS, P.: Modelle diskreter Entscheidungen. Theorie und Anwendung in den Sozial- und Wirtschaftswissenschaften. Wien 1990
MAIMINAS, E. S.: Planungsprozesse. Informationsaspekt. Berlin 1972
MAYER, H.: Beschreibende Statistik. München, Wien 1988
MCGREGOR, P. G.; SWALES, J. K.: An Investigation into a Neo-classical Interpretation of Regional Input-Output-Analysis. University of Strathclyde Glasgow 1994
MEADOWS, G.: The Limits of the Growth. New York 1972
MENGES, G.: Ökonometrie. Wiesbaden 1961
MIKUS, W.: Verkehrszellen. Paderborn 1974

OTT, A. E.; SCHWARZ, D.; WAGNER, A.: Die räumliche Disaggregation von Input-Output-Tabellen. Schriftenreihe des Instituts für angewandte Wirtschaftsforschung. Tübingen 1970

PESCHEL, M.: Zum Problem der Zeitreihenvorhersage. In: Unscharfe Modellbildung und Steuerung. TU Karl-Marx-Stadt 1977, S. 11 - 14
PICARD, G.; GAUDRY, M.: A Box-Cox Logit Model of Intercitiy Freight Mode Choice. Centre de recherche sur les transports, Université de Montréal, Publication No. 898, 1993
PICARD, G.; NGUYEN, S.; GAUDRY, M.: FRET: une modèle de simulation des flux des marchandises au Canada. Centre de recherche sur les transports, Université de Montréal, Publication No. 949, 1993
PINNEKAMP, H.-J.; SIEGMANN, F.: Deskriptive Statistik. München, Wien 1993
PIRATH, C.: Das Raum-Zeit-System der Siedlungen. Stuttgart 1947
PLATT, H.: Input-Output-Analyse. Meisenheim am Glan 1957
POLETAJEW, J. A.: Kybernetik. Berlin 1963
POMP, R.; RICHTER, K.-J.: Zur Aussage der relativen Transinformation als Organisiertheitsmaß. In: Wiss. Ztschr.d.Hochschul.f.Verk.wesen "F. List" Dresden, 26(1979)1, S. 59 - 63
POPKOW, Y. S. et al.: Systemanalyse und Stadtentwicklung. Moskau 1983 (russ.)
POTTHOFF, G.: Begriffsbestimmung in der Maßlehre des Verkehrs. In: Wiss. Ztschr.d.Hochsch.f.Verk.wesen Dresden 5(1957)3, S. 375 - 381
POTTHOFF, G.: Die Transinformation in der Betriebstechnik. In: Wiss.Ztsch.d.Hochsch.f. Verk.wesen "F. List" Dresden 12(1965)2, S. 231 - 239
POTTHOFF, G.: Verkehrsströmungslehre Bd. 3 - Die Verkehrsströme im Netz. 2. überarb. Auflage. Berlin 1970
POTTHOFF, G.: Thermodynamisches Modell des Verkehrsflusses. In: Wiss.Ztschr.d.Hochsch. f.Verk.wesen "F. List" Dresden 19(1972)3, S. 709 - 718
POTTHOFF, G.: Verkehrsströmungslehre Bd. 4 - Analyse von Verkehrssystemen. Berlin 1972
PUGH III, A. L.: Dynamo II Users's Manual. Cambridge Mass. 1974

RABE, U.; WEGNER, B.: Ein Verfahren zur Bewertung von Verkehrsnetzen. In: Die Straße 15(1975)4, S. 136 - 141
RICHTER, K.-J.: Transportökonometrie. Berlin 1966
RICHTER, K.-J.: Verkehrsökonometrie. Köln, Opladen 1970
RICHTER, K.-J.: Mathematische Beschreibung nichtinformationeller Kommunikation. In: Wiss.Ztschr.d.Hochsch.f.Verk.wesen "F. List" Dresden 18(1971)3, S. 477 - 485

RICHTER, K.-J.: Verkehrsspezifsche Merkmale der Systemanalyse. In: DDR-Verkehr 4(1971)10, S. 410 - 414
RICHTER, K.-J.: Mathematische Abbildung von Transportnetzen. In: DDR-Verkehr 5(1972)10, S. 423 - 426
RICHTER, K.-J.: Transportströme im Netz. In: DDR-Verkehr 5(1972)11, S. 504 - 509
RICHTER, K.-J.: Kybernetische Analyse verkehrsökonometrischer Systeme. Verkehrsökonometrie I. Berlin 1975
RICHTER, K.-J.: Die Transportmatrix. Verkehrsökonometrie III. 2., überarb. Auflage. Berlin 1977
RICHTER, K.-J.: Grundlagen der Verkehrsstatistik. Verkehrsökonometrie IV. Berlin 1978
RICHTER, K.-J.: Zum Zusammenhang zwischen Leistungsfähigkeit und Gesamtaufwendungen eines Verkehrssystems. In: DDR-Verkehr 12(1979)5, S. 158 - 161, 12(1979)6, S. 199 - 202, 12(1979)8, S. 267 - 270
RICHTER, K.-J.: Externer und interner Transportaufwand als Systemcharakteristika. In: RICHTER, K.-J.; WIERZBICKI, T. (Hsg.): Transportsystemanalyse. 2., unveränd. Auflage. Berlin 1987, S. 62 - 71
RICHTER, K.-J.: Methodische Grundlagen der Transportsystemanalyse. In: RICHTER, K.-J.; WIERZBICKI, T. (Hsg.): Transportsystemanalyse. 2., unveränd. Auflage. Berlin 1987, S. 9 - 33
RICHTER, K.-J.: Der Entropieansatz in der Verkehrsanalyse und in der Verkehrsplanung. In: Österr.Ztschr.f.Verk.wiss. 36(1990)1, S. 23 - 29
RICHTER, K.-J.: Verkehrsdatenmix und Zeitcluster - ein Ansatz zur multivariaten Verkehranalyse. In: Ztschr.f.Verkwiss. 63(1992)3, S. 153 - 168
RICHTER, K.-J.; FISCHER, P.: Mathematisch-statistische Methoden im Eisenbahnwesen. Berlin 1961
RICHTER, K.-J.; RITSCHEL, M.: Rechnergestützte Betriebsorganisation im Verkehrswesen. Berlin 1989
RICHTER, K.-J.; WIERZBICKI, T. (Hsg.): Transportsystemanalyse. 2., unveränd. Auflage. Berlin 1987
RONNING, G.: Mikroökonometrie. Berlin, Heidelberg 1991
RÜSCH, G.; SAMMER, G.: Das Raum-Zeit-Modell - Ein Ersatz für die traditionellen Modelle in der Verkehrsplanung? In: Internationales Verkehrswesen 33(1981)1, S. 14 - 19

SCHLITTGEN, R.; STREITBERG, B. H.: Zeitreihenanalyse. München, Wien 1984
SCHNABEL; W.; LOHSE, D.: Grundlagen der Straßenverkehrstechnik und der Straßenverkehrsplanung. Berlin 1980
SCHNABL, H.; HOLUB, H.-W.: Qualitative und quantitative Aspekte der Input-Output-Analyse. In: Ztschr.f.d.ges.Staatswiss. 135(1979)4, S. 657 - 678
SCHNEEWEISS, H.: Ökonometrie. Würzburg 1974; 3. Auflage. Würzburg, Wien 1978
SCHNEEWEISS, C.: Planung 1. Systemanalytische und entscheidungstheoretische Grundlagen. Berlin, Heidelberg 1991
SCHNEEWEISS, C.: Planung 2. Konzepte der Prozeß- und Modellgestaltung. Berlin, Heidelberg 1992
SCHULZE, U.: Mehrphasenregression, Berlin 1987

SEIDEL, H.: Die Bedeutung des Modells bei wirtschaftswissenschaftlichen Untersuchungen. In: Wirtschaftswissenschaft 11(1963)7, S. 1070 - 1085

SHEFFI, Y.: Urban Transportation Networks: Equilibrium Analysis with Mathematical Programming Methods. Englewood Cliffs, N. J. 1985

SOBEL, K. L.: Travel Demand Forecasting by Using the Nested Multinominal Logit Model. In: Transportation Research Record Nr. 775. National Academy of Sciences. Washington D.C. 1980

SOLODOWNIKOW, W. W.: Einführung in die statistische Dynamik linearer Regelungssysteme. Berlin, München 1963

STEINHAUSEN, D.; LANGE, K.: Clusteranalyse. Einführung in Methoden und Verfahren der numerischen Klassifikation. Berlin, New York 1977

TINBERGEN, J.: Einführung in die Ökonometrie. Stuttgart, Wien 1952

WALTHER, K.: Ein neues Verständnis des Begriffs "Widerstand" in Personenverkehrsmodellen. In: Internationales Verkehrswesen 44(1992)9, S. 332 - 336

WILSON, A. G.: Urban and Regional Models in Geography and Planning. London, New York 1974

Sachregister

Adjazenzmatrix
  s. Verbindungsmatrix
Analyse, multivariate 21 ff.
apriori-Information 283, 300
Aufwandsfunktion 159 f., 166, 195, 201
Ausgangszahl 70 f.
Autokorrelation 302

BAG
  s. Bagatellwert
Bagatellwert 107 ff., 189 ff.
Bedienungstheorie 61
Belegungsgrad 141
Bewertungsgröße, sonstige 117
Bewertungsmatrix 110 ff.
black box 9

CES-Funktion 218
Clusteranalyse 34
Clusterung 30 ff.
Clusterung, dynamische 52
Clusterung regionaler Objekte 40 ff.

Datenaggregation 28 ff.
Datenmatrix 22 ff.
Datentransformation 26 ff.
Dendrogramm 33
Dependenzmatrix 192
Detroit-Modell 205
Distanz, City-Block- 31
Distanz, Euklidische 30
Distanzmatrix 31
Distanzmatrix, gefilterte 41
Distanzvektor 32
DOGIT-Modell 215
Dummy-Variable 216
Durchschnittsfaktorenmodell 205
DYNAMO 270

Effektivität 112
Eingangszahl 70 f.
Einheit, regionale 120 ff.
Einheitskostenkurve 118
Ein-Level-Programm 268

Einpunktverteilung 130
Ein-Sektor-Modell 165
Einzelverbindung 67, 70, 93
Elastizitätskoeffizient 216 f., 226 f.
Elastizitätsmodell 218 f., 225 ff.
Endverbrauch 148
Entfernungsgröße 117
Entfernungsmatrix 190
Entropie, bedingte 133
Entropie, normierte 143
Entropie, unbedingte 133
Entropieansatz 250
Entropiedifferenz, relative 134
Entwicklungsstrategie 276 ff.
Erreichbarkeitsmatrix 76 f.
Exponentialfunktion 220

Feldentropie 135
Filterung 105 ff., 189 ff.
Flußgröße
  s. Rate
Fratar-Modell 205
Funktion, logarithmische 220
Funktion, logistische 220

Gedächtnistiefe 252
Gelegenheitsmodell 250
Gesamtaufwendung 175 ff., 251
Gesamtausstoß 148, 149
Gesamtentropie 133
Gesetzmäßigkeit, quantitative 1, 2
Gleichungssystem, lineares 299 ff.
Gleichverteilung 131
Gompertzfunktion 220
Gravitationsmodell 245 ff.
Gruppierung, multivariate
  s. Clusterung

Heteroskedastizität 291
Hilfsvariable 267
Homoskedastizität 291
Horizont, zeitlicher 16
Hyperbel 220

Informationsentropie 60, 99, 127 ff.

Input-Output-Analyse,
 qualitative 105
Input-Output-Matrix 88
Input-Output-Matrix,
 qualitative 189
Input-Output-Modell 148 ff.,
 228
Input-Output-Modell, multi-
 regionales
 s. Modell, ökonomisch-regionales
Input-Output-Tabelle 148 f.
Investitionsstrom 169
Inzidenzmatrix
 s. Nachbarschaftsmatrix
Isochrone 183

Kalibration 303 f.
Kapazität 100 f.
Kapazitätsmatrix 99, 100 ff.
Kenngröße 209 ff.
Kenngrößen der Verkehrszelle
 124
Kennzahl, synthetische 28
Koeffizient des direkten Auf-
 wands 149, 156, 164, 171,
 193, 194, 197, 200, 235
Koeffizient des indirekten
 Aufwands 193
Koeffizient, ökonomisch-re-
 gionaler 194, 196, 198
Koeffizient des vollen Auf-
 wands 153, 161, 164, 193,
 202, 235
Kollinearität 26, 297
Komplexititätsgrad 144
Konfidenzintervall 286
Konnexitätsmatrix 192
Konstanz, qualitative und
 quantitative 253
Korrelationsmatrix 24, 25
Kostengröße 117

Lean Management 108
Leistungsvolumen 175 ff.
Level 267
Lieferbeziehung 190
Lieferpfad 190
Lieferung, direkte und in-
 direkte 190

Lieferweg 190
LILLsches Reisegesetz 245
Linearisierung 11, 118, 152, 154,
 219
LOGIT-Modell 215
Lokation 206
Loop 267

Maximum-Likelihood-Methode 285
Mehrphasenregression 219
Methode der kleinsten Quadrat-
 summe 219 ff., 284, 292,
 302, 304
Minkowski-Metrik 31
Modal Split 20
Modell 2 ff., 8
Modell, aggregiertes 215 ff.
Modell, deterministisches 10, 16
Modell, disaggregiertes 216
Modell, dynamisches 10, 13 ff.,
 169 ff.
Modell, einfaches 218
Modell, einfaches lineares
 281 ff.
Modell, erweitertes 299
Modell, interdependentes 10, 17
Modell, lineares 10
Modell, mathematisches 2
Modell, multiples 218
Modell, multiples lineares
 288 ff.
Modell, nichtlineares 10, 11
Modell, ökonometrisches 3
Modell, ökonomisches 197
Modell, ökonomisch-regionales
 194 ff., 232 f.
Modell, regionales 200
Modell, rekursives 10, 17
Modell, statisches 10, 13
Modell stochastisches 10, 16
Modellrelation 2
Modellstruktur Volkswirt-
 schaft-Verkehrswesen 271
Multikollinearität
 s. Kollinearität

Nachbarschaftsdistanz 32
Nachbarschaftsmatrix 41, 42
Nachfragemodell 223 ff., 252

Normalgleichung 285, 292

Ökonometrie 1 ff.
Organisiertheitsgrad 126 ff.
Ortemenge 56 ff., 120
Ortsfaktor
  s. Lokation
Ortskoordinate 56 ff.

Paneldaten 282
Parameter 6
Pendelnetz 66, 69
Pfeilschema 13 ff.
Planungszeitraum 261
Potenzfunktion 220
Primäraufwand 149
PROBIT-Modell 215
Produktionsfunktion 160, 195, 201
Prognose 232, 234, 243, 252 ff., 256 ff.
Prognose, permanente 256 ff.
Prognosehorizont 255, 257
Prognostizierbarkeit 144 f.

Querschnittsdaten 282

Randentropie 135
Rate 267
Regressionskoeffizient 282, 288 f.
Relationsmatrix 65, 86
Residuum 284
Ringnetz 67, 69
Rückkopplung 185, 236
Rückkopplung, statistische 166 f.
Rückkopplungsschleife
  s. Loop

Sammelnetz 66, 68
Sättigungsfunktion 221
Sättigungsprozeß 219
Schätzfehler 286, 297
Schäthmethoden 3
Schätzmethoden, ökonometrische 281 ff.
Scheinvariable 289
Schwerkraftmodell,
  s Gravitationsmodell

Simulation 188, 259 ff.
Simulation, systemdynamische 267 ff.
Simulationsmodell 259 ff.
Simultannetz, freies 65, 68
Simultannetz, teilweise gesperrtes 66, 68
Steigerungsfaktor 205 ff., 237 ff.
Steigerungsfaktorenmodell 205 ff., 244
Steuerbarkeit 144 f.
Störempfindlichkeit 113 f.
Störfunktion 173
Struktur, ökonometrische 4, 8
Strukturgleichung 4
System, lineares dynamisches 172 ff.

Teilgraph 83
time lag 15, 216, 218
TOBIT-Modell 215
top-down-Strategie 254 ff.
Törnquistfunktion 220
Trägheitsmodell 249
Transinformation 60, 134
Transitmenge 94
Transportmatrix
  s. Verkehrsmatrix
Transportoptimierung 140 f.
Transportproblem der LO 95
Transportsystemanalyse, Konzept der 275
Trendbereinigung 298

Umwelt, ökonomische 163
Untergraph 83
Untersektor 162

Validation 303 f.
Variable, diskrete 5
Variable, endogene 5, 216, 281
Variable, exogene 5, 216, 281
Variable, kontinuierliche 5
Variable, latente 5, 216, 281
Variable, prädeterminierte 6, 218, 303
Variable, synthetische 50
Variable, verzögerte endogene 6, 303
Variablenbereinigung 298

Variablentransformation 298
Variablenunterdrückung 298

Verbindungsmatrix 67
Verfahren, agglomeratives 32
Verfahren, divisives 33
Verflechtungsbilanz 149
Verflechtungsmatrix
  s. Input-Output-Matrix
Verflechtungsmodell
  s. Input-Output-Modell
Verflechtungsmodell, qualitatives 189 ff.
Verkehr 57
Verkehrsarbeit 209, 212, 213
Verkehrsaufwand, externer und interner 162
Verkehrsdatenmix 48
Verkehrsdurchsatz 211 f.
Verkehrsentwicklungsmodell 174 ff.
Verkehrsgeschwindigkeit 211 f., 214
Verkehrsleistung 210, 212, 213
Verkehrsmassenpunkt 121
Verkehrsmatrix 56 ff., 62
Verkehrsmenge 209, 212
Verkehrsnachfrage 209, 237 ff.
Verkehrsnachfragemodell 209 ff.
Verkehrsnetzmatrix 58, 64 ff.
Verkehrsobjekt 19
Verkehrsprognose 108, 232, 252 ff.
Verkehrsquelle 19
Verkehrsquellstärke 211 f., 213
Verkehrsrelation 75, 92
Verkehrsrelationsmatrix 58, 64 ff.
Verkehrssenke 19
Verkehrssenkstärke 211 f., 214

Verkehrssteuerung 108
Verkehrsstrommatrix 19, 59, 88 ff., 203 f., 232, 233, 237 ff.
Verkehrsstrommatrix, gefilterte 107
Verkehrsstrommatrix, qualitative 105 ff.
Verkehrsstromstärke 211 f., 213
Verkehrssystemanalyse 146
Verkehrstheorie 56
Verkehrsverbindung 92
Verkehrsweite 209, 212, 213
Verkehrswiderstand 117, 245, 249
Verkehrszeit 210, 212
Verkehrszelle 123 f.
Verteilnetz 66, 69
Vorausberechnung 155
Vorleistungen 149
v-Transformation 28

Weglänge 190

Zeitabschnitt 261
Zeitcluster 45 ff.
Zeitfunktion 180
Zeitgröße 117
Zeitkoordinate 56 ff., 94
Zeitreihenanalyse 45
Zeitreihendaten 282
z-Transformation 27
Zustandsgröße
  s. Level
Zustandskoordinate 57
Zuverlässigkeit 112
Zwei-Sektoren-Modell 163 ff., 171, 172, 173

9783486228588